NCS 직업기초능력평가

2025
고시넷
공기업

최신
한국도로공사
기출 유형

실제 시험과
동일한 구성의
모의고사

고시넷 WWW.GOSINET.CO.KR

한국도로공사
NCS 직업기초능력
기출예상모의고사

gosinet
(주)고시넷

정오표 및 학습 질의 안내

정오표 확인 방법

고시넷은 오류 없는 책을 만들기 위해 최선을 다합니다. 그러나 편집 과정에서 미처 잡지 못한 실수가 뒤늦게 나오는 경우가 있습니다. 고시넷은 이런 잘못을 바로잡기 위해 정오표를 실시간으로 제공합니다. 감사하는 마음으로 끝까지 책임을 다하겠습니다.

고시넷 홈페이지 접속 > 고시넷 출판-커뮤니티 > 정오표

www.gosinet.co.kr

모바일폰에서 QR코드로 실시간 정오표를 확인할 수 있습니다.

학습 질의 안내

학습과 교재선택 관련 문의를 받습니다. 적절한 교재선택에 관한 조언이나 고시넷 교재 학습 중 의문 사항은 아래 주소로 메일을 주시면 성실히 답변드리겠습니다.

이메일주소 **qna@gosinet.co.kr**

CONTENTS

차례

한국도로공사 필기시험 정복

파트 1 한국도로공사 기출예상모의고사

파트 2 인성검사

파트 3 면접가이드

책 속의 책 정답과 해설

파트 1 한국도로공사 기출예상모의고사

1

한국도로공사 소개 & 채용 절차

한국도로공사의 비전, 핵심가치, 전략목표, 인재상 등을 수록하였으며 최근 모집공고의 내용 및 채용 절차 등을 쉽고 빠르게 확인할 수 있도록 구성하였습니다.

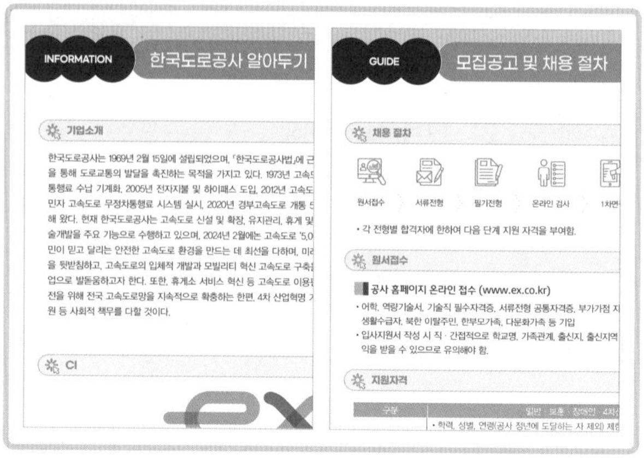

2

한국도로공사 기출문제 분석

2023~2024년 최신 기출문제를 분석하여 최근 출제 경향을 한눈에 파악할 수 있도록 하였습니다.

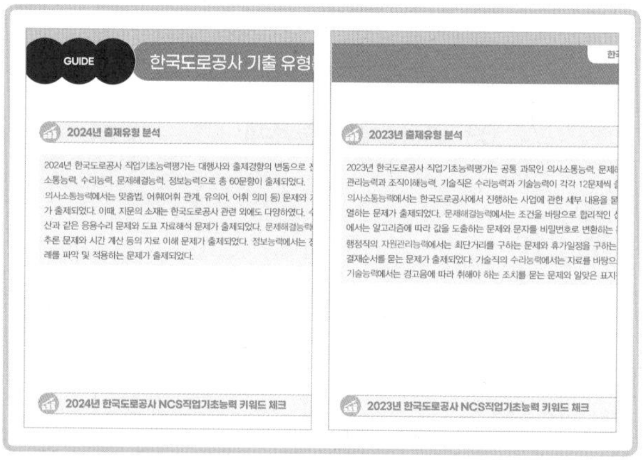

3

기출예상문제로 실전 연습 & 실력 UP!!

총 5회의 기출예상문제로 자신의 실력을 점검하고 완벽한 실전 준비가 가능하도록 구성하였습니다.

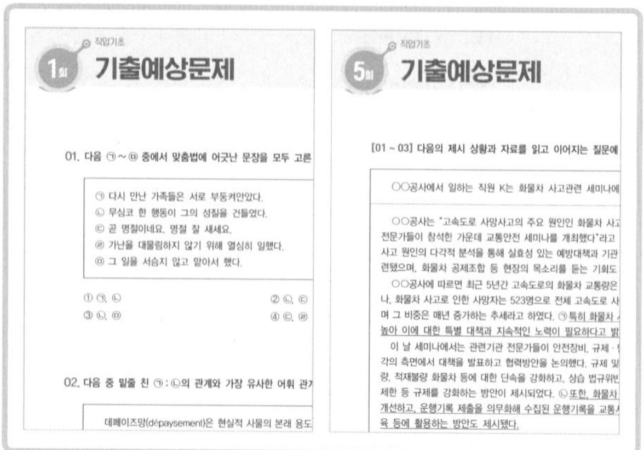

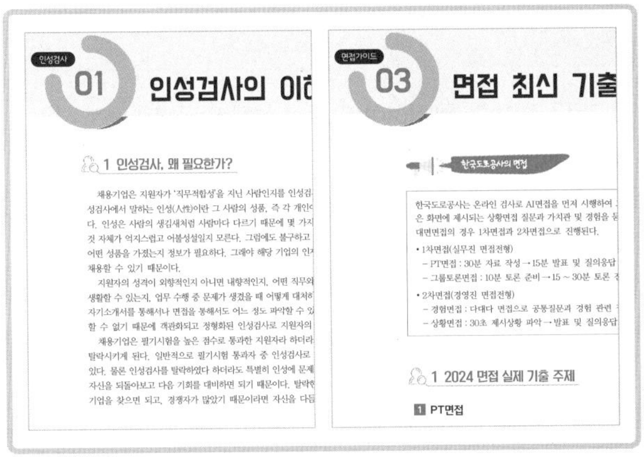

4

인성검사 & 면접으로 마무리까지 OK!!!

최근 채용 시험에서 점점 중시되고 있는 인성검사와 면접 질문들을 수록하여 마무리까지 완벽하게 대비할 수 있도록 하였습니다.

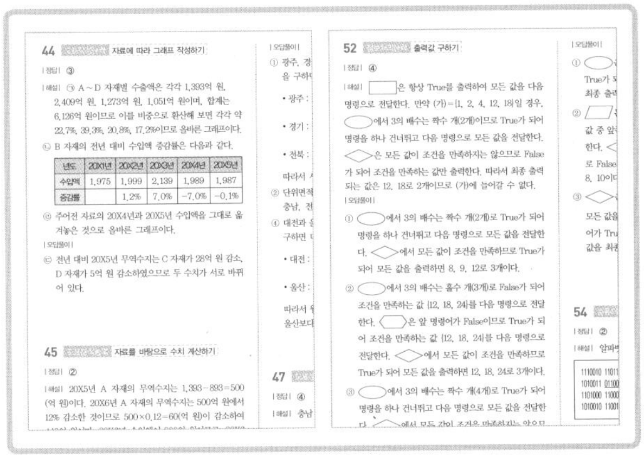

5

상세한 해설과 오답풀이가 수록된 정답과 해설

기출예상문제의 상세한 해설을 수록하였고 오답풀이 및 보충 사항들을 수록하여 문제풀이 과정에서의 학습 효과가 극대화될 수 있도록 구성하였습니다.

INFORMATION

한국도로공사 알아두기

기업소개

한국도로공사는 1969년 2월 15일에 설립되었으며, 「한국도로공사법」에 근거하여 도로의 설치 및 관리, 관련 사업을 통해 도로교통의 발달을 촉진하는 목적을 가지고 있다. 1973년 고속도로 1,000km 구축을 시작으로, 1994년 통행료 수납 기계화, 2005년 전자지불 및 하이패스 도입, 2012년 고속도로 4,000km 시대 돌입, 2016년 재정 · 민자 고속도로 무정차통행료 시스템 실시, 2020년 경부고속도로 개통 50주년을 맞이하는 등 지속적으로 성장해 왔다. 현재 한국도로공사는 고속도로 신설 및 확장, 유지관리, 휴게 및 편의시설 설치 · 관리, 관련 연구 및 기술개발을 주요 기능으로 수행하고 있으며, 2024년 2월에는 고속도로 '5,000km 시대'에 돌입하였다. 앞으로도 국민이 믿고 달리는 안전한 고속도로 환경을 만드는 데 최선을 다하며, 미래 교통 혁신을 주도하며 국가경제 발전을 뒷받침하고, 고속도로의 입체적 개발과 모빌리티 혁신 고속도로 구축을 통해 세계 최고의 도로교통 서비스기업으로 발돋움하고자 한다. 또한, 휴게소 서비스 혁신 등 고속도로 이용편익도 증진시켜 나가고, 국토의 균형발전을 위해 전국 고속도로망을 지속적으로 확충하는 한편, 4차 산업혁명 기술과 연계한 일자리 창출, 혁신기업 지원 등 사회적 책무를 다할 것이다.

CI

업무영역의 핵심 키워드인 'expressway'의 'ex'를 강하고 임팩트 있게 표현하여 업무영역에 대한 한국적 대표성을 상징하고 있다. 영문 'e'와 'x'가 서로 연결되고 교차하는 문자 조형은 도로를 중심으로 사람과 장소, 물류, 정보를 이어주는 한국도로공사의 핵심 가치를 시각적으로 간결하게 표현하여 정보화 시대의 한국도로공사의 미래 비전을 소프트웨어적인 감성으로 상징화하고 있다.

미션

우리는 **길**을 열어 **사람**과 **문화**를 **연결**하고 **새로운 세상**을 넓혀간다.

비전

안전하고 **편리**한 **미래교통 플랫폼** 기업

핵심가치

안전 | 혁신 | 공감 | 신뢰

전략목표

전략목표	목표
고품질의 스마트 고속도로 건설	고속도로망 OECD Top7
유지관리 최적화로 쾌적한 주행환경 제공	시설물 관리 최고 수준 달성
원활한 교통소통 및 교통안전 선진화	교통사고 사망률 OECD Top5
영업(휴게시설 · 통행요금) 서비스 혁신	고객만족도 최고 등급 달성
효율 · 공정의 경영혁신 및 지속성장	청렴도 최고 등급 달성

인재상

Responsibility	Open-mind	Acceleration	Dedication
개인역량의 확장	사고의 확장	변화와 가능성의 확장	지속가능한 미래의 확장
미래도로의 변화를 예측하고 지식과 아이디어를 융합하여 새로운 해결책을 찾아냅니다.	다양성을 존중하고 나와 다른 생각을 포용합니다.	문제를 다양한 시각에서 바라보며 창의적인 방법으로 상상을 실현합니다.	협력과 상생을 통해 더 나은 세상이 되도록 노력합니다.

모집공고 및 채용 절차

채용 절차

원서접수 › 서류전형 › 필기전형 › 온라인 검사 › 1차면접 › 2차면접 › 최종발표

• 각 전형별 합격자에 한하여 다음 단계 지원 자격을 부여함.

원서접수

공사 홈페이지 온라인 접수 (www.ex.co.kr)

• 어학, 역량기술서, 기술직 필수자격증, 서류전형 공통자격증, 부가가점 자격증, 취업지원대상자, 장애인, 국민기초생활수급자, 북한 이탈주민, 한부모가족, 다문화가족 등 기입
• 입사지원서 작성 시 직 · 간접적으로 학교명, 가족관계, 출신지, 출신지역 등의 개인 인적사항이 입력될 경우 불이익을 받을 수 있으므로 유의해야 함.

지원자격

구분	일반 · 보훈 · 장애인 · 4차산업인재 전형
기본요건	• 학력, 성별, 연령(공사 정년에 도달하는 자 제외) 제한 없음. • 병역 : 남자의 경우 병역필 또는 면제자 (병역특례 근무 중인 자 제외) ※ 인턴채용일 이전 전역 예정자 포함 • 공사 인사규정 제8조의 결격사유가 없는 자 • 인턴채용일로부터 발령지(전국 전 사업장) 근무 가능자
보훈 · 장애인	• (보훈) 「국가유공자 등 예우 및 지원에 관한 법률」 등에 따른 취업지원대상자로서 증명서 발급이 가능한 자 • (장애인) 「장애인고용촉진 및 직업재활법」에 따른 장애인으로서 증명서 발급이 가능한 자
필수어학	• 성적기준(4종 중 택1, 해당점수 이상 보유) [구분 / TOEIC / TEPS / OPIc(영어) / TOEIC Speaking] 공통 / 700점 / 264점 / IM1 / 110점 우대 대상자 / 500점 / 195점 / IL / 80점 * 우대 대상자 : 장애인, 취업지원대상자, 국민기초생활수급자, 북한이탈주민, 한부모가족, 다문화가족, 자립준비청년, 세 자녀 이상 가족구성원 전원(부모 및 자녀 포함) ** 청각장애(장애의 정도가 심한 자) : 듣기부분을 제외하고 TOEIC 250점, TEPS 117점 • 진위여부 확인이 불가능한 성적, 국외응시 및 특별시험 성적은 불인정
자격증	(기술직, 4차산업인재) 선발분야의 기사 자격증 등 소지
비고	일반 · 보훈 · 장애인 · 4차산업인재 전형 및 각 선발 분야 중복지원 불가

필수어학 성적기준:

구분	TOEIC	TEPS	OPIc(영어)	TOEIC Speaking
공통	700점	264점	IM1	110점
우대 대상자	500점	195점	IL	80점

※ 2024년 기준

필기전형 안내

- 시험장소 : 서울, 부산, 대구, 광주, 대전(입사지원 시 선택)
  ※ 응시희망 장소 편중 시 일부 지원자는 다른 지역에 배정될 수 있음(배정순서 : ①장애인, ②입사지원서 최종 제출 순).
- 평가항목 : 직업기초능력평가(30%) / 직무수행능력평가(70%)
- 선발방법 : 직업기초능력평가 점수, 직무수행능력평가 점수, 부가가점 합산 고득점자 순
  ※ 직업기초능력 및 직무수행능력평가 각각의 점수 40% 미만 득점 시 과락(불합격) 처리
  ※ 필기전형 불합격자에 한해 합격 커트라인 및 본인 점수 공개

전형별 주요내용

<table>
<tr><th>전형</th><th colspan="2">합격자 결정방법</th><th colspan="2">합격배수</th></tr>
<tr><td>서류</td><td colspan="2">• 어학성적 기준 충족
• 기사 자격증 등 이상(기술, 4차산업인재)
• 역량기술서(적 · 부)</td><td colspan="2">지원자격 충족, 역량기술서 적합 시 선발</td></tr>
<tr><td rowspan="5">필기</td><td colspan="2" rowspan="5">• 직업기초능력평가(30%)
• 직무수행능력평가(70%)
• 부가가점(해당 시)</td><td>분야별 최종 선발예정인원</td><td>배수</td></tr>
<tr><td>10명 초과</td><td>2</td></tr>
<tr><td>3명 이상 10명 이하</td><td>3</td></tr>
<tr><td>2명</td><td>4</td></tr>
<tr><td>1명</td><td>5</td></tr>
<tr><td rowspan="2">온라인 검사</td><td colspan="2">AI 면접</td><td colspan="2">대면면접 참고자료</td></tr>
<tr><td colspan="2">인성검사(적 · 부)</td><td colspan="2">인성검사 적합 시 선발, 대면면접 참고자료</td></tr>
<tr><td rowspan="5">1차면접</td><td colspan="2" rowspan="5">• 필기시험(40%)
• 1차 면접(PT, 토론)(60%)
• 법정가점(해당 시)</td><td>분야별 최종 선발예정인원</td><td>배수</td></tr>
<tr><td>10명 초과</td><td>1.3</td></tr>
<tr><td>3명 이상 10명 이하</td><td>1.5</td></tr>
<tr><td>2명</td><td>2</td></tr>
<tr><td>1명</td><td>3</td></tr>
<tr><td>2차면접</td><td colspan="2">• 필기시험(20%)
• 1차 면접(PT, 토론)(30%)
• 2차 면접(역량)(50%)
• 법정가점(해당 시)</td><td colspan="2">분야별 1배수</td></tr>
</table>

※ 필기 · 1차면접 전형 : 동점자 전원 선발

한국도로공사 기출 유형분석

2024년 출제유형 분석

2024년 한국도로공사 직업기초능력평가는 대행사와 출제경향의 변동으로 전년도 직업기초능력평가와는 다르게 의사소통능력, 수리능력, 문제해결능력, 정보능력으로 총 60문항이 출제되었다.

의사소통능력에서는 맞춤법, 어휘(어휘 관계, 유의어, 어휘 의미 등) 문제와 지문의 맥락과 세부 내용을 이해하는 문제가 출제되었다. 이때, 지문의 소재는 한국도로공사 관련 외에도 다양하였다. 수리능력에서는 확률, 거리 · 속력 · 시간 계산과 같은 응용수리 문제와 도표 자료해석 문제가 출제되었다. 문제해결능력에서는 명제의 참 · 거짓 추론과 같은 논리추론 문제와 시간 계산 등의 자료 이해 문제가 출제되었다. 정보능력에서는 정보 소재의 지문을 읽고 이해하며 관련 사례를 파악 및 적용하는 문제가 출제되었다.

2024년 한국도로공사 NCS직업기초능력 키워드 체크

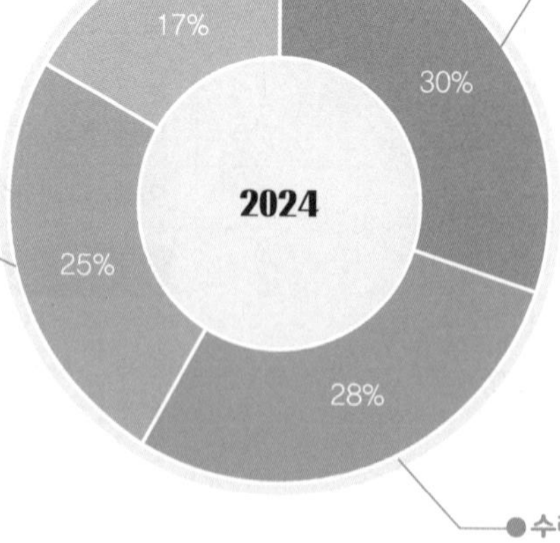

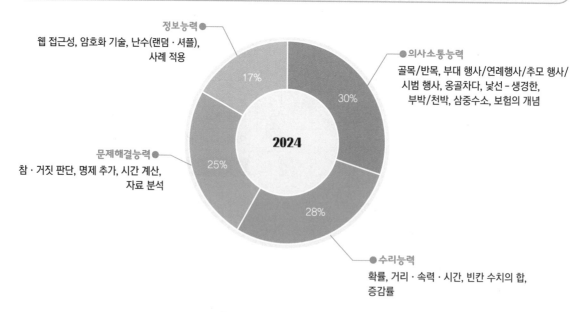

정보능력
웹 접근성, 암호화 기술, 난수(랜덤 · 셔플), 사례 적용

의사소통능력
골목/반목, 부대 행사/연례행사/추모 행사/시범 행사, 옹골차다, 낯선 – 생경한, 부박/천박, 삼중수소, 보험의 개념

문제해결능력
참 · 거짓 판단, 명제 추가, 시간 계산, 자료 분석

수리능력
확률, 거리 · 속력 · 시간, 빈칸 수치의 합, 증감률

2023년 출제유형 분석

2023년 한국도로공사 직업기초능력평가는 공통 과목인 의사소통능력, 문제해결능력, 정보능력과 함께 행정직은 자원관리능력과 조직이해능력, 기술직은 수리능력과 기술능력이 각각 12문제씩 출제되었다.

의사소통능력에서는 한국도로공사에서 진행하는 사업에 관한 세부 내용을 묻는 문제와 논리적 흐름에 따라 문단을 나열하는 문제가 출제되었다. 문제해결능력에서는 조건을 바탕으로 합리적인 선택을 하는 문제가 출제되었다. 정보능력에서는 알고리즘에 따라 값을 도출하는 문제와 문자를 비밀번호로 변환하는 문제가 출제되었다.

행정직의 자원관리능력에서는 최단거리를 구하는 문제와 휴가일정을 구하는 문제가 출제되었고, 조직이해능력에서는 결재순서를 묻는 문제가 출제되었다. 기술직의 수리능력에서는 자료를 바탕으로 수치를 계산하는 문제가 출제되었으며, 기술능력에서는 경고음에 따라 취해야 하는 조치를 묻는 문제와 알맞은 표지판을 찾는 문제가 출제되었다.

2023년 한국도로공사 NCS직업기초능력 키워드 체크

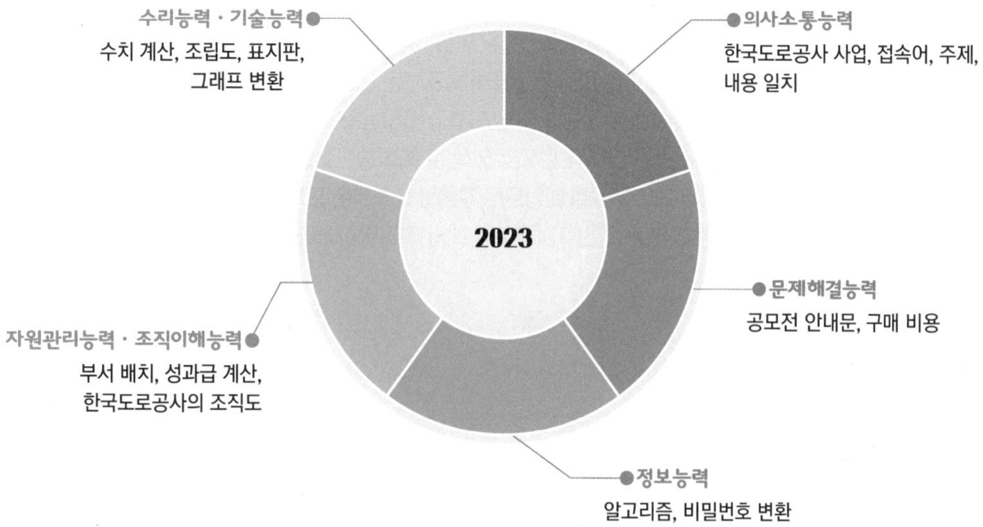

고시넷 한국도로공사 NCS

영역별 출제비중

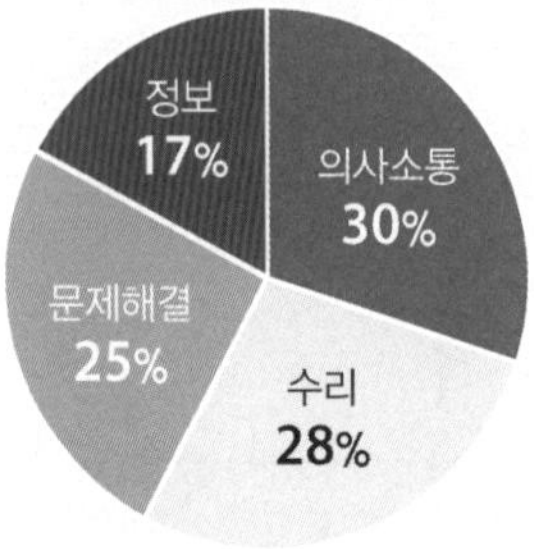

- ▶ 적절한 어휘와 어법을 이해하는 문제
- ▶ 글의 맥락과 내용을 파악하는 문제
- ▶ 적절한 수치를 세워 계산하는 문제
- ▶ 도표 자료의 수치를 분석하고 계산하는 문제
- ▶ 자료를 바탕으로 추론하는 문제
- ▶ 정보 소재의 글을 이해하고 적용하는 문제

한국도로공사 직업기초능력평가는 1. 의사소통능력, 2. 수리능력, 3. 문제해결능력, 4. 정보능력 네 가지 영역으로 출제되었다. 의사소통능력에서는 어휘의 의미를 파악하고 올바른 어법을 이해하는 문제와 글의 세부 내용을 이해하는 문제, 맥락에 따라 문단을 배열하는 문제가 출제되었다. 수리능력에서는 확률 계산, 거리 · 속력 · 시간 활용, 도형 계산과 같은 응용수리 문제와 도표 자료해석 문제가 출제되었다. 문제해결능력에서는 명제 · 진위 · 조건 추론과 같은 추리 문제와 자료를 바탕으로 결론을 도출하는 문제처리 유형의 문제가 출제되었다. 정보능력에서는 정보 관련 소재의 지문을 이해하고 예시를 파악하거나 해당 내용을 조건에 따라 적용하는 문제가 출제되었다.

한국도로공사

파트 1

기출예상모의고사

1회 기출예상문제

2회 기출예상문제

3회 기출예상문제

4회 기출예상문제

5회 기출예상문제

1회 기출예상문제

문항수 : 60 문항

문항시간 : 60 분

▶ 정답과 해설 2쪽

01. 다음 ㉠ ~ ㉤ 중에서 맞춤법에 어긋난 문장을 모두 고른 것은?

> ㉠ 다시 만난 가족들은 서로 부둥켜안았다.
> ㉡ 무심코 한 행동이 그의 성질을 건들였다.
> ㉢ 곧 명절이네요. 명절 잘 새세요.
> ㉣ 가난을 대물림하지 않기 위해 열심히 일했다.
> ㉤ 그 일을 서슴지 않고 맡아서 했다.

① ㉠, ㉡　　② ㉡, ㉢

③ ㉡, ㉤　　④ ㉢, ㉣

02. 다음 중 밑줄 친 ㉠ : ㉡의 관계와 가장 유사한 어휘 관계를 보이는 것은?

> 데페이즈망(dépaysement)은 현실적 사물의 본래 용도, 기능, 의미를 현실적 문맥에서 이탈시키고, 놓일 수 없는 ㉠ 낯선 장소에 그 사물을 조합시킴으로써 초현실적인 환상을 창조해 내는 기법이다. 이 기법에 대하여 삐에르 르베르디(P. Reverdy)는 상호 거리가 먼 두 개의 현실을 접근시킬 때 두 현실 간의 거리가 멀고 결합의 효과가 적절할수록 이미지는 강렬해질 것이며, 한층 깊은 감동적 힘과 시적 현실성을 띠게 된다고 하였다. 또한 데페이즈망은 일상적이고 상식적인 맥락을 벗어난 요소들을 결합시켜 심리적 충격을 주어 현실적인 사물에 대하여 비일상적이고 ㉡ 생경한 느낌을 받을 수 있도록 만든다. 이는 이미 지각하고 있는 경험적 이미지를 뒤엎어 '낯설음 효과'를 내는 것이다.

① 부박(浮薄)하다 : 천박(淺薄)하다

② 안갚음하다 : 앙갚음하다

③ 궁벽(窮僻)하다 : 궁리(窮理)하다

④ 막연(漠然)하다 : 막역(莫逆)하다

03. 다음 중 빈칸 ㉠에 들어갈 단어로 가장 적절한 것은?

'2024 해양주간'이 부산 벡스코에서 개막식과 함께 닷새간의 일정에 들어갔다. 개막식에는 박○○ 부산시장과 강◇◇ 해양수산부 장관 등이 참석해 '해양주간'을 선포했고 '토크 콘서트' 등의 프로그램이 진행됐다. 이번 해양주간에는 해양 관련 회의와 지도자와의 만남, 온라인 회의 등이 이어질 예정이다. 또한, (㉠) 행사로는 제17회 부산항축제와 해양 환경 정화 활동, '바다 사랑 전국문예대회' 등도 마련되어 있다.

① 연례　② 부대　③ 추모　④ 시범

04. 밑줄 친 ㉠~㉣ 중 맥락상 어휘의 쓰임이 적절하지 않은 것은?

- 방세를 내지 못하자 집주인은 ㉠ <u>옹골차게</u> 당장 방을 비우라고 하였다.
- 소꿉장난을 하면 ㉡ <u>으레</u> 내가 아기가 되었다.
- 나는 술사의 예언을 믿었지만, 다른 사람들은 모두 그 예언이 ㉢ <u>허황되다고</u> 여겼다.
- 해석해 보면 신기할 것도 없는 말인데 원문으로 읽으면 단단하고 ㉣ <u>부듯한</u> 느낌을 준다.

① ㉠　② ㉡　③ ㉢　④ ㉣

05. 밑줄 친 ㉠~㉣의 어휘 대신 들어갈 말로 적절하지 않은 것은?

국립공원은 자연자원을 국가가 특별히 관리하기 위해 지정하는 자연유산이다. 1967년 지리산이 최초의 국립공원으로 지정된 이래, 근래에는 스물한 번째로 지정된 무등산에 이어 스물두 번째 태백산이 국립공원으로 지정되는 등 주민, 지자체들의 국립공원에 대한 기대와 ㉠ <u>여망(輿望)</u>이 부쩍 커지는 ㉡ <u>형국(形局)</u>이다. 국립공원을 우리가 앞으로 지속가능하게 ㉢ <u>보전(保全)</u>하고 다음 세대에 물려주기 위해 어떤 노력을 기울여야 할 것인가. 국립공원 업무는 '여럿이 함께'라는 인식이 중요하다. 주무(主務) 부처는 환경부이지만 보호지역 관리를 위해서는 부처 간 협업과 지자체, 지역주민 등의 협력이 필요하다. 국립공원 신규 지정으로 대표되는 보호지역의 확대는 국제협약의 이행을 넘어서 미래 세대에게 자연유산을 가장 가치 있게 물려주는 효과적인 ㉣ <u>방안(方案)</u>이 될 것이다.

① ㉠ 중망(衆望)　② ㉡ 국면(局面)　③ ㉢ 보호(保護)　④ ㉣ 방책(方策)

[06 ~ 07] 다음 글을 읽고 이어지는 질문에 답하시오.

한국의 영화 관객들에게 장르는 그다지 익숙하지 않은 주제다. 그러나 장르를 모르고서 현대 미국 영화를 제대로 이해하기란 거의 불가능에 가깝다. 어떤 문화 양식이라도 그것의 역사와 관습을 이해하는 것은 그 양식의 이해를 위해 필수적인 일이다. 장르의 중요성은 할리우드 영화가 장르적 전통을 통해 산업적, 미학적으로 발전되어 왔다는 점에 있다. 우리나라에서 이루어지고 있는 영화적 담론의 불행은 장르적 전통에 대한 통찰 없이 그 전통 위에 서 있는 영화를 읽어 내려고 한다는 것이다.

할리우드의 고전기라 불리는 1920년대부터 1960년대 초에 이르기까지 할리우드가 만들어 낸 대다수의 영화는 장르 영화였다. 영화를 궁극적으로 하나의 상품으로 취급하는 할리우드 영화 제작자가 장르 영화를 만드는 가장 중요한 이유는 상업적 안정성 때문이다. 하나의 영화 장르는 관객이 선호하는 것이 드러나 있는 영화적 관습의 체계다. 장르 영화를 제작함으로써 영화 제작자는 일정한 수 이상의 관객 동원을 기대할 수 있다. 또한 비슷한 무대와 공간, 장비, 소품 등을 계속 사용함으로써 얻게 되는 경제적 효과도 무시할 수 없다.

할리우드 영화의 경이로운 점은 이 같은 상업적 고려에 의해 탄생한 장르를 통해 20세기 대중 예술의 가장 위대한 성취 가운데 하나를 이룩했다는 점일 것이다. 세계 영화의 거장 반열에 오른 존 포드, 오슨 웰스, 하워드 혹스 등의 감독들은 다름 아닌 장르 영화를 통해 세계의 대중들과 비평가들을 끊임없이 매혹시켜 왔다. 장르가 산업적 관심사일 뿐만 아니라 주요한 미학적 관심사가 될 수밖에 없는 이유다.

웨스턴, 갱스터, 뮤지컬 등 고전기의 주류 장르들이 뒷전으로 밀려난 것처럼 보이는 오늘의 할리우드 영화에도 장르적인 요소는 여전히 의미심장한 부분으로 남아 있다. 장르 영화를 통해 형성된 영화적 경험이 오늘의 영화 작가들을 지배하고 있기 때문이다. 감독이 자신의 영화적 경험을 작품에 어떻게 반영하고 있는가에 대한 분석은 이제 영화 비평의 주요한 과제가 되고 있다.

고전기 할리우드의 세계적 지배력을 상기한다면 이 같은 점은 할리우드뿐만 아니라 전 세계의 많은 감독들에게 적용된다고 볼 수 있다. 자신은 인생에 대해 아는 바가 거의 없으므로 결국 지금까지 본 영화들을 베낄 수밖에 없다고 시인한 적이 있는 장 뤽 고다르가 『네 멋대로 해라』를 『스카페이스』 등의 할리우드 갱스터 영화에 의존해 만들었다는 얘기는 유명하다. 요컨대, 영화 장르는 고전기 할리우드 영화는 물론 영화라는 대중 예술의 본질에 다가가는 데 필수 불가결한 개념인 것이다.

장르 어프로치는 할리우드 영화를 이해하고 분석하는 데 가장 유용한 수단이다. 물론 이미 오래전부터 영화 장르는 주요한 비평의 주제로 취급되어 왔지만 이전의 장르 연구들은 대개 영화 장르를 개별적이고 고립된 텍스트로 다루어 왔다. 장르 어프로치는 영화 제작을 영화 산업과 관객과의 역동적인 상호작용으로 다룸으로써 '장르적인 것'의 총체적 탐구를 시도하고 있다. 여기서 장르 영화는 하나의 문화적 의식으로 드러난다.

06. 윗글을 이해한 내용으로 적절하지 않은 것은?

① 고전기 할리우드 영화의 대부분은 장르 영화이다.
② 제작자가 장르 영화를 만드는 가장 큰 이유는 미학적 이유이다.
③ 할리우드에서 상업적 고려에 의해 탄생한 장르가 20세기 대중 예술의 가장 위대한 성취를 이루어냈다.
④ 영화는 영화 산업과 관객과의 역동적인 상호작용을 거치는 상품이다.

07. 윗글의 필자가 〈보기〉의 관점을 가진 이에게 제기할 수 있는 반론은?

보기

우리의 영화 사상 획기적이며 무수한 관객을 울린 작품, 이후 많은 무성영화의 제작을 가능하게 한 작품 『아리랑』은 조선키네마사가 1926년 9월에 단성사에서 개봉한 동사(同社) 제2회 작품이었다. 『아리랑』은 두말할 것도 없이 춘사 나운규가 처음으로 쓴 작품이었다. 『아리랑』의 발표는 『의리적 구투』로부터 치면 7년째, 『월하의 맹세』로 보면 3년 만에 제작, 발표되었다.

그렇다면 작품 『아리랑』은 왜 한국영화 사상 최대의 문제작으로 오늘에 이르는가. 그것은 크게 보아 세 가지 측면에서 기인한다. 첫째는 『아리랑』이야말로 민족의 비애와 불타오르는 민족정신을 형상화한 민족영화였다. 둘째는 춘사 나운규가 『아리랑』으로 하여 한국영화를 높은 예술적 수준에 올려놓았고, 셋째로 영화인 춘사 나운규의 여러 가지 전설적인 문제가 『아리랑』에 거대하게 투영되어 있었던 것이다.

① 조선키네마사가 『아리랑』을 통해 민족주의적 의상을 고양시킨 것이 아닌가요?
② 춘사 나운규가 처음으로 쓴 작품이라면 영화적 경험이 반영되었다고 할 수 있나요?
③ 『아리랑』이 이후 무성영화의 제작이 이어진 것은 관객의 역할도 있는 것이 아닌가요?
④ 이전의 작품들과 『아리랑』이 예술성 성취면에서 전혀 다른 차이가 있다고 할 수 있나요?

[08 ~ 09] 다음 글을 읽고 이어지는 질문에 답하시오.

(가) 도덕적 해이는 자금 공급을 한 후에 나타나는 정보의 비대칭성 문제다. 조달한 자금을 원래의 자금조달 목적과 상관없는 다른 용도로 사용하거나 낭비적인 지출에 사용하는 것이 대표적인 예다. 자금의 소유자와 관리자가 분리되어 있는 경우에는 이와 같은 주인－대리인 관계에 따른 도덕적 해이가 나타나기 마련이다. 도덕적 해이를 줄이기 위해서 자금운용을 감시할 수 있는 체제를 마련하면 되지만 완벽한 감시를 위해서는 지나치게 높은 비용이 소요된다는 문제가 있다.

(나) (A) 정보의 비대칭성은 거래 당사자 간 정보의 양이 상이한 상태를 의미하며, 금융시장에서는 기업의 상황 및 가치에 대해 우월한 정보를 가진 경영자가 상대적으로 정보가 적은 투자자들로부터 자금을 유치하고자 할 때 나타난다. 금융거래에서 정보의 비대칭성은 역선택의 문제와 도덕적 해이의 문제를 야기시킨다.

(다) 먼저 역선택의 문제는 어떤 기업이 우수한 기업인지 구별하기 어려울 때 발생한다. 투자대상 기업을 차별화할 수 있다고 하더라도 차별화를 위한 선별비용이 지나치게 높으면 역선택의 문제는 여전히 발생할 것이다. 투자대상 기업의 차별화가 어려울 경우 투자자들은 우수하지 않은 기업에 자금을 공급함에 따른 손실을 대비하여 더 높은 수익률이나 이자율을 요구할 것이다. 그러나 이 경우 유망한 기업들은 오히려 자금조달을 포기하고 위험성이 높은 투자계획을 가진 기업만 자금을 수요하는 레몬 현상이 발생할 것이다.

(라) 결국 정보의 비대칭성으로 인한 역선택이나 도덕적 해이는 금융시장에서 자금의 공급이 최적 규모에 비해 과소하게 이루어지는 시장실패를 가져온다. 정보의 비대칭성으로 인한 시장실패는 금융시장에서 일반적으로 나타나는 현상이다. 그러나 투자대상이 벤처기업과 같은 기술개발 중심의 초기기업인 경우, 또는 중견기업인 경우에도 기술개발을 위한 자금조달의 과정에서는 정보의 비대칭성이 더욱 심각하게 나타날 가능성이 높다. 비용구조가 비교적 잘 알려진 생산설비투자와 달리 기술개발을 위한 투자는 성공 가능성, 자금 소요액, 지출의 필요성 등에 있어서 투자자와 기업 간 정보의 비대칭성이 더욱 크기 때문이다. 따라서 기술개발을 위한 자금조달에서 정보의 비대칭성으로 인한 시장실패의 가능성이 일반 기업 활동을 위한 자금조달에 비해 더욱 높다.

08. 다음 중 글의 흐름에 따라 (가)～(라)를 올바르게 정렬한 것은?

① (나) – (다) – (가) – (라)
② (나) – (가) – (다) – (라)
③ (라) – (나) – (가) – (다)
④ (라) – (가) – (나) – (다)

09. 다음 중 밑줄 친 (A)의 특징으로 가장 적절하지 않은 것은?

① 금융시장 밖에서도 적용될 수 있다.
② 역선택의 문제와 도덕적 해이의 문제를 야기시킨다.
③ 금융시장에서 자금의 공급이 최적 규모에 비해 적게 이루어지는 문제를 가져온다.
④ 시장 스스로의 대응에 의해 해결되기도 한다.

[10 ~ 11] 다음 '바퀴'와 관련된 글을 읽고 이어지는 질문에 답하시오.

바퀴는 물체를 움직이게 하는 핵심 요소이자 역사적으로 가장 오래된 기계 장치 중 하나이다. 가축을 길들인 것이 자연에서 이동수단을 우연히 '발견'한 것이라면, 바퀴는 이동에 필요한 도구를 '발명'한 것이다. 그리고 가축이라는 자연물과 바퀴라는 인공물은 훗날 '마차' 혹은 '전차'라는 형태로 자연스럽게 결합했고, 나중에는 엔진을 동력으로 하는 자동차의 부속품이 되어 우리의 발이 되어주고 있다.

바퀴에 대해 깊이 연구한 리처드 불리엣은 『바퀴, 세계를 굴리다』에서 바퀴가 처음 발명된 지역으로 동유럽 카르파티아산맥의 구리 광산을 꼽고 있다. 일반적인 환경에서는 바퀴의 경쟁력이 가축보다 떨어지기 때문에 가축 활용이 어려운 곳에서 가장 먼저 바퀴가 만들어졌을 거라는 추측이다.

이런 관점의 연장선상에서 바퀴가 유용하게 사용된 또 하나의 지역은 말을 처음으로 길들인 유라시아의 초원이다. 유목민들은 네 개의 바퀴가 달린 수레 위에 텐트, 식품, 물을 싣고 오랫동안 이동할 수 있었다. 수레에 의한 운송은 '원거리 유목'을 가능하게 만들었고, 유목민들은 말과 수레를 활용해 유라시아의 광대한 초원 지대를 효율적으로 이용할 수 있었다.

운송수단으로서 수레의 활용도가 높아지면서 바퀴의 형태도 조금씩 달라졌다. 최초의 바퀴는 통나무를 원통 형태 그대로 잘라서 만들었다. 나무를 그대로 쓰기 때문에 바퀴의 내부에는 빈틈이 없었고, 당연히 무게도 무거웠다. 그러다 시간이 지날수록 바큇살이 있는 가벼운 바퀴로 발전했고, 수레 전체의 무게가 줄어들자, 운반효율이 높아졌다. 무엇보다 바큇살이 있는 바퀴는 여러 부품을 이어서 만들기 때문에 크기의 제약에서 자유로웠다. 가볍고 튼튼하며 커다란 바퀴는 정교해진 수레 제작 기술, 그리고 말이라는 가축과 결합하면서 '전차'라는 빠른 탈 것으로 등장했다.

당시 전차를 운용하기 위해서는 전차를 만드는 기술은 물론이고, 전차를 움직이기 위해 특별히 훈련받은 여러 마리의 말, 그리고 숙련된 전차 기수가 필요했다. 이 중에서도 전차 기수의 운전 실력은 전차의 성능과 위력을 결정짓는 중요한 기준이었다. 특히 곡선에서 전차를 몰기 위해서는 여러 말들의 고삐를 독립적으로 움직이면서 무게중심을 이동시켜 균형을 유지하는 고도의 기술이 필요했다. 숙련된 전차 기수를 키워내려면 오늘날 전투기 조종사 못지않은 고도의 훈련과정이 필요했다.

한동안 전차는 화려하게 전장을 누볐다. 하지만 등자가 발명되고 기마병이 투입되면서 군용전차는 점차 승용이나 화물운반용으로 그 용도가 바뀌었다. 전장에서 은퇴한 이륜전차는 사륜마차가 되었고, 주로 상류층 여성들의 장거리 이동수단으로 활용되었다. 17세기 무렵 마차를 타는 것은 유럽 전역에서 인기를 끌었고, 이후 증기기관이 발명될 때까지 대표적인 장거리 여행수단으로 사랑받았다. 그 후 19세기에 자동차가 등장하자, 바퀴는 마차에서 자동차로 무대를 옮기게 되었다.

오늘날 자동차의 발전과 함께 바퀴의 성능도 비약적으로 발전했지만 그 본질은 바뀌지 않았다. 바퀴는 여전히 둥글고 축을 중심으로 굴러가고 있다. 포장된 도로가 없던 시절, 바퀴 달린 수레는 가축보다 효율이 떨어졌다. 인간이 수레를 포기하고 계속 가축에만 의존했다면 아마도 바퀴는 도태되어 사라졌을지 모른다. 그러나 인간은 바퀴의 가능성을 포기하지 않았고, 결국 바퀴에 다양한 기술을 접목해 가축보다 효율적인 이동수단으로 만들었다. 바퀴는 한계에 도전하면서 살아남은 인류의 역사, 혹은 그 흔적이라고 할 수 있는 셈이다.

10. 다음 중 윗글의 주제로 알맞은 것은?

① 장거리 운송을 위해 만들어진 바퀴
② 인류의 역사를 움직인 바퀴의 진화 과정
③ 가볍고 튼튼하며 커다란 바퀴의 중요성
④ 교통수단의 변화 과정

11. 윗글을 참고할 때, 다음 〈사례〉의 K가 실수한 이유로 적절한 것은?

사례

전차 기수인 K는 여느 때와 다를 바 없이 전차를 몰고 약속 장소로 가고 있었다. 약속 시간에 늦지 않기 위해 빠르게 전차를 몰던 K는 곡선 도로가 보이자 여러 말들의 고삐를 한꺼번에 움켜쥐고 곡선을 돌다가 말이 경로를 이탈하여 넘어지고 말았다.

① 길이 고르지 못했다.
② 빠르게 전차를 몰았다.
③ 말의 상태를 잘 살피지 못했다.
④ 기수의 운전 실력이 미숙했다.

[12 ~ 13] 다음 글을 읽고 이어지는 질문에 답하시오.

> 삼중수소가 만들어지는 곳은 중수로형 원전이다. 삼중수소는 이곳에서 나오는 방사성폐기물의 일종이었다. 다른 종류의 방사성폐기물은 조심스럽게 처리 과정을 거쳐 땅속에 깊숙이 묻히지만 삼중수소는 귀하신 몸이다. (　　　㉠　　　)
>
> 먼저 삼중수소는 스스로 빛을 내는 자발광체의 핵심 연료로 쓰인다. 삼중수소가 방출하는 베타선이 형광물질을 자극해 빛이 나게 하기 때문이다. 마치 형광등이 전기로 자외선을 만들고, 자외선이 형광물질을 자극해 빛을 내는 원리와 비슷하다. 하지만 수명이 13년 정도로 형광등보다 5 ~ 6배는 더 길다.
>
> 또한, 전기 없이 작동하기 때문에 갑자기 정전이 되면 큰 사고의 위험이 있는 공항에서 활주로 유도등으로 쓴다. 공항의 검색대에도 삼중수소가 쓰인다. 최근 공항에서는 샴푸, 치약, 음료수 등의 액체 물질을 소지하고는 비행기에 탑승할 수 없다. 테러리스트들이 액체폭탄을 이들로 둔갑시킬 수 있기 때문이다. 고체폭탄은 공항의 폭탄탐지기의 스캐닝으로 대부분 잡아낼 수 있지만, 액체폭탄은 폭탄감지기가 없다. 그래서 액체 물질은 일일이 가방을 검사해 비행기 반입 자체를 막아야 한다.
>
> 하지만 중성자 검색대를 이용하면 이런 번거로움을 확연히 줄일 수 있다. 중성자 검색대는 물체의 형태만 검사하는 X선 검색대와 달리 물체의 성분까지 분석할 수 있다. 중성자를 수 초 동안 물체에 쏘아 그 반응에 따라 화학적 특성을 파악하는 것이다. 만약 물체의 화학적 특성이 메틸나이트레이트, 나이트로글리세린과 같이 폭탄과 유사하다면 경고음이 울린다. 그리고 중성자 검색대에서 중성자를 쏘기 위해 필요한 것이 바로 삼중수소다. 앞으로 삼중수소가 활약할 가장 중요한 곳은 바로 핵융합이다. 핵융합은 태양이 에너지를 만드는 원리로 과학자들이 내놓은 미래 에너지의 최종 목표라고 할 수 있다.

12. 윗글의 빈칸 ㉠에 들어갈 내용으로 가장 적절한 것은?

① 다른 방사능 물질에 비해 비교적 안전하기 때문이다.
② 스스로 핵융합을 일으킬 수 있는 힘을 지니고 있기 때문이다.
③ 보통 수소에는 없는 방사능을 가지고 있기 때문이다.
④ 여러 산업 분야에서 유용하게 활용할 수 있기 때문이다.

13. **다음 중 윗글을 바탕으로 삼중수소를 활용할 때 안전성과 관련하여 고려할 사항으로 가장 적절한 것은?**

① 삼중수소는 자발광체로 사용할 때 사람의 눈에 보이는 빛을 직접 방출하므로, 장시간 노출 시 눈 보호 장비가 필수적이다.

② 삼중수소의 방사능 특성은 베타선을 방출하는 것이므로, 활용 과정에서 방출된 삼중수소가 체내에 흡입되거나 섭취되지 않도록 관리해야 한다.

③ 삼중수소는 전자기파를 방출하는 특징이 있어 전자기 간섭이 발생할 수 있으므로, 전자기기 근처에서 사용할 때 주의가 필요하다.

④ 삼중수소의 중성자 방출 특성 때문에 삼중수소 활용 시 다른 방사성 물질과 쉽게 결합하여 강한 방사선을 유발할 수 있다.

14. **다음 글의 밑줄 친 ㉠을 설명하기 위한 예시로 사용할 수 있는 문장은?**

> 바른 문장을 이루기 위해서는 최소한 문법에 맞게 문장을 써야 한다. 모든 문장에는 반드시 주어와 서술어가 있는데, 이 두 개의 문장 요소가 잘 호응을 이루어야 좋은 문장이 될 수 있다. 문장의 호응이란 문장 성분들이 서로 의미가 통하여 유기적으로 결합하는 것을 의미한다. 예를 들어, '너와 나는 국가가 틀리다'에서 주어와 서술어는 호응을 이루고 있지 않다. 국가는 틀린 게 아니라 다른 것이기 때문이다. 따라서 '너와 나는 국가가 다르다'라고 써야 한다. ㉠ 이와 같이 문서를 작성할 때는 주어와 서술어의 의미 호응이 이루어지도록 해야 한다.

① 영희는 절대로 규칙을 어기는 일을 할 것이다.

② ○○박물관은 무단 침입자에 대해서 근거 법령에 따라 처벌을 받는다.

③ 어제 우리가 시험을 망친 원인은 우리가 공부한답시고 밤을 새웠기 때문이다.

④ 어제 나는 친구들과 케이크와 커피를 마셨다.

[15 ~ 16] 다음 글을 읽고 이어지는 질문에 답하시오.

역사적으로 사람들은 마을 공동체의 상부상조를 통해 경제적 위험을 완화하고 위험에서 벗어났다. 화재로 마을 주민 중 누군가의 집이 타버리거나 키우던 가축이 죽으면 다른 주민들이 함께 집을 다시 지어주고 가축의 새끼를 나누어 주었다. 모를 심고 벼를 타작하는 일도 두레라는 이름의 공동 작업으로 이루어졌고, 장례는 마을 사람들의 부조로 치렀다.

그러나 산업화와 도시화의 급속한 진행으로 개별의 위험을 공동체 전체가 나누고 협력하는 전통적인 관습은 사라지고, 보험(insurance)이 기업화된 형태로 등장했다. 보험제도 안에서 보험 가입자는 묵시적으로 다른 가입자와 함께 발생할 수 있는 위험을 공유하는데, 각 개별 보험 가입자들은 서로 직접적으로 연계될 필요는 없다.

보험은 일정한 보험료를 내는 보험 가입자가 특정 손실을 입었을 때 보험회사(보험자)가 사전에 약정한 보험금을 가입자 또는 수혜자에게 지급하는 계약이다. 보험금액은 사전에 결정되거나 손실 비용의 전액 또는 일부를 사후에 보전할 수 있다. 즉, 보험은 약관에 명시된 재해나 사고로 발생한 경제적 손실을 보상하는 제도이다. 보험 가입자는 미래의 손실을 보장받기 위해 약정된 일정 금액을 지불해야 한다.

보험 가입자는 이러한 방식으로 잠재적인 경제적 위험을 보험회사에 이전시킨다. 예측은 되지만 발생이 불확실한 손실의 위험이 피보험자로부터 보험자에게 이전되는 것이다. 보통 보험 가입자 가운데 극히 소수만이 손실을 입으며, 이들의 손실은 보험회사가 보험 가입자 전체로부터 징수한 보험료에서 충당된다. 보험회사는 해당 보험에서 예상되는 위험의 정도를 평가하여 발생 가능한 비용을 초과하는 보험료를 설정하고, 이를 통해 일부 가입자의 손실과 보험회사의 수익을 보장한다.

보험자는 보험의 조건과 규칙을 결정하는 주체로, 보상받을 손실의 한계를 사전에 결정한다. 재난은 잠재적인 손실 요인으로, 화재, 홍수, 도난, 심장마비 등이 포함된다. 보험회사는 재난을 구체적으로 정관에 명기하거나 전쟁이나 자살과 같은 특정 사항을 제외한 나머지를 모두 재난으로 규정하기도 한다.

손실의 크기는 두 가지 확률적 변수에 의해 결정된다. 하나는 특정한 기간 내에서 발생하는 손실의 빈도이다. 예를 들어, 건강한 건강보험 가입자는 대부분의 해에 손실이 발생하지 않지만, 어떤 해에는 질병이나 사고로 입원할 수 있다. 이러한 손실의 횟수가 확률변수로 손실의 빈도이고, 이를 나타내는 분포를 빈도분포라고 한다. 다른 변수는 손실의 금액이다. 예를 들어, 하루 정도의 입원에 따른 손실 금액은 1주일의 입원으로 인해 발생하는 비용보다 낮다. 이 두 확률변수를 통해 전체 손실 예상금액이 산정된다. ㉠ 위해요인(hazards)은 손실의 가능성이나 예상 규모를 확대시키는 조건이다. 예를 들어, 건강이나 질병의 경우에는 흡연이나 폭음이 있고 화재의 경우에는 누전을 발생시킬 수 있는 무절제한 전선 배선이 있으며, 지진발생의 가능성이 높은 캘리포니아 주민들도 이에 해당될 수 있다.

1회 기출예상
2회 기출예상
3회 기출예상
4회 기출예상
5회 기출예상
인성검사
면접가이드

15. 윗글을 이해한 내용으로 적절하지 않은 것은?

① 산업화와 도시화로 사라진 마을 공동체의 상부상조의 관행을 기업화한 것이 현재의 보험이다.
② 각 보험 가입자는 다른 보험 가입자와 한 보험 내에서 금전적으로 위험을 공유하지만 서로 직접 연계되지는 않는다.
③ 가입자 중 일부만이 손실을 입지만, 보험회사는 위험의 예측 가능한 정도보다 낮은 보험료를 보험 가입자 전체에게서 걷어 소수의 손실을 보장한다.
④ 보험회사는 손실의 빈도와 금액이라는 확률변수를 통해 전체 손실 예상 금액을 산정한다.

16. 윗글의 밑줄 친 ㉠에 해당하는 예시로 가장 적절하지 않은 것은?

① 재발할 가능성이 높은 질병 이력
② 사고 발생률이 높은 건설 현장
③ 안전사고로 인한 뇌진탕
④ 갑작스럽게 내린 폭우로 인한 도로 침수 피해

[17 ~ 18] 다음 글을 읽고 이어지는 질문에 답하시오.

어떤 회사가 중소기업인지 아닌지 구분하는 방법은 우리나라 법전에 명시되어 있다. 「중소기업기본법」에서는 기업의 3년간 평균 매출액에 따라 그 기업이 중소기업인지 아닌지를 정하고 있다. 다만 업종별 상대적 매출이 높을 수밖에 없거나 낮을 수밖에 없는 경우가 있기 때문에 업종에 따라 평균 매출액의 기준은 최소 400억 원부터 최대 1,500억 원까지로 다르게 설정되어 있다.

예를 들어 옷, 가방, 가구, 종이와 같은 제품을 만드는 회사라면 상대적으로 평균 매출액이 높기 때문에 1,500억 원 이하여야 중소기업이 된다. 반면 식료품, 플라스틱 제품을 만드는 회사의 경우에는 평균 매출액이 1,000억 원 이하여야 중소기업이다. 또 제조업이나 건설업, 도매 및 소매업과 같은 서비스업은 상대적으로 평균 매출액이 낮기 때문에 1,000억 원 이하까지는 모두 중소기업으로 분류될 수 있다. 제조업 중에서도 의료, 음료업, 정밀, 광학기기 및 시계 제조업 등은 평균 매출액이 800억 원 이하여야 중소기업이다. 마지막으로 호텔이나 식당 같은 숙박 및 음식점업, 학원 같은 교육 서비스업의 중소기업 기준은 평균 매출액 400억 원 이하이다.

우리나라에서 소위 '대기업'이라고 부르는 회사들도 그 기준이 따로 정해져 있는데, 기준에 따라 대기업에 해당하면 당연히 중소기업은 아니게 된다. 대기업을 구분하는 기준은 바로 공정거래위원회(이하 공정위)에서 지정하는 상호출자제한기업집단에 속하느냐, 속하지 않느냐이다.

기업집단의 자산이 10조 원 이상이 되면 공정위는 이 기업집단의 우두머리인 '총수'를 정하고 혹시 부정한 일을 저지르지 않는지 특별 관리를 한다. 이렇게 상호출자 금지, 순환출자 금지 등의 특별 관리를 받는 상호출자제한기업집단은 우리가 '재벌'이라고 부르는 집단과 동일하다고 보면 된다. 이 법은 그룹을 관리하고 규제하기 위해 만들어진 법으로, 재벌 기업들이 상호출자를 통해 규모를 불려 왔기 때문에 이를 제한하기 위해서 상호출자제한이라는 법을 사용한다.

이렇게 상호출자제한기업 집단에 속한 기업들은 기업 매출이나 자산 규모와는 무관하게 대기업으로 분류가 된다. 즉, 내가 다니는 회사의 연봉이나 처우 혹은 시스템과는 무관하게 그룹 전체의 자산이 얼마나 크냐에 따라 대기업으로 지정된다는 뜻이다.

이와 같이 중소기업, 대기업에 대한 법적인 개념이 명확한 데 비해 일상생활에서는 아직도 중소기업이라는 단어를 혼동해 사용하는 경우가 많다. 그 이유 중 하나는 2014년 이전만 해도 중소기업의 분류 기준이 기업의 종사자 수가 300명 이하인지 아닌지로 설정되어 있었기 때문이다. 따라서 지금까지도 직원 수를 기준으로 삼아 중소기업을 구분하는 경우도 적지 않다.

17. 윗글을 이해한 내용으로 가장 적절한 것은?

① 2014년 이전까지는 직원 수가 500명 이하이면 무조건 중소기업에 해당되었다.
② 중소기업과 대기업을 분류하는 법적 기준의 불명확함이 혼란을 초래하고 있다.
③ 상호출자제한기업집단에 속하는 기업은 다른 요소들과는 무관하게 모두 대기업이다.
④ 현재 매출이 충분히 높지 않은 기업도 자산이 1천억 원 이상이면 대기업으로 분류된다.

18. 윗글을 참고할 때 2024년 기준 중소기업으로 볼 수 있는 기업을 〈보기〉에서 모두 고르면?

보기

㉠ 기업집단의 자산이 10조 원이며 최근 3년간 연평균 매출액이 900억 원인 건설회사 A
㉡ 종사자 수가 500명이며 최근 3년간 월평균 매출액이 2억 원인 플라스틱 제조회사 B
㉢ 2023년 매출액이 5천억 원인 가구회사 C
㉣ 최근 3년간 총매출액이 2천억 원이며 기업집단의 자산이 5조 원인 광학기기 제조회사 D
㉤ 최근 3년간 총매출액이 3천억 원이며 공정거래위원회에서 기업 총수를 정한 호텔 E

① ㉠, ㉣　　② ㉠, ㉤
③ ㉡, ㉢　　④ ㉡, ㉣

19. 민주와 혜정이가 오후 2시에서 오후 4시 사이 임의의 시점에 목적지를 향해 각각 출발한다고 한다. 다음 〈조건〉을 바탕으로 할 때, 오후 5시에 민주와 혜정이가 모두 목적지로부터 2km 이내에 위치해 있을 확률은 얼마인가?

조건

- 민주와 혜정이는 목적지를 중심으로 각각 4km씩 동쪽과 서쪽으로 떨어진 일직선상에 있다.
- 민주와 혜정이는 모두 1km/h의 속도로 일직선상을 따라 목적지를 향해 이동한다.
- 민주와 혜정이는 지정된 범위의 시간대 중 자신이 원하는 시점에 출발한다.
- 민주와 혜정이는 지정된 범위의 모든 시점에 대해 출발할 확률이 동일하다.

① 6.25%　　② 12.5%
③ 25%　　④ 37.5%

20. AA 기업의 김 사원은 회사로부터 $\frac{2}{3}$km 떨어진 거래처와의 미팅을 위해 회사에서 출발하여 4km/h의 속력으로 거래처를 향해 걸어갔다. 잠시 후 박 사원은 김 사원이 중요한 서류를 두고 갔다는 사실을 알게 되어 김 사원이 회사를 출발한 지 6분 뒤부터 김 사원을 향해 뛰어갔다. 이때 김 사원이 거래처에 도착하기 전에 박 사원이 따라잡을 수 있는 최소 속력은 얼마인가?

① 8km/h
② 10km/h
③ 12km/h
④ 14km/h

21. S 공장 전체 직원 중 50%는 안경을 썼고 남자 직원 중 40%는 안경을 썼다. 남자가 여자보다 안경을 쓴 직원이 5명 더 많고 전체 직원 수가 150명이라면, S 공장의 남자 직원은 모두 몇 명인가?

① 75명
② 100명
③ 125명
④ 130명

22. 농기계 부속품을 제조하는 ○○기업은 직원들의 역량 향상을 위해 프로그래밍 교육 프로그램을 운영하고 있다. 프로그래밍 교육 프로그램을 수강하는 사원은 작년 기준으로 전체 사원의 20%이다. 올해 전체 사원 수가 1% 증가하고 프로그래밍 교육 프로그램을 수강하는 사원이 2% 감소했다면, 올해 프로그래밍 교육 프로그램을 수강하는 사원은 전체 사원의 몇 %인가? (단, 소수점 아래 둘째 자리에서 반올림한다)

① 약 19.4%
② 약 19.2%
③ 약 18.8%
④ 약 18.6%

23. 대학로의 어느 소극장에서 연극 포스터 인쇄를 주문하려고 한다. 100장을 인쇄하는 데 20,000원이고 100장의 초과분에 대해서는 1장당 120원이 청구된다. 포스터 1장당 인쇄비가 150원 이하가 되도록 하려면 최소한 몇 장 인쇄를 맡겨야 하는가?

① 267장
② 268장
③ 269장
④ 270장

24. 다음 Z 청소기의 판매량과 판매율에 대한 설명으로 옳은 것은 〈보기〉에서 모두 고르면?

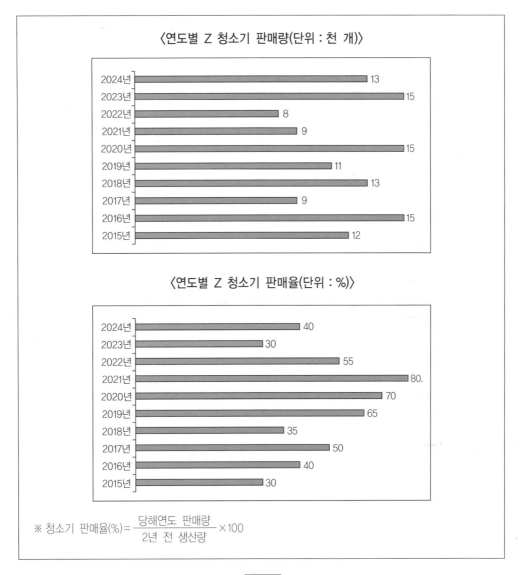

〈연도별 Z 청소기 판매량(단위 : 천 개)〉

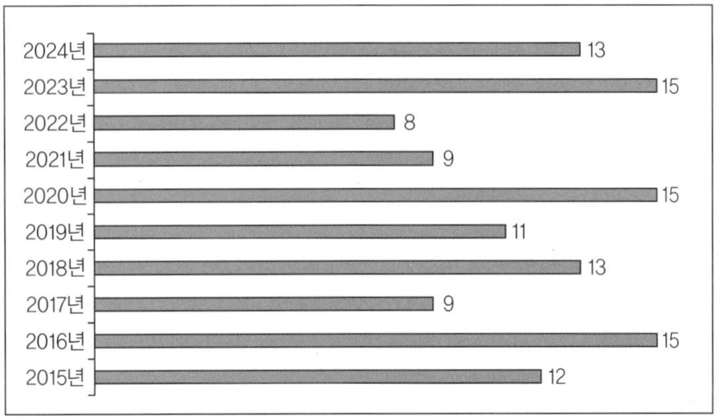

〈연도별 Z 청소기 판매율(단위 : %)〉

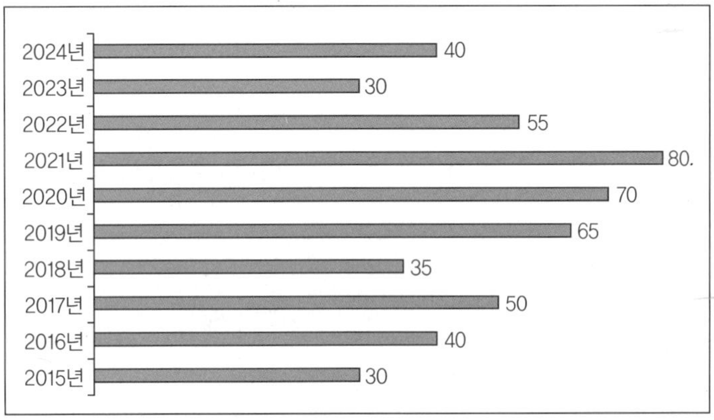

※ 청소기 판매율(%) $= \frac{\text{당해연도 판매량}}{\text{2년 전 생산량}} \times 100$

보기

㉠ 2014년 Z 청소기 생산량은 2015년 Z 청소기 생산량의 2배 이상이다.
㉡ 2013년 Z 청소기 생산량에 비해서 2021년 Z 청소기 생산량은 25% 증가하였다.
㉢ 2018년 Z 청소기 생산량은 2만 개 이하이다.
㉣ 2013 ~ 2022년 중 Z 청소기를 가장 많이 생산한 연도는 2019년이다.

① ㉠, ㉡ ② ㉠, ㉢
③ ㉡, ㉢, ㉣ ④ ㉠, ㉡, ㉣

[25 ~ 26] ○○시 체육정책과 M 주무관은 생활체육 지원 기획안을 작성하기 위해 주민 체육활동 자료를 수집하고 있다. 이어지는 질문에 답하시오.

〈'건강한 ○○시' 만들어 가요 – ○○시 생활체육 지원 확대〉

○○시는 모든 지역주민이 스포츠를 즐기며 건강한 삶을 누릴 수 있도록 하는 생활체육 지원을 확대할 계획을 발표했다. 생활체육교육을 위해 다양한 프로그램 지도가 가능한 교육인 총 716명(생활체육지도자 163명, 생활체육 광장지도자 136명, 장애인지도자 30명, 전문스포츠지도자 3명, 청소년 생활체육학교 강사 384명)을 모집하고 각 지역에 배치해 누구나 쉽게 생활체육에 접근할 수 있도록 할 방침이다.

특히 각 연령대별 선호 체육시설 및 참여 체육활동 유형을 파악하여 맞춤형 참여 프로그램 운영, 단체 체육활동 지원, 스포츠 강좌 이용료 지원, 유아 및 청소년 체육활동 지원을 해나갈 계획이다. 또한 찾아가는 운동 코칭 서비스를 제공하며 더 많은 지역주민들이 체육활동에 참여할 수 있도록 한다. 더불어 다양한 연령과 계층에게 저렴한 비용으로 스포츠를 접할 수 있도록 공공체육시설 중심의 스포츠클럽 12개소를 열어 지역주민의 연령대별 건강체력 수준을 주기적으로 측정해 맞춤형 운동처방을 제공하는 체력인증센터도 함께 운영할 계획이다.

○○시 K 체육정책과장은 "지역주민 모두가 연령, 계층 등에 구애받지 않고 체육시설에 접근 및 이용할 수 있는 여건을 만들기 위해 생활권 중심의 체육시설 인프라 확충 및 개 · 보수사업도 지속적으로 추진하겠다."라고 말했다.

〈○○시 주민들의 선호 체육시설 및 체육활동 유형〉

(단위 : %)

구분	체육시설					체육활동					
	민간 시설	공공 시설	학교 시설	기타 시설	이용 안함	걷기	등산	구기 종목	피트 니스	수영	기타
10대	14.3	13.5	52.1	13.9	6.2	18.2	3.8	41.5	4.6	2.3	29.6
20대	54.0	10.0	19.1	14.3	3.6	13.5	1.6	20.1	41.0	6.8	17.0
30대	42.0	26.4	5.4	19.0	7.2	23.1	4.6	12.9	32.1	10.1	17.2
40대	33.1	28.0	7.2	21.4	10.3	30.1	7.2	9.0	24.1	6.8	22.3
50대	23.5	33.7	10.0	22.8	10.0	35.9	12.9	7.7	10.4	8.8	24.3
60대	14.5	30.1	12.4	30.7	12.3	45.1	11.9	6.3	9.5	8.6	18.6
70대 이상	2.0	27.7	15.0	43.9	11.4	66.6	4.7	1.3	4.5	1.8	21.1

※ 위 통계조사에 참여한 각 연령대별 응답자 수는 동일함.

25. M 주무관이 생활체육 지원 기획안을 작성하기 위해 위 자료를 이해한 내용으로 가장 적절한 것은?

① 10대가 자주 이용하는 시설과 선호하는 활동을 고려해 공공시설에 학생들을 대상으로 하는 구기종목에 대한 단체 체육활동을 지원하는 것이 좋겠군.

② 20대를 위해 피트니스 센터가 있는 공공시설에 생활체육지도자를 배치하는 것이 좋겠군.

③ 맞춤형 참여 프로그램으로 피트니스 프로그램을 운영하면 30대의 참여 비율이 가장 높겠군.

④ 40대 이상이 가장 선호하는 체육활동이 걷기이므로 40대 이상 대상으로는 맞춤형 참여 프로그램으로 걷기를 운영해야겠군.

26. M 주무관은 생활체육 지원을 통한 체육활동 증진방안을 발표하기 위해 ○○시 주민들의 체육활동 비참여 이유에 대한 통계조사를 실시하였다. 통계조사의 결과가 다음과 같을 때, M 주무관이 제시할 의견으로 적절하지 않은 것은?

〈체육활동 비참여 이유〉

(단위 : %)

구분	지출비용 부담	체육활동 관심부족	낮은 시설접근성	프로그램 부족	체육활동 정보 부족	기타 요인
10대	12.7	28.2	17.6	8.2	15.4	17.9
20대	17.6	18.4	20.2	17.0	24.1	2.7
30대	19.3	18.4	18.0	16.4	27.5	0.4
40대	27.1	12.7	14.6	8.2	26.2	11.2
50대	22.0	7.9	24.4	17.0	24.3	4.4
60대	15.8	13.8	25.2	11.2	26.4	7.6
70대 이상	9.5	11.6	43.2	8.4	24.7	2.6

※ 위 통계조사에 참여한 각 연령대별 응답자 수는 동일함.

① 생활체육 확대 계획에 전 연령대에 걸쳐 체육활동의 관심이 부족한 문제를 해결하는 방안을 가장 먼저 추가로 마련해야겠습니다.

② 스포츠 강좌 이용료를 지원하는 방안은 40대를 대상으로 했을 때에 가장 효과적이겠습니다.

③ 70세 이상 주민들을 대상으로 찾아가는 운동 코칭 서비스를 통해 체육활동 참여를 증진할 수 있습니다.

④ 생활체육 지원 확대 계획에 체육활동에 관한 정보를 제공하는 기획을 추가할 필요가 있습니다.

[27 ~ 28] 다음 자료를 보고 이어지는 질문에 답하시오.

〈자료 1〉 우리나라 온실가스 배출원별 배출량

(단위 : 100만 톤 CO_2eq, 톤 CO_2eq/10억 원, 톤 CO_2eq/명)

구분	1995년	2000년	2005년	2010년	2015년	2020년
온실가스 총배출량	292.9	437.3	500.9	558.8	656.2	690.2
에너지	241.4	354.2	410.6	466.6	564.9	601.0
산업공장	19.8	44.1	49.9	54.7	54.0	52.2
농업	21.3	23.2	21.6	20.8	22.2	20.6
폐기물	10.4	15.8	18.8	16.7	15.1	16.4
GDP 대비 온실가스 배출량	698.2	695.7	610.2	540.3	518.6	470.6
1인당 온실가스 배출량	6.8	9.2	10.7	11.6	13.2	13.5

〈자료 2〉 주요국의 1인당 온실가스 배출량

(단위 : 톤 CO_2eq/명)

구분	1995년	2000년	2005년	2010년	2015년
인도	1.6	1.8	1.8	1.9	2.3
프랑스	9.2	8.9	8.8	8.6	7.9
이탈리아	9.0	9.1	9.5	9.7	8.2
중국	3.3	4.1	4.2	6.3	8.0
영국	13.4	12.3	11.8	11.2	9.4
독일	15.6	13.6	12.4	11.8	11.5
일본	10.2	10.6	10.6	10.7	10.1
브라질	4.3	4.8	5.0	5.3	5.5
미국	23.9	23.9	24.4	23.2	21.0
호주	26.1	25.6	27.9	29.1	26.5

27. 다음 중 〈자료 1〉에 대한 설명으로 가장 옳지 않은 것은?

① 온실가스의 주된 배출원은 에너지 부문이다.

② 온실가스 총배출량은 계속해서 증가하였고, 2020년 온실가스 총배출량은 1995년의 2배 이상이다.

③ 2005년 온실가스 총배출량 중 에너지 부문을 제외한 나머지 부문이 차지하는 비율은 약 16%이다.

④ GDP 대비 온실가스 배출량이 감소한 것은 온실가스 배출량의 증가 속도보다 GDP 증가 속도가 상대적으로 더 빨랐기 때문이다.

28. 다음 중 〈자료 1〉과 〈자료 2〉의 1인당 온실가스 배출량에 대한 설명으로 옳은 것은?

① 11개국 중 프랑스는 다른 국가들에 비해 1인당 온실가스 배출량의 변화폭이 가장 작다.

② 11개국 중 인도를 제외한 모든 국가들이 2005년 이후 1인당 온실가스 배출량이 감소하고 있다.

③ 11개국의 2015년 1인당 온실가스 배출량 평균은 우리나라 1인당 온실가스 배출량에 비해 높은 수준이다.

④ 11개국 중 호주는 2010년 대비 2015년 1인당 온실가스 배출량이 가장 많이 감소하였지만 1인당 온실가스 배출량은 다른 국가들보다 높다.

[29 ~ 30] 다음 자료를 보고 이어지는 질문에 답하시오.

〈자료 1〉 연도별 유실 · 유기 동물 조치

(단위 : %)

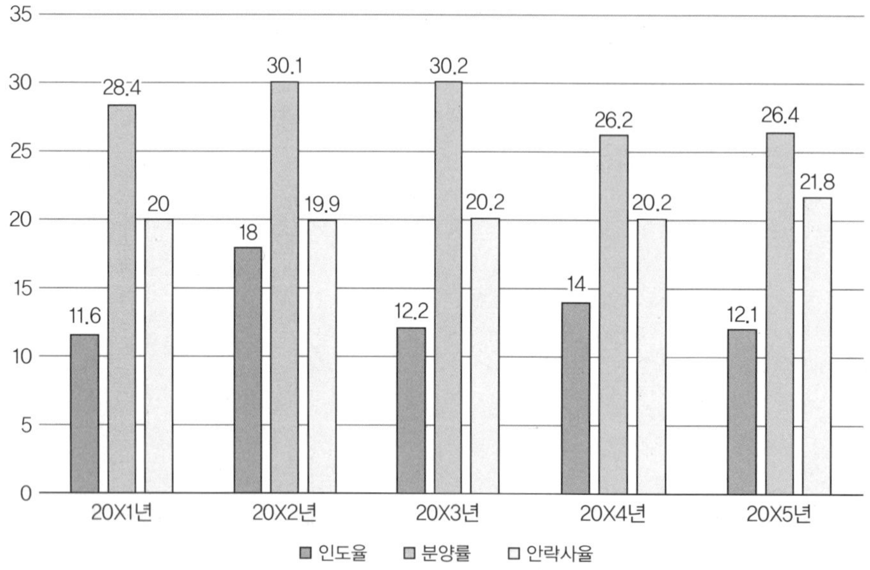

〈자료 2〉 유실 · 유기 동물 및 동물보호센터 현황

구분		20X0년	20X1년	20X2년	20X3년	20X4년	20X5년
동물등록 현황 누계(마리)		887,966	979,198	1,070,707	1,175,516	1,304,077	2,092,163
	신규등록 현황(마리)	192,274	91,232	91,509	104,809	146,617	797,081
	동물등록기관(개소)	3,239	3,602	3,450	3,483	3,498	4,161
유실 · 유기 동물 현황(마리)		81,147	82,082	89,732	102,593	121,077	135,791
	인도율(%)	13.0	11.6	18.0	12.2	14.0	12.1
	분양률(%)	31.4	28.4	30.1	30.2	26.2	26.4
	안락사율(%)	22.7	20.0	19.9	20.2	20.2	21.8
동물보호센터 현황(개소)		368	307	281	293	298	284
	시군 운영(개소)	25	28	31	40	43	53
	위탁보호(개소)	343	279	250	253	255	231
	운영비용(백만 원)	10,439	9,745	11,477	15,551	20,039	23,197

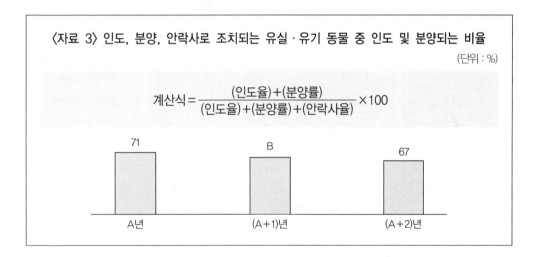

29. 다음 중 위 자료에 대한 설명으로 옳은 것은?

① 유실 · 유기 동물 수의 전년 대비 증가량은 매년 증가하고 있다.

② 20X2년에는 동물등록기관 1개소당 평균 27마리 이상이 신규 등록하였다.

③ 동물보호센터의 개수와 운영비용의 전년 대비 증감 추이가 동일하다.

④ 20X2년 유실 · 유기 동물 중 안락사된 동물의 수는 전년 대비 증가하였다.

30. 〈자료 1〉을 바탕으로 인도, 분양, 안락사로 조치되는 유실 · 유기 동물 중에서 인도 및 분양되는 비율을 구하여 〈자료 3〉과 같이 나타냈다. A에 해당하는 연도와 B에 해당하는 비율을 순서대로 바르게 나열한 것은? (단, 비율은 소수점 아래 첫째 자리에서 반올림한 값이다)

〈자료 3〉 인도, 분양, 안락사로 조치되는 유실 · 유기 동물 중 인도 및 분양되는 비율

(단위 : %)

$$\text{계산식} = \frac{(\text{인도율})+(\text{분양률})}{(\text{인도율})+(\text{분양률})+(\text{안락사율})} \times 100$$

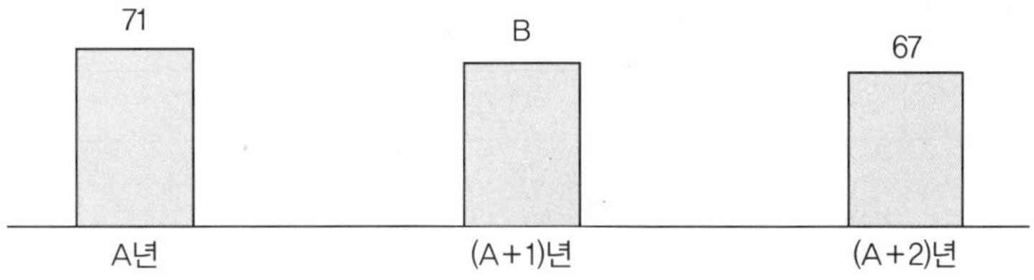

① 20X1년, 67%

② 20X1년, 70%

③ 20X2년, 68%

④ 20X2년, 69%

[31 ~ 32] 다음 자료를 보고 이어지는 질문에 답하시오.

〈세계 1차 에너지원별 공급 현황〉

(단위 : 백만 toe)

구분	2005년	2010년	2015년	2020년
석유	3,662	4,006	4,142	4,290
석탄	2,313	2,990	3,653	3,914
천연가스	2,071	2,360	2,736	2,901
원자력	676	722	719	661
신재생 등	1,315	1,455	1,702	1,933
합계	10,037	11,533	12,952	13,699

〈세계 1차 에너지 권역별 공급 현황〉

(단위 : 백만 toe)

구분	2005년	2010년	2015년	2020년
유럽(OECD)	1,748	1,849	1,820	1,675
(가)	2,273	2,319	2,215	2,216
(나)	1,149	1,830	2,629	3,066
(다)	1,038	1,237	1,526	1,741
(라)	354	468	623	721
그 외 국가	3,475	3,830	4,139	4,280
전 세계	10,037	11,533	12,952	13,699

〈조건〉

- (가) ~ (라)의 지역은 중국, 중국 외 아시아, 중동, 미국 중 하나이다.
- 2015년 대비 2020년의 에너지 공급량 증가율이 가장 큰 지역은 중국이다.
- 2005년 대비 2020년의 에너지 공급량 증가율은 중동이 중국 외 아시아보다 더 크다.
- 2015년 대비 2020년의 에너지 공급량 증가율은 '그 외 국가'가 미국보다 크다.

31. 〈조건〉을 토대로 (가) ~ (라)에 해당하는 지역명을 바르게 연결한 것은?

	(가)	(나)	(다)	(라)
①	미국	중국	중국 외 아시아	중동
②	미국	중국 외 아시아	중국	중동
③	중국	미국	중국 외 아시아	중동
④	중동	중국	중국 외 아시아	미국

32. 다음 중 위 자료에 대한 설명으로 옳은 것은?

① 매 시기 중동에서 공급하는 1차 에너지의 양은 원자력의 공급량보다 더 적다.

② 조사기간 동안 유럽과 미국을 제외한 전 권역에서 1차 에너지 공급량의 시기별 증감 추이는 동일하다.

③ 2005년 대비 2020년 1차 에너지 공급량의 증가율이 가장 큰 에너지원은 '신재생 등'이다.

④ 매 시기 석유의 전체 공급량은 중국과 중국 외 아시아에서 공급하는 1차 에너지 공급량의 총합보다 더 많다.

[33 ~ 34] 다음은 ○○기업의 각 연도별 자동차 수출입액을 분기 단위로 산술평균한 자료와 각 연도별 자동차 수출입 대수에 관한 자료이다. 이어지는 질문에 답하시오.

〈분기별 평균 자동차 수출, 수입액〉

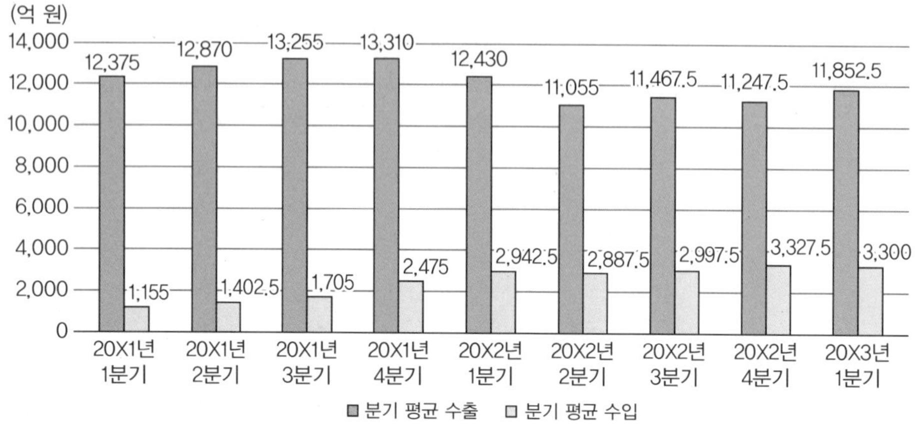

〈분기별 자동차 수출, 수입 대수〉

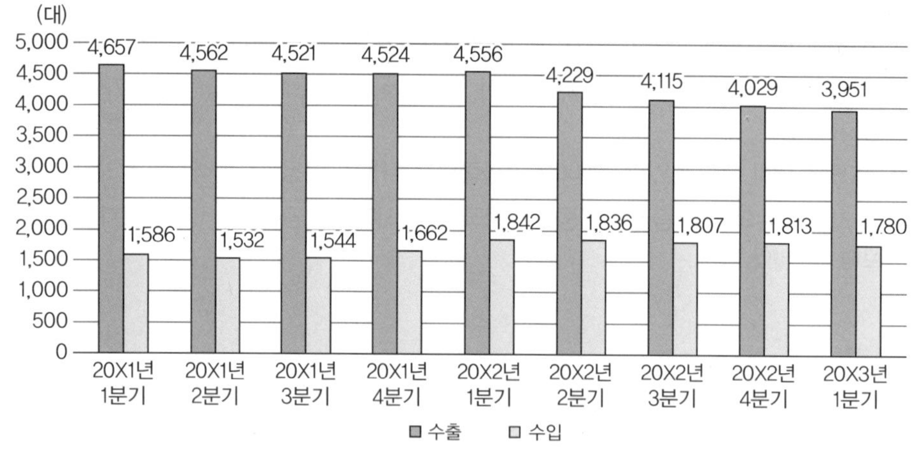

33. 다음 중 위 자료를 바르게 이해한 사람은?

① 민철 : 20X1년 4분기 평균 자동차 수출액은 수입액의 5배 이상이야.
② 재민 : 자료에서 분기별 평균 수출액과 수입액의 차이가 가장 작을 때에도 그 차이가 8천억 원 이상이 유지됐어.
③ 수창 : 자동차 수입 대수와 수출 대수의 차이가 가장 클 때는 자동차의 수출 대수가 수입 대수의 3배를 넘었었어.
④ 태인 : 자동차 평균 수출액이 가장 컸던 분기에 자동차 수출 대수도 가장 많았어.

34. 20X3년 자동차의 평균 수입액과 수출액, 수입 대수와 수출 대수가 1분기부터 4분기까지 모두 일정하다고 가정할 때, 다음 (A), (B), (C)에 들어갈 값은?

〈연도별 평균 자동차 수출액, 수입액〉

(단위 : 억 원)

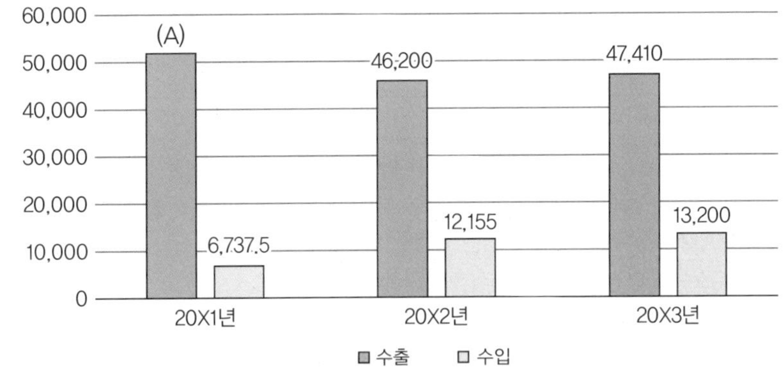

구분	수입 대수(대)	수출 대수(대)
20X1년		
20X2년		(B)
20X3년	(C)	

	(A)	(B)	(C)
①	49,570	15,804	7,298
②	49,570	18,264	7,120
③	51,810	16,929	7,120
④	51,810	16,929	7,298

35. 다음은 A 국가의 에너지와 천연가스 수입을 포함한 수입액을 연도별로 조사한 자료이다. 이를 바탕으로 아래와 같이 〈보고서〉를 작성했을 때, ㉠~㉣ 중 옳지 않은 것은 모두 몇 개인가?

〈연도별 국내 총수입액〉

구분	20X1년	20X2년	20X3년	20X4년	20X5년
국내 총수입액(백만 달러)	468,124	503,657	523,687	556,980	605,412

〈에너지 비중과 천연가스 비중〉

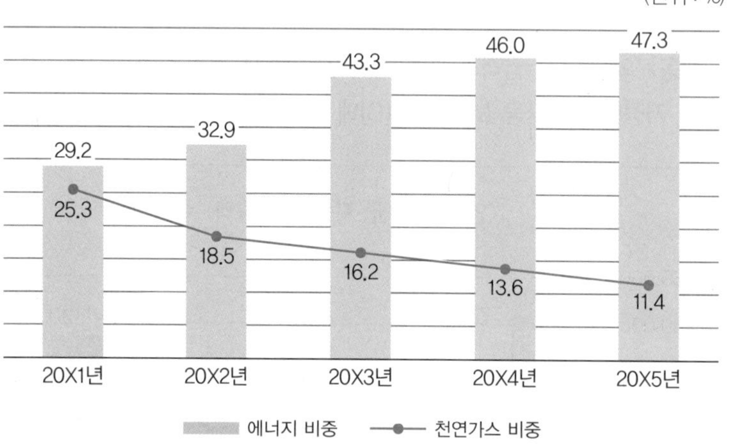

※ 에너지 비중은 국내 총수입액에서 에너지 총수입액이 차지하는 비중을, 천연가스 비중은 에너지 총수입액에서 천연가스 수입액이 차지하는 비중을 의미한다.

※ 비중은 소수점 아래 둘째 자리에서 반올림한다.

보고서

㉠ A 국가의 국내 총수입액과 에너지 총수입액은 해마다 증가하고 있다. ㉡ 20X1 ~ 20X5년 중 국내 총수입액의 전년 대비 증가율이 가장 컸던 해는 20X5년으로, 이 해의 에너지 총수입액의 전년 대비 증가율은 조사 기간 중 가장 높게 나타났다. ㉢ 또한 20X5년의 에너지 총수입액은 20X1년 대비 1.5배 이상을 기록하였다. ㉣ 한편 천연가스 수입액이 국내 총수입액에서 차지하는 비율은 해마다 낮아지고 있다.

① 0개
② 1개
③ 2개
④ 3개

36. 〈보기〉의 명제가 모두 참일 때, 항상 참인 것은? (단, 좌석은 창측과 내측 뿐이다)

보기

- 지윤이가 창측에 앉으면 지인이는 내측에 앉는다.
- 지현이가 내측에 앉으면 지인이는 창측에 앉는다.
- 지은이가 창측에 앉으면 지숙이는 내측에 앉고, 지윤이는 창측에 앉는다.
- 지한이가 내측에 앉으면 지은이는 창측에 앉는다.

① 지현이가 내측에 앉으면 지윤이는 내측에 앉는다.
② 지인이가 창측에 앉으면 지한이가 내측에 앉는다.
③ 지윤이가 내측에 앉으면 지은이는 창측에 앉는다.
④ 지한이가 내측에 앉으면 지인이는 창측에 앉는다.

37. 다음 명제를 참고할 때 항상 참인 추론은? (단, A ~ E는 모두 제품을 구매하였으며, 제품의 구매에는 한 가지 요인만 영향을 미친다)

- A는 TV 광고, SNS 광고, 신문 기사를 통해 제품을 접했다.
- B는 TV 광고, 전문 블로거의 리뷰, 지인 소개를 통해 제품을 접했다.
- C는 전문 블로거의 리뷰, SNS 광고, 신문 기사를 통해 제품을 접했다.
- D는 전문 블로거의 리뷰, 지인 소개를 통해 제품을 접했다.
- E는 SNS 광고, 신문기사, 지인 소개를 통해 제품을 접했다.

① A, C의 경우만 고려한다면 신문 기사를 통해 제품을 접한 소비자는 제품을 구매한다.
② D, E의 경우만 고려하면 전문 블로거의 리뷰는 제품 구매에 영향을 미친다.
③ A, B, D의 경우만 고려하면 TV 광고를 통해 제품을 접한 소비자는 제품을 구매한다.
④ B, C, D의 경우만 고려하면 전문 블로거의 리뷰를 통해 제품을 접한 소비자는 제품을 구매한다.

38. **미술작품 전시회를 위해 월요일부터 금요일까지 3개의 대형 전시실과 2개의 소형 전시실에 미술 작품을 설치하려고 한다. 작품의 종류는 동양화, 서양화, 현대미술, 조각품, 사진작품 다섯 가지이고, 각 작품을 전시해야 할 장소에 대한 〈조건〉이 다음과 같을 때, 항상 옳은 설명이 아닌 것은?**

> 조건
>
> ㉠ 하루에 한 전시실씩 설치가 가능하다.
> ㉡ 하나의 전시실에서는 한 종류의 전시회만 진행된다.
> ㉢ 동양화는 금요일 이전에 설치가 완료되어야 한다.
> ㉣ 수요일과 금요일은 대형 전시실에 작품을 설치한다.
> ㉤ 조각품을 설치한 이틀 뒤 소형 전시실에 현대미술품을 설치한다.
> ㉥ 사진작품을 설치한 이틀 뒤 대형 전시실에 작품을 설치하는데, 그 옆 전시실에는 서양화가 설치된다.

① 서양화는 금요일에 설치된다.
② 동양화 전시실과 서양화 전시실은 나란히 위치해 있다.
③ 조각품은 화요일에 설치된다.
④ 사진작품이 소형 전시실에 설치된다면 조각품은 소형 전시실에 설치된다.

39. **한사랑 씨가 잊어버린 네 자리의 비밀번호에 대한 단서가 다음 〈조건〉과 같을 때, 비밀번호에 대한 설명으로 옳지 않은 것은?**

> 조건
>
> 1) 비밀번호는 0 ~ 9의 자연수로 이루어져 있다.
> 2) 비밀번호의 첫 번째 숫자는 소수이자 홀수이다.
> 3) 비밀번호를 구성하는 숫자 중 소수의 개수는 한 개이다.
> 4) 네 개의 숫자를 작은 수부터 차례로 나열해서 비밀번호를 만들었다.
> 5) 같은 숫자는 두 번 이상 사용되지 않았다.

① 제시된 단서를 모두 만족시키는 비밀번호는 총 5개이다.
② 가능한 비밀번호는 모두 6을 포함한다.
③ 제시된 단서를 모두 만족시키는 비밀번호 중 가장 작은 수는 3468이다.
④ 제시된 단서를 모두 만족시키는 비밀번호 중 가장 큰 수는 5689이다.

[40 ~ 41] (주)AA사는 전동휠체어 이용자를 대상으로 제품 이용의 어려움과 불편 사항을 정리하였다. 이어지는 질문에 답하시오.

〈기존 전동휠체어 이용 불편 사항〉

- 조향장치가 손으로만 작동되어 손이 자유롭지 못함.
- 계단을 오르내리기가 어렵고 경사지에서 브레이크 조작이 어려움.
- 요철 있는 길에서 차체 흔들림이 너무 심하여 피로도가 높음.
- 휠체어의 높이가 고정되어 높은 곳 물건을 꺼내기 어려움.

〈각 부서별 업무 계획〉

- 마케팅팀 : 기존 제품 분석 및 새로운 제품에 추가할 기능을 면밀히 검토하여 제안
- 기술지원팀 : 국내 · 외 전동휠체어의 신기술을 조사하여 적용 가능 여부를 검토
- 홍보팀 : 기존 출시된 국내 · 외 전동휠체어의 특징을 조사하여 전동휠체어 신제품을 제안

40. 윗글의 내용에 근거하여 각 부서별로 수행해야 할 업무로 적절하지 않은 것은?

① 마케팅팀 : 전동휠체어의 높이를 조절할 수 있는 기능을 넣을 것을 제안한다.
② 기술지원팀 : 비포장도로에서도 강한 사륜구동기술의 적용 가능 여부를 검토한다.
③ 홍보팀 : 최근 해외에서 출시된 계단도 오르내리는 전동휠체어의 기술을 조사하여 제안한다.
④ 마케팅팀 : 스마트폰 블루투스 컨트롤 시스템을 갖춘 타사 제품 기술의 적용 여부를 검토한다.

41. 전동휠체어 A/S 담당 김 기사는 접수 대장에 따라 방문 순서를 정하려고 한다. 방문 순서로 적절한 것은?

〈A/S 접수 대장〉

구분	고객 A	고객 B	고객 C	고객 D
A/S 신청 사항	부품 교체	타이어 교체	타이어 교체	부품 교체
방문 희망 시간	14 : 00 이전	무관	17 : 00 이후	14 : 00

※ 장소 간 이동 시 소요되는 시간은 1시간이다.
※ A/S 1건당 소요 시간은 타이어 교체 30분, 부품 교체 1시간이며 업무 시간은 9 : 30 ~ 18 : 30이고, 점심시간인 12 : 00 ~ 13 : 00에는 작업하지 않는다.
※ 김 기사는 10 : 00에 회사에서 출발하고 방문 희망 시간을 우선순위로 한다.

① A－D－B－C　② A－D－C－B
③ B－A－C－D　④ B－A－D－C

[42 ~ 43] 다음은 질병관리청에서 제시한 비만의 기준에 관한 자료이다. 이어지는 질문에 답하시오.

〈비만의 정의와 기준〉

● 체질량지수를 통한 비만의 정의

▶ 체질량지수(BMI) : 몸무게(kg)를 키의 제곱(m^2)으로 나눈 값

㉮ 신장 170cm, 체중 70kg인 사람의 체질량지수는 $70 \div 1.7^2 \fallingdotseq 24.2$

▶ 우리나라의 비만 기준 : 성인 비만의 기준은 체질량지수 25kg/m^2 이상이다. 체질량지수 25.0 ~ 29.9kg/m^2를 1단계 비만, 30.0 ~ 34.9kg/m^2를 2단계 비만, 35.0kg/m^2 이상 3단계 비만(고도 비만)으로 구분한다.

● 복부비만의 진단 기준

▶ 국내에서는 허리둘레를 측정해 복부비만을 진단한다. 허리둘레가 남성은 90cm, 여성은 85cm 이상일 때 복부비만으로 정의한다. 허리둘레는 양발을 25 ~ 30cm 정도 벌리고 서서 숨을 편안히 내쉰 상태에서 줄자로 측정한다. 측정 위치는 옆구리에서 갈비뼈 가장 아랫부분과 골반 가장 윗부분의 중간 지점이다.

〈한국인의 체질량지수와 허리둘레에 따른 동반질환의 위험도〉

분류	체질량지수 (kg/m^2)	허리둘레에 따른 동반질환의 위험도	
		<90cm(남자), <85cm(여자)	≥90cm(남자), ≥85cm(여자)
저체중	<18.5	낮음	보통
정상	18.5 ~ 22.9	보통	약간 높음
비만전단계	23.0 ~ 24.9	약간 높음	높음
1단계 비만	25.0 ~ 29.9	높음	매우 높음
2단계 비만	30.0 ~ 34.9	매우 높음	가장 높음
3단계 비만	≥35.0	가장 높음	가장 높음

※ 비만전단계는 과체중 또는 위험체중으로, 3단계 비만은 고도 비만으로 부를 수 있다.

※ 동반질환의 위험도는 가장 높음>매우 높음>높음>약간 높음>보통>낮음 순으로 높다.

42. 위 기준에 따를 때, 동반질환의 위험도가 가장 낮은 사람은?

① 신장 170cm, 몸무게 70kg, 허리둘레 100cm의 남성
② 신장 160cm, 몸무게 70kg, 허리둘레 90cm의 여성
③ 신장 180cm, 몸무게 100kg, 허리둘레 110cm의 남성
④ 신장 150cm, 몸무게 40kg, 허리둘레 70cm의 여성

43. A 씨는 다음과 같은 신체 조건을 가지고 있다. A 씨의 체질량지수에 따른 비만의 단계와 동반질환의 위험도를 모두 한 수준씩 낮추기 위한 방법으로 가장 적절한 것은? (단, BMI의 값은 소수점 아래 둘째 자리에서 반올림한다)

〈A 씨의 신체 조건〉

- 성별 : 남성
- 신장 : 175cm
- 체중 : 85kg
- 허리둘레 : 95cm(남성)

① 체중을 78kg까지 줄이고 허리둘레를 92cm로 만든다.
② 체중을 76kg까지 줄이고 허리둘레는 90cm로 만든다.
③ 체중을 82kg까지 줄이고 허리둘레를 88cm로 만든다.
④ 체중을 73kg까지 줄이고 허리둘레를 89cm로 만든다.

[44 ~ 45] 다음 자료를 읽고 이어지는 질문에 답하시오.

〈20X9년도 한국국학연구원 연구직 채용공고〉

1. 모집분야 및 채용인원

직종	직급	모집분야	채용 인원	응시자격
연구직	부연구위원급 이상	경제학, 경영학, 통계학, 에너지자원 관련 분야	4명	모집분야 박사학위 소지자(20X9년 상반기 취득예정자 포함)
연구직	전문연구원	경제학, 경영학, 통계학, 에너지자원 관련 분야, 국제협상 및 국제관계 관련 분야	6명	모집분야 석사학위 소지자(20X9년 2월 취득예정자 포함)

2. 임용기간 및 조건 : 1년 근무 후 평가를 통해 정규직 임용(본원의 운영규칙 적용)

3. 전형방법
   - 부연구위원급 이상
     - 1차 시험 : 서류전형(블라인드 심사)
     - 2차 시험 : 세미나(논문 또는 연구 발표), 면접
   - 전문연구원

전형	시행방법
1. 서류	블라인드 입사지원서 심사
2. 직업기초능력 및 직무수행능력 평가	○○시험을 통한 직업기초능력 평가
3. 논술	논술 시험을 통한 직무수행능력 평가
4. 블라인드 면접	모집분야 관련 주제 세미나
5. 신원조사	신원조사, 신체검사, 비위면직자 조회

4. 응시 제출서류
   - 모든 제출서류에 학교명을 삭제하며 각 1부씩 온라인 접수 시 첨부
   - 부연구위원 : 응시원서 및 자기소개서, 박사논문 요약문과 전문, 최근 4년 이내 연구실적목록(학위논문 제외), 박사학위증 또는 졸업(예정) 증명서
   - 전문연구원 : 응시원서 및 자기소개서, 석사논문 요약문과 전문, 공인어학성적 증명서, 최종학력 성적 증명서
   - 공통 적용사항 : 취업지원대상자 증명서 등 가점 관련 증명서, 재직/경력증명서는 해당자의 경우 제출

5. 응시원서 접수 기간 및 제출방법 : 20X8. 11. 1. ~ 20X8. 11. 30. 본원 홈페이지 온라인 접수

6. 기타사항
- 국가유공자 등 예우 및 지원에 관한 법률, 장애인 고용촉진 및 직업재활법 해당자는 법령에 의하여 우대함.
- 비수도권 지역 인재, 기초생활수급자, 연구원 소재지 지역 인재의 경우 서류전형 단계에서 가점 부여. 단, 가점 등 우대혜택이 중복되는 경우 가점이 제일 높은 항목 한 개만 적용함.

44. 다섯 사람이 위 채용공고 내용을 참고하여 지원서를 제출하였다. 적절한 경우를 모두 고른 것은? (단, 아래 지원자별로 제시된 내용 이외의 사항은 고려하지 않는다)

- 박○○ : 경제학 박사학위를 20X8년 8월에 취득하며, 부연구위원에 지원한다. 박사학위 논문을 연구실적으로 제출하였다.
- 김◇◇ : 학사 과정에서 경영학과 통계학을 전공하였다. 학사졸업 후 경제개발 관련 연구소에서 5년 동안 근무했다. 이 경력을 살려 전문연구원에 지원했다.
- 정◎◎ : 연구원 소재지에 거주하며 기초생활수급자이다. 가점을 받기 위해 이 두 가지 부분에 대한 관련 증명서를 제출하였다.
- 류□□ : 20X8년 2월에 에너지관리학 석사학위를 취득하였으며, 최종학력성적 증명서에 출신학교를 삭제한 뒤 전문연구원에 지원하였다.
- 채△△ : 20X7년 2월 국제관계학 박사학위를 받았다. 학위증명서와 각종 연구실적 목록을 준비하여 부연구위원 채용에 지원하였다.

① 정◎◎, 박○○　　② 김◇◇, 채△△

③ 정◎◎, 류□□　　④ 박○○, 김◇◇

45. 다음은 국제협상 및 국제관계 연구직 채용자에게 요구되는 필요지식이다. 이에 해당하는 연구원을 선발하기 위해 지원 서류를 심사하는 과정에서 담당자가 떠올릴 수 있는 생각으로 가장 적절하지 않은 것은?

- 에너지 국제협력 또는 개발 선행연구에 대한 지식, 관련 분야
- 사업성 분석 및 경영전략에 대한 이해
- 고객 데이터 수집, 관리 및 분석, 처리 방법에 대한 이해
- 영어 등 외국어 구사 및 활용능력

① 국제협상 및 국제관계 분야의 연구원을 채용하는 것이지만, 에너지 자원에 대한 관심도와 직무 수행과 관련된 데이터 처리능력에 대한 지식을 확인하며 심사해야 한다.

② 국제협상 및 국제관계 분야 연구직으로 채용되었더라도, 사업과 경영전략에 대한 이해 능력에 두각을 보이면 근무 평가 이후 업무 분야를 변경할 수 있음을 고려하여 채용한다.

③ 논술, 면접 전형에서 에너지자원 문제의 동향을 얼마나 이해하고 있는지 확인한다.

④ 공인어학성적 증명서를 통해 영어 등 외국어 구사 및 활용 능력을 일차적으로 검증하고, 면접 과정에서 외국어 활용 능력을 확인해 본다.

46. 다음 상황을 참고할 때, P사의 영업본부장이 자신의 주장을 관철시키기 위해 취해야 할 전략으로 적절한 것은?

S 시는 세제 개편을 앞두고 세부 방안을 논의하기 위해 관할 지역 내 21개 기업들의 영업본부장들을 불러 의견을 청취하고 있다. 각 기업들은 자신들의 회사에 유리한 방안이 선정될 수 있도록 의견을 개진해야 한다.

한 자리에 모인 기업 중 K사의 영업본부장은 방안 A가 선정되어야 한다고 주장하고 있으나, P사의 영업본부장은 시 당국에서 계획하고 있는 '기존 방안'이 선정되어야 한다고 주장한다. 만일 P사의 영업본부장이 '새로운 방안'을 제시하면 다음과 같은 단계에 의해 최종 방안이 결정된다.

- 1단계 : 방안 A와 '새로운 방안' 중 21명 영업본부장들의 다수결 투표로 최종 방안을 결정
- 2단계 : 1단계에서 결정된 방안과 '기존 방안'대로 진행하는 안 중 다수결 투표로 최종 방안을 결정

반면, P사의 영업본부장이 '새로운 방안'을 제시하지 않으면 다음과 같이 최종 방안이 결정된다.

방안 A와 '기존 방안' 중 다수결 투표로 최종 방안 결정

논의를 위해 모인 21명의 영업본부장들은 아래와 같은 선호를 지니고 있다(단, 선호도의 숫자가 낮을수록 선호도가 높은 것을 의미한다).

구분	선호도1	선호도2	선호도3	선호도4	선호도5	선호도6
7명	기존 방안	방안 B	방안 C	방안 D	방안 A	방안 E
5명	방안 A	방안 E	방안 D	기존 방안	방안 C	방안 B
5명	방안 B	방안 E	방안 D	방안 A	기존 방안	방안 C
4명	방안 E	방안 A	방안 C	방안 D	방안 B	기존 방안

① 방안 B를 '새로운 방안'으로 제시한다.
② 방안 C를 '새로운 방안'으로 제시한다.
③ 방안 D를 '새로운 방안'으로 제시한다.
④ '새로운 방안'을 제시하지 않는다.

47. 다음 〈자료〉를 토대로 계산하였을 때, 〈그림〉에 나타난 H의 케빈 베이컨의 수는?

자료

1994년 1월, MTV의 인기 토크쇼 '존 스튜어트쇼'에 한 통의 편지가 배달됐다. 크레이그 패스 · 마이크 기넬리 · 브라이언 터틀 등 대학생 3명은 "배우 케빈 베이컨이 모든 사람을 아는 신이라는 것을 입증할 수 있다."라고 장담했다. 흥미를 느낀 방송사는 이들을 베이컨과 함께 출연시켰다. 세 사람은 청중이 이름을 대는 배우들이 베이컨과 어떻게 연결되는지 막힘없이 풀어냈다. 예를 들어 해리슨 포드는 베이컨과 같은 영화에 출연한 적은 없지만 베이컨과 '레이더스'에 함께 등장했던 캐런 앨런과 함께 '애니멀 하우스'의 주연을 맡았기 때문에 한 단계만 건너면 인연이 있다는 식이다. 이를 계기로 미국에서는 '베이컨 게임'으로 불리는 놀이가 대유행했다. 영화에 함께 출연한 관계를 1단계로 설정하고, 다른 배우들이 베이컨과 몇 단계 안에 연결될 수 있는가를 더 빨리 찾는 게임이었다. 시간이 지나자 사람들은 신기한 현상을 발견했다. 그들이 알고 있는 배우들이 모두 6단계 또는 그 이전에 베이컨과 연결된다는 것이었다.

그렇다면 케빈 베이컨의 수는 어떻게 계산하는 것일까. 어떤 사람의 케빈 베이컨 수는 모든 사람과 케빈 베이컨 게임을 했을 때 나오는 단계의 합이다. 예를 들어 총 5명이 있고, 1과 3, 1과 4, 2와 3, 3과 4, 4와 5가 친구인 경우를 생각해 보자. 1은 2까지 3을 통해 2단계 만에, 3까지 1단계, 4까지 1단계, 5까지 4를 통해서 2단계 만에 알 수 있다. 따라서 케빈 베이컨의 수는 2+1+1+2=6이다. 2는 1까지 3을 통해서 2단계 만에, 3까지 1단계 만에, 4까지 3을 통해서 2단계 만에, 5까지 3과 4를 통해서 3단계 만에 알 수 있다. 따라서 케빈 베이컨의 수는 2+1+2+3=8이다. 3은 1까지 1단계, 2까지 1단계, 4까지 1단계, 5까지 4를 통해 2단계 만에 알 수 있다. 따라서 케빈 베이컨의 수는 1+1+1+2=5이다. 4는 1까지 1단계, 2까지 3을 통해 2단계, 3까지 1단계, 5까지 1단계 만에 알 수 있다. 따라서 케빈 베이컨의 수는 1+2+1+1=5가 된다. 마지막으로 5는 1까지 4를 통해 2단계, 2까지 4와 3을 통해 3단계, 3까지 4를 통해 2단계, 4까지 1단계 만에 알 수 있다. 따라서 케빈 베이컨의 수는 2+3+2+1=8이다.

그림

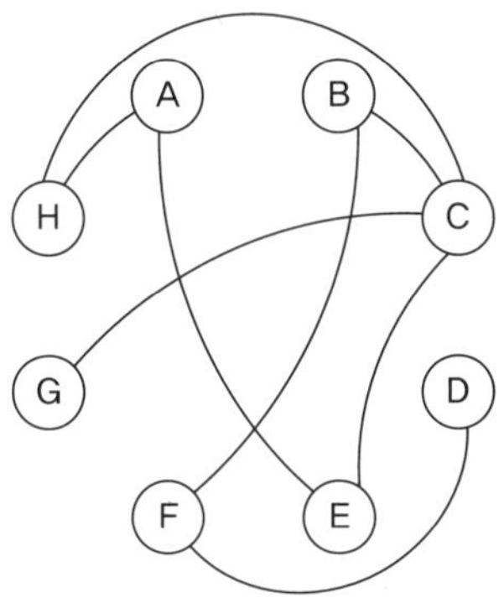

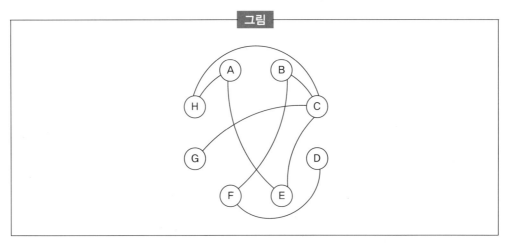

① 13
② 14
③ 15
④ 16

48. ○○기업 사옥은 출입문이 3개 있다. 각 부서가 이용하는 문에 관한 정보가 다음과 같을 때, 같은 문을 사용하는 부서끼리 묶인 것은?

- 3개의 출입문을 A, B, C, D, E, F, G 7개의 부서가 이용한다.
- 사용하지 않는 문은 없다.
- 각 문을 이용하는 부서의 수는 동일하지 않다.
- E 부서가 이용하는 문은 B, C 부서와는 다르고, G 부서와는 같다.
- B 부서는 다른 1개의 부서가 같은 문을 이용하는데, A 부서가 이용하는 문과는 다르다.
- A 부서는 F 부서와 같은 문을 이용하고, C 부서는 B 부서와 다른 문을 이용한다.

① A 부서 – D 부서
② B 부서 – D 부서
③ C 부서 – A 부서
④ E 부서 – B 부서

[49 ~ 50] 다음은 ○○공사 복무규정 중 유연근무제 형태에 대한 발췌 내용이다. 이어지는 질문에 답하시오(단, 모든 직원의 근무시간은 09 : 00 ~ 20 : 00로 한정하며, 휴게시간 1시간은 근로시간에 포함하지 않는다).

〈유연근무제 근무형태〉

구분	세부형태	개념	시행여부
시간선택제	주 40시간보다 짧은 시간 근무 • 주 5일, 1일 최소 3시간 이상 근무하되, 주당 15시간 이상 35시간 이하 범위 내 사용 • 주당 20시간 근무형태를 선택할 경우 의무 근로시간으로 오전(09 : 00 ~ 14 : 00) 또는 오후(14 : 00 ~ 18 : 00) 근무형태 중 선택 가능		시행
탄력근무제	주 40시간 근무하되, 출퇴근시간 · 근무시간 · 근무일을 자율 조정		부분시행
	시차출퇴근형	• 1일 8시간 근무체제 유지 • 출근시간 자율적으로 조정	시행
	근무시간선택형	• 주 5일 근무 • 1일 8시간에 구애받지 않고 근무시간(출퇴근시간)을 자율 조정	시행
	집약근무형	주 5일 미만 근무 예 1일 10시간 근무 시 주 4일만 출근	미시행
	재량근무형	출퇴근 의무 없이 프로젝트 수행으로 주 40시간 인정 ※ 고도의 전문직 지식과 기술이 필요해 업무수행 방법이나 시간배분을 담당자의 재량에 맡길 필요가 있는 분야	시행
원격근무제	특정한 근무장소를 정하지 않고 정보통신망을 이용하여 주 40시간(1일 8시간) 근무		시행
	재택근무형	사무실이 아닌 재택에서 근무	시행
	스마트워크 근무형	• 재택 인근 스마트워크센터 등 별도 사무실에서 근무 • 모바일기기를 이용, 사무실이 아닌 장소에서 근무	시행

※ 12 : 00 ~ 13 : 00, 18 : 00 ~ 19 : 00는 휴게시간이다.

49. 다음의 상황에서 민수 씨가 선택할 수 있는 유연근무제의 형태로 가장 적절한 것은?

> 민수 씨는 평소 학습의지가 높아 A 대학원 회계 · 경제학 석사과정에 지원하여 합격하였다. 학사일정에 따라 내년 3월에 입학하여 학업을 수행해야 하며, 월요일부터 목요일까지 오전 9시부터 정오 12시까지 수업에 참여해야 한다. 매주 금요일은 수업이 없다. 민수 씨는 유연근무제 형태를 선택해 근무시간을 조정하여 공부를 시작하고자 한다.

① 시차출퇴근형
② 시간선택제
③ 근무시간선택형
④ 스마트워크 근무형

50. 다음 중 유연근무제 형태에 대해 이해한 내용으로 옳은 것은?

① 시간선택제 전환근무를 원하는 갑 직원은 오전 근무형태를 선택하여 승인받았으며, 본인의 희망에 따라 휴게시간 없이 일하고 오후 1시에 퇴근하였다.
② 시차출퇴근형은 탄력근무제의 한 유형으로, 이를 선택하면 출퇴근시간을 자율적으로 조정하여 근무시간을 단축할 수 있다.
③ 미취학 자녀가 있는 을 직원은 시간선택제 근무로 전환하고자 월요일부터 금요일까지 일 3시간, 주 15시간으로 근무시간을 조정하여 관련 부서에 신청하였다.
④ 수요일에 자녀 학교의 행사에 참여해야 하는 병 직원이 오후 2시에 퇴근해야 한다면, 월요일 및 화요일 오전 6시에 출근하여 2시간씩 근무하는 근무시간선택형 유연근무제를 활용할 수 있다.

[51 ~ 52] 다음 글을 읽고 이어지는 질문에 답하시오.

1. 선수필승(先手必勝)
   '공격은 최대의 방어'라는 말이 있다. 정보에 있어서도 마찬가지다. 다른 사람보다 1초라도 빨리 정보를 쥔 사람이 우위에 서게 된다. 예를 들어, 2시간 후면 누구라도 알 수 있는 내용을 다른 사람에게 말해줄 수 있다면 '와! 이 사람 정보가 빠른 사람이네'하며 다르게 보게 될 것이다. 변화가 빠르고 정보의 생성 속도도 빠른 이러한 격동의 시대에서는 정보를 빨리 잡는 것이 상당히 중요하며, 빠른 정보 수집으로 남들보다 우위를 점하고 결정적인 효과를 얻을 수 있다.

2. 머릿속에 서랍을 많이 만들자.
   정보수집에 있어서 얼렁뚱땅 쉽게 얻어지는 것은 결단코 없다. 자신에게 맞는 방법을 찾아 꾸준히 노력하다 보면 언젠가는 큰 것을 얻을 수 있을 것이다. 그러나 아무리 정리 박스라는 물리적인 것을 사용한다 해도 자기 머릿속에 서랍을 만들어 두지 않으면 정리도 되지 않을뿐더러 정보 수집을 효과적으로 할 수 없을 것 이다. 예를 들어, (㉠) 이렇게 머릿속에 서랍을 만들어 자기 나름대로 정리를 해놓으면, 일상에서 정보를 얻으면서도 '이건 쓸만하겠다', '이건 관계가 있겠다'라는 식으로 구분할 수 있을 것이다.

3. 정보수집용 하드웨어 활용
   사람의 기억력이란 한계가 있기 마련이다. 그래서 중요한 큰 봉투만을 머릿속 서랍에 두고, 세세한 정보들은 컴퓨터 파일 폴더, 정리 박스, 스크랩 등을 활용하여 수집하는 것이 필요하다. 또한, 지금 당장은 유용하지 않은 정보일지라도 향후 유용한 정보가 될 수 있는 것들은 이러한 물리적인 하드웨어를 활용하여 수집해 두는 것이 좋다.

51. 윗글을 통해 알 수 있는 내용으로 적절하지 않은 것은?

① 정보의 출처나 내용이 불확실하더라도 일단 누구보다 빠르게 수집하여 활용하는 것이 중요하다.
② 정보의 현재 유용성뿐만 아니라 잠재적인 필요성까지 고려해야 한다.
③ 기존의 정보를 잘 분류하는 것 또한 정보 수집을 잘하는 방법이다.
④ 다수가 모르는 정보를 먼저 가지면 우위에 설 수 있기 때문에 정보수집의 속도가 중요하다.

52. 윗글의 ㉠에 들어갈 예시로 적절한 것은?

① 필요한 정보를 수집한 뒤 SNS상에 분류 및 정리하여 기록을 남기는 것이다.
② 대한민국의 고령화 사회에 대해 예견한 인터넷 기사에 흥미를 느끼고, 머릿속에 '고령화 사회'라는 폴더를 하나 만드는 것이다.
③ 평소 관심있는 분야의 책을 읽다가 흥미로운 부분을 따로 포스트잇에 필기해 놓는 것이다.
④ 누구보다도 빠르게 얻어낸 유용한 정보들의 보안을 유지하기 위해 나만 알 수 있는 단어들로 내용을 수정해서 기억하거나 비밀스러운 장소에 보관하는 것이다.

[53 ~ 54] 다음 글을 읽고 이어지는 질문에 답하시오.

비장애인은 눈으로 보고, 귀로 듣고, 키보드나 마우스를 활용해 기기를 제어하며, PC든 스마트폰이든 전혀 불편함 없이 활용한다. 하지만 접근성에 제한을 느끼는 장애인은 이러한 당연한 행동을 하는 데 많은 제약이 있다.

'접근성'은 장애나 나이와 관계없이 누구나 서비스를 활용할 수 있어야 한다는 개념이다. '배리어프리' 혹은 '보편적 설계'라고도 표현한다. 일상에는 접근성을 높이기 위한 사소한 장치들이 있는데, 건물 턱 없애기, 저상버스 확충하기, 휠체어가 올라갈 수 있는 경사 만들기, 저시력자를 위한 확대경 구비하기 등이 그 예이다.

모바일이나 웹서비스도 마찬가지다. 정보통신 서비스 제공자는 장애인과 비장애인이 동등하게 서비스에 접근할 수 있도록 편의 제공 기술 방안을 마련하여 서비스를 제공해야 한다. 이런 맥락에서 제시되는 개념이 '웹 접근성(Web accessibility)'이다.

웹 접근성은 장애인이나 고령자를 포함한 모든 사용자들이 웹사이트에서 제공하는 정보에 차별없이 접근하고 이를 활용할 수 있도록 하자는 개념이다. 대부분의 웹 접근성 관련 논의는 장애인에게 초점이 맞춰져 있다. 그러나 웹 접근성은 비단 장애인만을 위한 개념이 아니다. 보다 많은 사람이 손쉽게 웹을 활용할 수 있게 구현하자는 생각이 바탕에 깔려 있다.

웹 접근성의 구체적인 항목은 다음과 같다. 우선, 저시력 시각장애인이 콘텐츠를 잘 볼 수 있도록 명도 대비를 높이는 '고대비'가 있다. 전맹 시각장애인을 위한 대체 텍스트 및 초점 이동을 지원하는 것도 중요한 항목이다. 대체 텍스트란 이미지가 어떤 내용을 가졌는지 설명하는 텍스트를 말한다. 초점 이동은 서비스 활용에 도움이 되는 순서대로 초점이 옮겨가는 것을 말한다. 예컨대, 웹사이트 첫 화면에서 탭 키를 누르면 아이디 입력창으로 이동하고, 그다음 탭을 누르면 비밀번호로 이동하며, 그다음에는 로그인, 로그인 유지 등의 순서다. 이렇게 초점이 차례로 이동해야 시각장애가 있는 사람들도 로그인하고 서비스를 활용할 수 있다. 화면을 보지 않더라도 순서만으로 기기를 활용할 수 있는 것이다. PC는 키보드, 모바일은 터치 등의 입력 방법에 맞춰서 재현 방법이 달라진다.

53. 윗글에 대한 이해로 적절한 것은?

① 웹 접근성은 모든 사용자들이 편리하게 서비스를 사용하기 위해 필요한 서비스다.
② 대체 텍스트를 사용하면 이미지와 무관한 설명도 제공할 수 있으므로 편리하다.
③ 초점 이동은 키보드 조작 없이도 콘텐츠를 편리하게 사용할 수 있도록 하는 서비스이다.
④ 비장애인들의 접근성이 떨어지더라도, 장애인을 배려하기 위해 웹 접근성을 준수해야 한다.

54. 웹 접근성을 올바르게 구현한 예시로 적절하지 않은 것은?

① 인증번호 입력시간을 여유롭게 설정한 지체장애인용 프로그램
② 음성 광고를 삽입한 스마트폰 화면 읽어주기 서비스
③ 이미지를 설명하는 대체 텍스트를 삽입한 관공서 홍보용 배너
④ 동영상에 나오는 사람이 말을 하는 순간 글자로 변환해 주는 음성자막 애플리케이션

[55 ~ 56] 다음 글을 읽고 이어지는 질문에 답하시오.

"EH FDUHIXO IRU DVVDVVLQDWRU" 이 문장은 고대 로마의 정치가이자 군인이었던 ㉠ 율리우스 카이사르가 썼던 암호다. 해독을 위한 키(key)는 '–3'이다. 해독하면 'BE CAREFUL FOR ASSASSINATOR(암살자를 조심하라)'인데, 카이사르는 이 평문을 전달하기 위해 평행이동이라는 방법을 사용했다. 평문은 암호문에서 사용된 알파벳 각각을 복호 키인 –3만큼 평행이동하면 비로소 완성된다. 즉, 알파벳 순서상 E보다 3개 앞의 알파벳은 B가 되고, 마찬가지로 H는 E가 되는 식이다. 이러한 과정을 암호화 알고리즘이라고 할 수 있다.

약 2,500년 전 스파르타 시대부터 시작된 것으로 알려진 암호는 기밀 유지를 요하는 각종 크고 작은 전쟁에서 가장 활발하게 사용돼 왔다. 이처럼 오랜 역사를 가진 암호 기술이 ICT 융합으로 이뤄지는 차세대 산업혁명인 4차 산업혁명 시대를 맞아 최근 다시 집중 받고 있다. 4차 산업혁명을 견인하는 다양한 최신 기술 속에서 정보는 매우 중요하며, 정보를 지키기 위해 핵심적인 역할을 하는 것이 바로 암호 기술이기 때문이다.

앞에서 본 카이사르 암호는 암호화할 때 각 알파벳을 '+3'만큼 이동시키고, 복호화(암호 해독)할 때는 '–3'만큼 이동시키는 대칭키 알고리즘이다. 다만 대칭키 알고리즘은 '키 배송'이라는 결정적 문제가 존재한다. 송신자는 수신자에게 암호 키를 전달해야만 하는데, 이 키가 배송 과정에서 노출되면 아무리 뛰어난 암호화 알고리즘을 사용했더라도 평문이 공개돼 버리기 때문이다. 바로 이 키 배송 문제를 해결하기 위해 나온 방식이 비대칭키(공개키) 알고리즘이다.

공개키 암호 알고리즘은 암호화와 복호화 시 서로 다른 두 키를 사용한다. RSA는 현재 공개키 암호 체계에서 중요한 표준 중 하나로, 큰 수의 소인수 분해 과정은 많은 시간이 걸리지만 소인수 분해된 두 소수를 알면 원래의 큰 수는 곱셈에 의해 간단히 구해 낼 수 있다는 점에 바탕을 둔다. 그 예로, 4,529,524,369라는 큰 수가 어떠한 두 소수의 곱으로 이루어져 있는지 알기는 어렵지만 두 소수를 곱하여 큰 수를 구하기는 비교적 쉽다. 이것이 RSA가 가진 보안성이다. RSA는 두 소수를 이용해 특정한 개인만 알 수 있는 개인키(Private Key)와 모두가 알 수 있는 공개키(Public Key)라는 두 키를 쌍으로 만들어 사용한다. 공개키 암호 알고리즘은 공인인증서에서도 사용하고 있는데, 공개키가 계좌번호, 개인키가 비밀번호라고 이해하면 된다.

암호화 기술은 기존 수학적 기반의 연구를 넘어서 최근 물리학의 양자역학 원리를 적용한 양자암호통신까지 영역을 확대하고 있다. 궁극의 보안 기술로 여겨지는 이 양자암호 방식은 5G 시대를 앞두고 통신사들이 앞다투어 연구 · 개발 중이다. 4차 산업의 중요한 요소인 정보를 보호하기 위해서 이처럼 암호화 기술은 끊임없이 발전하고 있다.

55. 윗글에 대한 이해로 적절하지 않은 것은?

① 역사적으로 볼 때 암호 기술은 기밀 유지를 요하는 크고 작은 전쟁에서 활발하게 사용되어 왔다.

② 카이사르 암호는 암호화와 복호화 과정에서 평행이동 방법을 적용하여 동일한 키를 사용하는 대칭키 방식이다.

③ 금융 거래에 사용하는 공인인증서의 경우, 계좌번호는 모두가 알 수 있는 공개키에 해당한다.

④ RSA는 현재 사용되는 가장 중요한 비대칭키 암호 방식으로 물리학적 방식을 기반으로 한다.

56. 윗글의 밑줄 친 ㉠의 방식에서 암호 키를 '-2'로 적용할 때, 평문 'APPLE'의 암호문으로 적절한 것은?

① CRRNG ② YNNJC

③ ARRLE ④ XNNOI

[57 ~ 58] 다음 글을 읽고 이어지는 질문에 답하시오.

게임상에서 ㉠ 랜덤으로 아이템을 뽑으면 왜 매번 같은 것만 나오는지 의문이 들 때가 있다. 급기야 좋은 아이템을 갖기 위해 돈을 쓰기도 하지만 실패한다. 그러다 보면 시스템에 의문을 품게 된다. 애초에 내가 원하는 아이템이 있기는 한 건가? 음악을 들을 때도 마찬가지다. 내 보관함에 있는 음악을 랜덤 재생할 때마다 음악이 골고루 나오는 게 아니라 재생 순서가 동일한 것처럼 느껴질 때가 있다. 정말 랜덤 재생이 맞는 걸까?

랜덤의 비밀을 알아내기 위해서는 '난수'가 무엇인지 알아야 한다. 난수는 반복되는 주기나 특정한 규칙이 없이 무작위로 나열돼 있는 수를 말한다. 만약 '1, 3, 5, 7, …'이라는 수열이 있다면 7 다음에 9가 나올 것을 예측할 수 있다. 반대로 난수는 지금까지 나온 수로 다음에 나올 수를 예측할 수 없다. 이런 난수를 이용해 랜덤, 무작위의 상황을 만드는 것이다.

랜덤과 많이 혼동하는 개념이 있다. 바로 '㉡ 셔플'이다. 셔플의 개념은 카드놀이와 같다. 서로 다른 종류의 카드 10장을 잘 섞은 뒤 카드를 하나씩 뽑을 때 어떤 카드가 나올지 알 수 없다. 예측할 수 없게 무작위로 뽑는 거라면 셔플은 랜덤과 어떻게 다를까? 차이는 중복이다. 랜덤과 다르게 셔플은 한번 나왔던 수가 다시 나올 수 없다. 그래서 이 방법은 심리실험에서 순서를 정해야 하는 경우에 많이 사용한다. 음악에서 랜덤 재생을 했을 때 사용하는 방식도 정확히는 셔플에 해당한다.

난수가 필요할 때 과거에는 난수표를 사용해 무작위 수열을 만들었다. 난수표는 규칙 없이 나열된 숫자 집합으로, 보통 2자리나 4자리씩 나누어 배열된다. 하나의 숫자를 기준으로 가로, 세로, 대각선 방향으로 읽으면 무작위 수가 나오는 것이다.

난수표를 만드는 방법은 다양하다. 하나는 주사위를 던지는 것이다. 0에서 9까지의 숫자가 쓰인 정이십면체 주사위를 던지면, 어떤 숫자가 나올지 예측할 수 없다. 주사위를 던질 때마다 나온 숫자를 기록하면 난수표가 만들어진다. 룰렛을 돌리거나, 동전의 앞뒷면을 1과 0으로 기록해 이진법 난수표를 만드는 방법도 있다. 이런 물리적인 방법 외에 기존의 다른 표를 이용하는 수도 있다. 최초로 난수표를 출판한 티펫은 인구통계조사표에서 무작위로 뽑아낸 수를 이용했다. 또 다른 통계학자는 로그함수의 값을 정리해놓은 로그표에서 무작위로 수를 골라서 난수표를 만들었다. 이런 방법은 전부 사람의 손길이 닿아야 하는 방법이다. 자동으로 난수를 만드는 기술이 등장한 것은 컴퓨터를 도입한 뒤부터였다.

57. 윗글의 중심내용으로 적절한 것은?

① 난수표로 제작된 암호의 이점과 한계
② 난수와 암호의 공통점과 차이점
③ 난수의 개념과 난수표의 제작 방식
④ 랜덤과 셔플 개념의 공통점과 차이점

58. 다음 중 밑줄 친 ㉠과 ㉡에 대한 설명으로 적절하지 않은 것은?

① ㉠과 ㉡은 모두 무작위로 결과를 골라내지만, 무작위성을 처리하는 방식이 다르다.
② ㉠과 ㉡을 적용할 때 특정한 패턴이나 의도처럼 느껴지는 경우가 있는 것은 사용자의 인식이나 무작위성의 오해에서 비롯된 것이다.
③ 만약 음악의 랜덤 재생에 ㉠의 방식을 적용한다면 재생 순서가 동일한 것이 아니라 동일한 곡이 연속으로 나오는 경우가 가능하다.
④ ㉡의 난수를 고르기 위해 주사위를 굴리는 방식이 가능하다.

[59 ~ 60] 다음 글을 읽고 이어지는 질문에 답하시오.

소셜미디어에서 가짜 뉴스는 큰 논란거리가 되고 있다. 인터넷과 모바일이 발달하고 다양한 정보들이 생산되면서 불거진 해프닝만은 아니다. 가짜 뉴스(fake news)는 거짓된 정보를 토대로 생산된 뉴스를 의미한다. 그러나 이것이 기존의 오보(false report)나, 풍자적 뉴스(satirical fake news), 패러디(parody), 루머(rumor) 등과 다른 점은 '의도'를 가지고 '거짓정보(hoax)'를 퍼뜨린다는 점이다. 단순히 개인이나 언론사가 사전에 사실과 다른 가짜 정보임을 인지하지 못한 상태로 관련 뉴스를 제작하고 확산시키는 형태와는 차이점이 있다. 가짜 뉴스는 의도를 가지고 있는 만큼 특정한 목적을 가지고 그 영향력을 극대화시키려는 속성도 있기 때문이다. 따라서 가짜 뉴스의 이면에는 특정한 이익을 노리는 세력이 존재할 가능성이 있고 반대로 이러한 세력에 의해 큰 피해를 입는 쪽이 나타날 수도 있다.

사실과 다른 정보임을 인지하지 못한 상태로 뉴스가 생산되는 경우에, 추후 해당 뉴스가 사실과 다르다는 점이 밝혀지면 뉴스 생산 주체는 스스로 나서서 실수를 인정하는 절차를 거친다. 또한 사실과 다른 정보임을 인지한 상태로 의도적인 풍자나 패러디를 목적으로 하는 뉴스의 경우에는 뉴스에 포함된 정보가 거짓정보임이 이미 서두에 전제로 제시된다. 그러나 가짜 뉴스는 다르다. 가짜 뉴스의 생산 과정에서는 이런 잘못된 정보에 대한 실수를 인정하지 않겠다는 의지가 엿보이며 대놓고 거짓정보임을 퍼뜨리면서도 이것이 가짜일 가능성을 알리는 어떠한 장치도 없다. 가짜 뉴스는 너무 많은 정보 속에서 작성주체와 원본 내용의 불명확성을 무기로 제목과 간략한 내용을 통해 이용자의 이목을 끄는 방식으로 진화해 현재와 같은 문제를 발생시키고 있다. 가짜 뉴스가 기존 뉴스기사의 형식을 갖출 경우 전체 내용을 확인하기 전에는 진위 여부를 판단할 수 없다. 또한 교묘하게 조작된 가짜 뉴스의 경우에는 내용을 보더라도 그 진위 여부를 판단하는 것이 쉽지 않다.

이렇듯 가짜 뉴스는 '콘텐츠 생산이 급격히 증가하는 환경에서 원본과 작성 주체의 불명확성이라는 특성을 감안해 이용자가 믿을 수 있는 뉴스의 형식을 갖춰 신뢰를 얻은 후, 정파적 혹은 경제적 목적으로 내용을 의도적으로 교묘히 조작하여 한눈에 전체 내용을 파악할 수 없는 소셜미디어, 모바일 메신저 등 콘텐츠 유통 플랫폼을 통해 콘텐츠 확산을 의도한 뉴스'라고 정의할 수 있다. 이는 가짜 뉴스를 디지털 환경의 관점에서 정의한 것으로, 여기는 좀 더 세밀한 개념 정립이 필요하다. 앞서 말했듯이 가짜 뉴스는 과거부터 있어 왔고 환경의 변화에 따라 그 개념을 달리하여 존재하기 때문이다. 다만, 현재의 디지털 환경의 특성이 가짜 뉴스가 미치는 부정적 영향의 크기와 확산 속도를 증가시킨 것이다.

59. 윗글에 대한 이해로 적절하지 않은 것은?

① 가짜 뉴스는 단순히 인터넷이나 모바일 등 통신기술의 발달로 발생된 것이 아니다.

② 가짜 뉴스는 이로 인한 피해자가 발생할 수 있는 문제이므로 이에 대한 처벌을 강화해야 한다.

③ 기존의 뉴스와는 달리 가짜 뉴스는 작성 주체가 불명확하기 때문에 조작된 뉴스 기사의 진위 여부를 판단할 수 없다는 문제가 있다.

④ 대량으로 신속하게 생산되는 정보의 홍수 때문에 수용자는 진위 여부를 판단할 수 없게 됐으며 가짜 뉴스는 이 지점을 파고들었다.

60. 윗글의 '가짜 뉴스'의 정의를 따른다면, 다음 중 가짜 뉴스의 수는 몇 개인가?

- 신원미상인 사람이 블로그를 통해 배포한 기사 형식의 글
- 문제 또는 개인을 구성하기 위해 정보를 조작하여 사용한 뉴스 형식의 글
- 대화의 형태로 모바일 메신저, 문자 메시지 등의 수단을 이용한 글
- 언론사가 정상적인 보도를 했지만 향후 오보로 판명된 글
- 사실이 아닌 것을 사실처럼 다루어 현 세태를 풍자한 기사 형식의 글

① 0개 ② 1개

③ 2개 ④ 3개

2회 기출예상문제

문항수 : 60 문항
문항시간 : 60 분

▶ 정답과 해설 17쪽

01. 다음 중 밑줄 친 ㉠의 문맥적 의미와 가장 비슷한 의미로 단어가 사용된 것은?

> 기업 투자촉진을 위해 지난 1월 17일 규제 샌드박스가 도입됐지만 샌드박스 안에 새로운 규정들이 우후죽순처럼 생겨나면서 당초의 취지가 퇴색되고 있다는 지적이 일고 있다. 금융혁신을 서두르고 있는 ICT와 금융권 벤처기업들도 하소연을 쏟아내고 있다. 규제 샌드박스를 신청하기 위해서는 사전에 충족시켜야 할 조건들이 까다로워 규제를 ㉠ 풀어 스타트업을 키우겠다는 정부의 야심찬 전략에 부응하기 힘들다고 호소하고 있다. ○○○한국과학기술단체총연합회 사무총장은 "규제 샌드박스라고 하지만 여전히 규제 완화에 반대하는 목소리를 의식하는 경향이 강하다."라며 "샌드박스 내에서는 정말 무엇이든 다 할 수 있다고 체감할 수 있을 정도로 운영방안이 마련돼야 한다."라고 지적했다. 정부는 4월까지 규제 샌드박스 승인 건수를 45건으로 늘리고 연말까지는 100여 건으로 확대하기로 했다.

① 김 과장은 업무 스트레스로 인한 피로를 풀기 위해 해외여행에 과감히 투자했다.

② ○○프로배구팀은 무려 12년 만의 통합우승을 달성함으로써 마침내 숙원을 풀었다.

③ 이 미술관에 말파토 박사와 바르트 부인이 나타나 레오나르도 다 빈치의 암호를 풀려고 한다.

④ 주택난 해소를 위한 신도시 개발을 위해 국토교통부와 지방자치단체는 개발제한구역의 일부를 풀 계획이다.

02. 다음 중 밑줄 친 ㉠의 문맥상 의미로 가장 적절한 것은?

> 녹조류가 광합성 할 때 생성되는 광합성 전자를 효율적으로 추출하는 기술이 개발됐습니다. ○○○연구팀이 녹조류로 만든 세포 필름에 수많은 바늘 모양 전극을 붙여 장기간 많은 수의 녹조류 세포에서 광합성 전류를 추출할 수 있게 됐다고 합니다. 이 기술은 향후 신재생 에너지 분야에서 지대한 역할을 수행할 것으로 기대됩니다.
>
> 해당 연구를 통해 이전 연구에서 한계점으로 지적됐던 다수 세포 동시 삽입의 기술적, 시간적 문제를 해결했습니다. 또한 단순화된 방법으로 대량의 세포에 전극을 삽입하고 광합성 전류량을 ㉠ 비약적으로 향상시킴으로써 실용적 기술로의 첫 단추를 꿰었다는 점에서 의미가 있습니다. ○○○연구팀은 "개발된 세포 필름을 이용한 나노 전극 동시 삽입 및 대면적 광합성 전자 추출 기술은 조류세포와 같은 식물세포를 이용한 태양광 에너지 변환 시스템이 실험실 단계를 벗어나 실용화 단계로 나아갈 수 있는 첫 걸음"이라며 연구의 의의를 설명했습니다.

① 사람이 바쁘고 힘차게 활동함.

② 사람이나 동물이 공중으로 나는 듯이 높이 뛰어오름.

③ 어떤 일이 이루어지는 과정이나 동작의 반응이 즉각적임.

④ 지위나 수준 따위가 갑자기 빠른 속도로 높아지거나 향상됨.

03. 다음 중 (가) ~ (라) 문단별 중심 내용으로 적절하지 않은 것은?

(가) 매일 아침 하던 등산이라기보다는 산길 걷기 정도의 가벼운 산행을 첫눈이 온 후부터는 그만두었다. 산에 온 눈은 오래간다. 내가 다시 산에 갈 수 있기까지는 두 달도 더 기다려야 할 것 같다. 걷기는 내가 잘할 수 있는 유일한 운동이지만 눈길에선 엉금엉금 긴다. 어머니가 눈길에서 미끄러져 크게 다치신 후 7, 8년간이나 바깥출입을 못하시다 돌아가신 뒤 생긴 눈 공포증이다. 부족한 다리 운동은 볼일 보러 다닐 때 웬만한 거리는 걷거나 지하철 타느라 오르락내리락하면서도 벌충할 수 있지만 흙을 밟는 쾌감을 느낄 수 있는 맨땅은 이 산골마을에도 남아 있지 않다. 대문 밖 골목길까지 포장되어 있다. 그래서 아침마다 안마당을 몇 바퀴 돌면서 해뜨기를 기다린다. 아차산에는 서울사람들이 새해맞이 일출을 보러 오는 명당 자리가 정해져 있을 정도니까 그 품에 안긴 아치울도 동쪽을 향해 부챗살 모양으로 열려 있다. 겨울 마당은 황량하고 땅은 딱딱하게 얼어붙었다. 그러나 걸어보면 그 안에서 꼼지락거리는 씨와 뿌리들의 소요가 분명하게 느껴질 정도의 탄력을 지녔다.

(나) 마당이 있는 집에 산다고 하면 다들 채소를 심어 먹을 수 있어 좋겠다고 부러워한다. 나도 첫해에는 열무하고 고추를 심었다. 그러나 매일 하루 두 번씩 오는 채소장수 아저씨 단골이 되면서 채소농사가 시들해졌고 작년부터는 아예 안 하게 되었다. 트럭에다 각종 야채와 과일을 싣고 다니는 순박하고 건강한 아저씨는 싱싱한 야채를 아주 싸게 판다. 멀리서 그 아저씨가 트럭에 싣고 온 온갖 채소 이름을 외치는 소리가 들리면 뭐라도 좀 팔아줘야 할 것 같아서 마음보다 먼저 엉덩이가 들썩들썩한다. 그를 기다렸다가 뭐라도 팔아주고 싶어 하는 내 마음을 아는지 아저씨도 손이 크다. 너무 많이 줘서, 왜 이렇게 싸요? 소리가 절로 나올 때도 있다. 그러면 아저씨는 물건을 사면서 싸다고 하는 사람은 처음 봤다고 웃는다. 내가 싸다는 건 딴 물가에 비해 그렇다는 소리지 얼마가 적당한 값인지 알고 하는 소리는 물론 아니다. 트럭 아저씨는 다듬지 않은 야채를 넉넉하게 주기 때문에 그걸 손질하는 것도 한 일이다. 많이 주는 것 같아도 다듬어놓고 나면 그게 그걸 거라고, 우리 식구들은 내 수고를 별로 달가워하지 않는 것 같다. 뒤란으로 난 툇마루에 퍼더거리고 앉아 흙 묻은 야채를 다듬거나 콩이나 마늘을 까는 건 내가 좋아서 하는 일이지 누가 시켜서 하는 건 아니다. 뿌리째 뽑혀 흙까지 싱싱한 야채를 보면 야채가 아니라 푸성귀라고 불러주고 싶어진다. 손에 흙을 묻혀가며 푸성귀를 손질하노라면 같은 흙을 묻혔다는 걸로 그걸 씨 뿌리고 가꾼 사람들과 연대감을 느끼게 될 뿐 아니라 흙에서 낳아 자란 그 옛날의 시골 계집애와 현재의 나와의 지속성까지를 확인하게 된다. 그것은 아주 기분 좋고 으쓱한 느낌이다. 어쩌다 슈퍼에서 깨끗이 손질해서 스티로폼 용기에 담고 랩을 씌운 야채를 보면 컨베이어벨트를 타고 나온 공산품 같지 푸성귀 같지가 않다.

(다) 무엇보다도 내 단골 트럭 아저씨에게는 불경기가 없었으면 좋겠다. 일요일은 꼬박꼬박 쉬지만 평일에는 하루도 장사를 거른 적이 없는 아저씨가 지난여름엔 일주일 넘어 안 나타난 적이 있는데 소문에 의하면 해외여행을 갔다는 것이었다. 그것도 여비가 많이 드는 남미 어디라나. 그런 말을 퍼뜨린 이는 조금은 아니꼽다는 투로 말했지만 어중이떠중이가 다 해외여행을 떠나는 이 풍요한 나라의 휴가철, 그 아저씨야말로 마땅히 휴가를 즐길 수 있는 어중이떠중이 아닌 적격자가 아니었을까.

(라) 트럭 아저씨는 나를 쭉 할머니라 불렀는데 어느 날 새삼스럽게 존경스러운 눈으로 바라보면서 선생님이라고 부르기 시작했다. 내가 작가라는 걸 알아보는 사람을 만나면 무조건 피하고 싶은 못난 버릇이 있는데 그에게 직업이 탄로 난 건 싫지가 않았다. 순박한 표정에 곧이곧대로 나타난 존경과 애정을 뉘라서 거부할 수 있겠는가. 내 책을 읽은 게 아니라 TV에 나온 걸 보았다고 했다. 책을 읽을 새가 있느냐고 했더니, 웬걸요, 신문 읽을 새도 없다고 하면서 수줍은 듯 미안한 듯, 어려서 『저 하늘에도 슬픔이』를 읽고 외로움을 달래고 살아가면서 많은 힘을 얻은 얘기를 했다. 그러니까 그의 글쓰는 사람에 대한 존경은 『저 하늘에도 슬픔이』에서 비롯된 것이었다. 나는 그 책을 읽지는 못했지만 아주 오래전에 영화화된 것을 비디오로 본 적이 있어서 그럭저럭 맞장구를 칠 수가 있었다. 아저씨는 마지막으로 선생님도 『저 하늘에도 슬픔이』 같은 걸작을 쓰시길 바란다는 당부 겸 덕담까지 했다.

– 박완서, 〈트럭 아저씨〉

① (가) : 자연과 더불어 사는 삶의 즐거움

② (나) : 트럭 아저씨와 시골 계집애의 애틋한 사랑

③ (다) : 항상 성실하게 살아가는 트럭 아저씨

④ (라) : 힘을 주는 작품을 소개해 주는 트럭 아저씨의 덕담

[04 ~ 05] 다음 글을 읽고 이어지는 질문에 답하시오.

〈보행사고 감소를 위한 추진전략〉

도로에서 사람과 재화의 이동은 사회적, 경제적, 정치적으로 필수 불가결하지만 이러한 이동은 교통사고로 이어질 수 있다. 따라서 자동차의 주행경로 등에 보행자가 노출되면 보행사고가 발생할 가능성이 높아지므로 직접적인 노출을 감소시켜야 한다.

보행자가 지장물, 불법주정차 차량 등에 가려져 운전자가 보행자를 인식하지 못하여 많은 사고가 발생하기도 한다. 따라서 보행자의 시인성을 확보하기 위해 시설개선을 하는 것이 필요하다. 또한 보행자가 다니는 길에서 보행사고를 감소시키기 위해 보행활성화를 유도하는 것도 효과적이다. 보행자가 많으면 운전자에게 보행자가 계속 눈에 띄기 때문에 운전자는 조심하여 서행 운전하게 된다. 이러한 경우 운전자가 주변을 볼 수 있는 시야가 넓어지기 때문에 돌발 상황에 쉽게 대처할 수 있게 된다.

보행자 사고의 심각도에 결정적 역할을 하는 것은 바로 차량 운행 '속도'이다. 따라서 보행사고 심각도를 감소시키기 위해서는 차량 속도저감기법을 적극적으로 고려해야 한다. 충돌속도가 45km/h 이상인 경우에는 생존 가능성이 50% 이하이고, 30km/h 이하인 경우에는 생존 가능성이 90% 이상이다. 또한 주택가, 이면도로 등 일상생활과 밀접한 생활도로에서의 차량주행 속도를 낮추는 방법도 고려해야 한다.

보행자 보호에 대한 사회적 경각심이 높아지면서 보행사고 위험요인을 고려한 ㉠ <u>타겟/타깃형</u> 집중단속을 강화하고 있다. 그러나 자동차 운전자들의 보행자에 대한 배려나 보호의지 등 교육 · 홍보를 통한 안전의식을 개선시켜 나가는 것이 더욱 중요하다. 보행자의 경우에는 도로 위에서 자신을 위주로 상황을 판단하는 경향이 높기 때문에 멀리서 자동차가 다가오면 '자동차가 오기 전에 길을 건널 수 있다' 또는 '자동차가 알아서 속도를 줄이겠지' 등의 오판을 하게 된다. 이러한 문제를 해결하기 위해 어린이부터 어른까지 모든 보행자가 안전한 보행습관을 몸에 익힐 수 있도록 범국민 문화캠페인을 전개하는 것이 필요하다. 안전한 도로는 운전자와 보행자 모두가 법규를 지켰을 때 만들어지는 것이다.

04. 다음 중 윗글에서 언급한 보행사고 감소를 위한 추진전략으로 적절하지 않은 것은?

① 보행활성화를 유도하여 운전자의 시야를 넓혀 준다.
② 자동차 주행경로에는 가급적 보행자가 다니지 않도록 한다.
③ 보행자 및 운전자의 안전의식을 개선시킨다.
④ 운전자가 보행자를 인식할 수 있도록 도로에 설치된 시설물을 제거한다.

05. 윗글의 밑줄 친 ㉠ 부분에서 올바른 외래어 표기를 고른 후, 나머지 외래어도 모두 바르게 표기된 것을 고르면?

㉠	그 외 외래어
① 타깃(target)	레모네이드(lemonade), 로브스터(lobster), 스트로(straw), 플루트(flute)
② 타깃(target)	레몬에이드(lemonade), 랍스터(lobster), 스트로우(straw), 플룻(flute)
③ 타겟(target)	레몬에이드(lemonade), 로브스터(lobster), 스트로(straw), 플룻(flute)
④ 타겟(target)	레모네이드(lemonade), 랍스터(lobster), 스트로우(straw), 플루트(flute)

06. 다음 글의 전개방식에 대한 설명으로 가장 적절한 것은?

"우리가 꿈꾸는 곳에는 마술 지팡이가 있어서 아이들이 음식과 물을 충분히 먹는지, 한 사람도 빠짐없이 학교에 가서 공부를 하는지, 보호받고 존중받는지 지켜보고 있어요." 이는 유엔아동권리협약을 풀어쓴 그림책 〈어린이의 권리를 선언합니다〉에 나온 문장이다. 아동이 신체적, 지적, 정신적, 도덕적, 사회적 발달에 맞는 생활수준을 누릴 권리를 가짐을 인정한다는 제27조에 대한 설명인데, 요즘 마술 지팡이는 아이들의 무엇을 보고 있을까.

재난이 닥쳐오면 약자들이 가장 먼저 고통 받는다. 그중엔 아이들이 있다. 5년 전 9월, 세 살 알란 쿠르디는 터키 남서부 해변에서 엎드려 숨진 채 발견됐다. 내전을 피해 배를 타고 지중해를 건너 그리스로 향하던 중이었다. 고향으로 돌아가 쿠르디를 땅에 묻은 아버지는 다시는 그 땅을 떠나지 않겠다고 했다. 아픔의 땅을 떠나지도, 떠나지 않을 수도 없는 아버지와 세상에 없는 아들을 남긴 비극이었다. 그로부터 4년 뒤 미국과 멕시코 접경의 리우그란데 강에서는 25세 아빠와 23개월 된 딸의 시신이 떠올랐다. 엘살바도르에서 아메리칸 드림을 꿈꾸던 가족은 국경 검문검색을 피해 강을 건너다 변을 당했다. 아빠의 검은색 티셔츠 안에 몸을 숨긴 딸은 덜 무섭고 덜 외로웠을까.

수개월째 일상과도 같아진 코로나19도 아이들의 숨통을 죄어 온다. 국제 아동구호 NGO 세이브더칠드런이 지난 10일 공개한 보고서를 보면, 전 세계 37개국 2만 5,000명의 아동과 보호자를 대상으로 조사한 결과 아이들이 가정 폭력을 신고한 가정 가운데 19%는 코로나19로 인해 수입이 줄어든 것으로 나타났다. 여기에다 학교까지 문을 닫으면서 아이들은 더 힘들어졌다. 조사 대상의 3분의 2가 선생님을 전혀 만난 적이 없으며, 학교가 문을 닫은 동안 아이들을 향한 가정 폭력은 학교를 열었을 때(8%)보다 2배 이상(17%) 증가한 것으로 나타났다. 일자리를 잃은 어른들의 고통은 아이들에게 폭력이라는 흔적을 더했다. 비대면 수업을 한다지만 아예 컴퓨터가 없거나, 인터넷을 사용할 수 없는 경우 혹은 원격 수업을 들을 공간 자체가 존재하지 않는 환경에 처한 아이들도 많다. 그렇다보니 국내외를 막론하고 비대면 수업으로 학력의 빈부격차가 발생하고 있다는 조사결과가 나오기 시작했다. 내전이나 불법 이민과 같은 극단적 상황, 코로나19 팬데믹과 같은 예외적인 상황 탓이 아니다. 학대받다 숨지거나 상처입고, 한 끼를 어떻게 먹을지 고민하고, 생리대 가격이 부담스러운 아이들과 청소년이 여전히 존재한다.

〈아이들의 계급투쟁〉의 작가 브래디 미카코는 영국 최악의 빈곤 지역에 있는 무료 탁아소에서의 경험을 묘사했다. 탁아소가 끝날 시간이 훨씬 지나도 아이를 찾으러 오지 않는 엄마, 유일한 보호자인 엄마가 자신을 포기할까 불안해서 모래만 발로 차던 네 살짜리 딜런. 소리도 없이 울던 아이에게 선생님이 말한다. "울지 마. 울지 말고 화를 내. 번번이 우는 건 포기했다는 뜻이야. 그러니까 우리는 항상 화를 내지 않으면 안 돼." 울지도 못하는, 울어도 울음소리가 세상 밖으로 들리지 않는 아이들이 수없이 많다. 가려진 아이들에게 귀 기울이고 지켜봐야 하는 건 마술 지팡이가 아니라 우리의 공동체여야 하지 않을까.

① 독자의 감정을 자극하는 사례를 들어 본인의 의견에 대한 공감을 이끌어 내고 있다.
② 아이들의 인권에 대하여 서로 대립되는 의견을 대조하여 보여주고 있다.
③ 코로나19에 따른 빈부격차를 해소하기 위한 대책을 마련하기를 촉구하고 있다.
④ 전쟁이 아이들에게 어떤 비극을 가져오는지에 관한 주제로 글을 전개하고 있다.

07. 다음의 밑줄 친 ㉠ ~ ㉣ 중 어문규정에 어긋난 부분을 모두 고른 것은?

'리터러시(Literacy)'는 '언어를 제대로 쓰고 읽고 해독할 줄 아는 능력'을 의미한다. 그렇다면 게임 리터러시는 무엇을 지칭하며, 왜 게임문화연구에서 중요한가? 리터러시를 실천하기 위해서는 학습과 교육의 몫이 중요하다고 여겨진다. 이에 따라 게임 리터러시 역시 교육적 학습 능력의 의미와 연관해 이해되는 경향이 있다. 게임을 건전하게 즐길 수 있는 능력을 기르는 교육, 혹은 게임중독을 예방하고 게임 절제력을 기르기 위한 교육이 곧 게임 리터러시의 핵심이라고 생각하곤 한다. 그러나 게임을 '잘 이용할 줄 아는 능력'이나 게임의 '중독이나 과몰입에서 탈출할 수 있는 능력'은 진정한 게임 리터러시와는 거리가 있을 ㉠ <u>수밖에</u> 없다. 게임 리터러시는 게임의 문화적 이해를 확장하는 능력으로 정의하는 것이 타당하다. 이는 게임 리터러시가 게임 안의 의미를 ㉡ <u>론하기보다</u> 게임이 바깥 세계와 어떻게 ㉢ <u>연결되는 지</u>에 주목하도록 만든다는 견해와 상통한다. "게임은 어떻게 생겼는가?"가 아닌 "게임의 시각에서 볼 때 실제 세계는 어떻게 생겼는가?"를 이해하는 것이 곧 게임 리터러시다. 결국 게임 리터러시에 관심을 ㉣ <u>같는다</u>는 것은 게임 텍스트만이 아니라 게임과 게이머의 관계, 게임 세계와 실제 세계의 관계, 게임을 통한 인간과 사회의 관계에 주목함을 의미한다. 그리고 이는 곧 게임문화연구의 지향과도 일치한다. 문학이나 교육학 개념이 아닌 문화연구의 개념적 도구로 게임 리터러시를 이해해야 하는 이유이다.

① ㉠, ㉢
② ㉠, ㉣
③ ㉠, ㉡, ㉣
④ ㉡, ㉢, ㉣

08. 다음 글의 제목으로 적절한 것은?

1970년대 초 다른 유럽 국가들의 영화 산업이 1960년대부터 비난받아 왔던 상업영화를 계기로 후퇴하고 있을 무렵, 20세기 후반에 들어 후진성을 면치 못했던 독일에서는 '뉴저먼 시네마'라는 이름을 가진 새로운 경향의 영화가 등장했고 이로 인해 독일의 영화 산업은 다시 되살아났다.

1920년대 독일의 영화는 인간의 내면세계를 비사실적, 비자연적으로 표현하려는 표현주의 성격을 강하게 가지고 있었다. 하지만 이 표현주의 경향은 나치즘의 대두로 붕괴되었으며, 그로 인해 독일의 영화적 터전은 약화될 수밖에 없었다. 이러한 상태에서 무차별적으로 수입된 할리우드 영화들은 독일 영화 산업을 더욱 약화시켰다. 이러한 상황에서 '뉴저먼 시네마'가 등장한 것이다.

'뉴저먼 시네마'는 오버하우젠 선언을 계기로 펼쳐졌다. 1962년 2월 28일, 영화감독 알렉산더 클루게를 대표로 프랑스 누벨바그 운동에 영향을 받은 26명의 젊은 독일 영화 작가들이 '아버지의 영화는 죽었다'라는 제목으로 오버하우젠 영화제를 개최한다. 그리고 이곳에서 새로운 영화를 알리는 오버하우젠 선언문이 채택되었다. 알렉산더 클루게가 주도한 이 선언은 여론의 관심을 모아 1965년 2월에 청년 독일 영화 관리국이라는 기구가 설립되는 데에 영향을 줬고, 공영 방송국의 제작 지원을 받는 새로운 제작 시스템도 마련되도록 하여 1970년 전후로 독일 영화의 황금기를 이끌었다.

이 시기의 영화들은 주로 당대의 지식층 관객들과의 소통을 목표로 하며, 근본적으로 할리우드 영화 및 자국의 상업영화와 거리를 두어 상업성을 띠지 않는다는 특징이 있다. 또한 '뉴저먼 시네마' 감독들이 표방한 '작가영화(auteur film)'는 좌파적 성향의 감독들이 자신들의 사회비판적 입장을 전달하기 위한 무대가 되어 주었으며, 이들의 중심적 관심은 미학적 표현이 아닌 흥미로운 소재 그 자체였기 때문에 내용과 형식, 스토리와 양식 등이 통일된다는 특징을 가지고 있었다. 그리고 이는 이후 70년대 외국의 예술영화관에서 가장 널리 상영되는 영화가 되었다.

① 프랑스의 누벨바그 운동이 가져온 사회적 영향은 무엇일까?
② '뉴저먼 시네마'와 '작가영화'의 공통점과 차이점
③ 20세기-부활한 독일 영화 산업의 핵심
④ '뉴저먼 시네마'와 상업영화, 두 영화가 낳은 서로 다른 결과

09. ○○공사 총무기획팀 B 대리는 신규 사업과 관련된 이메일을 전달받았다. 다음 중 B 대리가 이해한 내용으로 적절하지 않은 것은?

> 발신 : 홍보팀 K 과장
> 수신 : 총무기획팀 B 대리
> 제목 : "빈집 재생 프로젝트" 2차 기획 회의
>
> ---
>
> "빈집 재생 프로젝트" 시행을 위한 2차 기획 회의와 관련하여 다음과 같이 안내하오니 참고하시어 제반 사항을 진행해주시기 바랍니다.
>
> 1. 개요
>   - 참석자 : 홍보팀, 총무기획팀, 전략기획팀 각 2인 이상(대리급 이상 실무담당자)
>   - 장소 : 본사 제2회의실(1002호)
>   - 일시 : 202X년 12월 27일(월) 13 ~ 15시
> 2. 내용
>   - "빈집 재생 프로젝트" 시행 진행상황 점검(1차 회의 시 작성한 체크리스트 활용)
>   - 프로젝트 대상 지역 선정 조사 결과를 반영하여 기획보고서 초안 수정 및 보완
>   - 프로젝트의 성공 가능성, 사업의 기대효과에 대한 논의
>   - 향후 진행 일정 점검 및 부서별 업무 분장 확립
>
> 기타 문의사항이 발생할 경우 홍보1팀 Y 대리에게 문의해주시기 바랍니다.
>
> 〈첨부〉 1) 빈집 재생 프로젝트 기획보고서 초안 1부
> 2) 프로젝트 1차 회의 회의록 1부
>
> – 끝 –

① 이번 회의의 참석 대상자는 홍보팀, 총무기획팀, 전략기획팀의 대리급 이상 실무담당자들이니 참석 규모를 6명 이상으로 예상하면 되겠어.

② 2차 회의의 목적은 신규 사업인 "빈집 재생 프로젝트"의 진행상황을 확인하고 향후 일정을 점검하는 것이군.

③ 회의 진행에 대해 문의하려면 전략기획1팀의 Y 대리와 연락을 해봐야겠어.

④ 이번 2차 회의에서는 빈집 재생 프로젝트의 가능성 여부와 대상 지역, 사업의 기대효과에 대해서 논하게 되겠구나.

[10 ~ 11] 다음 글을 읽고 이어지는 질문에 답하시오.

소비의 시대인 오늘날에는 상품의 논리가 일반화되어 노동과정이나 물질적 생산품뿐만 아니라 문화, 섹슈얼리티, 인간관계 심지어 환상과 개인적인 욕망까지도 지배하고 있다. 모든 것이 이 논리에 종속되어 있다. 그것은 단순히 모든 기능과 욕구가 이윤에 의해 대상화되고 조작된다고 하는 의미에서뿐만 아니라 모든 것이 진열되어 구경거리가 되어 이미지, 기호, 소비 가능한 모델로 환기되고 유발되고 편성된다는 보다 깊은 의미를 지니고 있다.

소비 과정은 기호를 흡수하고 기호에 의해 흡수되는 과정이다. 기호의 발신과 수신만이 있을 뿐이며 개인으로서의 존재는 기호의 조작과 계산 속에서 소멸한다. 소비 시대의 인간은 자기 노동의 생산물뿐만 아니라 자기 욕구조차도 직시하는 일이 없으며 자신의 모습과 마주 대하는 일도 없다. 그는 자신이 늘어놓은 기호들 속에 내재할 뿐이다. 초월성도 궁극성도 목적성도 더 이상 존재하지 않게 된 이 사회의 특징은 '반성'의 부재, 자신에 대한 시각의 부재이다. 현대의 질서에서는 인간이 ㉠ 자신의 모습과 마주하는 장소였던 거울은 사라지고, 대신 쇼윈도만이 존재한다. 거기에서 개인은 자신을 비춰보는 것이 아니라 대량의 ㉡ 기호화된 사물을 응시할 따름이며, 사회적 지위 등을 의미하는 기호의 질서 속으로 흡수되어 버린다. 소비의 주체는 기호의 질서이다.

소비의 가장 아름다운 대상은 육체이다. 오늘날 육체는 광고, 패션, 대중 문화 등 모든 곳에 범람하고 있다. 육체를 둘러싼 위생, 영양, 의료와 관련한 숭배 의식, 젊음, 우아함, 남자다움 혹은 여자다움에 대한 강박 관념, 미용, 건강, 날씬함을 위한 식이 요법, 이것들 모두는 육체가 구원의 대상이 되었다는 사실을 증명한다. 육체는 영혼이 담당했던 도덕적, 이데올로기적 기능을 문자 그대로 넘겨받았다. 오늘날 육체는 주체의 자율적인 목적에 따라서가 아니라, 소비 사회의 규범인 향락과 쾌락주의적 이윤 창출의 원리에 따라서 다시금 만들어진다. 이제 육체는 관리의 대상이 된다. 육체는 투자를 위한 자산처럼 다루어지고, 사회적 지위를 표시하는 여러 기호 중의 하나로서 조작된다.

10. 다음 중 윗글에 나타난 저자의 생각과 일치하지 않는 것은?

① 소비의 시대인 오늘날에는 상품의 논리가 일반화되고 이러한 상품에 의해 자신과 자신, 인간과 사물의 관계가 변화된다.

② 물질적 욕망으로 가득한 사회 속에서 인간은 자신의 욕구조차 직시하지 않으며 자기 자신에게서조차 소외될 수 있다.

③ 인간의 물리적 욕망은 기호화된 사물에 자신을 투영하여 새로운 자기상을 창출한다.

④ 현대사회에서 소비의 가장 아름다운 대상은 육체가 되었으며 육체는 투자를 위한 자산처럼 다루어지고 있다.

11. 다음 중 밑줄 친 ㉠과 ㉡이 의미하는 것을 바르게 추론한 것은?

	㉠	㉡
①	실체	허상
②	실체	욕망
③	대상화	기호화
④	기호화	대상화

[12 ~ 13] 다음 글을 읽고 이어지는 질문에 답하시오.

우리가 알고 있는 학문적 이론들은 대체로 가설연역법으로 확립된 것이다. 가설연역법은 귀납과 연역의 원리를 활용하여 학문적 진리를 탐구하는 대표적인 추론 방법이다. 귀납은 이미 알고 있는 개별적인 사실들에서 그러한 사실들을 포함하는 일반적인 명제를 이끌어내는 추론으로, 개별적인 사실들이 모두 옳을지라도 결론이 반드시 옳지는 않다는 속성을 지닌다. 반면 연역은 이미 알고 있는 일반적인 명제를 전제로 삼아 구체적인 사실을 이끌어내는 추론으로, 전제가 옳다면 결론은 반드시 옳은 속성을 지닌다.

가설연역법은 귀납과 연역을 연계하여 가설을 설정하고 검증하는 절차를 거친다. 예를 들어, '한국, 일본, 중국에 서식하는 까마귀는 검다'라는 사실에서 연구자가 '세상의 모든 까마귀는 검다'라는 결론을 얻었다고 하자. 이것은 구체적인 '사례들'에서 일반적인 명제를 이끌어낸 귀납 추론이다. 이 명제는 참일 수도 있고 거짓일 수도 있다. 왜냐하면 세상의 모든 까마귀를 관찰하여 결론에 이른 것이 아니기 때문이다. 연구자는 이 명제가 참인지 더 알아볼 필요가 있을 것이다. 그래서 이 명제를 '가설'로 설정하고, 이를 전제로 삼아 '미국에 서식하는 까마귀는 검다'라는 좀 더 구체적인 '예측'을 연역 추론으로 이끌어낸다. 가설은 일반적인 명제이므로 진위를 확인하기가 어렵지만 예측은 그에 비해 구체적인 사실이므로 진위를 알아내기가 더 쉽기 때문이다. 연구자가 관찰, 실험과 같은 경험적인 방법으로 예측의 진위를 알아보는 것을 '검증'이라고 한다. 미국에 서식하는 까마귀를 검증한 결과 흰 까마귀가 존재한다면, '모든 까마귀는 검다'라는 가설에 포함되지 않는 사실이 발견된 것이므로 연역의 속성상 가설은 논리적으로 거짓일 수밖에 없다. 이를 가설이 '반증'되었다고 하는데, 이 경우 가설은 틀린 것이므로 연구자는 새로운 가설을 설정하는 일부터 다시 시작해야 한다.

한편, 예측을 검증한 결과가 참이라면 가설은 더욱 믿을 만한 것이 된다. 이를 가설이 '확증'되었다고 하는데, 확증은 가설이 옳다는 것을 절대적으로 뒷받침하지는 못하고 단지 가설이 옳을 확률이 높다는 사실을 알려준다. 왜냐하면 확증은 가설의 일부분, 즉 예측만이 참이라는 것을 확인해 주기 때문이다.

12. 윗글을 이해한 내용으로 적절하지 않은 것은?

① 가설연역법의 검증의 단계에서는 관찰, 실험과 같은 경험적인 방법이 필요하다.

② 연역법을 통해 결론을 얻으려면 이미 알고 있는 일반적인 명제가 필요하다.

③ 가설연역법의 가설에 포함되지 않는 사실이 발견되었다면 더 많은 검증을 거쳐야 한다.

④ 귀납법에서 얻은 결론은 그것을 이끌어낸 개별적인 사실들이 모두 옳을지라도 언제든 옳지 않다고 밝혀질 가능성이 있다.

13. 가설연역법의 과정을 바탕으로 〈보기〉의 밑줄 친 ㉠, ㉡을 설명할 때 적절하지 않은 것은?

보기

○○기업에 입사한 임지훈 사원은 직장 생활이 즐겁다. 선배들이 모두 친절하기 때문이다. 송아리 대리, 김지만 과장, 이석훈 팀장 모두 모르는 점을 친절히 가르쳐주어 임 사원은 ㉠ '직장 선배들은 모두 친절하다'는 생각을 가지게 되었다. 임 사원은 아직 대화를 해보지 않은 ㉡ '표지하 대리, 현숙정 과장, 정희라 차장은 친절하다'고 예측하고 대화를 통해 그들이 친절한지를 알아보려 한다.

① ㉠은 가설연역법에서의 가설에 해당한다고 볼 수 있다.

② ㉡은 가설이 맞는지를 확인하기 위해 구체적으로 세운 예측에 해당한다.

③ ㉠은 개별 사례들에서 일반적인 명제를 이끌어낸 귀납 추론에 해당한다.

④ ㉡을 검증한 결과가 참이라면 임 사원이 설정한 가설이 반드시 옳다는 것이 증명되었다고 볼 수 있다.

[14 ~ 15] 다음 '지역일자리 위기대응 포럼'에 대한 〈자료 A〉를 읽고 이어지는 질문에 답하시오.

〈자료 A〉

H 제작소는 지난 2일 일자리 전문가와 각 지역의 일자리 담당 공무원과 함께 '제1차 지역일자리 위기대응 포럼'을 개최했다. 이날 포럼에서는 코로나19 사태에서 선도적으로 일자리 정책을 시행하는 전라북도 전주시와 서울특별시 구로구의 사례를 발표하고 공유하는 시간을 가졌다. 참석자들은 포스트 코로나19 시대에 지방정부가 지역의 특성에 맞춰서 만드는 일자리 정책이 지속가능성에 있어 중앙정부의 정책보다 더욱 성공적으로 나타날 수 있으며, 정책을 수행하기 위해서는 지역 거버넌스 형성과 혁신적인 시각이 중요하다는 데 의견을 모았다.

전라북도 전주시의 사례를 발표한 김○○ 전주시 신성장경제국장은 이번 정책이 실행되는 과정에서 가장 중요한 점을 '거버넌스 구축'과 '당사자 간의 소통'을 꼽았다. 전주시는 직접 현장과 만나 당사자 간 거버넌스를 구축해 각 부문의 창의적인 생각을 모으고, 그것을 실행하는 방법으로 일자리 정책을 한층 발전시키고 있었다. 토론자로 나선 채○○ 전북대학교 경영학과 교수는 "거버넌스를 구축하는 것도 중요하지만 제대로 된 거버넌스가 가동이 되려면 지역역량을 끌어올리는 노력이 필요하다"라며 '노사관계 전문가 과정'이나 '일자리 혁신학교'와 같은 지역역량의 수준을 한층 높일 수 있는 교육을 신설해야 한다고 강조했다.

서울특별시 구로구 사례 발표에 나선 김○○ 구로구 기획경제국장은 구로구 일자리 정책의 가장 중요한 점으로 '지역특성'과 '재정정책'을 꼽았다. 구로구는 국가산업단지가 존재하고, 청년층이 많은 도시라는 특징을 갖고 있어 자체적인 경제 동향을 파악한 뒤 정책을 시행했다.

토론자로 나선 조○○ 한국노동연구원 부연구위원은 지자체마다 지역적 조건과 일자리 환경이 다르기 때문에 중앙정부가 주도하는 일률적인 정책은 서로 다른 결과를 낼 수 있다며, 구로구처럼 지역에 맞는 정책을 발굴해 제시해야 한다고 말했다. 전문가 발제자로 나선 이○○ 한국노동연구원 고용영향평가센터장은 전주시와 구로구의 선제적인 지역 일자리 정책의 사례를 높게 평가하며, 특히 지방정부의 창의적인 일자리 정책 시행은 코로나19 사태 이후 심화되고 있는 정책의 중앙집권화를 다시 지방분권으로 돌릴 수 있는 기회라고 말했다. 또한 중앙정부의 일자리 정책은 지방정부의 지역적 특성과 여건에 맞지 않은 정책이 많기 때문에 지방정부가 창의적인 극복 주체가 된다면 중앙정부의 정책방향을 오히려 전환시킬 수 있다고 강조하였다. 토론자인 박○○ 한국노동연구원 연구위원은 지방정부가 단순히 중앙정부의 정책을 바라보기보다 지방정부 간 교류를 통해 소통하는 게 사회혁신의 출발이라고 말했다. 여러 지자체의 논의 속에서 아이디어가 공유가 되는 수평적 정책행위 플랫폼을 H 제작소가 중심이 되어 만들어 낸다면 상호 사회혁신에 많은 도움이 될 것이라고 주장했다.

토론 이후에는 이번 포럼에 참여한 경상남도 거제시의 상황을 공유하고 고민하는 시간을 가졌다. 경상남도 거제시는 조선 산업 및 제조업 경기 침체로 인해 많은 청년이 지역을 떠나 고용위기 지역으로 지정되어 어려움을 겪고 있다고 말했다.

이번 포럼을 주최한 H 제작소의 임○○ 부소장은 "향후 포럼에서는 기존에 논의된 정책들에 대한 고민을 이어가면서 전주 모델, 구로 모델, 거제 모델 등을 심화시키고, 지방정부 간 협력을 통해서 지방중심의 지속가능한 일자리 정책을 마련하도록 돕겠다."라고 밝혔다.

14. 〈자료 A〉를 이해한 내용으로 적절하지 않은 것은?

① 향후 포럼에서는 기존에 논의된 정책들에 대한 고민을 이어갈 것이다.
② 정책을 수행하기 위해서는 지역 거버넌스 형성과 혁신적인 시각이 중요하다는 데 의견을 모았다.
③ 지방정부가 창의적인 극복 주체가 된다면 중앙정부의 정책방향을 오히려 전환시킬 수 있다.
④ 코로나19 사태 이후 정책은 지방분권화되고 있다.

15. 다음 〈자료 B〉는 〈자료 A〉의 '지역일자리 위기대응 포럼'에서 발표된 전주시, 구로구, 거제시의 사례이다. 다음 중 〈자료 A〉의 각 지역의 일자리 정책과 〈자료 B〉의 [사례 1 ~ 3]이 바르게 연결된 것은?

〈자료 B〉

[사례 1] 공무원이 직접 현장으로 나가서 어려움을 겪고 있는 소상공인, 자영업자와 노동자를 직접 만나 어려운 점을 직접 보고 경청하는 시간을 가졌다. 또한 노 · 사 · 정 거버넌스를 구축해 고용위기를 어떻게 극복하는지 의견을 모은 뒤 이를 바탕으로 소상공인과 자영업자를 위해 쉬운 신용대출과 그 액수의 상한선을 늘리기 위해 신용보증기금을 직접 설득했다.
[사례 2] 먼저 '해고 없는 도시' 상생선언에 참여한 기업과 다중이용시설에서 운영하는 소상공인에게 직접적으로 지원금을 지급했다. 그리고 G 밸리의 고용환경 개선 및 일자리 조성사업을 기획했다. 지방자치단체를 주축으로 한 거버넌스, 상공인과 노동자와의 상생거버넌스로 '사회적 대타협 모델'을 구축하고자 노력했다.
[사례 3] 기존에는 청년주도형 일자리 사업을 추진했으나, 신중년 일자리 사업으로 전환해 일자리를 창출하였다. 신중년 일자리 사업은 자치단체가 만 50세 이상 신중년의 경력 · 전문성을 활용할 수 있는 일자리 사업을 발굴 · 제안하면 고용부가 심사해 사업비를 지원하는 사업이다.

	전주시	구로구	거제시
①	[사례 1]	[사례 2]	[사례 3]
②	[사례 1]	[사례 3]	[사례 2]
③	[사례 3]	[사례 2]	[사례 1]
④	[사례 3]	[사례 1]	[사례 2]

[16 ~ 17] 다음 글을 읽고 이어지는 질문에 답하시오.

(가) 유교의 영향을 받은 동양의 여러 나라들은 대체로 예절을 숭상하는 전통이 서 있거니와, '동방예의의 나라'라고 일컬어진 우리 한국도 고래(古來)로 예절을 도의의 근본으로서 소중히 여겨왔다. 그리고 예절이란 본래 행동의 양식과 절차를 심히 따지는 규범인 까닭에 예절의 숭상은 생활 전반에 걸쳐서 외관과 형식을 존중하는 기풍으로 발전하였다. 뿐만 아니라 외형적인 것을 앞세우는 풍조는 오늘의 한국에 있어서도 매우 강한 것으로 관찰된다.

(나) 외형적인 것을 앞세우는 우리나라의 풍습은 의식주의 어느 생활 측면에 있어서도 눈에 뜨인다. 의생활에 있어서 속옷보다도 겉옷을 더 사치스럽게 입는가 하면, 식탁을 차릴 때는 내용과 실질보다도 겉모양과 가짓수에 치중하는 경향이 있다. 그리고 건물에 있어서도 실내의 설비나 실용적 고려보다도 대문, 담장, 겉벽 등 겉으로 드러난 부분에 역점을 두는 것이 흔히 보이는 현상이다. 더욱이 근래에 와서는 이른바 허례허식을 일삼는 풍조까지 일어나게 되어 식자들의 걱정거리가 되고 있는 실정이다.

(다) 실질을 망각하고 외관과 형식만을 존중하는 우리나라의 경향은 예의와 범절을 숭상하는 유교의 정신이 잘못 전해져 변질되는 가운데서 생겨난 폐단이며, 그러한 풍조가 근래에 이르러 특히 심하게 된 것은 동양적 전통과는 관계가 먼 새로운 사정 때문이다. 그 새로운 사정이란, 첫째로 광복 이후의 우리나라가 건실한 발전을 이룩하지 못하고 실질보다도 외관과 명성에 현혹되는 폐풍을 자아냈다는 사실과, 둘째로 선전을 일삼고 전시 효과를 노리기에 급급한 오늘의 상품 문화적 풍조를 들 수 있다.

(라) 형식을 존중하는 전통 속에는 매우 중요한 의의가 깃들여 있다. 실리만을 따지는 옹색한 생활태도 가운데서 슬기로운 문화가 창조될 수 없다는 것은 만인의 상식이니 형식의 존중은 정신문화의 발전을 위한 필수 조건이라 하여도 과언이 아니다. 실용성을 초월하여 행위의 형식을 존중하는 데서 인륜의 예절이 생겼고 실용을 넘어서서 외형의 아름다움을 추구함으로 말미암아 예술의 창조가 가능하였다.

(마) 뿐만 아니라 훌륭한 내용을 담으려면 그에 적합한 형식의 그릇이 필요한 것이며, 전통적 형식을 충실히 지키는 가운데 귀중한 내용이 강화되는 경우도 존재한다. 예컨대 국경일에 국기를 게양하는 것은 일종의 형식이라고 볼 수 있으나, 그러한 형식을 존중해 거듭 지켜 가는 과정에서 우리들의 국가 의식이 강화되는 경우와 같다.

(바) 그러나 형식이 참된 가치를 갖는 것은 충실한 내용에 의하여 뒷받침될 때에 국한된다. 예절은 진정으로 존경하고 아끼는 마음의 뒷받침이 있을 때 참으로 귀중하고, 예술은 슬기로운 창조정신의 표현일 경우에 비로소 값지며, 명성은 실력 또는 업적에 근거를 두었을 경우에만 자랑스럽다. 만약 내용의 충실을 꾀함이 없이 오로지 겉모습과 형식만을 추구한다면 그 폐단은 일반이 상상하는 것보다도 더욱 심각하다. 그것은 곧 허례허식, 허영과 사치, 위선과 기만, 그리고 천박한 모방 등 여러 가지 종류의 악덕으로 연결되는 것이다.

(사) 그리고 오늘날 우리 한국 사회에 있어서의 형식 내지 외관의 존중이 본질을 망각한 경박한 풍조로 연결되고 있다는 사실은 새로운 가치 체계의 수립을 공통의 과제로 삼아야 하는 우리에게 적지 않은 문제점이 아닐 수 없다.

16. 윗글의 내용을 크게 세 부분으로 나누었을 때 가장 적절한 것은?

① (가) / (나), (다), (라), (마), (바) / (사)
② (가), (나) / (다), (라), (마) / (바), (사)
③ (가), (나) / (다), (라) / (마), (바), (사)
④ (가), (나), (다) / (라), (마) / (바), (사)

17. 윗글에서 필자가 강조하는 내용으로 가장 적절한 것은?

① 유교적 전통의 계승
② 근검절약 하는 습관
③ 실질과 형식의 조화
④ 전통예절에 대한 비판

18. 다음 글을 읽고 배외측 전전두엽이 담당하는 역할과 관련되어 있는 생각을 하는 사람을 〈보기〉에서 모두 고른 것은?

전두엽은 목표를 세워 행동하고 수집하는 집행기능의 역할이 가능하도록 도와준다. 특정 행동 혹은 활동을 하기 위해서는 6가지의 과정을 거쳐야 하는데, 각 과정마다 담당하는 뇌 부위가 있다. 이를 목표지향행동을 하는 순서에 따라 설명하면 다음과 같다. 우선 어떤 행동을 하기 위해서는 행동을 시작하는 동기와 힘이 필요한데, 이는 내측 전전두엽의 보조운동영역과 전측대상피질이 담당한다. 만약 이 부위에 문제가 생긴다면 모든 일에 무관심해져서 아무런 행동도 하지 않는 증상이 발현된다. 즉, 호기심이 생기지 않으며 문제를 해결하려는 의욕도 상실되고 의사소통에 있어서도 무기력한 모습을 보인다. 행동을 시작하는 데 문제가 없다면 다음 단계로 목표를 선정해야 한다. 이는 배외측 전전두엽과 내측 전전두엽 전두극 피질이 담당하고 있다. 배외측 전전두엽과 내측 전전두엽에서는 과제와 관련된 정보에 주의를 줘서 목표를 선정할 수 있도록 돕고, 세운 목표를 유지하게 도와준다. 전두극 피질에서는 상위 목표를 세우고 이를 달성하기 위한 하위 목표들을 처리하는 역할을 한다. 목표를 세웠으면 어느 순서대로 수행할 것인지 정하는 과정이 요구되며, 이 과정은 중앙 배외측 전전두엽이 담당한다. 목표를 세운 다음에는 목표 수집 혹은 목표에 맞는 전략수정의 단계가 진행되며 이 단계는 전전두엽의 하측 우측 영역과 좌측 배외측 전전두엽 영역에서 이루어진다. 지금까지의 단계에 따라 목표와 전략 및 순서를 정했으면 이를 잘 수행할 수 있을지 자기 모니터링과 평가가 진행되는데, 이 역할은 전대상 피질과 외측 전전두 영역 등 다수의 영역이 관여하여 함께 담당한다. 마지막 과정인 억제는 목표를 수행하기 위해 적절하지 않은 행위를 멈추는 능력을 말하며 우반구 중전도피질과 하전두피질이 주로 담당한다. 또한 행동을 멈추기 위해서는 운동신경이 필요하므로 전보조운동영역도 이를 돕는다.

보기

A : 내일이 대회라 연습을 해야 하는데 비가 오는구나. 오늘은 실내에서 할 수 있는 체력 단련을 해야겠어.

B : 맛있는 밥을 짓기 위해서는 쌀을 씻은 다음 물에 어느 정도 불리고 지어야 해.

C : 좋은 회사에 취업하기 위해서는 학점관리, 대외활동 말고도 어학성적과 자격증 취득도 해 놓아야 해.

D : 무기력해서 아무것도 하기 싫고 사람들 대하는 것도 귀찮기만 해.

① A, B　　② A, C
③ B, C　　④ B, D

19. 마우스를 생산하는 A사는 불량률을 감소시키기 위한 프로젝트를 진행하고 있다. A사 공장의 불량률이 다음과 같을 때, 불량 마우스 중 무작위로 골라낸 마우스가 (나) 공장에서 생산한 제품일 확률은?

> • A사의 공장은 (가), (나), (다), (라) 4곳에 있다.
> • (가) 공장은 전체 생산량 중 20%를 차지하고 있고, 불량률은 5%이다.
> • (나) 공장은 전체 생산량 중 50%를 차지하고 있고, 불량률은 30%이다.
> • (다) 공장은 전체 생산량 중 10%를 차지하고 있고, 불량률은 20%이다.
> • (라) 공장은 그 외 나머지를 생산하고 있고, 불량률은 10%이다.

① 25%　　② 55%
③ 60%　　④ 75%

20. ○○기업은 아동복지기관의 아이들에게 나누어 줄 선물 꾸러미를 준비하였다. 선물 꾸러미의 구성품이 다음과 같을 때, 선물 꾸러미 1개에 들어갈 비스킷과 사탕 개수의 합은? (단, 최대한 많은 아이들에게 선물 꾸러미를 나누어 주려고 한다)

> • 준비한 품목들을 남김없이 공평하게 나누어 선물 꾸러미를 만들 계획이다.
> • 선물 꾸러미는 한 명당 한 개씩 나누어 줄 것이다.
> • 학용품은 공책 180권, 연필 270자루를 준비하였다.
> • 다과는 비스킷 225개, 사탕 135개를 준비하였다.

① 7개　　② 8개
③ 9개　　④ 11개

21. 다음은 ○○베이커리의 지난달과 이번 달 단팥빵, 크림빵의 판매량에 대한 설명이다. 이번 달 ○○베이커리에서 판매된 크림빵은 몇 개인가?

- 지난달 ○○베이커리에서 판매된 단팥빵과 크림빵의 개수는 총 1,600개이다.
- 이번 달 단팥빵 판매량은 지난달에 비해 3% 감소하였다.
- 이번 달 크림빵 판매량은 지난달에 비해 5% 증가하였다.
- 이번 달의 단팥빵과 크림빵 판매량 총합은 지난달보다 16개 더 많았다.

① 776개
② 800개
③ 824개
④ 840개

22. 영업1팀은 부서 행사 일정을 짜고 있다. 배를 타고 관광하는 일정의 내용이 다음과 같을 때, 배 승선에서부터 하선까지의 총 소요시간은 얼마인가? (단, 상류 관광지에서 정지하지 않고, 관광지 도착 후 곧바로 하류 선착장으로 향하면서 선상에서 관람한다)

- 강 하류 선착장에서 승선하여, 강 상류의 관광지를 선상에서 관람하고 다시 강 하류 선착장으로 복귀한 뒤 하선하는 코스이다.
- 강 하류 선착장에서 승선과 하선을 할 때, 각 15분씩 걸린다.
- 강 하류 선착장에서 관광지까지의 거리는 30km이다.
- 배의 평균 속력은 25km/h이다.
- 강은 한 방향으로 흐르며, 강의 유속은 5km/h로 일정하다.

① 1시간 30분
② 2시간 30분
③ 2시간 45분
④ 3시간

23. 다음 D 씨 가족의 나이에 대한 설명을 토대로 할 때, 내년 D 씨의 아버지와 동생의 나이를 합한 값은?

- 20년 전 D 씨의 동생 나이의 6배에서 4세를 빼면 당시 어머니의 나이인 32세와 같았다.
- 20년 전 D 씨의 나이는 당시 동생 나이의 1.5배였다.
- 작년 D 씨 아버지의 나이는 20년 전 D 씨 나이의 6배였다.

① 81
② 82
③ 83
④ 84

24. ○○기업 인사팀에서는 부서별로 직원들의 정신적 및 신체적 스트레스 지수를 조사하여 다음 표와 같은 결과를 얻었다. 이를 이해한 내용으로 적절하지 않은 것은?

〈부서별 정신적 · 신체적 스트레스 지수〉

(단위 : 명, 점)

항목	부서	인원	평균점수
정신적 스트레스	생산	100	1.83
	영업	200	1.79
	지원	100	1.79
신체적 스트레스	생산	100	1.95
	영업	200	1.89
	지원	100	2.05

※ 점수가 높을수록 정신적 · 신체적 스트레스가 높은 것으로 간주한다.

① 영업이나 지원 부서에 비해 생산 부서의 정신적 스트레스가 높은 편이다.
② 세 부서 모두 정신적 스트레스보다 신체적 스트레스가 더 높은 경향을 보인다.
③ 신체적 스트레스가 가장 높은 부서는 지원 부서이며, 그다음으로는 생산, 영업 순이다.
④ 전 부서원(생산, 영업, 지원)의 정신적 스트레스 지수 평균점수와 전 부서원의 신체적 스트레스 지수 평균점수의 차이는 0.16 이상이다.

[25 ~ 26] 다음 자료를 보고 이어지는 질문에 답하시오.

〈자료 1〉 우리나라 연구개발투자비율(GDP 대비)

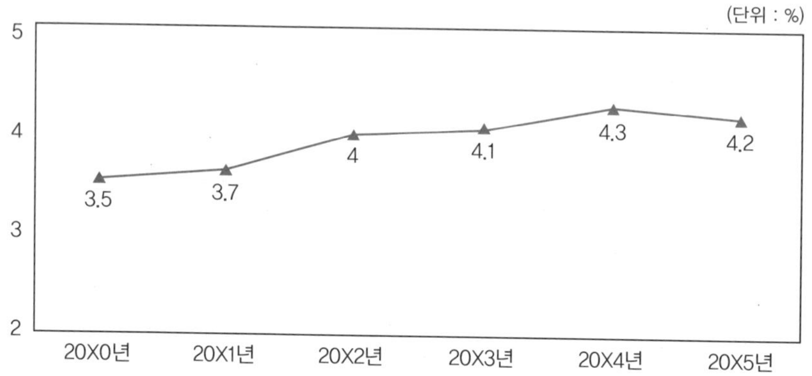

※ GDP 대비 연구개발투자비율(%) = $\frac{\text{총연구개발지출금}}{\text{당해 연도 GDP}} \times 100$

〈자료 2〉 OECD 주요국의 연구개발투자비율(GDP 대비)

(단위 : %)

구분	20X0년	20X1년	20X2년	20X3년	20X4년	20X5년
멕시코	0.5	0.5	0.5	0.5	0.5	0.5
튀르키예	0.8	0.8	0.8	0.8	0.9	0.9
이탈리아	1.2	1.2	1.3	1.3	1.4	1.3
헝가리	1.1	1.2	1.3	1.4	1.4	1.4
영국	1.7	1.7	1.6	1.7	1.7	1.7
네덜란드	1.7	1.9	1.9	2.0	2.0	2.0
미국	2.7	2.8	2.7	2.7	2.8	2.8
독일	2.7	2.8	2.9	2.8	2.9	2.9
일본	3.1	3.2	3.2	3.3	3.4	3.3

25. 다음 중 위 자료에 대한 설명으로 옳지 않은 것은?

① 조사기간 중 우리나라를 제외한 OECD 주요국들의 연구개발투자비율 변화량은 각각 전년 대비 0.2%p 이내에 있다.

② 20X1년 네덜란드와 튀르키예의 GDP가 동일했다면 네덜란드는 튀르키예보다 2배 이상의 금액을 연구개발에 투자했을 것이다.

③ 20X5년 미국의 GDP가 독일보다 4.8배 더 높다면 미국은 독일보다 4배 이상 많은 금액을 연구개발에 투자했을 것이다.

④ 20X3년 이탈리아의 GDP가 멕시코보다 1.9배 더 높다면 이탈리아는 멕시코보다 5배 이상 많은 금액을 연구개발에 투자했을 것이다.

26. 20X5년 우리나라 GDP가 1조 3,778억 달러일 때, 연구개발을 위해 투자한 금액은 얼마인가?

① 5,648,980만 달러　② 5,786,760만 달러
③ 5,924,540만 달러　④ 6,062,320만 달러

[27 ~ 28] 다음은 여성의 사회 참여에 대한 인식 자료이다. 이어지는 질문에 답하시오.

〈20X9년 국가별 여성의 사회 참여에 대한 인식〉

(단위 : %)

구분	전업주부가 되는 것은 소득이 있는 직장을 갖는 것만큼 값지다.					
	강하게 동의	동의	반대	강하게 반대	무응답	모름
미국	24.0	50.5	20.2	4.0	1.3	-
㉠	13.8	51.7	6.9	0.6	-	27.0
㉡	11.2	48.8	24.2	2.5	3.2	10.1
㉢	21.8	30.6	31.3	11.7	0.1	4.6
한국	8.9	38.2	38.9	12.0	1.9	0.1
㉣	12.4	31.9	34.8	10.3	2.8	7.8
네덜란드	7.7	32.6	29.4	7.5	0.2	22.6
스웨덴	8.5	26.8	37.0	11.4	2.3	14.0

〈우리나라의 연도별 여성의 사회 참여에 대한 인식〉

(단위 : %)

구분	전업주부가 되는 것은 소득이 있는 직장을 갖는 것만큼 값지다.					
	강하게 동의	동의	반대	강하게 반대	무응답	모름
20X1년	40.9	45.4	10.2	1.1	-	2.4
20X5년	46.5	40.2	12.7	0.6	-	-
20X9년	8.9	38.2	38.9	12.0	1.9	0.1

27. 〈보기〉의 조건을 참고해 중국, 일본, 독일 스페인 중 위 표의 ㉠ ~ ㉣에 들어갈 국가명을 순서대로 올바르게 나열한 것은?

보기

가. 독일과 스페인은 '동의'하는 응답자의 비율이 한국보다 적다.
나. 독일과 스페인의 '모름'이라고 답한 응답자 비율의 합은 일본의 '모름'이라고 답한 응답자 비율의 절반 이하이다.
다. 스페인은 독일보다 유급노동을 더 중시한다.

	㉠	㉡	㉢	㉣
①	중국	일본	독일	스페인
②	일본	독일	중국	스페인
③	스페인	중국	독일	일본
④	일본	중국	독일	스페인

28. A 씨는 다음과 같은 '여성의 사회 참여 인식 지수'를 정의하여 위의 조사 결과에 적용해 보려고 한다. 주어진 로그표를 참고하여 20X1년과 20X5년 우리나라의 '여성의 사회 참여 인식 지수' 값의 차이와, 20X9년 8개국 중 '여성의 사회 참여 인식 지수'가 음수인 국가의 수를 구하면? (단, 분수 계산은 소수점 아래 둘째 자리에서 반올림한다)

$$\text{여성의 사회 참여 인식 지수} = \log\frac{\text{동의 이상을 선택한 비율}}{\text{반대 이하를 선택한 비율}}$$

※ 무응답, 모름 항목은 고려하지 않음.

	0.0	0.1	0.2	0.3	0.4
1	0.00000	0.04139	0.07918	0.11394	0.14613
2	0.30103	0.32222	0.34242	0.36173	0.38021
3	0.47712	0.49136	0.50515	0.51851	0.53148
4	0.60206	0.61278	0.62325	0.63347	0.64345
5	0.69897	0.70757	0.71600	0.72428	0.73239
6	0.77815	0.78533	0.79239	0.79934	0.80618
7	0.84510	0.85126	0.85733	0.86332	0.86923
8	0.90309	0.90849	0.91381	0.91908	0.92428
9	0.95424	0.95904	0.96379	0.96848	0.97313

	0.5	0.6	0.7	0.8	0.9
1	0.17609	0.20412	0.23045	0.25527	0.27875
2	0.39794	0.41497	0.43136	0.44716	0.46240
3	0.54407	0.55630	0.56820	0.57978	0.59106
4	0.65321	0.66276	0.67210	0.68124	0.69020
5	0.74036	0.74819	0.75587	0.76343	0.77085
6	0.81291	0.81954	0.82607	0.83251	0.83885
7	0.87506	0.88081	0.88649	0.89209	0.89763
8	0.92942	0.93450	0.93952	0.94448	0.94939
9	0.97772	0.98227	0.98677	0.99123	0.99564

① 0.0679, 2개
② 0.0679, 3개
③ 0.080, 2개
④ 0.080, 3개

29. 다음 〈202X년 유형별 극한기후 발생일수와 발생지수〉에 관한 자료와 〈산정식〉에 따라 202X년 유형별 극한기후 발생지수를 산출할 때, 이에 대한 설명으로 옳은 것은?

〈202X년 유형별 극한기후 발생일수와 발생지수〉

유형	폭염	한파	호우	대설	강풍
발생일수(일)	16	5	3	0	1
발생지수	5.00	(　)	(　)	1.00	(　)

※ 극한기후 유형은 폭염, 한파, 호우, 대설, 강풍만 존재함.

〈산정식〉

$$극한기후\ 발생지수=4\times\left(\frac{A-B}{C-B}\right)+1$$

※ A=당해 연도 해당 유형 극한기후 발생일수
B=당해 연도 폭염, 한파, 호우, 대설, 강풍의 발생일수 중 최솟값
C=당해 연도 폭염, 한파, 호우, 대설, 강풍의 발생일수 중 최댓값

① 202X년 호우의 발생지수는 2 이상이다.

② 발생지수의 최댓값은 5, 최솟값은 0이다.

③ 유형별 극한기후 발생일수의 중앙값에 해당하는 극한기후 유형의 발생지수는 3이다.

④ 발생지수 산정식에 A 대신 202X년 유형별 극한기후 발생일수의 평균을 넣어 계산한 값은 202X년 유형별 극한기후 발생지수의 산술평균과 일치한다.

[30 ~ 31] 다음 자료를 보고 이어지는 질문에 답하시오.

〈자료 1〉 지방 적정섭취 인구분율

(단위 : %)

구분	2010년			2015년			2020년		
	AMDR 미만	AMDR 이내	AMDR 초과	AMDR 미만	AMDR 이내	AMDR 초과	AMDR 미만	AMDR 이내	AMDR 초과
전체	30.6	47.0	22.4	(B)	44.0	20.4	(C)	43.6	27.7
남자	27.1	(A)	24.6	30.3	47.2	22.5	25.7	(D)	29.9
여자	34.1	45.7	20.2	40.8	40.8	18.4	31.7	42.8	(E)

〈자료 2〉 연령별 지방 적정섭취 인구분율

(단위 : %)

구분	2010년			2015년			2020년		
	AMDR 미만	AMDR 이내	AMDR 초과	AMDR 미만	AMDR 이내	AMDR 초과	AMDR 미만	AMDR 이내	AMDR 초과
1 ~ 2세	27.8	56.2	16.0	46.1	47.4	6.5	37.0	54.9	8.1
3 ~ 5세	13.8	65.6	20.6	17.8	69.2	13.0	13.7	78.6	7.7
6 ~ 11세	13.6	68.6	17.8	19.2	70.3	10.5	9.8	67.1	23.1
12 ~ 18세	11.4	68.6	20.0	11.6	66.4	22.0	10.2	63.4	26.4
19 ~ 29세	19.4	43.0	37.6	16.6	42.0	41.4	13.3	34.1	52.6
30 ~ 49세	29.2	45.4	25.4	31.0	45.3	23.7	20.5	44.0	35.5
50 ~ 64세	51.1	35.3	13.6	54.9	32.9	12.2	42.1	40.4	17.5
65세 이상	66.7	27.1	6.2	77.5	18.8	3.7	65.1	28.3	6.6

※ AMDR(Acceptable Macronutrient Distribution Range) : 에너지책정비율

〈지표의 의의 및 활용〉

- 지방 적정섭취 인구분율은 지방으로부터 섭취하는 에너지양이 전체 섭취 에너지양 대비 적정 범위 내에 속하는 경우를 뜻하며 지방 섭취가 적정섭취범위 미만 또는 이상인 경우 만성질환 발병 위험이 상대적으로 높은 경향
- 지방 적정섭취 인구분율은 적정 범위 이내 인구 비율이 높을수록 양호하며 미만 또는 초과 인구 비율을 함께 제시하고 있으므로 영양 문제가 어느 방향으로 치우쳐있는지도 함께 점검하는 것이 필요

30. 다음 중 성별에 따른 지방 적정섭취(AMDR) 인구분율과 관련된 설명으로 옳은 것은?

① 2010년 지방 AMDR 이내 여성 인구분율은 남성에 비해 3.6%p 낮다.

② 2020년 지방 AMDR 초과 여성 인구는 5년 전에 비해 약 39% 증가하였다.

③ 2015년 전체 인구가 1,800만 명이라고 가정하면, 지방 AMDR 미만 인구는 600만 명 이상이다.

④ 조사기간 동안 지방 AMDR 미만인 여성 인구분율은 항상 동일 조건의 남성 인구분율에 비해 더 낮다.

31. 다음 중 연령별 지방 적정섭취 인구분율 추이에 관한 해석으로 옳지 않은 것은?

① 2020년 지방 AMDR 이내에 속하는 인구분율이 가장 높은 연령대는 3 ~ 5세이다.

② 2020년의 지방 AMDR 미만의 인구분율은 3세 미만을 제외한 모든 연령대에서 10년 전보다 감소하였다.

③ 조사기간 중 30 ~ 49세, 50 ~ 64세 두 연령대의 지방 AMDR 초과에 속하는 인구분율은 동일한 증감 패턴을 보인다.

④ 지방 AMDR을 초과하는 인구분율과 비만발생률이 비례한다고 가정할 때, 비만발생 가능성이 가장 높은 연령대는 30 ~ 40대이다.

[32 ~ 33] 다음은 A 지역 청년통장사업 참여인원에 관한 자료이다. 이어지는 질문에 답하시오.

〈청년통장사업에 참여한 근로자의 고용형태별, 직종별, 근무연수별 인원〉

• 고용형태

(단위 : 명)

전체	정규직	비정규직
6,500	4,591	1,909

• 직종

(단위 : 명)

전체	제조업	서비스업	숙박 및 음식점업	운수업	도소매업	건설업	기타
6,500	1,280	2,847	247	58	390	240	1,438

• 근무연수

(단위 : 명)

전체	6개월 미만	6개월 이상 1년 미만	1년 이상 2년 미만	2년 이상
6,500	1,669	1,204	1,583	2,044

〈청년통장 사업별 참여인원 중 유지인원 현황〉

(단위 : 명)

사업명	참여인원	유지인원	중도해지인원
청년통장 I	500	476	24
청년통장 II	1,000	984	16
청년통장 III	5,000	4,984	16
전체	6,500	6,444	56

32. 청년통장사업에 참여한 근로자 중 정규직 근로자의 비율은? (단, 소수점 아래 첫째 자리에서 반올림한다)

① 71%　　② 77%

③ 81%　　④ 84%

33. 청년통장사업에 참여한 정규직 근로자 중 근무연수가 2년 이상인 근로자의 비율은 최소 몇 %인가? (단, 소수점 아래 둘째 자리에서 반올림한다)

① 1.5%　　② 2.9%

③ 3.7%　　④ 4.1%

[34 ~ 35] 다음 자료를 보고 이어지는 질문에 답하시오.

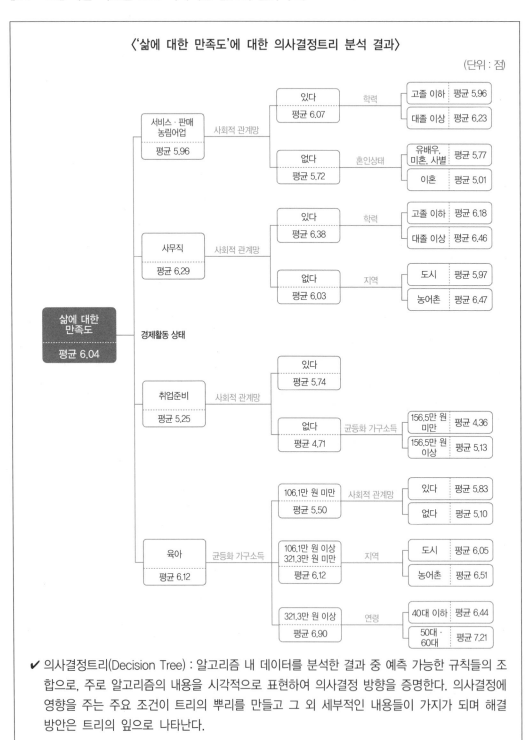

〈'삶에 대한 만족도'에 대한 의사결정트리 분석 결과〉

(단위 : 점)

✔ 의사결정트리(Decision Tree) : 알고리즘 내 데이터를 분석한 결과 중 예측 가능한 규칙들의 조합으로, 주로 알고리즘의 내용을 시각적으로 표현하여 의사결정 방향을 증명한다. 의사결정에 영향을 주는 주요 조건이 트리의 뿌리를 만들고 그 외 세부적인 내용들이 가지가 되며 해결 방안은 트리의 잎으로 나타난다.

34. ○○연구소 B 연구원은 위의 의사결정트리 자료를 통하여 ㉠ ~ ㉣ 4개의 집단을 집중 분석하고자 한다. 다음 중 삶에 대한 만족도 평균 점수가 가장 낮은 집단은?

㉠ 서비스 · 판매직에 종사하면서 사회적 관계망이 없고 이혼한 집단 ㉡ 취업준비를 하면서 사회적 관계망이 없는 집단 ㉢ 육아를 하면서 가구소득이 106.1만 원 미만이고 사회적 관계망이 없는 집단 ㉣ 사무직에 종사하면서 사회적 관계망이 없고 농촌에 거주하는 집단

① ㉠　　② ㉡
③ ㉢　　④ ㉣

35. 위의 의사결정트리 자료에서 집단별로 삶에 대한 만족도 점수의 정도를 구분하기 위한 지표가 아닌 것은?

① 고용형태　　② 혼인상태
③ 연령과 학력　　④ 경제활동 상태

36. 맛집 가이드북인 'R 가이드'는 매년 기존에 등재되었던 레스토랑을 재평가한 뒤 개정판을 출간한다. 레스토랑은 맛, 독창성, 신선도, 플레이팅, 서비스의 다섯 가지 기준에 따라 이루어진 평가를 바탕으로 Zero, ★, ★★, ★★★ 네 가지 중 하나의 등급이 매겨진다. 구체적인 평가 방법 및 평가에 따른 등급 부여 기준, 등급에 따른 조치가 다음과 같을 때, 이에 대한 설명으로 적절하지 않은 것은?

〈평가 및 등급 부여 기준〉

㉠ 다섯 가지 기준은 각 기준마다 점수로 평가되며, 만점은 100점이다.
㉡ ㉠에서 평가된 각 점수에 기준에 따른 가중치인 0.2를 곱하여 더한다.
㉢ ㉡에서 구해진 결괏값이 90점 이상이면 ★★★, 80점 이상 90점 미만이면 ★★, 70점 이상 80점 미만이면 ★, 70점 미만이면 Zero 등급이 부여된다.

〈등급에 따른 조치〉

– Zero : 개정판에서 삭제
– ★ : 재등재 및 상금 1,000만 원
– ★★ : 재등재 및 상금 3,000만 원
– ★★★ : 재등재 및 상금 5,000만 원

① 맛 80, 독창성 95, 신선도 100, 플레이팅 95, 서비스 95의 점수를 받은 A 레스토랑은 상금 5,000만 원을 받게 될 것이다.
② 맛의 가중치를 0.3으로, 독창성의 가중치를 0.1로 바꾼다면 맛 75, 독창성 70, 신선도 55, 플레이팅 65, 서비스 50의 점수를 받은 B 레스토랑은 상금을 받을 수 없다.
③ 독창성과 신선도의 가중치를 0.3으로, 맛과 서비스의 가중치를 0.1로 바꾼다면 맛 95, 독창성 95, 신선도 95, 플레이팅 95, 서비스 85의 점수를 받은 C 레스토랑에게는 ★★★등급이 부여될 것이다.
④ 맛 70, 독창성 60, 신선도 70, 플레이팅 90, 서비스 65의 점수를 받은 D 레스토랑은 개정판에서 삭제될 것이다.

37. ○○기업에서 근무하는 K 사원은 회의실 및 콘퍼런스 룸의 관리 업무를 담당한다. 다음 상황에서 고객의 요청에 대한 K 사원의 판단으로 옳은 것은?

2월 예약일정 ※ 예약 가능한 회의실 이름(시작시간)						
월	화	수	목	금	토	일
1 개나리(14) 진달래(16)	2 장미(16)	3 장미(10) 진달래(16)	4 무궁화(13) 진달래(17)	5 무궁화(14) 개나리(17)	6 개나리(13) 무궁화(15)	7 장미(10) 진달래(16)
8 –	9 개나리(13) 진달래(16)	10 진달래(13) 장미(17)	11 무궁화(14) 진달래(17)	12 장미(13) 무궁화(19)	13 무궁화(12)	14 개나리(10) 장미(15)

회의실 이름	수용 가능 인원	이용 가능 시간
장미	8명	3시간
진달래	20명	2시간
개나리	10명	3시간
무궁화	25명	3시간

※ 오후 8시에 모든 회의실의 사용이 종료된다.

2월 첫째 주 또는 둘째 주 오후 5시에 인재개발팀 상반기 전략 회의를 위해 회의실을 예약하려 합니다. 총 인원은 15명이고, 회의 시간은 2시간 정도 예상하며 월, 화, 금, 토요일은 피하고 싶습니다. 예약이 가능할까요?

① 모든 조건을 고려했을 때 네 개 날짜 중에서 선택할 수가 있겠군.

② 일요일에는 회의를 할 수 없겠구나!

③ 둘째 주 수요일에 가능한 회의실은 모두 두 곳이네.

④ 만약 피하고 싶은 요일 조건을 제외한다면 금요일에 회의가 가능하겠네.

38. 다음은 사교육에 대한 설문조사의 일부이다. 〈자료〉를 근거로 사교육 현황 보고서를 작성하려고 할 때, 보고서의 내용으로 가장 적절한 것은?

자료

사교육 온라인 설문조사 결과

• 기간 : 7월 8일 ~ 7월 31일 • 대상 및 인원 : 총 9,086명(학생 및 학부모)

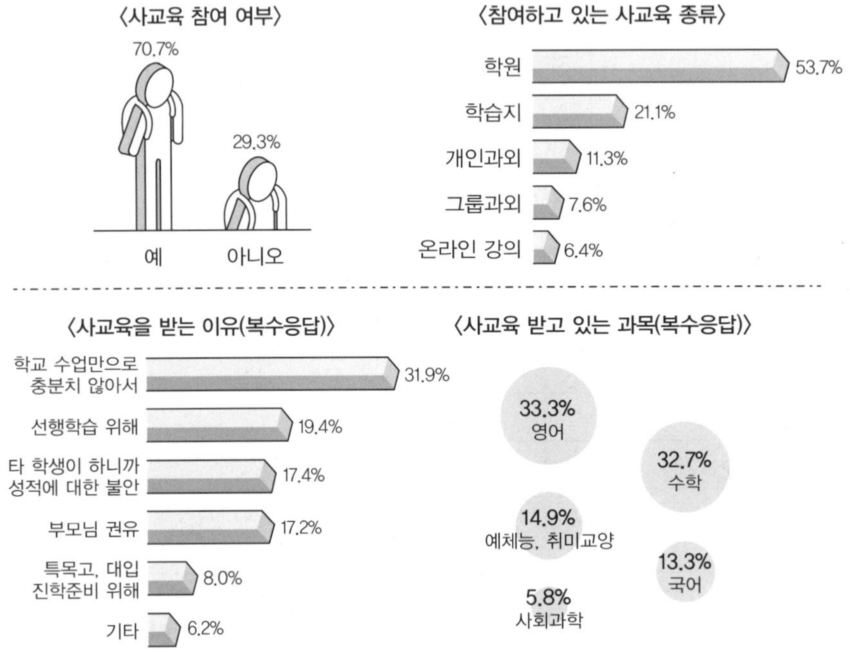

① 특목고 진학에 대한 열기가 과열되어 사교육 시장이 점차 증가하고 있다.

② 사교육을 통한 선행학습은 학업성취도 증가와 대입 목표 달성에 도움이 된다.

③ 우리나라 교육 현장에서 영어와 수학에 대한 수요를 충족하지 못하고 있다.

④ 성적에 대한 불안감, 부모님의 권유로 사교육을 받고 있는 학생은 전체의 34.6%이다.

39. 다음은 ○○공원 홈페이지에 게재돼 있는 관람객을 위한 예매 안내문이다. 이 내용에 대한 이해로 적절하지 않은 것은?

〈○○공원 입장객 예약 안내문〉

- 간편 회원 등록 후 예매가 가능합니다.
- 관람 희망일 6일 전 오전 10시부터 선착순 예매가 가능합니다. 예매자는 반드시 신용카드로 결제하여야 예약이 완료됩니다.
  - 결제 마감시간 : 예매시점으로부터 24시간 이내(단, 관람일 전일 예매인 경우 예매당일 23 : 50까지 결제 필수)
- 결제 마감시간까지 결제가 완료되지 않은 경우 자동 취소됩니다.
- 무료 및 할인대상자와 통합관람권 소지자는 사전 예매하시고 당일 현장에서 증빙서류나 자료 확인 후 티켓을 교환하여 주시기 바랍니다.
- 외국인 관람시간에는 내국인 예매가 불가능하며, 외국인 동반자가 있는 경우 2명까지 참여 가능합니다.
- 외국인 예매자도 결제 마감시간까지 반드시 신용카드로 결제해야 예매가 완료됩니다.
- 개인당 가능한 최대 예매 인원은 10명입니다.
- 전화 예매 및 관람 당일 인터넷 예매는 불가능합니다.
- 관람 당일 기상 상황 등 천재지변으로 인해 관람객 안전에 위험이 예상되는 경우 관람이 취소될 수 있으며, 천재지변에 의한 관람 취소 시 위약금은 없습니다.
- 당일에 남아 있는 인터넷 예매분은 현장 판매표로 전환되며 매표소에 방문하여 선착순으로 구매해야 합니다.

구분	기준시간	내용
위약금 없음	결제 이전	예매인원 감소 가능
	입장 마감시간 2시간 전	예매 취소 가능 인원 변경 불가
위약금 10%	입장 마감시간 2시간 전 이후 ~ 입장 마감시간	
위약금 100%	입장 마감시간 이후	예매 취소 불가

① 홈페이지 예매 후 결제를 했어도 입장 마감시간 전까지는 예매 취소가 가능하다.

② 홈페이지 예매를 신청했어도 결제 마감시간까지 결제가 되지 않은 경우에는 예매가 취소된다.

③ 홈페이지 예매는 내국인, 외국인 모두 결제 마감시간까지 반드시 신용카드로 결제해야 한다.

④ 홈페이지 예매는 관람 희망일로부터 6일 전까지만 가능하기 때문에 관람 희망일 전날에는 불가능하다.

[40 ~ 41] 다음 자료를 보고 이어지는 질문에 답하시오.

안녕하세요. 홍보사업팀 차량시승행사 담당자 김○○입니다. 본사에서는 현재 연구개발 중인 신규 차량에 대해 시승행사를 진행 중입니다. 해당 차량시승행사와 관련해 고객들이 시승 신청한 현황을 알려드립니다.

〈신청 현황〉

차량 모델	신청인원 수(명)	배치 날짜	비고
A	26	5/12	하이브리드 차량
B	34	5/12 ~ 16 중 하루	
C	57	5/12 또는 5/16	전기차
D	37	5/13	할인행사 진행
E	48	5/14	

아울러 당부 말씀드립니다.

- 해당 사업 계약의 규정상 하루 최대 시승 가능 인원수는 차량 한 대당 15명이며, 하루에 한 가지 모델의 시승행사만 진행합니다.
- 하루에 참여할 수 있는 고객의 수는 최대 30명입니다.
- 안전을 위하여 시승 차량에는 반드시 차 한 대당 한 명의 운전 강사가 동승하여야 합니다.
- 고객 1명당 최소 10분, 최대 30분의 시승시간을 제공합니다.
- 시승행사를 위한 차량 제공은 10시부터 17시 50분까지만 가능합니다.
- 시승 차량에 동승하는 강사에 대한 정보는 인사팀(☏ 031 – ○○○ – ○○11)으로 문의 바랍니다.
- 기타 제한 사항이나 문의사항은 홍보사업팀(☏ 031 – ○○○ – ○○22)으로 문의 바랍니다.

내용을 참고하여 각 차량 모델별 필요 수량과 고객 배정 목록, 강사 배정 목록을 홍보사업팀으로 알려주시면 반영하겠습니다. 사원 여러분의 노고에 항상 감사드립니다.

40. 사원 A는 위 자료를 바탕으로 업무 계획을 세우려고 한다. 다음 중 적절하지 않은 계획을 모두 고르면?

> ㉠ 행사가 진행되는 동안 C 모델의 경우 다른 모델들보다 필요한 차량의 수가 가장 많겠군.
> ㉡ 인사팀에서 운전 강사에 대한 정보를 받으면 되겠다.
> ㉢ 5월 13일에는 3대의 차량을 준비해야겠어.
> ㉣ 하루 행사 동안 일부 고객은 최대 시승시간을 채우지 못하고 내려야 하는 경우도 있을 테니 사전에 양해를 구해야겠어.

① ㉠, ㉢
② ㉡, ㉢
③ ㉠, ㉡, ㉣
④ ㉠, ㉢, ㉣

41. 인사팀에서 위 자료와 〈강사 일정〉을 바탕으로 시승행사 계획을 수립하려고 한다. 다음 중 옳지 않은 것은?

〈강사 일정〉

강사명	5월 가능일정	자격 여부
김○○	12일/13일/14일/15일	하이브리드 운전 경험 있음.
이○○	13일/14일/15일/16일	
박○○	12일/16일	하이브리드 운전 경험 있음.
최○○	12일/14일/15일/16일	
강○○	12일/13일/14일	
한○○	12일/14일/15일	

※ 하이브리드 차량의 경우, 하이브리드 운전 경험이 있는 강사를 배치해야 함.

① A 모델 시승은 김○○, 박○○ 강사에게 맡기면 되겠군.
② 김○○ 강사는 연속 2일은 무조건 시승행사에 참석해야겠네.
③ 행사 일정 및 강사 일정을 고려하면 C 모델 시승행사는 16일에 진행해야겠네.
④ 13일에 일정이 가능한 강사 중 한 명은 참석하지 않아도 일정을 진행하는 데 지장이 없겠네.

[42 ~ 43] 다음 자료를 보고 이어지는 질문에 답하시오.

모바일 오피스, 재택근무, 스마트워크센터 근무, 직장에서 업무 효율성을 높일 수 있는 화상회의 등의 업무 환경을 구축하여 근무하는 것을 일종의 스마트워크라 할 수 있다. 이러한 스마트워크가 이루어질 수 있는 유형으로 스마트워크센터의 직장 내 스마트오피스가 있다. 스마트오피스는 개인 고정 업무공간을 축소하여 공간효율성을 높이며 직급 간 업무공간에 차별을 두지 않는 공간 구성의 특징을 지닌다. 스마트오피스에서 필요에 따라 좌석을 예약하여 사용하며, 집중업무해야 하는 직원들을 위한 고정 좌석도 구성하여 업무의 특성에 따라 적절한 좌석을 사용함으로써 효율적이고 집중도가 높은 업무공간을 구성할 수 있다.

스마트워크 업무공간은 다양한 정보통신기술 및 컴퓨터 인프라를 이용하여 시간과 장소의 제약 없이 공동의 과업을 관계자들과 협업하는 근로 공간을 의미한다. 지식 근로자들에게 시간과 장소에 대한 자율권을 부여하여 근무환경의 유연성을 극대화한 개념이다. 앞으로의 업무환경은 업무 융통성이 매우 증대될 것이며, 이는 일하는 방식, 일하는 시간, 일하는 장소를 유동적으로 선택할 수 있는 방식으로 구현될 것이다.

많은 기업들은 근무자들이 직장과 가정에서 전반적인 삶의 질을 향상시킬 수 있도록 업무와 개인생활을 더 잘 조화시킬 수 있는 기회를 제공하면서 기업의 목표를 성취할 수 있게 하는 방법으로 스마트워크 근무형태를 이행할 수 있다. 이러한 근무형태는 결근율과 지각 감소, 이직률 감소, 연장근무 감소, 직무만족 및 사기 진작, 개인 시간의 활용, 통근문제 감소, 기타 시설 활용문제 해결 그리고 생산성 향상과 같은 장점이 있으며, 유능한 인재를 유인하는 유인책의 하나로 활용될 수 있다. 우리나라도 1990년대 중반 이래 주 5일 근무제, 자율 출퇴근제, 조기 출퇴근제 등이 실행되었으며 조직 구성원들의 변화하는 요구를 수용하기 위해서 각자의 환경에 따라 다양한 형태의 근무제도 활용이 가능하다.

스마트워크 업무공간의 사용은 업무공간 계획에 대한 새로운 접근이며 기업의 이익을 가져올 방법을 모색하기 위한 것이다. 21세기 정보화 시대를 맞으면서 기업은 기업의 정체성, 기업의 문화, 조직구조, 업무환경 등에 더욱 새롭고 다각적인 변화를 요구하게 되었다. 스마트워크 업무공간을 사용하는 방법은 사무실 외의 공간을 이용하는 방법과 기존 사무실을 이용하는 방법으로 나눌 수 있다. 새틀라이트 오피스, 텔레워크 센터, 텔러커뮤팅, 가상 오피스와 같이 사무실 외의 공간을 이용하는 대안적인 업무공간 전략은 부동산 및 관련 비용 절감, 교통비용 절감, 통근시간 절약, 이직률 감소, 근로자의 생산성과 업무만족도 증가와 같은 장점을 기대할 수 있으나 근무자들이 자발적이고 의욕적이어야 하며, 원격관리가 어렵고 근무자 간 또는 사무실 간의 커뮤니케이션이 어렵다는 단점이 있다. 한편 사무실을 이용하는 스마트워크의 업무공간은 공간 재배치와 업무공간의 사용에 있어서 전통적 수직적인 업무공간보다 융통성을 제공하는 수평적 업무공간이라는 점이 큰 특징이다.

1회 기출예상
2회 기출예상
3회 기출예상
4회 기출예상
5회 기출예상
인성검사
면접가이드

42. 윗글을 참고하여 추론한 내용으로 가장 적절한 것은?

① 스마트오피스에서 한 명의 근로자가 필요에 따라 여러 자리를 옮겨가며 업무를 수행하기도 한다.

② 사무실 외 공간을 이용하는 스마트워크는 비용절감 면에서 큰 효과를 거둘 수 있기 때문에 적극적인 도입이 필요하다.

③ 사무실의 효율적 설계와 운영은 근로자의 복지를 위해 기획된 것이며, 장기적으로 볼 때 이윤 추구로 흐르지 않는다.

④ 스마트오피스에서는 개인공간보다 회의실과 같은 협업 공간이나 직원들 간 일상적 의사소통용 공간이 더 큰 비중을 차지한다.

43. 다음은 스마트워크 업무공간을 조성하기 위한 회의의 내용이다. ㉠ ~ ㉤ 중 스마트오피스의 특징이 반영된 결정으로 적절하지 않은 것을 모두 고르면?

〈회의 결과〉

1. 변동 좌석제 채택
   ㉠ 개인고정 업무공간을 축소하여 공간 면적 효율성을 높임.
   ㉡ 공간의 쾌적한 사용을 위해 개인 물품 비치를 지양함.
   ㉢ 직급, 부서에 따른 자리 구분을 없앰으로써 여러 조직 간의 교류가 가능하게 함.
2. 개인 집중 업무공간
   ㉣ 업무수행의 집중력 제고 및 타 직원과의 교감이 원활하도록 칸막이를 제거함.
   ㉤ 근로자가 집중하여 업무에 몰입할 수 있도록 좌석 이용 시간을 제한함.

① ㉠ ② ㉡, ㉢

③ ㉢, ㉤ ④ ㉣, ㉤

[44 ~ 45] 다음 글을 읽고 이어지는 질문에 답하시오.

복지 수요의 증가에 따라 재정효율성과 고용창출이라는 두 과제를 해결하기 위한 대안으로 여러 정책이 추진될 수 있다. K 교수는 사회서비스산업 정책을 통해 국민들이 사회서비스를 직접 구매할 수 있도록 수요를 자극함과 동시에 재정지출의 효율화와 서비스 품질을 극대화하기 위하여 민간 주도의 제3섹터 기관에 사회서비스 시장을 위탁하는 시장정책을 추진할 필요가 있다고 주장한다. K 교수의 논거에 따르면, 수요란 흔히 욕구와 필요로 정의되고 있으나, 이를 산업육성과 연결하기 위해서는 이용자가 직접 자신의 비용을 지불할 수 있는 효익을 제공해야만 하기 때문이다. 예를 들어 어느 지역의 빵집이 잘되기 위해서는 그 지역 주민들이 배가 고파야 하고, 굶주림을 채우는 대안으로 빵이 고려되어야 한다. 그리고 결정적으로 빵을 구매할 수 있는 돈이 필요하다. 그런데 K 교수는 한국의 사회서비스 산업은 복지에 대한 욕구가 존재하고 돌봄, 보육, 의료, 교육, 문화 등 구체적인 상품 역시 국민들이 인지하고 있지만 산업은 육성되지 못하고 있다고 본다. 그러므로 K 교수는 서비스 시장 위탁 방식을 통한 정책이 재정효율성과 고용창출을 모두 해결할 수 있는 수단 중 하나라고 주장한다.

44. 윗글에서 K 교수가 지적한 문제점의 원인으로 가장 적절한 것은?

① 복지의 필요성에 대한 한국 사회의 불충분한 인식
② 국가가 제공하는 사회 복지서비스 육성책의 미비
③ 어떤 형태의 복지 산업이 필요한지에 대한 국민들의 인식 부족
④ 낮은 재정효율성과 고용률

45. 다음 중 윗글에서 K 교수가 언급한 복지에 대한 민간 위탁 사회서비스업으로 볼 수 없는 것은?

① 국유림 관리를 민간에 위탁하여 산림복지 전문가를 육성한다.
② 다문화가정지원센터 증설을 민간에 위탁하여 외국인근로자 돌봄서비스를 강화한다.
③ 장애인종합복지관 건립에 민간 참여를 확대한다.
④ 정부기관 산하 아동양육시설의 근로자 선정을 민간 인력업체에 위임해 선발하도록 한다.

46. 다음 〈상황〉을 바탕으로 추론한 내용으로 적절하지 않은 것은?

상황

R 대리는 신제품 설명회 방문객들에게 커피를 제공하기 위하여 케이터링 업체와 연락하여 견적을 조사하고, 부서원들의 의견을 수렴하여 다음 자료를 정리하였다.

〈업체별 커피 견적 비교〉

구분	'가' 업체	'나' 업체	'다' 업체	'라' 업체	'마' 업체
단가	1잔당 3,300원 50잔 이상이면 1잔당 2,800원	1잔당 3,000원	1잔당 3,000원 40잔 이상이면 1잔당 2,500원	1잔당 3,500원 30잔 이상이면 1잔당 2,900원	1잔당 2,800원
사용 원두	로부스타	로부스타	아라비카	아라비카	아라비카
브랜드 가치	상	상	중	상	중
추후 추가비용*	1잔당 3,000원	1잔당 3,200원	1잔당 3,500원	1잔당 3,500원	1잔당 3,000원
기타	추가 비용 지불 시 바리스타 출장 가능	얼음 무료 제공	쿠키 무료 제공	쿠키 무료 제공	-

* 처음 주문 이후 추가적으로 주문하였을 시 발생하는 비용

예) '가' 업체에서 30잔 주문하고 추후에 추가로 10잔을 주문한 경우, 발생하는 총비용은 (3,300×30)+(3,000×10)=129,000(원)이다.

〈부서원 의견〉

Y 부장	O 과장	T 팀장	N 대리
브랜드 가치가 높을 것	비용이 저렴할 것	아라비카 원두를 사용할 것	다과까지 제공해 줄 것

① N 대리의 의견에 따른다면 '마' 업체는 고려 대상이 아니다.

② Y 부장과 T 팀장의 의견에 따른다면 '라' 업체가 선정될 것이다.

③ Y 부장과 O 과장의 의견에 따른다면 '가' 업체는 고려 대상이 아니다.

④ 예상 방문객이 40명이고 10명이 추가 방문할 가능성이 있다면, O 과장은 '다' 업체를 선호할 것이다.

[47 ~ 48] 다음 글을 읽고 이어지는 질문에 답하시오.

아파트 분양을 원하는 대부분의 일반인은 담보 대출을 해야 하는데 이때 LTV, DTI 등 대출조건 등을 잘 따져야만 한다. 부동산 담보대출을 받아 본 적 없는 사람에게는 생소한 용어들인 LTV와 DTI 그리고 신DTI, DSR 등의 내용을 예시와 함께 알아보도록 하자.

LTV(주택담보대출비율)는 'Loan To Value ratio'의 약자로, 담보가치(주택가격) 대비 대출 비율을 뜻하며, 계산식은 '대출액÷주택가격'이다. 이는 은행이 주택을 담보로 대출해 줄 때 적용하는 담보가치 대비 최대 대출가능 한도를 의미하는데, 집을 담보로 은행에서 돈을 빌릴 때 집의 자산가치를 얼마로 보는가의 비율이다. LTV는 보통 기준시가가 아닌 시가의 일정 비율로 정한다. 예를 들어 LTV가 40%라면 시가 12억 원짜리 아파트의 경우 최대 4억 8,000만 원까지 대출할 수 있는 것이다.

DTI(총부채 상환비율)는 'Debt To Income'의 약자로, 금융부채 상환능력을 소득으로 따져 대출 한도를 정하는 계산 비율을 뜻한다. 계산식은 '(신규주택담보대출 원리금+기존주택담보대출 이자 상환액)÷연간소득'이며, 대출상환액이 소득의 일정 비율을 넘지 않도록 제한하기 위해 실시되었다. 간단히 말하면 소득 대비 대출 상환금의 비율을 의미하는데, 연간 소득이 1억 원이고 DTI를 40%로 설정할 때 연간 원리금 상환액은 4,000만 원을 초과하지 않도록 대출 규모를 제한하는 것이다.

한편 2017년 10월 24일에 발표한 정부의 '10 · 24 가계부채 종합대책'으로 2018년 1월부터 투기 수요 억제를 위해 다주택자를 대상으로 신DTI를 적용한다. DTI는 신규주택담보대출 원리금과 기존 주택담보대출의 이자만 반영해 대출 한도를 정하지만, 신DTI는 '(주택담보대출 원리금상환액+기타대출 이자상환액)÷연간 소득'으로 계산하며, 신규주택담보대출 원리금상환액과 기존주택담보대출 원리금상환액을 합친 금액을 연간소득으로 나누는 것이 차이점이다. 정리하면, 기존주택담보대출의 경우 '이자'만 반영했지만, 신DTI는 원금까지 더한 '원리금'까지 합산해 계산한다. 그 때문에 다주택자들의 추가 주택담보대출이 어려워지거나 대출 한도가 줄어들 수 있다.

마지막으로 2018년 3월 26일부터 적용된 DSR(총부채 원리금상환비율)은 'Debt Service Ratio'의 약자로, 금융위원회가 대출 상환 능력을 더 엄격하게 심사하기 위해 도입되었다. 계산식은 '(주택담보대출 원리금상환액+기타대출 원리금상환액)÷연간소득'으로, 대출받으려는 사람의 소득 대비 전체 금융부채 원리금상환액 비율을 의미하는데, 주택담보대출 원리금뿐만 아니라 신용대출, 학자금 대출, 할부금융 등의 원리금까지 전체 금융부채에 포함된다.

47. 다음 중 윗글에 대한 이해로 적절한 것은?

① DTI 이후 신DTI가 적용되며 주택담보대출의 기회가 전반적으로 증가하였다.
② 신DTI와 비교하였을 때 DSR을 적용하면 대출 가능액 한도가 축소된다.
③ 집의 자산가치가 높을수록 LTV 수치는 낮아진다.
④ '10 · 24 가계부채 종합대책'은 주택을 많이 보유하고 있는 사람들에게 유리하다.

48. 윗글을 참고하여 신DTI를 적용해 계산할 때, 다음 〈보기〉의 (가), (나)에 들어갈 내용이 올바르게 짝지어진 것은? (단, 다른 기타 대출은 없다)

보기

연봉이 1억 원인 A 씨는 신DTI 40%를 적용받아 기타 대출을 제외한 연간 최대 주택담보대출 원리금상환액이 ___(가)___만 원이다. 현재 주택담보대출 2억 원(20년 만기, 대출금리 연 3%, 원리금균등상환)이 있어, 매년 1,330만 원씩 상환하고 있다. 이때 A 씨는 12억 원(LTV 40%)짜리 아파트를 새로 분양받기 위해 4억 8,000만 원을 추가대출(20년 만기, 대출금리 연 3%, 원리금균등상환) 받고자 하는데, 4억 8,000만 원을 추가대출을 받게 되면 1년에 3,200만 원의 원리금을 추가로 상환하여야 한다. 그런데 신DTI에 따르면 현재 A 씨가 대출 가능한 원리금 합계액은 ___(나)___만 원으로, 약 530만 원이 대출한도에서 초과해 추가대출을 받을 수 없다는 사실을 알게 되었다.

	(가)	(나)
①	4,000	2,670
②	4,000	1,330
③	6,000	2,670
④	6,000	1,330

[49 ~ 50] 다음 자료를 읽고 이어지는 질문에 답하시오.

〈○○물류센터 A ~ D 창고의 위치〉

A	B
C	D

〈○○물류센터 관리 시스템〉

구분	세부 사항
저장용량 한도	- 창고의 저장용량 한도를 나타낸다. - 왼쪽부터 A 창고, B 창고, C 창고, D 창고의 저장용량 한도이다.
초기재고상태	- 창고에 있는 상품 수를 나타낸다. - 왼쪽부터 A 창고, B 창고, C 창고, D 창고의 상품 수이다.
산출식	[산출식 X] 초기재고상태와 이동 후 재고상태의 차이의 절댓값이 가장 큰 창고와 가장 작은 창고의 이동 후 보관량의 합을 산출한다. [산출식 Y] 각 창고의 이동 후 재고상태를 기준으로 잉여 저장용량이 가장 적은 창고와 가장 많은 창고의 이동 후 보관량의 합을 산출한다. ※ 단, 조건에 맞는 창고가 2개 이상인 경우, 알파벳 순서가 빠른 창고를 산출한다. 또한 한 개의 창고가 조건을 충족하는 경우, 중복 선정될 수 있다.

빨간 버튼	창고에 있는 상품들을 모두 시계 방향을 기준으로 옆 창고로 한 칸씩 옮긴다. 버튼을 누른 횟수만큼 옮긴다.
파란 버튼	창고에 있는 상품들을 모두 반시계 방향을 기준으로 옆 창고로 한 칸씩 옮긴다. 버튼을 누른 횟수만큼 옮긴다.

등급 기준		
이동 결과, 저장용량 한도를 초과한 창고가 없는 경우 산출식 결과에 따른 등급 결정	5 미만	1등급
	5 이상 ~ 10 미만	2등급
	10 이상 ~ 15 미만	3등급
	15 이상	4등급
이동 결과, 한 창고라도 저장용량 한도를 초과하는 경우		5등급

〈등급 산출 과정 예시〉

물류센터 창고 현황이 다음과 같은 상황에서 빨간 버튼을 2번 누를 때, 출력되는 등급은?

〈○○물류센터 창고 현황〉

• 저장용량 한도 : (5, 8, 7, 3) • 초기재고상태 : (2, 3, 4, 1) • 산출식 Y를 적용한다.

1. 초기재고상태는 A, B, C, D 창고가 각각 2, 3, 4, 1이고 시계 방향으로 2칸 이동하면 A, B, C, D 창고에 각각 1, 4, 3, 2가 된다.
2. 이동 결과, 저장용량을 초과하는 창고는 없다. 저장용량 한도에 가장 가까운 창고는 D 창고이고, A, B, C 창고는 잉여 저장용량이 동일하게 4 남았으므로 알파벳 순서가 빠른 A 창고가 선정된다. 따라서 두 창고의 이동 후 보관량의 합은 3이다.
3. 등급 기준에 따라 '1등급'이 출력된다.

49. 다음 조건에서 빨간 버튼을 13번, 파란 버튼을 7번 눌렀다고 할 때, 그 등급은?

〈○○물류센터 창고 현황〉

- 저장용량 한도 : (3, 9, 7, 6)
- 초기재고상태 : (1, 4, 6, 3)
- 산출식 X를 적용한다.

① 1등급　② 2등급　③ 3등급　④ 4등급

50. 다음 조건에 따라 계산한 결과 4등급이 나왔다. 빨간 버튼을 23번 눌렀다고 할 때, 파란 버튼은 몇 번 눌렀는가?

〈○○물류센터 창고 현황〉

- 저장용량 한도 : (10, 9, 12, 7)
- 초기재고상태 : (8, 7, 9, 6)
- 산출식 Y를 적용한다.

① 0번　② 1번　③ 2번　④ 3번

51. 다음은 바코드 생성 방식을 나타낸 자료이다. 제시된 규칙을 적용할 때, 예시의 D 영역에 해당하는 체크섬 자리에 들어갈 숫자로 옳은 것은?

예) 한국 f 회사에서 생산된 소면

5 0 1 2 3 4 5 6 7 8 9 0 _

A: [국가코드(3자리)] 5 0 1
B: [업체코드(4자리)] 2 3 4 5
C: [상품코드(5자리)] 6 7 8 9 0
D: [체크섬(1자리)] _

A 영역		B 영역		C 영역				D 영역
국가코드		업체코드		상품코드				체크섬
				분류		상품		
201	중국	2340	a 회사	678	면류	90	소면	바코드 짝수 자리 숫자의 합에 3을 곱한 값과 홀수 자리 숫자의 합을 더한 후 그 값에 추가로 더했을 때 10의 배수를 만드는 최소 숫자
301	일본	2341	b 회사			80	중면	
401	미국	2342	c 회사			70	파스타면	
501	한국	2343	d 회사	778	제과류	60	스낵 A	
		2344	e 회사			50	스낵 B	
		2345	f 회사	878	주류	40	맥주	
						30	소주	
				978	빙과류	20	초코바 A	
						10	초코바 B	

① 0 ② 2

③ 4 ④ 6

[52 ~ 53] 다음 글을 읽고 이어지는 질문에 답하시오.

○○프로그램에서 하나의 명령문은 cards, input 등의 '중심어'로 시작하고 반드시 세미콜론(;)으로 끝난다. 중심어에는 명령문의 지시 내용이 담겨있는데, cards는 그다음 줄부터 input 명령문에서 이용할 일종의 자료집합인 레코드(record)가 한 줄씩 나타남을 의미한다. 〈프로그램 1〉에서 레코드는 '701102'와 '720508'이다.

input은 레코드를 이용하여 변수에 수를 저장하는 것을 의미한다. 첫 번째 input은 첫 번째 레코드를 이용하여 명령을 수행하고, 그다음부터의 input은 차례대로 그다음 레코드를 이용한다. 예를 들어 〈프로그램 1〉에서 첫 번째 input 명령문의 변수 a에는 첫 번째 레코드 '701102'의 1 ~ 3번째 위치에 있는 수인 '701'을 저장하고, 변수 b에는 같은 레코드의 5 ~ 6번째 위치에 있는 수인 '02'에서 앞의 '0'을 빼고 '2'를 저장한다. 두 번째 input 명령문의 변수 c에는 두 번째 레코드 '720508'의 1 ~ 2번째 위치에 있는 수인 '72'를 저장한다. 〈프로그램 2〉와 같이 만약 input 명령문이 하나이고 여러 개의 레코드가 있을 경우 모든 레코드를 차례대로 이용한다. 한편 input 명령문이 다수인 경우, 어느 한 input 명령문에 @가 있으면 바로 다음 input 명령문은 @가 있는 input 명령문과 같은 레코드를 이용한다. 이후 input 명령문부터는 차례대로 그다음 레코드를 이용한다. print는 input 명령문에서 변수에 저장한 수를 결과로 출력하라는 의미이다. 다음은 각 프로그램에서 변수 a, b, c에 저장한 수를 출력한 〈결과〉이다.

〈프로그램 1〉

```
cards
701102
720508
;
input a 1-3 b 5-6;
input c 1-2
print;
```

〈결과〉

a	b	c
701	2	72

〈프로그램 2〉

```
cards
701102
720508
;
input a 1-6 b 1-2 c 2-4;
print;
```

〈결과〉

a	b	c
701102	70	11
720508	72	205

52. 윗글을 근거로 판단할 때, 〈보기〉에서 옳은 설명을 모두 고른 것은?

> **보기**
>
> ㄱ. input 명령문은 레코드에서 위치를 지정하여 변수에 수를 저장할 수 있다.
> ㄴ. 두 개의 input 명령문은 같은 레코드를 이용하여 변수에 수를 저장할 수 있다.
> ㄷ. 하나의 input 명령문이 다수의 레코드를 이용하여 변수에 수를 저장할 수 있다.

① ㄴ

② ㄱ, ㄴ

③ ㄱ, ㄷ

④ ㄱ, ㄴ, ㄷ

53. 윗글을 근거로 판단할 때, 다음 〈프로그램〉의 〈결과〉로 출력된 수를 모두 더하면?

〈프로그램〉

```
cards
020824
701102
720508
;
input a 1-6 b 3-4;
input c 5-6@;
input d 3-4;
input e 3-5;
print;
```

〈결과〉

a	b	c	d	e

① 20,895

② 20,911

③ 20,917

④ 20,965

54. 다음 일련번호 부여 방법을 참고하였을 때 독일에 수출된 가정용 커피머신 중 2024년 1월에 경상북도 구미 소재 공장에서 125번째로 생산된 제품의 일련번호는?

〈S사 커피머신 일련번호 부여 방법〉

<table>
<tr><th rowspan="2">제조 연월</th><th colspan="2">제조공장</th><th colspan="2">용도</th><th colspan="2">유통 경로</th><th rowspan="2">생산 순서</th></tr>
<tr><th>구분</th><th>번호</th><th>구분</th><th>번호</th><th>구분</th><th>번호</th></tr>
<tr><td rowspan="9">제조된 연월
4자리</td><td>경기도</td><td>1</td><td rowspan="5">가정용</td><td rowspan="5">H</td><td rowspan="2">백화점</td><td rowspan="2">501</td><td rowspan="9">해당 제조 공장에서
생산된 순서대로
0001부터 4자릿수로
번호가 매겨짐
※ 연도가 바뀌면 생산
순서 번호 새로 시작</td></tr>
<tr><td>강원도</td><td>2</td></tr>
<tr><td>충청북도</td><td>3</td><td>대리점</td><td>502</td></tr>
<tr><td>충청남도</td><td>4</td><td rowspan="2">홈쇼핑</td><td rowspan="2">503</td></tr>
<tr><td>전라북도</td><td>5</td></tr>
<tr><td>전라남도</td><td>6</td><td rowspan="4">매장용</td><td rowspan="4">S</td><td>EX가전몰</td><td>504</td></tr>
<tr><td>경상북도</td><td>7</td><td>아시아수출</td><td>505</td></tr>
<tr><td>경상남도</td><td>8</td><td rowspan="2">유럽수출</td><td rowspan="2">506</td></tr>
<tr><td>인천광역시</td><td>9</td></tr>
<tr><td colspan="8">〈일련번호 부여 예시〉
2024년 8월 전라남도(나주) 공장에서 1352번째로 생산되어 홈쇼핑으로 유통된 가정용 커피머신의
일련번호 : 24086H5031352</td></tr>
</table>

① 24018H5060125
② 24013S5011025
③ 24017H5030125
④ 24017H5060125

1회 기출예상
2회 기출예상
3회 기출예상
4회 기출예상
5회 기출예상
인성검사
면접가이드

55. 다음 중 클라우드 컴퓨팅에 대한 이해로 적절하지 않은 것은?

4차 산업혁명의 변화에 클라우드 컴퓨팅이 중요한 이유는 무엇일까요? 일단 클라우드 컴퓨팅의 정의부터 살펴보겠습니다. 수많은 정의와 설명을 할 수 있겠지만 쉽게 말해 'IT 자원을 서비스 방식으로 제공하는 컴퓨팅 스타일'로서 수도, 전기와 같이 고객이 이용한 만큼 지불하는 유틸리티 서비스라 할 수 있습니다.

클라우드 컴퓨팅은 초기 투자비용 없이 이용한 만큼 지불하는 탄력성, 최소 자원으로 시작 후 사용량에 따라 동적 확장이 가능한 확장성, 그리고 IT 자원 및 신기술 도입 기간과 리스크를 최소화하는 민첩성의 3가지 특징이 뚜렷하게 나타납니다.

4차 산업혁명은 빅데이터, 사물인터넷(IoT) 등과 클라우드가 맞물려 전통적 산업을 파괴하는 모델로 시장을 움직이고 있습니다. 비즈니스 혁신 플랫폼으로써 클라우드 컴퓨팅을 통해 비즈니스 모델만 있으면 모든 것이 가능해진 세상이 열리고 있는 것입니다. 소위 말하는 '뉴노멀(New Normal)'의 시대가 도래한 것이죠.

글로벌 혁신 기업들과 새로운 비즈니스를 추구하는 기업들은 이미 IT를 클라우드 플랫폼으로 전환하고 나아가 운영 조직과 프로세스, 문화까지도 클라우드로 전환하고 있습니다. 이러한 기업들의 전환 가속화는 경쟁사뿐 아니라 동종업계에도 영향을 주어 전 산업 영역으로 확대되고 있습니다.

향후 클라우드 컴퓨팅의 기술은 대형 고객사들의 시스템 전환 및 도입 추세에 따라 다양한 요구 사항에 대한 대응이 발전하고 높은 수준의 관리 서비스와 신기술 활용을 위한 플랫폼 구축 등의 기술에 대한 중요성이 증가할 것으로 예상됩니다. 이는 다양한 클라우드 서비스 사업자에 대한 이해를 기반으로 데이터 관리 역량을 높이고 대규모 클라우드 서비스를 제공할 수 있도록 플랫폼 개발을 위한 기술 역량 내재화로 이어지게 될 것입니다.

① 탄력성이라는 특성으로 인해 신규 고객 또한 클라우드 컴퓨팅 서비스를 쉽게 소비할 수 있다.

② 클라우드 컴퓨팅의 중요성은 저성장, 저소비, 고실업, 고위험 등 새로운 사회 현상의 도래로 인해 점점 커지고 있다.

③ 전 세계적으로 기업들이 클라우드 플랫폼으로의 전환을 가속화하고 있으므로 클라우드 서비스 제공자와 소비자 모두 데이터 관리 역량을 높일 필요성이 있다.

④ 클라우드 컴퓨팅 기술은 대형 고객사들의 요구에 맞춰지므로 중소기업들이 그들의 IT를 클라우드 플랫폼으로 전환하는 것은 비용 측면에서 바람직하지 않다.

[56 ~ 57] 다음 리눅스 프로그램에 대한 정보를 보고 이어지는 질문에 답하시오.

〈리눅스 명령어 및 옵션〉

• 리눅스 명령어 입력 방법 : '#+명령어+옵션1+옵션2+⋯+옵션N+파일 저장 경로'의 형태로 입력함. ~리눅스 파일의 경우, '/var/log/파일명'을 로그 파일 저장 경로로 사용함.

• 리눅스 명령어 및 옵션 종류

명령어	의미
last	-로그인과 재부팅 로그를 출력하는 명령어 -시스템의 부팅부터 현재까지 모든 유저의 로그인과 로그아웃에 대한 정보를 가져옴.
lastlog	-로그 파일의 정보를 분석하여 출력하는 명령어 -사용자의 마지막 로그인 시간, 호스트명, 포트 등을 확인함.

옵션	의미	비고
-num	num(숫자)만큼의 줄만 출력함.	#last -6 입력 시 마지막 줄을 포함한 6줄만 출력됨.
-a	출력되는 목록에서 인터넷 IP주소 필드를 맨 오른쪽에 출력함.	-a 옵션은 -num 뒤에 위치해야 함.
-f file	지정한 file에서 정보를 가져와 출력함.	#last -f /var/log/wtmp.2를 입력하면, wtmp.2 파일에 저장된 내용을 출력함.
-u username	지정된 사용자(username)의 lastlog 정보를 출력함.	'-u+지정한 사용자의 username' 순서로 명령함.
-t dats	현재부터 지정된 날짜 전(dats)만큼 로그인한 정보만 출력함.	'-t+날짜 수'의 순서로 명령함.

〈리눅스 출력 결과 관련 용어〉

용어	해석	용어	해석
Username	사용자 이름	Latest	마지막으로 접속한 시간
Port	사용자가 로그인한 하드웨어의 위치	**Never logged in**	로그인 기록 없음.
From	접속한 사용자의 인터넷 IP주소	Period	로그인한 기간

〈팀원별 로그인 기록 : 리눅스 입/출력 결과〉

#last -f /var/log/wtmp.1

Username	Port	From	Period	
BRAVO	pts/3	192.101.1.392	Fri Jan 13	02 : 37 - 03 : 25
CHLOE	pts/2	192.934.1.293	Sun Jan 22	04 : 12 - 11 : 36
ELITE	pts/5	172.192.3.119	(㉠)	08 : 09 - 09 : 00
BRAVO	pts/4	192.101.1.392	Sat March 25	12 : 19 - 14 : 21
CHLOE	pts/2	192.934.1.293	(㉡)	17 : 11 - 18 : 40
ALEPH	pts/1	193.191.1.275	Tue March 28	04 : 15 - 05 : 36
DORA	pts/6	194.207.4.105	Thu March 30	03 : 15 - 03 : 41

#lastlog -t 5 /var/log/wtmp.1

Username	Port	From	Latest	
CHLOE	pts/2	192.934.1.293	Mon March 27	17 : 11 : 19
ALEPH	pts/1	193.191.1.275	Tue March 28	04 : 15 : 37
DORA	pts/6	194.207.4.105	Thu March 30	03 : 15 : 01

※ 단, 팀원별 로그인 기록은 1월 1일 ~ 3월 30일간의 기록이며, '#last'의 출력 결과를 토대로 '#lastlog'의 결괏값을 출력함.

56. **서버관리팀 C 사원은 로그인 기록을 분석하기 위해 리눅스 프로그램에 로그인 기록 분석 명령을 입력하여 위와 같은 결과를 얻었다. 이에 대한 설명으로 적절하지 않은 것은? (단, 분석 명령을 입력한 현재 시점은 3월 31일이다)**

① wtmp.1 로그 파일에 따르면 가장 최근에 로그인한 사용자는 CHLOE이다.

② #last -f /var/log/wtmp.1의 명령에 의하면, BRAVO는 2개의 하드웨어에서의 로그인 기록이 있다.

③ ㉠의 값이 'Fri March 24'라면 #lastlog -t 5 -u ELITE /var/log/wtmp.1을 입력하면 **Never logged in**이 출력된다.

④ ㉡에는 'Mon March 27'이 들어간다.

57. 서버관리팀 A 팀장은 올 4월에 입사한 F 사원의 신입 교육을 위해서 위 자료를 바탕으로 다음과 같은 교육 자료를 만들었다. 다음 중 적절하지 않은 것은? (단, 분석 명령을 입력한 현재 시점은 3월 31일이다)

	리눅스 입/출력 결과				
①	#last -2 /var/log/wtmp.1				
	Username	Port	From	Period	
	BRAVO	pts/3	192.101.1.392	Fri Jan 13	02 : 37 – 03 : 25
	CHLOE	pts/2	192.934.1.293	Sun Jan 22	04 : 12 – 11 : 36
②	#last -1 -a /var/log/wtmp.1				
	Username	Port	Period		From
	DORA	pts/6	Thu March 30	03 : 15 – 03 : 41	194.207.4.105
③	#lastlog -u FENNEC /var/log/wtmp.1				
	Username	Port	From	Latest	
	FENNEC			**Never logged in**	
④	#lastlog -t 3 /var/log/wtmp.1				
	Username	Port	From	Latest	
	ALEPH	pts/1	193.191.1.275	Tue March 28	04 : 15 : 37
	DORA	pts/6	194.207.4.105	Thu March 30	03 : 15 : 01

[58 ~ 60] G 사원은 시스템 상태를 판독하고 그에 따른 코드를 입력하는 시스템 통합모니터링 및 관리 업무를 담당하고 있다. 다음 매뉴얼을 보고 이어지는 질문에 답하시오.

〈Status code 매뉴얼〉

Status code	조치
101	해당 시간대에는 오류가 확인되지 않았습니다. Status code 아래에는 임의의 숫자들이 출력되며, 특별한 조치가 필요하지 않습니다.
201	Status code 아래의 숫자들의 합을 FEV로 하여 코드를 입력하여 조치합니다.
205	Status code 아래의 숫자들 중 가장 큰 숫자를 FEV로 하여 코드를 입력하여 조치합니다.
207	Status code 아래의 숫자들 중 가장 큰 수와 가장 작은 수의 합을 FEV로 하여 코드를 입력하여 조치합니다.
209	Status code 아래의 숫자들 중 가장 마지막 숫자를 FEV로 하여 조치합니다.
301	Status code 아래의 숫자들 중 홀수인 숫자의 합을 FEV로 하여 조치합니다.
302	Status code 아래의 숫자들 중 짝수인 숫자의 합을 FEV로 하여 조치합니다.
999	코드 입력 테스트용 Status code입니다. 아래의 숫자들 중 해당 Section 번호보다 더 큰 숫자가 존재한다면 입력코드로 Passed를 입력하여 조치합니다. 아래의 숫자들 중 해당 Section 번호보다 더 큰 숫자가 존재하지 않는다면 입력코드로 Nonpassed를 입력하여 조치합니다.

〈FEV별 조치 매뉴얼〉

FEV	입력코드
FEV < 0	Stable
0 ≤ FEV < 100	Sustain
100 ≤ FEV < 200	Response
200 ≤ FEV < 300	Alert
300 < FEV	Fatal

〈예시〉

```
System type A, Section 140
User code 3714323
Date 202X/03/26 16 : 55 : 20
Status code 201
## 001, 072, 063, 117
Input code or press enter to continue.
>> _______
```

→ Status code가 201이므로 그 다음 줄의 숫자인 1, 72, 63, 117의 합인 253을 FEV로 한다. FEV가 200 이상 300 미만이므로 입력코드로 Alert를 입력한다.

58. 다음 시스템 화면에서 G 사원이 입력해야 할 코드로 적절한 것은?

```
System type A, Section 75
User code 3714323
Date 202X/04/17 13 : 21 : 05
Status code 207
## 272, 104, 052, 074, 209
Input code or press enter to continue.
>> _______
```

① Sustain ② Response

③ Alert ④ Fatal

59. 다음 시스템 화면에서 G 사원이 입력해야 할 코드로 적절한 것은?

```
System type A, Section 171
User code 3714323
Date 202X/07/14 09 : 33 : 17
Status code 999
## 006, 007, 031, 020, 015, 109, 182, 050, 037, 109, 110, 163, 156, 025, 139
Input code or press enter to continue.
>> _______
```

① Fatal
② Passed
③ Nonpassed
④ Stable

60. G 사원이 시스템 화면을 보고 코드를 입력하려고 하였으나 모니터링 프로그램의 오류로 시스템 화면이 다음과 같이 일부 글자가 보이지 않게 되었다. 이때 G 사원이 입력해야 할 코드로 적절한 것은?

```
System ty□□ A, Section 0□□
User code 3714□□3
Date □□2X/11/□7 16 : □□ : 34
Stat□□ code 301
## □□0, □□2, □71, 032, □□8, 161, 2□5
Input co□□ or press e□□er to continue.
>> _______
```

① Fatal
② Alert
③ Response
④ Sustain

3회 기출예상문제

문항수 : 60 문항

문항시간 : 60 분

▶ 정답과 해설 28쪽

[01 ~ 02] 다음 글을 읽고 이어지는 질문에 답하시오.

인류 역사를 되돌아보면 뛰어난 인물들이 동시에 나타나 여러 경쟁 국가의 운명을 좌우하는 경우가 종종 있다. (㉠) 고대 중국 삼국시대에 조조, 유비, 손권이 천하를 쟁패했던 것처럼 17세기 중 · 후반 유럽에서도 비슷한 상황이 펼쳐졌다. 영국의 올리버 크롬웰, 네덜란드의 요한 드 비트, 프랑스의 장 바티스트 콜베르 세 인물은 근세 유럽의 중심부를 놓고 서로 다투었다.

영국의 올리버 크롬웰은 청교도혁명을 일으킨 후 공화정을 세우고, 오늘날 대통령이나 수상보다 막강한 권력으로 통치했다. 17세기 유럽에서 가장 뛰어난 정치 지도자로 평가된 요한 드 비트는 27세에 네덜란드 총리에 올랐다. 그는 영국과 전쟁을 하기도 했지만, 영국 · 프랑스 등 막강한 국가 사이에서 비폭력적인 교역 조약 체결, 상호 방위 체제 구축 등 중립주의와 균형정책을 절묘하게 구사했다. 프랑스에서는 태양왕 루이 14세 왕권하에 장 바티스트 콜베르가 해군장관과 재무장관을 거친 후 재상에 올랐다.

이들은 호국경과 총리로서 탁월한 리더십과 책략으로 자국을 막강한 나라로 만들었을 뿐만 아니라 교역 발전에 이바지하였다. 영국의 크롬웰과 프랑스의 콜베르는 중상주의를 해양 책략으로 삼았고, 해군 체제 확립과 군함 건설로 자기 나라를 해양 패권 국가로 키웠다는 점에서 공통점을 갖는다. 중상주의의 대표적 이론가이기도 한 콜베르는 "한 나라의 부는 그 국가가 보유하는 금과 은의 양으로 결정된다. 이를 위해서는 먼저 다른 나라로 금과 은의 유출을 막는 동시에 국내 산업을 진흥해 수출을 늘리고 금과 은을 축적해야 한다."라고 주장했다. 콜베르는 보호 관세 주의를 도입하고 산업에 국가가 개입하는 보호 육성책을 펼쳐 나갔다.

요한 드 비트의 아버지 야코프는 여섯 차례나 도르트레흐트 시장을 지냈을 정도로 네덜란드 공화국의 가장 강력한 세력인 홀란트 주를 대표하는 정치 지도자였다. 비트의 출세는 뛰어난 웅변술과 명민함 그리고 부친의 정치적 기반까지 갖춘 덕이었다. 특이하게도 그는 수학과 법률에 뛰어난 재능을 보였다. 한편 비트는 국가의 해군력과 상권을 강화해 나갔는데, 영국과의 제1차 전쟁이 끝난 후 그는 해군력을 더욱 강화해 나갔다. (㉡) 그의 외교 정책은 탁월했다. 네덜란드 안위가 제3국에 의해서도 파괴될 수 있다는 판단에서 각 참가국끼리 현 상태를 보장하는 내용의 비폭력적인 상호 방어 조약을 통해 안보를 지켜 나가는 능동적 중립주의로 방향을 잡았으며, 네덜란드의 전성기 '해가 지지 않는 네덜란드'를 구축했다.

이처럼 세 사람 모두 해양 강국을 만들면서 근대 국가 형성에 크게 기여했는데, 말년에 왕정과의 권력 투쟁 및 질시로 비참하게 생을 마친 점까지도 유사하다. 이는 참으로 권력무상이 아닐 수 없다.

01. 윗글을 이해한 내용으로 적절하지 않은 것은?

① 야코프와 요한 드 비트는 부자지간이다.

② 콜베르는 말년에 왕권 견제를 받았다.

③ 콜베르는 금을 모아야 한다고 주장했다.

④ 네덜란드는 보호 관세 주의를 추진했다.

02. 다음 중 빈칸 ㉠, ㉡에 들어갈 접속어를 바르게 짝지은 것은?

	㉠	㉡		㉠	㉡
①	가령	게다가	②	가령	그러나
③	하지만	또한	④	하지만	한편

[03 ~ 04] 다음 자료를 바탕으로 이어지는 질문에 답하시오.

〈202X년 7월 산업기술 R&D 실무과정 교육 안내〉

산업통상자원부(산업부)와 K 관리원에서는 산업기술 R&D 사업 수행자들이 효율적으로 사업을 수행하고 연구 성과를 향상시킬 수 있도록 지원하고자 R&D 교육을 진행하고 있으니, 교육 참여를 희망하는 분들은 신청하여 주시기 바랍니다.

- 해당 교육은 산업부 산업기술 R&D 과제수행기관 대상으로 진행됩니다.
- 해당 교육은 의무교육이 아니므로 필요한 분들만 참여하시면 됩니다.
- 원활한 교육신청과 참여를 위해 아래 내용을 반드시 확인해 주시기 바랍니다.

• 교육목적 : 산업기술 R&D 사업 수행자의 R&D 이해 향상 및 역량강화를 통한 연구 성과 제고

• 교육과목 : 6개 과목(제시된 내용이 순서대로 진행됩니다)

1일 6시간 / 100% 수강 시 수료증 발급 / 연구지원전문가 인건비 산정 가능

R&D 전략기획의 개요 (0.5시간)	• R&D 전략기획의 기초 학습 • 전략 수립 프로세스의 이해 학습
산업기술 R&D 과제수행 (1시간)	신규평가, 협약변경, 최종평가 및 보고 등 과제수행 절차 및 방법, 주요 검토사항 등을 학습
성과관리 및 활용 (1시간)	R&D를 통해서 도출되는 성과물의 보고, 관리 방법 및 R&D 결과물의 산업적 활용과 확산을 위한 관련 지식 학습
RCMS 이해와 활용(1시간)	RCMS 개념 및 활용법 등 학습
사업비 집행 · 정산 · 관리 (2.0시간)	R&D 수행 시 진행되는 사업비 산정, 집행, 정산에 대해 회계 차원에서 고려되어야 하는 기준 및 개념에 대해 학습
부패신고 및 보호보상제도 (0.5시간)	청렴사회 구축을 위한 부패행위신고 및 보호보장제도 안내

• 교육대상 : 산업통상자원부 산업기술 R&D 사업의 수행자 또는 지원인력 및 관련 직원 등

• 교육일정

교육일자	일시	교육인원	교육 장소
202X. 07. 08. (목)	12:00 ~ 18:00	50명	비대면 교육 (ZOOM)으로 운영 ※ 참여방법 추후 공지
202X. 07. 09. (금)	12:00 ~ 18:00	50명	
202X. 07. 15. (목)	12:00 ~ 18:00	50명	
202X. 07. 16. (금)	12:00 ~ 18:00	50명	

• 교육신청 : 교육 홈페이지(www.tech.co.kr)에서 202X년 6월 19일(월) 오전 10시 ~ 오후 16시 선착순 신청

03. 다음 중 위의 자료를 이해한 내용으로 적절하지 않은 것은?

① 해당 교육 과정 중에는 사업비, 정산 등의 R&D 사업 수행의 회계에 관한 학습이 포함되어 있다.
② 교육인원 제한으로 인하여 신청하지 못한 사람은 순번을 받아서 추후에 추가되어 강의를 수강할 수 있다.
③ 해당 산업기술 R&D 실무과정 교육은 산업통상자원부와 K 관리원이 공통으로 주관하고 있다.
④ 해당 교육은 비대면 방식의 화상강의로 진행되므로 수강하고자 하는 사람은 관련 기기나 매체가 있어야 한다.

04. 위의 자료에 따라 쉬는 시간 없이 교육이 진행된다고 할 때, 교육 참여자들의 대화로 적절하지 않은 것은?

① 〈대화 날짜 및 시간 : 202X년 07월 16일 금요일, 17시 20분〉
A : 강의 잘 듣고 있어? 지금 무슨 내용이야?
B : 사업비 집행, 정산, 관리에 대한 내용이야.
② 〈대화 날짜 및 시간 : 202X년 07월 08일 목요일, 14시 05분〉
A : 강의 잘 듣고 있어? 지금 무슨 내용이야?
B : 성과관리와 그 활용에 대한 내용이야.
③ 〈대화 날짜 및 시간 : 202X년 07월 09일 금요일, 14시 45분〉
A : 강의 잘 듣고 있어? 지금 무슨 내용이야?
B : RCMS에 대한 내용이야.
④ 〈대화 날짜 및 시간 : 202X년 07월 09일 금요일, 12시 50분〉
A : 강의 잘 듣고 있어? 지금 무슨 내용이야?
B : R&D 전략기획에 대한 내용이야.

[05 ~ 06] 다음 자료를 보고 이어지는 질문에 답하시오.

〈부정청탁금지법 시행령 개정 내용〉

[가] • 선물은 현행 상한액 5만 원을 유지한다. 다만, 농수산물 및 농수산가공품 선물에 한정하여 10만 원까지 가능하다. 선물이란 금전, 유가증권, 음식물(제공자와 공직자 등이 함께 하는 식사, 다과, 주류, 음료, 그 밖에 이에 준하는 것) 및 경조사비를 제외한 일체의 물품, 그 밖에 이에 준하는 것을 말한다.

• 경조사비는 현행 상한액 10만 원에서 5만 원으로 조정한다. 다만, 축의금과 조의금을 대신하는 화환 · 조화의 경우 현행대로 10만 원까지 가능하다.

※ 10만 원 범위 내에서 '축의금(5)+화환(5)', 또는 '화환(10)' 제공 가능

[나] 상품권 등의 유가증권은 현금과 유사하고 사용 내역 추적이 어려워 부패에 취약하므로 선물에서 제외한다. 이는 음식물 가액 기준 회피 수단으로 상품권의 악용과 같은 편법 수단을 차단하고, 농수산물 선물 소비를 유도하기 위함이다. 다만, 다른 법령 · 기준 또는 사회 상규에 따라 주거나 법 적용 대상이 아닌 민간 기업 임직원이나 일반 시민에게 주는 상품권, 직무 관련이 없는 공직자 등에게 주는 100만 원 이하 상품권, 상급 공직자가 위로 · 격려 · 포상 등의 목적으로 하급 공직자에게 주는 상품권은 예외적으로 제공이 가능하다.

[다] • 공무원과 공직유관단체 임직원의 직급에 따른 사례금 상한액 차이를 해소하기 위해 외부 강의 등 사례금은 직급 구분 없이 동일한 상한액을 설정한다. 이때, 최고 상한액 40만 원 범위 내에서 기관별 자율적인 운영이 가능하다.

• 국공립학교 · 사립학교 사이, 일반 언론사 · 공직유관단체 언론사 사이의 상한액 차이를 해소하기 위해 동일한 상한액을 설정한다.

구분	공무원, 공직유관단체 임직원	각급 학교 교직원 학교법인 · 언론사 임직원
1시간당 상한액	40만 원 (직급별 구분 없음)	100만 원
사례금 총액한도	60만 원 (1시간 상한액+1시간 상한액의 50%)	제한 없음.

※ 이 외 국제기구, 외국정부, 외국대학, 외국연구기관, 외국학술단체, 그 밖에 이에 준하는 외국기관에서 지급하는 외부 강의 등의 사례금 상한액은 사례금을 지급하는 자의 지급 기준에 따른다.

[라] 외부 강의 등의 유형, 요청 사유를 사전 신고 사항에서 삭제한다. 사후 보완 신고 기산점 조장 및 신고 기간을 조정한다. 보완 신고 기산점을 '외부 강의 등을 마친 날부터'에서 사전 신고 시 제외된 사항을 '안 날로부터'로, 신고 기간을 '2일'에서 '5일'로 연장한다.

※ 사례금 총액, 상세 명세 등을 모르는 경우 해당 사항을 제외하고 사전 신고한 후 추후 보완 신고

05. 위 자료의 [가]~[라]에서 설명하고 있는 개정 내용으로 적절하지 않은 것은?

① [가] 선물 · 음식물 · 경조사비의 가액 범위 조정

② [나] 선물 범위 조정

③ [다] 외부 강의 등 사례금 상한액 조정

④ [라] 외부 강의 등 사전 신고 사항 및 보완 신고 기간 정비

06. 개정 사항 중 중요한 부분을 다음과 같이 요약했다. 이 중 잘못 작성한 부분은?

구분		기존	변경
가액 범위	선물	5만 원	① 5만 원 (농수산물 · 가공품 10만 원)
	경조사비	10만 원	② 5만 원 (화환 · 조화 10만 원)
선물 범위		③ 상품권 등 유가증권 포함	상품권 등 유가증권 제외
외부 강의 등 신고	사전 신고 사항	외부 강의 등의 유형, 요청 사유 포함	외부 강의 등의 유형, 요청 사유 제외
	보완 신고 기간	외부 강의 등을 마친 날부터 2일 이내	④ 외부 강의 등을 마친 날부터 5일 이내
부정청탁금지법 준수 서약서 제출		매년	신규 채용 시

07. 다음은 K 구 자원봉사단체장 공개채용안내문의 일부이다. 이를 보고 나눈 A ~ D의 대화 중 옳지 않은 것은?

〈K 구 자원봉사단체장 공개채용안내〉

1. 임용분야 및 선발예정인원
   가. 임용분야 : 자원봉사단체장
   나. 임용직급 : 시간선택제 임기제 나급
   다. 임용인원 : 1명
   라. 근무기간 : 3년(주당 40시간)
2. 응시원서 교부 · 접수
   가. 접수기간 : 20XX. 3. 10. ~ 3. 12.(3일간, 09:00 ~ 18:00)
   나. 접수장소 : K 구청 민관협치과 자원봉사팀
   ※ 응시원서 양식(응시원서, 이력서, 자기소개서 등)은 K 구청 홈페이지 내 공고문에 첨부한 양식을 출력하여 사용
   ※ 대리접수 등으로 미비한 서류의 책임은 응시자에게 있음.
   다. 접수방법 : 방문 또는 등기우편접수(대리접수 가능, 팩스 · 인터넷 접수 불가)
   ※ 우편접수 시 제출서류와 응시수수료 동봉 제출
   ※ 우편접수의 경우 접수마감일 소인분까지 인정
   ※ 우편접수자의 경우 응시표는 서류전형 합격자에 한하여 면접시험장에서 배부
3. 시험방법
   가. 1차시험(서류전형)
   - 당해 직무수행에 관련된 응시자의 자격 · 경력 등이 소정의 기준에 적합한지 여부를 서면으로 심사
   - 단, 응시인원이 채용예정인원의 5배수 이상인 때에는 5배수 이상으로 서류전형 합격자를 결정할 수 있음.
   나. 2차시험(면접시험)
   - 1차시험 합격자를 대상으로 심층 면접을 통해 직무수행에 필요한 능력 등 평정요소를 상 · 중 · 하로 평가
   - 평정요소 : 전문지식과 응용능력, 의사표현의 정확성과 논리성, 예의 · 품행 및 성실성, 창의력 및 발전가능성 등
   - 불합격 기준에 해당되지 아니한 자 중에서 평정 성적이 우수한 자 순으로 합격자 결정
   다. 최종합격자 발표 : 개별통보 및 구청 홈페이지 공고
   ※ 최종합격자가 임용포기, 결격사유 등의 사정으로 결원을 보충할 필요가 있는 경우에는 합격자 발표일로부터 6개월 이내에 차순위로 평정 성적이 우수한 자를 추가합격자로 결정할 수 있음.

① A : 응시원서는 K 구청 홈페이지 공고문에 첨부된 양식에 따라 작성해야 해.
② B : 만일 응시인원이 10명이라면 10명 모두를 서류 합격자로 결정할 수 있어.
③ C : 대리접수가 가능하니 가족이 대신 K 구청 자원봉사팀에 방문해서 접수해도 되겠네.
④ D : 최종합격자의 결격사유로 임용이 취소된다면 서류점수와 면접점수의 평점이 두 번째로 높았던 사람이 추가합격자가 될 거야.

08. 다음 기사문을 읽고 낼 수 있는 의견으로 적절하지 않은 것은?

K 기관은 2일부터 빅데이터와 인공지능(AI) 기술을 활용한 산업기술 연구개발(R&D) 디지털 평가시스템인 '스텔라(STELLA)'를 신규평가에 전면 적용한다. 스텔라는 AI와 빅데이터를 활용한 클라우드 기반 평가시스템이다. 주요기능으로는 스텔라 화상평가, 대화형 평가장, 스텔라 노트(STELLA NOTE), 업무프로세스 자동화(RPA) 등이 있다. 대부분의 기능은 신규평가 시기에 맞춰 신속하게 적용하며 업무프로세스 자동화 기능은 5월에 적용이 시작될 예정이다.

스텔라 화상평가 시스템은 K 기관이 자체적으로 구축한 멀티플랫폼/웹기반 시스템이다. 구간암호화, Web DRM 등 보안기능을 강화한 것이 주요 특징이다. 산업기술 연구개발(R&D) 평가뿐만 아니라 회의와 실태조사 등 다양한 업무에 유연하게 활용할 수 있다. 대화형 평가장은 평가참여자 간 자유로운 의견 공유와 영상 · 음성 · 문서를 활용한 다양한 형태의 소통이 가능한 기능이다. 스텔라 노트는 R&D 평가 지원 BIS로 연구개발 신청과제와 관련한 내 · 외부 자료를 가공한 분석 자료(보조자료)를 제공하여 평가 전문성 향상을 지원한다. 스텔라 노트의 세부 기능에는 신청한 R&D 과제와 관련하여 국가 R&D 지원, 특허 업무 지원, 수출입 동향 자동 분석 등이 있다. 또한 주요도표 추출, 사업계획서 요약, 수행기관 보유특허 파악, 재무현황 또는 과거 과제수행 이력을 그래픽을 기반으로 파악하여 제시한다.

① 업무프로세스 자동화(RPA)의 기능에 대한 세부 설명이 빠진 것 같으니 추가되면 좋겠어.
② 스텔라를 통해 이루어지는 신규평가가 무엇을 대상으로 하는 것인지 제시되면 좋겠어.
③ 영문 단어인 DRM, BIS 등에 관한 추가 설명이 포함되면 좋겠어.
④ STELLA NOTE가 그래픽으로 관련 자료를 제시한다고 하는데, 실제 예시가 추가되면 좋을 것 같아.

[09 ~ 11] 다음 글을 읽고 이어지는 질문에 답하시오.

피아제는 아동이 단계별 인지발달 과정에 따라 조직화와 적응을 통해 능동적으로 지식을 구성하는 어린 과학자와 같다고 보았다. 피아제가 정리한 인지발달의 단계는 0 ~ 2세까지의 감각운동기, 2 ~ 7세까지의 전조작기, 7 ~ 12세까지의 구체적 조작기, 12세부터의 형식적 조작기로 나뉜다.

우선 감각운동기에서 영아는 행동도식으로 세상과 상호작용한다. 이 시기에 영아는 순환반응, 대상 영속성, 표상적 사고 능력을 획득하고 지연 모방을 할 수 있게 된다.

전조작기에서 유아는 상징적 사고를 할 수 있게 되어 가상놀이를 통해 세상과 상호작용한다. 이 시기의 사고는 아직 직관적 사고에 머물며 물활론적 및 자아 중심적 사고의 특징을 띤다. 피아제는 혼잣말을 이 자기중심적 사고의 대표적 사례로 보았다. 이 시기 유아는 성인과 같은 가역적 사고, 추론, 보존 개념, 유목 포함 개념의 학습을 할 수 없다.

구체적 조작기에 들어서면 이러한 사고 능력들이 발달되지만 여전히 구체적인 대상이나 익숙한 상황에 한해 사고가 가능하다.

형식적 조작기에서 청소년은 가장 높은 수준의 사고가 가능해져 가설적, 조건적, 조합적 사고를 할 수 있고 변인의 구분과 통제도 가능하다. 따라서 과학과 수학적 문제 해결 및 추상적 아이디어에 논리적 추론과정을 적용할 수 있게 된다.

반면, 비고츠키는 사회문화적 환경에 의해 의미와 인지적 도구가 사회적 상호작용인 내면화를 통해 아동에게 전수되는 과정에서 인지발달이 이루어진다고 보았다.

그는 아동이 비형식적인 대화나 정규 교육을 통해 사회 · 문화에 따른 언어나 상징, 개념 및 공식 등의 인지적 도구를 내면화하는 문화 전수자와 같다고 생각했다. 또한 그는 언어와 사고가 생애 초기에는 분리되어 있지만 나이가 들면서 점차 상호의존하게 된다고 주장하였다.

그에 따르면 언어는 사고에 필요한 개념과 범주를 제공하는 의미의 표상이며, 아동은 성장하면서 비개념적 언어와 비언어적 사고로 언어와 사고가 별개의 독립적인 기능을 수행하던 시기를 벗어나 이 둘이 만나는 언어적 사고를 시작하게 된다고 하였다. 이는 아동이 특정한 명칭이 지닌 개념을 습득하기 시작했다는 것을 의미한다. 이때 앞서 피아제가 주장했던 것과는 달리 비고츠키는 아동이 사고의 도구로써 혼잣말을 사용한다고 보았다.

이어서 그는 아동의 인지발달은 도전적인 과제, 즉 근접발달영역 과제의 수행을 통해 이루어진다고 주장하였다. 이 근접발달영역 과제를 수행하기 위해서는 성인이나 유능한 또래의 도움이 필요한데, 이 도움을 비계설정이라고 한다. 비계설정은 학습 초기에는 많은 도움을 제공하다가 숙달 정도에 따라 도움을 줄여 가며 최종적으로는 혼자 수행을 마칠 수 있도록 돕는 것을 말한다.

09. 윗글의 내용과 일치하는 것은?

① 비고츠키는 아동이 인지 발달 단계에 따라 능동적으로 지식을 구성하는 면에서 어린 과학자와 같다고 여겼다.

② 2 ~ 7세까지의 전조작기에 속하는 아동은 유목 포함 개념의 학습이 가능하다.

③ 피아제와 달리 비고츠키는 아동의 혼잣말을 미성숙한 자기중심적 사고의 사례가 아니라 언어적 사고의 도구로 이해했다.

④ 근접발달영역 과제는 아동에게 도전적이지 않은, 비교적 쉬운 과제를 말한다.

10. 윗글에 나타난 서술방식으로 가장 적절한 것은?

① 구체적인 사례와 사례별 대상의 적용 방식을 차례대로 열거하고 있다.

② 하나의 대상을 두고 이루어진 다른 두 개의 실험 과정 및 결과를 제시하고 있다.

③ 하나의 주제에 대해 서로 다른 주장을 펼친 두 이론가의 이론을 제시하고 있다.

④ 하나의 주제에 대해 여러 이론가들이 서로 다른 주장과 반박을 내세우고 있다.

11. 비고츠키가 주장한 바에 따른 비계설정의 사례로 가장 적절하지 않은 것은?

① 일차함수가 이해되지 않았던 A는 교과서의 내용을 전체적으로 노트에 직접 적어 감으로써, 개념을 체계적으로 다시 정립할 수 있었다.

② 선생님이 정리해 주신 잘 틀리는 맞춤법 자료를 바탕으로 B는 혼자서 열심히 공부한 결과, 받아쓰기에서 100점을 받을 수 있었다.

③ 평소 피아노를 잘 치던 C는 고난도의 연주에 도전하기 위해 피아노 선생님에게 레슨을 받은 결과, 새롭고 어려운 연주도 해낼 수 있게 되었다.

④ D는 동생에게 자전거 타는 법을 알려 주면서 처음에는 뒷부분을 잡아 주었으나 나중에는 동생 몰래 손을 떼고 동생이 혼자 자전거를 타 보도록 했다.

[12 ~ 13] 다음 글을 읽고 이어지는 질문에 답하시오.

'특이점(Singularity)'이라는 개념은 ㉠ 레이먼드 커즈와일(Raymond Kurzweil)의 저서 「특이점이 온다」에서 다시 주목을 받았다. 커즈와일은 가까운 미래에는 인공지능이 모든 인간의 지능을 합친 것보다 더 강력해질 것이며, 2045년에는 결국 인공지능이 인류의 지능을 초월하는 기술적 특이점이 올 것임을 예측했다. AI가 만드는 유토피아는 지금까지도 계속 구축되고 있다. 미국 인공지능 국가안보위원회 위원장인 에릭 슈미트(Eric Schmidt)는 앞으로 인공지능이 현대 인류가 당면한 기후변화, 빈곤, 전쟁 그리고 암과 같은 불치병도 해결해 줄 것이라고 말했다.

이에 대해 영국의 이론물리학자 ㉡ 스티브 호킹(Stephen William Hawking)은 인공지능이 머지않은 미래에 인류에게 재앙이 될 수 있다고 강하게 경고했다. 자율주행차 기업 테슬라의 CEO인 일론 머스크(Elon Musk)는 "AI는 원자폭탄보다 더 위험하며, AI 연구는 악마를 소환하는 일"이라고 비판하였다. 기술적 특이점의 도래를 주장한 레이먼드 커즈와일 역시 저서에서 "불은 난방과 요리를 가능하게 하지만, 집을 태울 수도 있다."라는 말을 인용하여 특이점이 가져올 미래의 불행을 고민하였다.

그럼에도 불구하고 다른 한편으로는 당장 우리 앞에 닥친 문제도 제대로 해결하지 못하고 있는 것이 현실이다. MIT가 발행하는 '테크놀로지 리뷰'에서는 코로나19 바이러스를 탐지하고 추적하기 위해 전세계적으로 개발한 인공지능 기반 알고리즘이 대부분 임상 단계에서 효능을 인정받지 못했다고 보도했다. 이에 대해 "오리지널이 아닌 짜깁기한 데이터만을 사용한 수백 개의 AI 알고리즘 모델들이 임상을 통과하지 못했다."라고 하며 인공지능 알고리즘에 한계가 있음을 지적했다. 미래학자 ㉢ 제리 캐플런(Jerry Kaplen)은 "인공지능은 인간의 능력을 초월하나, 인간과 같은 사고방식으로 생각하는 것은 불가능하며, 인공지능이 인간의 지능을 뛰어넘는 특이점은 없다."라고 주장하기도 하였다.

㉣ 게리 마커스(Gary Marcus)와 어니스트 데이비스(Ernist Davis)는 21세기에 들어 AI가 마치 현대 사회의 만병통치약으로 과대 포장되고 있다는 점을 지적한다. 2029년의 특이점은 오지 않을 것이며, 특이점은 2045년이 아니라 그보다 더 오랜 기간이 걸릴 것이라고 주장했다. 그들은 딥러닝 기반의 인공지능은 보통 인간이 가지고 있는 상식과 추론의 영역에서 한계에 직면하며, 진정한 인공지능의 진보를 위해서는 지능정보 데이터에 집중된 딥러닝을 넘어선 '딥언더스탠딩(Deep Understanding)'이 필요하다고 지적한다. 인간 사회는 매우 개방적이므로 심화 이해가 절대적으로 필요하며, 인간 내면의 심층계를 이해할 수 있는 그 지점이 바로 특이점으로 가는 데에 있어서 가장 중요한 지점이라고 보았다.

12. 다음 중 윗글을 통해서 답변할 수 있는 질문은?

① 커즈와일이 인공지능에 의한 기술적 특이점이 2045년에 온다 주장한 이유는 무엇인가?
② 인공지능의 발달은 미래의 인류에게 어떠한 불행을 가져다줄 것인가?
③ 인공지능의 발달이 인류가 당면한 문제를 해결한 사례로 어떤 것이 있는가?
④ 딥러닝을 통해 학습한 인공지능은 어떤 한계점을 지니고 있는가?

13. ㉠～㉣ 중 다음 글에서의 인공지능에 대한 관점과 가장 대비되는 주장을 한 사람은?

"생각하는 기계에 대해 어떻게 생각하세요?"라는 질문에 대해 심리학자인 스티븐 핑커(Steven Pinker)는 인간의 마음을 계산하는 이론은 발전하여 곧 기계의 마음을 만들어내겠지만, 현재 인공지능이 인류의 위협이 될 것이라는 두려움은 마치 21세기 초 Y2K 버그에 대한 걱정과 같은 감정 에너지의 낭비라고 보았다. 실제 로봇 공학자들이 인류에 해를 끼치지 않도록 하는 보호장치를 마련하지 않을 것이라고 생각되지 않으며, 인공지능의 발전은 인간이 안전장치를 개발하는 것보다 훨씬 느리게 발전할 것이라고 보면서, 인간의 지능을 능가한 인공지능을 지닌 로봇들이 그들의 주인인 인류를 쫓아내고 세계를 장악할 것을 목적으로 개발되고 있다고 추측하는 디스토피아는 인공지능의 개념에 편협한 우두머리 수컷(Alpha-male)의 심리를 투영한 것에 불과하다고 보았다.

① ㉠ ② ㉡
③ ㉢ ④ ㉣

[14 ~ 15] 다음 자료를 보고 이어지는 질문에 답하시오.

〈고용보험법〉

「고용보험법」 제112조(포상금의 지급)

① 고용노동부장관은 이 법에 따른 고용안정 · 직업능력개발 사업의 지원 · 위탁 및 실업급여 · 육아휴직 급여 또는 출산전후휴가 급여등의 지원과 관련한 부정행위를 신고한 자에게 예산의 범위에서 포상금을 지급할 수 있다.

「고용보험법 시행규칙」 제157조(신고포상금의 지급대상 등)

① 법 제112조에 따라 고용노동부장관은 거짓이나 그 밖의 부정한 방법으로 법에 따른 고용안정 · 직업능력개발사업의 지원을 받거나 실업급여, 육아휴직 급여 또는 출산전후휴가 급여등을 지급받은 부정행위(이하 "부정행위"라 한다)를 신고한 자(이하 "부정행위신고자"라 한다)에게 포상금을 지급한다.

② 부정행위를 신고하려는 자는 별지 제131호 서식의 부정행위 신고서를 부정행위를 한 자의 주소지 관할 직업안정기관의 장에게 제출하여야 한다.

③ 제2항에 따른 신고를 받은 직업안정기관의 장은 부정행위와 관련된 사실관계를 조사하고, 그 결과를 부정행위 신고서를 받은 날부터 30일 이내에 부정행위 신고자에게 알려야 한다.

④ 부정행위 신고자가 법 제112조에 따른 포상금을 지급받으려면 제3항에 따른 통지를 받은 후 별지 제132호 서식의 신고포상금 지급 신청서에 부정행위신고자가 2명 이상인 경우에는 포상금 배분에 관한 합의서 1부(배분액에 관한 합의가 성립된 경우에만 해당한다)를 첨부하여 해당 직업안정기관의 장에게 포상금의 지급을 신청하여야 한다.

⑤ 직업안정기관의 장은 포상금 지급 신청일(피신고자가 심사청구 등의 이의를 제기하면 그 결정 등이 있은 날)부터 14일 이내에 포상금을 지급하여야 한다.

〈포상금 지급기준〉

부정행위	포상기준
거짓이나 그 밖의 부정한 방법으로 고용안정 · 직업능력개발사업의 지원을 받은 행위	지급받은 금액의 100분의 30에 해당하는 금액. 다만, 그 하한액은 1만 원으로 하고, 상한액과 연간 지급한도는 3,000만 원으로 한다.
거짓이나 그 밖의 부정한 방법으로 실업급여를 지급받은 행위	지급받은 금액의 100분의 20에 해당하는 금액. 다만, 그 하한액은 1만 원으로 하고, 상한액과 연간 지급한도는 1,000만 원으로 한다.
거짓이나 그 밖의 부정한 방법으로 육아휴직 급여 또는 출산전후휴가 급여 등을 지급받은 행위	지급받은 금액의 100분의 20에 해당하는 금액. 다만, 그 하한액은 1만 원으로 하고, 상한액과 연간 지급한도는 500만 원으로 한다.

14. 다음 중 제시된 〈고용보험법〉에 대해 잘못 이해하고 있는 사람은?

> 갑 : 부정행위를 신고하려면 신고서 양식에 따라 부정행위를 행한 사람의 주소지 관할 직업안정기관장에게 제출해야 해.
> 을 : 부정행위 신고를 받은 직업안정기관의 장은 그 결과를 신고서를 받은 날부터 30일 이내에 부정행위 신고자에게 알려야 해.
> 병 : 만약 부정행위를 신고한 사람이 여럿일 경우 포상금 지급 신청서를 제출하기 전에 배분액을 어떻게 나눌 것인지에 대한 합의서가 필요해.
> 정 : 포상금 지급 신청서를 제출하고 나면 부정행위 신고일 기준 14일 이내에 포상금을 받을 수 있어.

① 갑 ② 을
③ 병 ④ 정

15. 다음 고용보험 부정수급 사례에서 부정행위 신고자 K 씨가 20X9년 한 해 동안 받은 포상금은 모두 얼마인가?

> 부정행위 신고자 K 씨는 현재 고용보험 부정수급과 관련하여 파파라치 활동을 하고 있다. K 씨는 20X9년 한 해 동안 고용안정사업을 통해 부정한 방법으로 지원금을 수령한 사업주와 육아 사실을 거짓 신고하여 육아휴직 급여를 부정수급 받은 사람들, 이직한 사실을 숨기고 실업급여를 부정수급 받은 사람들을 신고하였다. 이때, 이들이 총 부정수급한 금액은 각 4,200만 원, 3,000만 원, 2,000만 원이었으며, 부정한 방법으로 고용안정사업을 지원받은 사업주에 관해서는 동료인 J 씨와 함께 신고하여 포상금을 반반씩 나누기로 합의하였다.

① 1,350만 원 ② 1,450만 원
③ 1,530만 원 ④ 1,630만 원

[16 ~ 17] 다음 글을 읽고 이어지는 질문에 답하시오.

권한위임은 임파워링 리더십을 실천하는 가장 기본적인 방법이다. 임파워먼트는 조직의 모든 사람들로부터 시너지적이고 창조적인 에너지를 끌어낸다. 임파워먼트를 하면 생산성이 향상되고, 사람들이 좋은 기회에 대한 큰 기대를 하게 되며, 진보적이고 성공적인 조직을 만들 수 있다. 따라서 임파워먼트는 성공의 목표를 이룰 수 있는 기본적인 방법이다. 그러나 현실적으로 리더들은 임파워링 리더십을 발휘하는 데 있어 권한위임을 가장 힘들어 한다. "권한위임 뭐 별것 있어? 그냥 업무 부여하고 그에 대한 권한을 주면 되는 것 아니야?"라고 쉽게 생각할 수도 있다. 그래서 막상 자신이 권한위임을 해야 하는 상황에 처하게 되면 여러 가지 이유로 한계에 부딪치게 되는 것이다. 권한위임을 하는데 방해가 발생하는 이유는 다음과 같다.

첫 번째는 '신뢰감 부족'이다. 신뢰란 일반적으로 위험을 감수하면서 타자에게 믿음을 주는 사회심리적 상태라고 정의되고 있다. 즉, 상대방에 대한 감시나 감독 없이도 상대가 자신의 기대에 부응하는 행동을 하리라는 믿음 아래 기꺼이 위험을 감수하겠다는 마음의 상태이다.

두 번째로는 '조직문화에 대한 이해 부족'을 들 수 있다. 세부적으로 살펴보면 첫째, 완벽주의와 승진지향 위주의 문화가 강조되기 때문이다. 둘째, 상급자에 대한 억압, 강요, 정해져 있는 답만을 요구하는 문화가 존재하기 때문이다. 셋째, 상급자가 개인의 경험에 의해 모든 것을 판단하고, 그것만이 옳은 것이라고 생각하는 문화가 존재하기 때문이다. 넷째, 업무성과에 대한 조급함과 보여주기식의 문화가 존재하기 때문이다.

권한위임이 잘 이루어지지 않는 세 번째 이유는 '원활한 의사소통의 부재'이다. 의사소통 부재의 이유는 첫째, 하급자의 의견을 존중하지 않고, 하급자를 자신과 동등한 대상으로 생각하지 않기 때문이다. 둘째, 상급자는 하급자보다 모든 것을 많이 알고 있다고 생각하기 때문이다. 상급자는 자신이 하급자보다 경험이 많고, 많이 배웠기 때문에 하급자의 말을 무시하거나 그냥 듣고 흘려버리는 경향이 많다. 셋째, 의사소통에 대한 개방적 태도 부족 때문이다. 넷째, 의사소통의 지속성이 부족하기 때문이다. 의사소통의 효과는 한 번의 시도에서 나타나는 것이 아니라 지속적인 상호작용을 통해 이루어지는 것이므로 상호 간에 존중하고 잘되기를 바라는 친화적 의사소통이 있어야 한다. 다섯째, 부하에 대한 의사결정 수용성을 고려하지 않기 때문이다.

권한위임이 잘되지 않는 네 번째 이유는 '모든 것을 상급자가 스스로 해결하려 하는 개인적 성격 특성'을 갖고 있기 때문이다. 사람들은 각기 다른 성격 특성을 가지고 있어서 업무처리 방식 또한 각기 상이하게 나타난다. 특히 성취욕구가 높은 관리자는 중요하고 도전할 만한 과업을 부하들에게 위임하기보다는 직접 하는 것을 더 선호한다.

다섯 번째 권한위임의 실패 요인은 '강력한 권력 욕구'이다. 하급자에게 권한을 위임하면 자신의 권한이 축소될 것을 우려하기 때문에 권한위임이 실천되지 않는 것이다. 어떤 관리자들은 평상시 부하들에게 권력을 행사하여 부하를 관리 감독하고 있다는 느낌을 가져야 하는데, 권한을 위임하면 그러한 느낌을 잃을까 두려워하기도 한다.

허시(Hersey)와 블랜차드(Blanchard)는 리더는 각각의 상황에서 그 상황에 가장 적합한 리더십의 유형을 선택해야 하며, 이를 선택하는 기준으로 부하의 성숙도를 중요한 상황요인으로 보았다. 허시와 블랜차드의 상황이론에서 리더십의 유형으로는 (1) 지시형 리더십(Telling), (2) 설득형 리더십(Selling), (3) 참여형 리더십(Participating), (4) 위임형 리더십(Delegating)이 있다. 상황대응이론은 하나의 최적의 리더십이라는 개념은 존재하지 않으며, 각각의 상황에 대응하여 적절한 리더십을 선택하라는 것이다. 즉, 리더십이란 리더가 상황에 따라 선택하는 융통성 있는 행동일 수 있다는 점을 시사한다.

〈허시와 블랜차드의 성숙도 이론〉

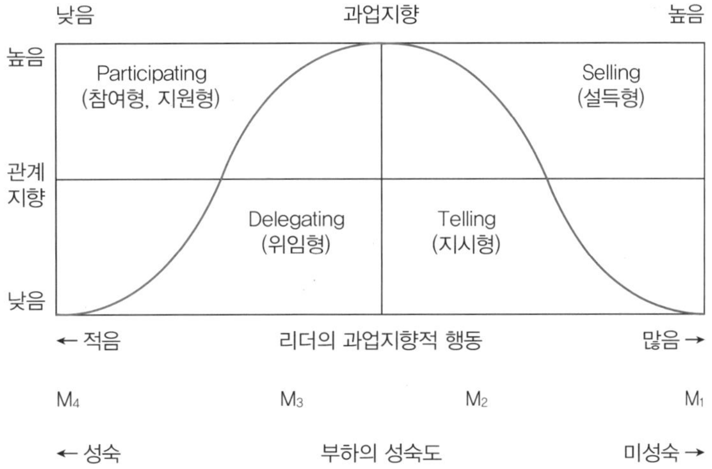

16. 윗글을 통해 추론할 수 있는 임파워먼트에 대한 설명으로 가장 옳지 않은 것은?

① 임파워먼트의 장애요인 중 개인차원으로는 역량의 결여, 동기의 결여 등이 있다.

② 신뢰란 타자에게 믿음을 주는 사회심리적 상태로 권한위임에 긍정적인 영향을 미친다.

③ 자유롭게 참여하고 기여할 수 있는 여건을 조성하는 것은 진정한 임파워먼트를 위해 충족해야 할 기준이다.

④ 완벽주의와 승진지향 위주의 문화는 높은 성과를 내는 임파워먼트 환경의 특징이다.

17. 허시와 블랜차드의 리더십 상황이론에 대한 이해로 옳지 않은 것은?

① M_1의 경우, 부하의 업무성숙도가 높으므로 리더는 부하의 자율적인 선택을 권장하는 형태의 리더십을 선택한다.

② M_2의 경우, 부하에게 리더의 결정을 설명하는 방법으로 의사소통과 공동의사결정을 지향하는 리더십을 선택한다.

③ 위임형 리더십(Delegating)에서는 의사결정과 책임을 모두 부하에게 위임하여 업무의 자율성이 보장된다.

④ 참여형 리더십(Participating)에서는 리더와 부하가 함께 아이디어를 공유하고, 리더는 부하의 의사결정을 촉진한다.

[18 ~ 19] ○○출판사에 근무하는 A는 신간 출간을 기념하여 패키지 상품을 구성하기 위해 다음과 같이 기획서를 작성하고 있다. 이어지는 질문에 답하시오.

〈패키지 구성용품별 단가〉

용품	달력	에코백	수첩	노트	볼펜
단가(원)	1,500	5,000	800	1,000	500

〈패키지 구성 기획〉

패키지 구성	신간 패키지 가격(원)	예상 판매 부수(개)
신간+달력+수첩	11,000	2,000
신간+달력+노트	11,500	2,300
신간+수첩+노트+볼펜	13,000	2,500
신간+달력+수첩+노트+볼펜	13,500	3,000
신간+에코백+달력	14,500	3,500

※ 신간 할인가격(원)=(신간 패키지 가격)−(신간을 제외한 패키지 구성용품 단가의 합)

※ 예상 판매액(원)=(신간 패키지 가격)×(예상 판매 부수)

※ 부록을 제외한 신간의 정가는 10,000원

18. 위의 기획서에서 예상 판매 부수가 가장 많은 패키지 구성의 신간 할인가격은 얼마인가?

① 7,500원 ② 8,000원
③ 8,500원 ④ 9,000원

19. 위의 기획서의 모든 패키지 구성의 신간 할인가격을 9,000원으로 맞추어 다시 신간 패키지 가격을 산출했을 때, 가장 저렴한 패키지 구성의 가격은? (단, 패키지의 구성 및 구성용품의 단가는 변하지 않는다)

① 11,100원 ② 11,300원
③ 11,600원 ④ 11,900원

20. 주주총회 기념품을 준비하라는 업무 지시를 받은 정 씨는 4개의 업체로부터 다음과 같은 견적 내용을 받았다. 전체 할인금액이 가장 큰 업체는?

〈품목별 권장소비자가격〉

품목	USB	열쇠고리	볼펜
단가	9,000원	5,000원	4,000원

〈업체별 판매금액〉

업체 \ 품목	USB	열쇠고리	볼펜	추가할인
A	8,100원	4,500원	3,600원	USB 5% 할인
B	9,000원	4,000원	3,600원	열쇠고리 5% 할인
C	7,200원	4,500원	4,000원	볼펜 5% 할인
D	8,100원	4,500원	3,200원	개당 100원 할인

〈기념품 준비 사항〉

- 모든 기념품은 같은 업체에서 준비해야 한다.
- USB 10개, 열쇠고리 20개, 볼펜 10개를 준비해야 한다.
- 추가할인은 업체별 판매금액을 기준으로 적용한다.

① A 업체　　② B 업체
③ C 업체　　④ D 업체

21. 다음 K사의 관리 규정을 참고할 때, 이 규정을 제대로 적용하지 못한 팀은? (단, 이 규정은 팀 단위에만 적용되고, 언급되지 않은 사항은 변동이 없는 것으로 간주한다)

〈K사 사무실 비품 관리 규정〉

- 정규 사원에게는 주로 영업과 관련된 50단위의 사무 비품을 지급한다. 만일 사원의 영업실적이 전 분기보다 70% 미만일 경우 해당 사원의 사무 비품 절반은 총무부에 반납해야 한다. 또한 사원이 대리로 진급할 경우 대리 업무에 적합한 새로운 사무 비품을 제공한다.
- 비정규 계약직 사원에게는 주로 사무보조와 관련된 20단위의 사무 비품을 지급한다.
- 대리급에게는 30단위의 사무 비품을 지급한다. 하지만 팀장이 임명되지 않은 팀 소속이라면 팀장을 대신하는 지위에 있는 경우이므로 40단위의 사무 비품을 지급하여 운용하게 한다.
- 팀장에게는 20단위의 사무 비품을 지급한다. 팀장은 이를 유지 및 관리할 의무가 있으며, 팀장 교체 시 후임 팀장에게 인수인계해야 한다. 단, 인수인계 결과 후임 팀장이 20단위를 초과하여 비품을 유지 및 관리할 경우 초과분은 총무부에 반납해야 한다.
- 직급의 변동이 생길 경우 앞의 항목에서 특별한 언급이 없는 한 기존에 주어진 사무 비품을 반납하고 해당 직급의 사무 비품을 수령하게 한다.

① A 팀은 계약직 사원 1명, 정규 사원 2명, 대리와 팀장 각 1명으로 구성되어 있다. 따라서 A 팀의 기본적인 총 사무 비품은 170단위이다.

② B 팀은 팀장이 후임자 없이 퇴사를 하여 백 대리에게 팀장의 역할을 대신하게 하고 정규 직원 1명을 새로 배치하였다. 따라서 B 팀의 총 사무 비품은 40단위 증가한다.

③ 만약 팀장이 없던 C 팀의 유일한 대리인 최 대리를 팀장으로, 오 사원을 대리로 승진시킨다면 C 팀의 총 사무 비품은 40단위 감소한다.

④ D 팀은 팀의 업무 효율 향상을 위해 계약직 직원과 정규 직원을 각 1명씩 고용하였고, 기존 팀원인 박 사원은 전 분기 대비 60% 실적을 나타냈다. 따라서 D 팀의 총 사무 비품은 40단위 증가한다.

[22 ~ 24] P 부장 부부는 다음 달에 해외여행을 가려고 한다. 소지하고 있는 신용카드 혜택 내역과 비용 지출 계획에 대한 다음 자료를 보고 이어지는 질문에 답하시오.

〈신용카드별 혜택 내역〉

'갑' 카드	국내	• 국제선 항공권 8% 할인 • K 여행사 여행 패키지 이용 시 3% 할인 • 인천공항 식당 10% 할인 • 인천공항 주차요금 30% 할인 • 공항 청사 내 S, T 카페 10%, Y, Z 카페 15% 할인
	해외	• JR, HR 등의 해외 철도 이용 시 교통요금 15% 할인 • 미국, 일본, 홍콩에서 H사 렌터카 이용 시 13% 할인 • 국제 가맹 호텔인 SW 호텔 숙박료 5% 할인
'을' 카드	국내	• 국제선 항공권 5% 할인 • K 여행사 여행 패키지 이용 시 5% 할인 • 도서 구매 시 10% 할인 • 인천공항 주차요금 50% 할인
	해외	• JR, HR 등의 해외 철도 이용 시 교통요금 15% 할인 • 국제 가맹 호텔인 SW 호텔 숙박료 5% 할인
'병' 카드	국내	• 국제선 항공권 10% 할인 • K 여행사 여행 패키지 이용 시 6% 할인
	해외	• 미국, 일본에서 H사 렌터카 이용 시 15% 할인 • 국제 가맹 호텔인 SW 호텔 숙박료 7% 할인

※ 카드 해외 사용의 경우 $의 원화 환산 시 환율은 공히 1,100원을 적용하며, 해외 사용에 따른 추가 수수료 등은 고려하지 않는다.

※ 언급되지 않은 사항과 카드별 혜택 사항이 없는 것은 모두 현금으로 지출한 것으로 가정한다.

〈P 부장 부부의 다음 달 여행 예정 관련 비용 산출 내역〉

9박 10일 미국 패키지 여행
- K 여행사 패키지 상품 550만 원/2인, 공항 주차요금 10만 원
- JR 철도 이용요금 $120/2인
- 공항 청사 내 식당 식사 2만 원/2인, 도서 구매 3만 원/2인

※ P 부장 부부는 '갑, 을, 병' 3장의 카드를 모두 소지하고 있다고 가정한다.

22. 다음 중 3개 카드의 공통된 혜택 사항을 모두 나열한 것은?

① K 여행사 패키지 할인, 인천공항 주차요금 할인
② K 여행사 패키지 할인, 호텔 숙박료 할인
③ 국제선 항공권 할인, 호텔 숙박료 할인
④ 국제선 항공권 할인, K 여행사 패키지 할인, 호텔 숙박료 할인

23. 다음 중 P 부장 부부가 다음 달의 여행을 위해 원화 환산 기준 신용카드로 혜택받을 수 있는 금액이 가장 큰 신용카드를 선택할 경우, 해당 신용카드와 혜택 적용 금액이 올바르게 짝지어진 것은?

① '갑' 카드, 344,800원
② '을' 카드, 333,000원
③ '을' 카드, 347,800원
④ '병' 카드, 333,000원

24. 다음 중 각 신용카드의 혜택을 비교한 내용으로 올바른 것은?

① 해외에서 SW 호텔을 이용할 경우에는 '병' 카드의 혜택이 가장 크다.
② 해외여행 시, 인천공항에서는 '갑' 카드의 혜택 금액이 가장 많다.
③ 미국에서 H사의 렌터카를 이용할 경우, 세 종류의 카드 모두 할인 혜택을 제공한다.
④ 공항 내 청사에서 이용할 수 있는 카드 혜택으로 보면 '갑' 카드가 '을' 카드보다 유리하다.

[25 ~ 26] 다음 자료를 보고 이어지는 질문에 답하시오.

〈한국도로공사 교육훈련비 및 위촉수당 지급기준〉

1. 교육훈련비

교육훈련, 연수(워크숍 포함)에서 임 · 직원 또는 사업추진을 위하여 실시하는 교육을 목적으로 위촉된 자에게 지급하는 수당이다.

2. 집행기준

- 교육훈련비 지급은 교육을 진행하는 주관부서에서 집행하되, 예산 운용 여건상 부득이한 경우 사업부서 및 소속기관도 예산 범위 내에서 집행할 수 있다.
- 한국도로공사 임직원이 공단 업무와 관련하여 토론회, 세미나, 발표회, 워크숍, 사업설명회, 교육 등을 위하여 위촉될 경우 규칙에 정하는 소정의 실비는 지급하되, 별도의 위촉수당은 지급할 수 없다.

3. 위촉수당 지급기준

- 공통사항
  - 위촉수당에는 강의료, 원고료 등 강의와 관련된 일체의 사례금을 포함하고 있으며, 실비(교통비, 숙박비, 식비)는 별도로 추가 지급할 수 있다.
  - 최소 1시간 이상 강의를 진행할 경우 비용이 지급되며, 1시간이 넘는 시간에 대해서는 30분 단위로 지급한다.
- 공직자 등에 해당하는 자(강의 1시간, 기고 1건 기준) : 최대 위촉수당 비용은 강의시간에 관계없이 1시간 수당의 2배에 해당하는 금액을 초과하지 못한다.
- 공직자 등에 해당하지 않는 자(강의 1시간, 기고 1건 기준) : 최대 위촉수당 비용은 강의시간에 관계없이 1시간 수당의 4배에 해당하는 금액을 초과하지 못한다.

구분	기업체 대표, 명장 및 저명인사 등 이사장이 인정하는 자	전문 강사 및 각 분야 전문가	기타 각 분야 전문가에 준하는 자
상한액	300,000원	200,000원	150,000원

구분	공무원 및 신분보장 등에 있어 공무원으로 인정된 자	공직유관단체 및 기타 공공기관장 및 임직원	각급 학교 교직원 및 학교법인 · 언론사 임직원
상한액	300,000원	300,000원	900,000원

25. 다음 중 위의 자료를 이해한 내용으로 옳지 않은 것은?

① 교육 및 연수에 소요되는 교육훈련비는 교육 주관부서에서만 집행할 수 있다.

② 같은 사람이 진행하는 강의 1시간의 최대 위촉수당과 기고 1건의 최대 위촉수당은 동일하다.

③ 한국도로공사 임직원이 공단 업무와 관련하여 교육에 투입되었을 경우 지급되는 위촉수당은 0원이다.

④ 공무원 1명과 ○○기업 대표가 연속해서 각각 1시간과 2시간 동안 강의를 진행하였을 경우 교육 주관부서에서 최대 900,000원을 위촉수당으로 지급하게 된다.

26. 다음의 조건을 갖춘 대상이 지급받을 수 있는 최대 금액으로 옳은 것은?

• ○○고등학교 교사	• 버스비 3만 원
• 3시간 강의	• 식비 1만 원

① 1,800,000원

② 1,840,000원

③ 2,700,000원

④ 2,740,000원

[27 ~ 28] 다음 ○○쇼핑의 판매 지침을 보고 이어지는 질문에 답하시오.

〈국내산 간장꽃게장 판매 지침〉

1. TV 홈쇼핑 방영 중에는 현재 방영 중인 제품을 구매하는 것인지 제품명을 재차 확인한다.
2. TV 홈쇼핑 방영 중인 제품 주문 시 양념게장 1팩 추가 증정을 함께 안내한다.
3. 아이싱 포장으로 전달되는 신선식품이라는 점을 추가로 안내한다.
4. 신용카드 계산 시 제휴카드에 대한 안내사항을 구체적으로 전달한다.
   - ○○카드 구매 시 5만 원 청구할인, ○○마일리지 3,000포인트 적립
   - ○○카드 할인은 결제 대금일에 할인이 적용되는 청구할인임.
5. 계좌이체 시 이체수수료가 추가로 발생할 수 있음을 고지한다.
6. 배송비를 포함하여 고객이 부담할 총금액을 반드시 전달한다.
7. 배송일은 주문일로부터 2 ~ 3일 정도 소요될 수 있음을 요일을 기준으로 설명한다.

27. 위 판매 지침을 참고하여 홈쇼핑 직원이 고객에게 안내할 사항으로 적절하지 않은 것은?

① 배송일은 오늘인 월요일을 기준으로 수요일이나 목요일에 받아 보실 수 있습니다.

② 계좌이체로 결제하실 경우 구매비와 별도로 이체수수료가 발생할 수 있습니다.

③ 신용카드로 결제하실 때 ○○카드로 결제하시면 5만 원을 즉시 할인받으실 수 있습니다.

④ 고객님이 선택하신 국내산 간장꽃게장의 가격은 배송비 2,500원을 포함하여 총 98,500원입니다.

28. 다음은 ○○쇼핑 고객센터에 1 : 1 상담으로 올라온 내용이다. 〈반품/교환 안내〉를 참고하여 답변한 내용으로 적절한 것은?

> 제목 : 간장꽃게장 환불 문의 드립니다.
>
> 지난 주 월요일에 TV홈쇼핑으로 방영한 간장꽃게장을 구매했는데, 수요일에 급하게 출장 일정이 잡혀서 출장 가기 직전에 꽃게장을 받고 제대로 뜯어보지도 못했습니다. 출장 가기 직전에 받고 그대로 냉장고에 넣어 두기만 했는데, 혹시 이런 경우 얼마나 환불이 가능할까요? 추가로 받은 양념게장이라도 환불을 받았으면 좋겠는데요... 그리고 환불이 된다면 배송료 부담은 어떻게 되는지도 같이 알려 주세요. 환불할 때 배송료에 대해서는 구체적인 안내를 못 받았습니다.

〈반품/교환 안내〉

- 반품신청 시 즉시 환불됩니다.
- 수령된 상품이 표시 및 광고와 다르거나 계약내용과 다르게 이행된 경우 수령한 날로부터 3개월 이내, 그 사실을 안 날 또는 알 수 있었던 날로부터 30일 이내에 교환반품이 가능합니다.
- 단, 고객변심에 의한 반품/교환은 상품을 받은 날로부터 7일 이내에 가능하며, 고객께서 배송비를 부담하셔야 합니다.
- 상품 및 구성품을 분실하였거나 취급부주의로 인한 파손/고장/오염된 경우 반품 및 교환이 불가능합니다.
- 신선식품(냉장/아이싱 포장 정육, 수산물 등 생물 상품)은 수령 후 단순변심으로 인한 취소/반품이 불가능합니다.
- 일부 상품의 경우 신모델 출시 및 부품 가격변동 등에 의해 가격이 변동될 수 있으며, 이로 인한 반품 및 가격보상은 불가능합니다.
- 일반 반품/교환 불가 조건은 식품의 경우 15일, 비식품의 경우 각 품목별 품질보증기간에 의하며, A/S는 무상으로 제공됩니다. 단, 고객과실 및 기준일 이후의 A/S는 유상입니다.

① 죄송합니다. 문의하신 제품은 단순변심으로 인한 반품이 불가능한 상품입니다.

② 죄송합니다. 문의하신 제품은 현재 반품 기한인 7일이 경과되어 반품이 불가능하십니다.

③ 수령하신 제품이 어떤 부분에서 광고와 다른지 구체적으로 알려 주시면 판단 후 반품해 드리겠습니다.

④ 문의하신 제품은 현재 품질보증기간이 경과하여 유상 A/S로 제공될 예정입니다.

[29 ~ 31] 다음은 모의공정거래위원회 경연대회 공고문이다. 이어지는 질문에 답하시오.

1. 개요
   - 개최 목적 : 우리 사회 · 경제계에 주도적 역할을 하게 될 대학(원)생들의 공정한 시장경제질서 및 소비자 권익에 대한 인식 제고
   - 참가대상 : 전국 대학교(원) 및 법학전문대학원 학생

2. 세부일정

구분	기간	비고
참가신청서 접수	~20X2. 7. 30.	홈페이지/이메일 및 우편 접수
대표학생 간담회	20X2. 8. 2.	서면 자료 관련 질의 답변, 건의사항 청취 등
1차 평가 자료 제출 (자료작성을 위한 사이트 참고 시 출처 명확히 기재)	~20X2. 8. 11.	• 1차 평가 전에 표절 검사를 거침. • 중복률 20% 이상부터 표절로 간주되어 즉시 탈락 • 중복률 10% 이상 20% 미만은 1차 평가에서 2점 감점
본선 대회 참가팀 발표	20X2. 8. 15.	가급적 8월 15일 이전 통지 예정
본선 대회 참가팀 자료 제출	~20X2. 8. 24.	심사보고서, 피심인 의견서 최종안 제출
본선 대회 개최	20X2. 8. 30.	경연 개최

3. 심사기준 및 방법

평가기준		항목	점수
1차 평가	서면자료 (40점)	(1) 소재의 시사성 · 참신성 및 사건 구성의 독창성	20
		(2) 사회자의 사실 확인(입증)의 논리성	10
		(3) 피심인 주장 내용의 논리성	10
본선 대회 (2차 평가)	경연내용 및 능력 (60점)	(1) 심사보고서의 내용, 사회자의 논리성 및 설득력	15
		(2) 피심인 의견서의 내용, 피심인의 논리적 항변	15
		(3) 심사위원의 질의에 대하여 설득력 있는 답변	20
		(4) 용어 사용의 적절성, 진행의 형식적 요건 여부	10

※ 1차 평가의 경우 총점이 21점 이하 또는 하나 이상의 항목 점수가 배점의 40% 미만일 경우 탈락

4. 자료제출 방법 및 양식 (※ 제출기한 엄수)
   - 제출자료 : 1차 평가 자료, 본선 대회 자료(심사보고서, 피심인 의견서)
   - 제출처 : E-mail(pcxxx@korea.kr)로 관련 자료 제출

• 유의사항
① 제출된 자료(참가신청서를 제외한 자료)에 소속 대학(원)을 알 수 있는 엠블럼 또는 대학교(원)명 사용 및 표기 시 접수 불가
② 자료작성 시 아래 작성 기준을 반드시 준수(2가지 이상 미준수 시 접수 불가)
– 작성 기준 : 휴먼명조 글씨체, 글자크기 13pt, 줄 간격 160%, 장평 100%, 자간 0

29. 다음 중 위의 자료를 이해한 내용으로 옳은 것은?

① 1차 평가의 항목 (1)에서 8점 이하를 받은 참가자는 1차 평가에서 탈락한다.
② 피심인 의견서 최종안에 대한 표절 검사 시 중복률이 30%인 참가자는 즉시 탈락한다.
③ 본선 대회에서 심사위원의 질의에 대해 설득력 있는 답변을 하였을 경우 해당 항목에 대해 최대 10점을 받을 수 있다.
④ 본선 대회에서 적절한 용어를 사용하고 진행의 형식적 요건을 잘 갖췄는지에 관한 평가도 이루어진다.

30. 다음은 모의공정거래위원회 경연대회에 참가한 □□팀의 평가표이다. 이에 대한 설명으로 옳지 않은 것은?

평가점수		기타 사항
1차 평가	(1) 8점 / (2) 5점 (3) 9점	바탕체, 글자크기 12pt로 자료 작성 줄 간격 160%, 장평 100%, 자간 0으로 자료 작성 A 대학원과 B 대학 학생들로 연합팀 구성
2차 평가	(1) 15점 / (2) 10점 (3) 15점 / (4) 9점	

① 1차 평가 점수는 □□팀의 서면자료에 대한 점수이며, 2차 평가 점수는 경연 내용 및 능력에 대한 점수이다.
② 1차 평가 전 자료의 중복률이 11%였다면 □□팀은 1차 평가에서 탈락했을 것이다.
③ 1차, 2차 평가에서 받을 수 있는 최고점을 받은 항목은 총 1개이다.
④ 기타 사항대로 자료를 제출했을 때, □□팀이 제출한 자료에 소속 대학을 알 수 있는 엠블럼이 표기되지 않았다면 접수 가능하다.

31. 다음은 모의공정거래위원회 경연대회에 참가한 한 학생의 일정표이다. 위 자료를 바탕으로 ㉠ ~ ㉣ 중 일정에 따른 세부 계획으로 옳지 않은 것은?

• 성명 : 박한별
• 참가 팀명 : ○○○○(C 대학 법학과 소속)
• 담당 역할 : 사회자(팀장)

일자	내용	일자	내용
7. 28.	참가신청서 홈페이지 접수	8. 11.	㉢ 1차 평가 자료 우편 제출
8. 2.	㉠ 대표학생 간담회 참석	8. 15.	㉣ 본선 대회 참가팀 발표(예정)
8. 3.	㉡ 조별 회의(1차 평가 자료 작성) - 참신성과 시사성을 고려하여 소재 선정	8. 17.	조별 회의 - 심사보고서 작성 - 피심인 의견서 작성
8. 7.	사실 입증의 논리성을 고려하여 1차 평가 자료 첨삭	8. 23.	심사보고서, 피심인 의견서 최종안 E-mail 제출

① ㉠

② ㉡

③ ㉢

④ ㉣

32. 다음은 ○○공사의 〈직원 유형별 시간외 · 휴일근로 운영지침〉이다. 이에 대한 설명으로 옳지 않은 것은?

<table>
<tr><th>구분</th><th>휴직자</th><th>임신 중</th><th>출산 후 1년 미만</th><th>18세 미만</th><th>단시간근로자
(주 40시간 미만 근무)</th></tr>
<tr><td>시간외근로
(평일)</td><td rowspan="3">불가</td><td rowspan="2">불가</td><td rowspan="2">1일 2시간,
1주 6시간,
1년 130시간
한도로 가능</td><td rowspan="2">1일 1시간,
1주 5시간
한도로 가능</td><td>• 원칙 : 불가
• 예외 : 교육 및 워크숍 참석 등으로 인해 불가피한 경우(연간 20시간, 1주 12시간 한도 내)</td></tr>
<tr><td>시간외근로
(토요일)</td><td rowspan="2">1주 12시간 한도로 가능</td></tr>
<tr><td>휴일근로</td><td colspan="2">• 원칙 : 불가
• 예외 : 명시적 청구+노사협의+고용부 장관 인가</td><td>• 원칙 : 불가
• 예외 : 직원 동의+노사협의+고용부장관 인가</td></tr>
</table>

① 휴직 중인 A 차장은 휴일근로가 불가능하다.

② 임신 4개월 차인 B 과장은 토요일 시간외근로가 불가능하다.

③ 주 20시간 근무자인 C 대리는 정해진 한도 내 휴일근로가 불가능하다.

④ 주 24시간 근무하는 D 대리는 원칙적으로 평일 시간외근로는 불가능하다.

33. 다음 자료에 대한 설명으로 옳은 것은?

〈20X1 ～ 20X2년 지역별 감자, 고구마 생산량〉

(단위 : 톤)

구분	20X1년		20X2년	
	감자	고구마	감자	고구마
A 지역	71,743	12,406	48,411	12,704
B 지역	89,617	73,674	63,391	70,437
C 지역	5,219	100,699	5,049	83,020
D 지역	18,503	97,925	14,807	97,511
E 지역	9,007	28,491	7,893	31,291

① 20X2년에 전년 대비 감자와 고구마의 총생산량이 증가한 지역은 없다.
② 20X1년 대비 20X2년에 감자, 고구마의 총생산량이 증가한 지역은 E 지역뿐이다.
③ 20X2년 전년 대비 감자 생산량 증감률의 절댓값이 가장 큰 지역은 B 지역이다.
④ 20X2년 5개 지역 고구마 총생산량의 전년 대비 증감률은 약 −2%이다.

34. 다음 자료를 바탕으로 할 때, 최 사원이 집에서 회사까지 출근하는 데 소비하는 휘발유는 몇 ℓ 인가?

〈부피 단위환산〉

단위	cm^3	m^3	ℓ
cm^3	1	0.000001	0.001
m^3	1,000,000	1	1,000
ℓ	1,000	0.001	1

〈정보〉

- 최 사원의 집에서 회사까지의 거리는 90km이다.
- 최 사원의 승용차는 12m 이동 시 8cm^3의 휘발유를 소비한다.

① 3ℓ
② 6ℓ
③ 30ℓ
④ 60ℓ

35. 다음은 20X1년, 20X3년 영양소별 남녀 1일 섭취량을 나타낸 자료이다. 이에 대한 〈보기〉의 설명 중에서 옳은 것을 모두 고르면?

〈20X1년 영양소별 남녀 1일 섭취량〉

영양소 \ 성별	남자	여자
단백질(g)	83.7	58.5
지방(g)	54.7	39.1
탄수화물(g)	327.4	251.7
식이섬유(g)	25	20.8
콜레스테롤(mg)	290.1	207.7

〈20X3년 영양소별 남녀 1일 섭취량〉

영양소 \ 성별	남자	여자
단백질(g)	82.6	57.7
지방(g)	56.9	41.1
탄수화물(g)	298.4	234.6
식이섬유(g)	24.9	20.9
콜레스테롤(mg)	302.5	222.8

보기

ㄱ. 20X1년과 20X3년 간 식이섬유 섭취량 차이값은 남자와 여자가 서로 같다.
ㄴ. 20X1년 대비 20X3년 지방 섭취량의 증가율은 여자가 남자보다 더 크다.
ㄷ. 20X3년 탄수화물과 콜레스테롤 섭취량의 차이값은 여자가 남자보다 더 크다.

① ㄱ
② ㄱ, ㄴ
③ ㄱ, ㄷ
④ ㄱ, ㄴ, ㄷ

[36 ~ 38] K 공사에서는 탕비실에 둘 캡슐커피를 결정하고자 하며, 한 달에 캡슐커피를 60개씩 사용할 것으로 예상하고 있다. 브랜드별 캡슐커피 정보가 다음과 같을 때, 이어지는 질문에 답하시오.

구분	D 브랜드	N 브랜드	I 브랜드
커피머신 값(원)	170,000	200,000	220,000
커피머신 월 렌탈비(원)	40,000	60,000	80,000
캡슐 배송비(원/개)	770	620	550

36. 캡슐커피 비용에 대한 설명으로 옳지 않은 것은? (단, 캡슐은 다른 브랜드와 호환되지 않는다)

① D 브랜드의 커피머신을 렌탈할 경우의 3개월 동안 들어가는 비용은 총 308,600원이다.
② N 브랜드의 커피머신을 구입하고 캡슐만 배송받을 경우 2개월째부터는 매월 37,200원의 비용이 발생한다.
③ I 브랜드의 커피머신을 렌탈할 경우 매월 113,000원의 비용이 발생한다.
④ I 브랜드의 커피머신을 구입하고 캡슐만 배송받을 경우 첫 달 비용은 253,000원이다.

37. K 공사 직원들의 캡슐커피 브랜드 선호도 조사 결과 N 브랜드의 캡슐커피를 사용하기로 결정하였다. 다음 중 옳은 설명은?

① 커피머신을 렌탈할 경우 매달 86,200원의 비용이 발생한다.
② 커피머신을 구입할 경우의 첫 달 비용은 렌탈할 경우의 3배 이상이다.
③ 커피머신을 구입하여 6개월 동안 사용할 경우 총 423,200원의 비용이 발생한다.
④ 3개월째부터 커피머신을 렌탈할 경우의 누적 사용비가 커피머신을 구입하여 사용할 경우의 누적 사용비를 추월한다.

38. N 브랜드 특별 행사로 커피머신 렌탈 비용을 매달 30,000원으로 이용할 수 있게 되었다면, 커피머신을 렌탈할 경우의 누적 사용비가 커피머신을 구입하여 사용할 때의 누적 사용비를 추월하게 되는 시기는 사용 시작으로부터 몇 개월째부터인가?

① 5개월　　② 6개월
③ 7개월　　④ 8개월

[39 ~ 40] 다음 자료를 보고 이어지는 질문에 답하시오.

〈202X년 주택형태별 에너지 소비 현황〉

(단위 : 천 TOE)

구분	연탄	석유	도시가스	전력	열에너지	기타	합계
단독주택	411.8	2,051.8	2,662.1	2,118.0	–	110.3	7,354
아파트	–	111.4	5,609.3	2,551.5	1,852.9	–	10,125
연립주택	1.4	33.0	1,024.6	371.7	4.3	–	1,435
다세대주택	–	19.7	1,192.6	432.6	–	–	1,645
상가주택	–	10.2	115.8	77.6	15.0	2.4	221
총합	413.2	2,226.1	10,604.4	5,551.4	1,872.2	112.7	20,780

※ 전력 : 전기에너지와 심야전력에너지 포함

※ 기타 : 장작 등 임산 연료

39. 위의 자료에 대한 해석으로 적절한 것은?

① 단독주택에서 소비한 전력 에너지량은 단독주택 전체 에너지 소비량의 30% 이상을 차지한다.

② 모든 주택형태에서 가장 많이 소비한 에너지 유형은 도시가스 에너지이다.

③ 아파트는 다른 주택형태에 비해 가구당 에너지 소비량이 많다.

④ 모든 주택형태에서 소비되는 에너지 유형은 4가지이다.

40. 아파트 전체 에너지 소비량 중 도시가스 에너지 소비량이 차지하는 비율은? (단, 소수점 아래 둘째 자리에서 반올림한다)

① 25.2% ② 36.2%

③ 52.4% ④ 55.4%

[41 ~ 42] 다음 자료를 보고 이어지는 질문에 답하시오.

〈○○기관 직무기술서 개요〉

공연홍보 및 마케팅 분야 개요				
분야		공연홍보 및 마케팅		
직무수행 내용		공연 · 홍보를 위한 마케팅 전략 수립 및 온 · 오프라인 매체를 통한 홍보		
주요 내용				
직무	능력단위 (능력단위 분류번호)	주요 업무(과업)	수행빈도율*	㉡ 직무단위 수행빈도율
문화 · 예술기획	문화예술 홍보관리 (0801010108_20v2)	AA1-1 홍보목표 선정하기	20%	25%
		AA1-2 홍보전략 수립하기	㉠ 30%	
PR	온라인 PR (0201020103_18v2)	BB1-1 콘텐츠 제작하기	30%	32.5%
		BB1-2 온라인 매체 운영하기	30%	
	오프라인 PR (0201020104_18v2)	BB2-1 매체별 홍보물 제작하기	40%	
		BB2-2 홍보물 배포하기	30%	

* 수행빈도율 : 해당 과업의 수행일수를 백분율로 산정. 연간 근무일수를 52주×5일=260일로 계산하여 과업의 수행일수를 백분율로 기재

분야 세부 과업 수행요건	
주요 지식 · 기술 · 태도	•(지식) 홍보전략에 관한 지식, 온라인 매체 종류, 홍보물 트렌드 •(기술) 홍보방법 개발 능력, 콘텐츠 제작 능력, 이슈 분석 능력 •(태도) 홍보방법 개발의 창의성, 디자인 마인드, 편집과 교정의 꼼꼼함
관련자격사항(자격증)	문화예술교육사, 그래픽기술자격(포토샵, 일러스트 등)
필요 교육과정	문예회관 아카데미 홍보마케팅과정
사전 경험	홍보마케팅
직무숙련기간	1 ~ 3년

41. 자료의 ㉠에 관한 해석으로 적절한 것은?

① '홍보전략 수립하기' 과업을 ○○기관 전체 과업 중 30%의 직원이 수행한다.
② '홍보전략 수립하기' 과업을 1년 365일 중 30%의 기간 동안 수행한다.
③ '홍보전략 수립하기' 과업의 중요도가 현재 과업 중 30%를 차지한다.
④ '홍보전략 수립하기' 과업을 1년 260일 근무일수 중 30%의 기간 동안 수행한다.

42. 자료의 ㉡을 산출하는 방식으로 옳은 것은?

① 특정 직무에 포함된 과업의 수행빈도율을 합산하여 계산한다.
② 특정 직무에 포함된 과업의 수행빈도율 중 최댓값을 반영한다.
③ 특정 직무에 포함된 과업의 수행빈도율을 평균 내어 소수점 둘째 자리에서 반올림한다.
④ 제시된 전체 과업의 수행빈도율을 평균을 평균 내어 소수점 둘째 자리에서 반올림한다.

[43 ~ 44] 다음 ○○공사 지역별 훈련수급 조사비용에 관한 자료를 보고 이어지는 질문에 답하시오.

〈○○공사 지역별 훈련수급 조사비용〉

(단위 : 원)

구분	수요조사		공급 조사 (3)	정기 수급조사 (1)+(3)	기타 조사 (4)	총합계 (1)+(2)+(3)+(4)	용역 계약서
	정기(1)	상시(2)					
서울	150,000			150,000	32,000	182,000	165,000
부산	150,000	8,000		150,000	9,000	167,000	153,000
대구	110,000	34,000		110,000	11,500	155,500	123,000
인천	145,000	34,500	32,000	177,000		211,500	184,500
광주	144,000	14,300		144,000	43,000	201,300	190,000
대전/세종	90,000	31,210	27,950	117,950		149,160	163,000
울산	140,000	20,000		140,000	4,505	164,505	145,600
경기	185,000	7,500	2,900	187,900		195,400	185,000
강원	135,230	24,750		135,230	19,500	179,480	189,700
충북	90,000	42,000		90,000	2,300	134,300	123,200
충남	124,285	21,150	19,405	143,690	9,000	173,840	150,300
전북	149,085	17,935		149,085	23,450	190,470	166,200
전남	90,000	43,000		90,000		133,000	155,500
경북	130,000	3,500		130,000	43,000	176,500	155,300
경남	145,000	9,400	15,000	160,000	14,500	183,900	182,000
제주	175,000	1,575		175,000	23,000	199,575	176,000

43. 다음 중 위의 자료에 대한 이해가 바르지 못한 것은?

① 충남의 공급조사비용은 경남의 공급조사비용보다 크다.

② 총합계비용이 항상 용역계약서비용보다 큰 것은 아니다.

③ 상시 수요조사비용과 기타조사비용을 합한 금액은 항상 55,000원보다 작다.

④ 울산의 정기 수요조사비용과 기타조사비용을 합친 금액은 용역계약서비용보다 작다.

44. 부산과 경기, 제주 지역의 정기 수급조사를 합친 금액과 대전/세종과 충북, 충남의 조사비용 총합계의 차이는 얼마인가?

① 35,600원　　② 45,500원

③ 55,100원　　④ 55,600원

[45 ~ 46] 다음 자료를 보고 이어지는 질문에 답하시오.

〈연령대별 자전거 교통사고 발생 현황〉

구분		발생건수(건)	사망자 수(명)	치사율(%)	부상자 수(명)
가해운전자	합계	5,667	83	1.5	6,150
	12세 이하	473	0	0.0	521
	13 ~ 20세	603	3	0.5	671
	21 ~ 30세	584	3	0.5	648
	31 ~ 40세	451	1	0.2	508
	41 ~ 50세	605	3	0.5	679
	51 ~ 60세	996	17	1.7	1,073
	61 ~ 64세	468	12	2.6	501
	65세 이상	1,435	44	3.1	1,494
	불명	52	0	0.0	55
피해운전자	합계	8,087	116	1.4	8,399
	12세 이하	870	1	0.1	906
	13 ~ 20세	665	1	0.2	715
	21 ~ 30세	758	6	0.8	813
	31 ~ 40세	629	3	0.5	676
	41 ~ 50세	892	8	0.9	958
	51 ~ 60세	1,457	12	0.8	1,519
	61 ~ 64세	619	8	1.3	640
	65세 이상	2,194	77	3.5	2,169
	불명	3	0	0.0	3

〈가해운전자의 법규 위반별 자전거 교통사고 발생 현황〉

구분	발생건수(건)	사망자 수(명)	치사율(%)	부상자 수(명)
합계	5,667	83	1.5	6,150
중앙선 침범	381	10	2.6	405
신호위반	348	13	3.7	364
안전거리 미확보	135	5	3.7	160
안전운전 의무 불이행	3,883	45	1.2	4,258
교차로 통행방법 위반	163	1	0.6	172
보행자 보호의무 위반	88	1	1.1	92
기타	669	8	1.2	699

45. 다음 중 위의 자료에 대한 분석이 적절하지 않은 사람은?

① 연지 : 연령이 높아진다고 자전거 교통사고 사상자 수가 반드시 많아지는 것은 아니군.

② 미영 : '불명'을 제외하면 전 연령대에서 부상자 수는 가해운전자보다 피해운전자가 더 많네.

③ 유진 : 40세 이상 연령대에서는 가해운전자와 피해운전자 모두 치사율이 고령층으로 갈수록 높아지네.

④ 상준 : 사망자 수가 더 많은 법규 위반 교통사고라고 해서 반드시 부상자 수도 더 많은 것은 아니로군.

46. 다음 중 위의 자료를 나타낸 그래프로 적절하지 않은 것은?

① 〈연령대별 가해 및 피해운전자 자전거 교통사고 발생건수의 합, 단위 : 건〉

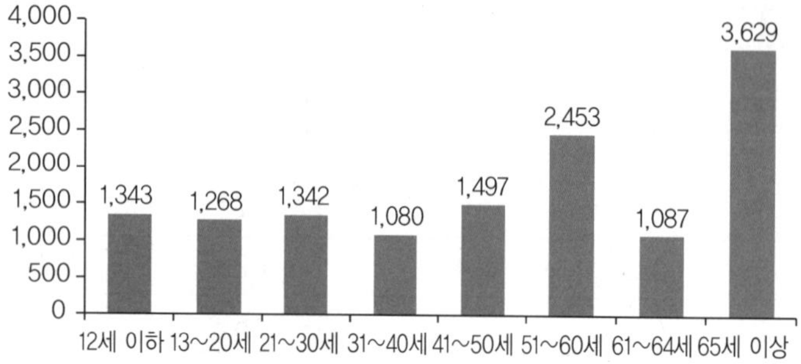

② 〈가해운전자와 피해운전자의 부상자 수 상위 3개 연령대의 부상자 수, 단위 : 명〉

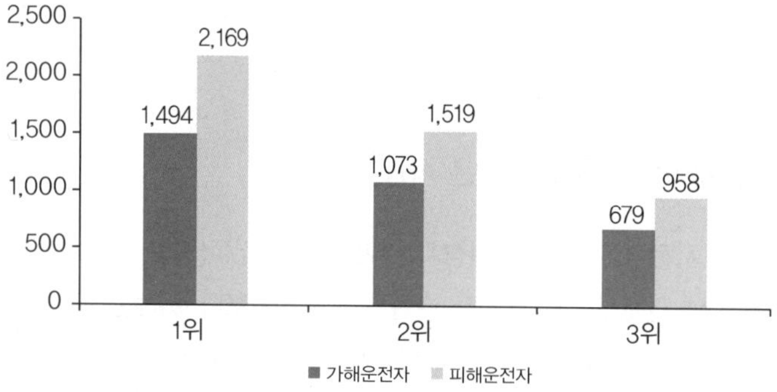

③ 〈자전거 교통사고 피해운전자 발생건수의 연령대별 비중, 단위 : %〉

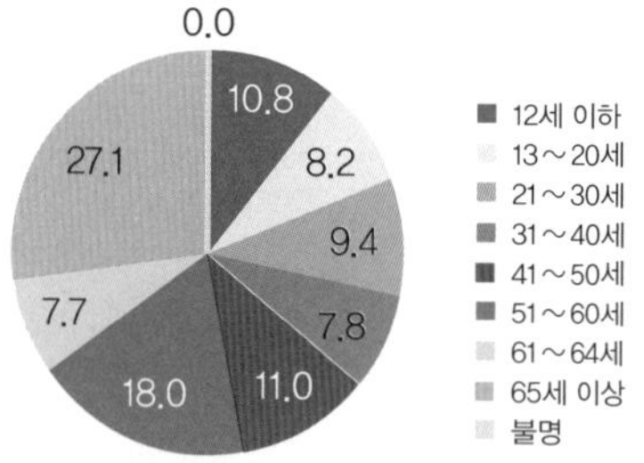

④ 〈연령대별 자전거 교통사고 사망자 수, 단위 : 명〉

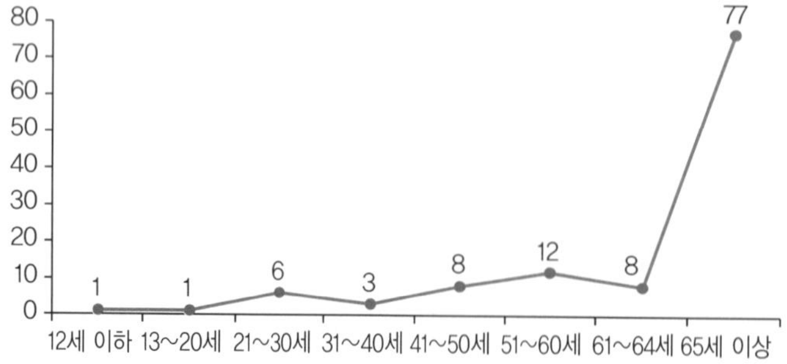

[47 ~ 48] 다음의 자료를 바탕으로 이어지는 질문에 답하시오.

〈프로젝트 진행 일정〉

구분		20X2년 1월 7일 ~ 20X2년 3월 18일(10주)									
		1주	2주	3주	4주	5주	6주	7주	8주	9주	10주
1. 기관별 직무 선정	대상 기관별 용역 안내	■									
	기관별 직무 선정	■	■								
2. 개발 매뉴얼 교육 및 설계 실시	직무역량 모델 기반 개발 매뉴얼 교육		■	■							
	직무역량모델 개발 설계 실시			■	■	■					
3. 직무기술서 초안 작성 및 1차 피드백	직무기술서 초안 작성					■	■				
	초안 피드백 실시						■	■	■	■	
4. 직무기술서 작성 완료 및 최종안 도출	직무기술서 수정 및 보완								■	■	
	직무기술서 최종안 도출						■	■	■	■	■
5. 시행보고서 작성 및 준공 확인	시행보고서 작성									■	■
	준공 확인									■	■

47. 직무기술서를 작성하는 데 소요되는 기간은 총 몇 주인가?

① 4주 ② 5주 ③ 6주 ④ 7주

48. 프로젝트 진행 일정에 대한 설명으로 적절하지 않은 것은?

① 동일한 주에 진행되는 최대 과업은 총 다섯 개다.
② 10주 동안 과업들이 연속적으로 진행된다.
③ 진행하는 데 일주일만 소요되는 과업은 총 세 개다.
④ 직무기술서 최종안 도출 과업은 직무기술서 초안을 작성할 때부터 진행된다.

[49 ~ 50] 다음 멀웨어에 대한 설명을 참고하여 이어지는 질문에 답하시오.

멀웨어(Malware)란 컴퓨터 사용자 시스템에 침투하기 위해 설계된 소프트웨어를 뜻하며 컴퓨터 바이러스, 웜, 트로이 목마, 스파이웨어 등의 종류들이 있습니다.

컴퓨터 바이러스(Computer Virus)는 한 컴퓨터에서 다른 컴퓨터로 확산되며 컴퓨터 작동을 방해하는 작은 소프트웨어 프로그램입니다. 컴퓨터 바이러스는 컴퓨터의 데이터를 손상시키거나 삭제하고 전자 메일 프로그램을 사용해서 다른 컴퓨터로 바이러스를 퍼뜨리거나 하드 디스크의 모든 내용을 삭제하기도 합니다. 컴퓨터 바이러스는 보통 전자 메일 메시지 첨부 파일이나 인스턴트 메시징 메시지를 통해 확산됩니다. 바이러스는 재미있는 이미지, 인사말 카드, 오디오 및 비디오 파일 등 첨부 파일로 위장할 수 있습니다. 컴퓨터 바이러스는 인터넷 다운로드를 통해 퍼지기도 합니다. 컴퓨터 바이러스는 불법 복제 소프트웨어나 기타 다운로드한 파일 또는 프로그램 안에 숨어 있을 수 있습니다.

웜(Worm)은 사용자 개입 없이 확산되는 컴퓨터 코드입니다. 대부분의 웜은 열었을 때 컴퓨터를 감염시키는 전자 메일 첨부 파일로 시작됩니다. 웜은 감염된 컴퓨터에서 전자 메일 주소를 포함하는 주소록 또는 임시 웹 페이지와 같은 파일을 검색합니다. 웜은 이 주소를 사용하여 감염된 전자 메일 메시지를 보내고 다른 전자 메일 메시지에서 "보낸 사람" 주소를 자주 모방하여 감염된 메시지가 아는 사람으로부터 전송된 것처럼 보이게 합니다. 그런 후 웜은 전자메일 메시지, 네트워크 또는 운영 체제 취약성을 통해 자동으로 확산되어 원인이 밝혀지기 전에 시스템을 무력화시킵니다. 웜은 항상 컴퓨터에 파괴적인 결과를 가져오지는 않지만 일반적으로 컴퓨터 및 네트워크 성능과 안정성 문제를 유발합니다.

트로이 목마(Trojan Horse)는 다른 프로그램 내에 숨어 있는 악성 소프트웨어 프로그램입니다. 화면 보호기와 같은 합법적인 프로그램 내에 숨어서 컴퓨터에 침입하여 해커가 감염된 컴퓨터에 액세스할 수 있도록 하는 코드를 운영 체제에 심습니다. 트로이 목마는 일반적으로 스스로 확산되지는 않고 바이러스, 웜 또는 다운로드된 소프트웨어에 의해 확산됩니다.

스파이웨어(Spyware)의 주요 감염 경로는 P2P 파일공유 프로그램, 각종 무료 유틸리티 프로그램, 스팸메일, 다른 유해 프로그램, 특정 사이트 등이 있습니다. 이러한 프로그램은 컴퓨터의 구성을 변경하거나 광고성 데이터 및 개인 정보를 수집할 수 있습니다. 스파이웨어는 인터넷 검색 습관을 추적하고 웹 브라우저를 사용자가 의도하지 않은 다른 웹 사이트로 리디렉션할 수도 있습니다.

49. 다음 〈상황〉에서 J 사원의 노트북에 감염된 멀웨어의 종류로 적절한 것은?

상황

J 사원은 어제 퇴근 후 노트북으로 지인으로부터 간단한 인사말과 안부를 물으며 첨부 파일이 있는 전자 메일을 받았다. J 사원은 별다른 의심 없이 해당 첨부파일을 다운로드해 이를 실행했는데, 첨부파일에 별 내용이 없어 당황했지만 대수롭지 않게 여겼다. 그런데 다음날 출근하여 노트북을 켰더니 컴퓨터의 속도와 성능이 눈에 띄게 저하되어 있었고 네트워크가 안정적으로 연결되지 못하는 문제가 발생했다. J 사원은 혼자서 원인을 파악해 보려고 했으나 시스템이 무력화되어 결국 수리를 맡기기로 하였다.

① 컴퓨터 바이러스　　② 웜
③ 트로이 목마　　④ 스파이웨어

50. 윗글을 바탕으로 할 때, 멀웨어 감염을 예방하기 위한 행동으로 가장 적절한 것은?

① 지인의 메일이라면 첨부파일을 열어봐도 감염 위험은 거의 없다.
② 화면 보호기와 같은 프로그램을 설치할 때는 그 출처를 따질 필요가 없다.
③ 무료 유틸리티나 특정 사이트에서 프로그램을 내려 받을 때 감염 가능성을 고려해야 한다.
④ 바이러스는 이메일 첨부파일 등으로 퍼지지만, 대부분 백신이 자동 제거하므로 별도 조치를 취하지 않아도 된다.

[51 ~ 52] 다음 글을 읽고 이어지는 질문에 답하시오.

복합매체는 인류의 삶을 새롭게 변화시킬 수 있으리라는 꿈을 갖게 하였다. 인류는 매체의 혁명으로 불리는 인쇄술이 등장함으로써 지식을 축적할 수 있었으며 이로 인해 눈부시게 발전하였던 역사적 경험을 지니고 있다. 그와 마찬가지로 하이퍼텍스트라는 매체 혁명으로 의사소통의 새로운 국면을 연 인류는 삶의 양식과 운영에 또 다른 전기를 마련하게 될 것으로 예견된다. 그러나 세상의 이치는 얻는 것이 있으면 잃는 것도 있는 법이다. 매체 혁명을 통한 가능성은 한편으로는 불안하고 어두운 조짐으로 보이기도 한다. 그것은 복합 매체의 초월적 특성이 초래하는 파괴성, 가변적 특성이 낳은 불안의식, 선택적 특성이 빚어내는 가치 붕괴, 통합적 특성으로 인한 주체 상실 등에서 비롯된다.

초월성이 초래하는 파괴성은 채팅의 은어와 선정성에서 가장 뚜렷하게 드러난다. 복합 매체에서는 사람을 직접 만나는 대신 시간과 공간을 초월해서 만나기 때문에 자기를 드러내지 않아도 되고, 실제 이름 대신 통신 ID로만 교류한다. 그래서 빚어지는 결과는 언어의 폭력성과 국어 규범의 파괴다. 언어가 사회적 약속이라는 점에 비추어 볼 때 이러한 언어의 무책임한 사용은 심각한 파괴 현상을 낳는다.

가변성이 낳은 불안의식은 이 세상에 확실한 것은 없다는 기준의 부재 현상과 새로운 정보에서 나만 소외되고 있는지도 모른다는 불안감에서 오는 부정적 측면이다. 새로운 것은 좋은 것이라는 점은 인정하지만 어디까지나 정도 문제이다. 컴퓨터를 사용하는 사람이면 흔히 경험하는 것이지만 어제 산 소프트웨어가 오늘 구형이 되는 일이 적지 않다. 어제 알고 있던 정보가 오늘 낡은 것이 되고, 수정된 새 정보를 자신이 놓치고 있는지 모른다고 생각하면 불안에 빠질 수밖에 없게 된다.

선택성이 빚어내는 가치 붕괴는 사회적 삶이 지니고 있는 공동의 질서가 흔들리는 경향에서 생겨난다. 인간은 저 사람이 하는 일과 내가 하는 일이 대체로 비슷하다는 동일성의 기반 위에서 심리적 안정감을 얻고, 그것은 사회를 유지하는 질서로 작용한다. 그런데 자기에게 필요한 정보만을 얻어 내는 선택성이 매체의 세계에 한정되지 않고 직 · 간접적으로 실생활에까지 확대된다면 여러 가지 사회적인 문제가 야기될 것이다.

통합성에서 초래되는 주체 상실의 경향은 (㉠)에서 잘 드러난다. 이러한 정보 활용의 태도가 실생활로 이어지면 그 결과는 주체의 상실로 나타난다. 사람은 누구나 자신의 생을 누리고 스스로 책임지면서 살아가야 한다. 따라서 자기 생각은 없이 남의 생각에 따라 결정하고 행동한다는 것은 위험한 수준을 넘어서 비극적인 것이다. 대중문화나 타인의 생각에 대한 무비판적인 쏠림, 일시적인 유행에 대한 판단 없는 참여 등의 주체 상실 현상은 진정한 민주 사회의 성립과 유지를 어렵게 할 수 있다.

따라서 복합매체의 세계에서 의사소통을 하되 다음과 같은 네 가지 원칙이 필요하다. 첫째, 파괴성에 빠지지 않도록 규칙과 책임의 룰을 지키는 규범성의 원칙, 둘째, 극도의 불안 의식에 사로잡히지 않도록 무한정하게 새로움을 추구하지 않는 절제성의 원칙, 셋째, 가치의 붕괴를 막기 위해서 관행과 질서를 존중하는 기준성의 원칙, 넷째, 주체 상실을 초래하지 않기 위해서 자신의 생각과 판단을 바탕으로 참여하는 주체성의 원칙이 그것이다.

51. 윗글에서 글쓴이가 제시하고 있는 과제로 가장 적절한 것은?

① 복합매체의 초월성, 가변성, 선택성, 통합성을 정확히 파악하는 일
② 복합매체를 통한 활동에서 준수해야 하는 규칙을 아는 일
③ 복합매체 사용이 파괴성, 불안의식, 가치붕괴, 주체 상실 등의 부작용을 유발할 수 있음을 아는 일
④ 복합매체 사용에 따른 부작용의 원인이 무엇인지 아는 일

52. 문맥상 빈칸 ㉠에 들어갈 수 있는 적절한 사례를 모두 고른 것은?

A : 자신이 친밀감을 느낄 정도로 자주 방문하는 인터넷 커뮤니티 사이트의 글은 출처를 따지지 않고 우선적으로 받아들이는 경우
B : 신속하게 결정을 내리고자 특정 집단 내에서 유행하는 논리를 판단하기보다는 일단 자신의 의견인 것처럼 응답하는 경우
C : 진짜 이름이 아닌 통신 ID로 글을 쓸 때 타인의 생각을 논리적으로 판단하지 않고 일단 공격적으로 비난하고 보는 경우
D : 주류의 흐름에서 벗어나는 것을 두려워해 인터넷을 통한 정보 습득에 집착하는 경우

① A, B　　② B, C
③ A, D　　④ A, C

[53 ~ 54] 다음 글을 읽고 이어지는 질문에 답하시오.

현대인들에게 검색한 내용을 파일로 만들어 보관하거나 프린터로 출력해 두어 언제든지 필요할 때 다시 볼 수 있도록 정보를 관리하는 것은 매우 중요한 능력이다. 특히 특정 업무 분야가 정해져 있다면 특정 주제 분야의 정보를 지속적으로 이용하게 될 것이므로, 한 번 이용했던 정보를 버리지 않고 체계적으로 관리하고 활용할 수 있어야 한다. 그러나 정보를 수집 및 관리하였다고 하여 모두 활용할 수 있는 것은 아니며, 모두 유용한 것도 아니다. 물론, 수집한 정보를 그대로 활용하는 경우도 있지만, 일정한 형태로 표현하여 장래에 활용되는 정보까지 매우 다양한 활용 형태가 존재한다.

정보관리의 방법에는 목록, 색인, 분류를 이용한 정보관리가 있다. 먼저, 목록을 이용한 정보관리는 정보에서 중요한 항목을 찾아 기술한 후에 정리하는 것이다. 색인을 이용한 정보관리는 정보 내의 주요 키워드나 주제어를 소장하고 있는 정보원(sources)을 관리하는 것으로, 정보를 찾을 때 쓸 수 있는 키워드인 색인어와 색인어의 출처인 위치 정보로 구성된다. 마지막으로 분류를 이용한 정보관리는 개인이 가지고 있는 정보를 유사한 것끼리 모아 체계화하여 정리하는 것이다. 이때의 분류 기준으로 시간적 기준, 주제적 기준, 기능적/용도별 기준, 유형적 기준 등이 있다.

그렇다면 모든 정보는 유용하며 활용 가능한 것인가? 정보는 크게 ㉠ 동적정보와 정적정보로 구분할 수 있다. 동적정보란 시시각각으로 변화하는 정보로, 쌓이기만 하는 정보라고 할 수 있다. 밀려와서 쌓이기만 하는 정보의 대부분은 동적정보로, 입수한 그 자리에서 판단하여 처리하면 미련 없이 버릴 수 있다. 신문, 텔레비전 뉴스 등의 정보는 대부분 유통기한이 있는 동적정보이다. 한편, 정적정보(저장정보)란 보존되어 멈추어 있는 정보이다. 대표적으로 잡지나 책에 들어있는 정보 등이 있다. 정적정보는 앞서 말한 정보관리의 방법을 통해 체계화하여 정리 · 관리하는 것이 필요하다.

53. 윗글의 분류를 이용한 정보관리 방법을 적용할 때, 적절한 사례가 아닌 것은?

① 2024년 봄, 가을 등 정보가 발생한 시간에 따라 분류하였다.
② 정보처리, 국문학 등 정보의 내용에 따라 분류하였다.
③ 참고자료용, 강의용, 보고서 작성용 등 정보가 이용되는 기능이나 용도에 따라 분류하였다.
④ 책에 대한 저자, 출판일, 제목, 출판사 순으로 기술한 후 저자의 가다나순으로 분류하였다.

54. AA사의 신입사원 최나라 씨는 왕 부장의 지시에 따라 ㉠을 정리하여 처리하고자 한다. 다음 중 ㉠에 해당하는 것은?

① 9시 뉴스
② 잡지
③ USB
④ 백과사전

[55 ~ 57] 다음은 AA 전자 노트북의 제품 코드에 관한 정보이다. 이어지는 질문에 답하시오.

ⓐ 출시연도	22	2022년
	23	2023년
	24	2024년

ⓑ 시리즈	S	스탠다드
	P	프리미엄
	U	울트라

ⓒ CPU 등급	3	i3
	5	i5
	7	i7
	9	i9

ⓓ 제품 특징	T	썬더볼트 지원
	X	썬더볼트 미지원
	U	USB-C 지원

ⓔ 화면 크기	14	14인치
	15	15인치
	17	17인치

ⓕ 윈도우 설치 여부	A	설치
	X	미설치

ⓖ 저장 장치 용량	1	128GB
	2	256GB
	5	512GB

ⓗ 제조국가	K	한국
	C	중국
	J	일본
	V	베트남

예 2023년에 출시된 프리미엄 시리즈 i5등급 중 썬더볼트를 지원하고 크기가 14인치인 윈도우가 미설치된 256GB 한국산 노트북의 제품 코드

ⓐ 23 ⓑ P ⓒ 5 ⓓ T-ⓔ 14 ⓕ X ⓖ 2 ⓗ K

※ CPU는 숫자가 클수록 등급이 높다.

※ 시리즈는 울트라>프리미엄>스탠다드 순으로 등급이 높다.

55. 제품 코드 24P5U－17X5J에 대한 설명으로 옳지 않은 것은?

① CPU 등급은 i5이다.
② 윈도우가 설치되어 있다.
③ 일본에서 만들어진 노트북이다.
④ 프리미엄 시리즈의 노트북이다.

56. 2022년에 출시된 스탠다드 시리즈 i9등급 중 USB－C를 지원하고 크기가 17인치인 윈도우가 설치된 128GB 베트남산 노트북의 제품 코드는?

① 22S9T－17A1V
② 22S7U－17X1V
③ 22S9U－17A1V
④ 22S9U－17A2V

57. 다음은 AA 전자 노트북을 구매하려는 고객들의 요구 사항이다. 이를 반영한 노트북의 제품 코드가 바르게 연결되지 않은 것은?

- 이홍주 : 저는 등급이 가장 높은 시리즈의 가장 최신형 노트북을 구매하고 싶습니다.
- 최지원 : 저는 윈도우가 설치되어 있고 썬더볼트를 지원하는 노트북을 구매하고 싶습니다.
- 박지민 : 저는 크기가 15인치 이상인 한국산 노트북을 구매하고 싶습니다.
- 임도건 : 저는 용량이 256GB 이상이고 CPU 등급이 i7 이상인 노트북을 구매하고 싶습니다.

① 이홍주 : 24U3U－15A2C
② 최지원 : 22S5T－14A2V
③ 박지민 : 23S7U－17A2K
④ 임도건 : 23U3X－15A2V

[58 ~ 60] 다음은 한 가구 회사의 제품 시리얼 넘버 생성표와 제품의 관리자를 정리한 표이다. 가구의 생산 시기, 가구 분류와 종류, 생산 공장, 생산 수량 순서로 각각의 코드를 연결하여 시리얼 넘버를 생성한다고 할 때, 이어지는 질문에 답하시오.

생산 시기		가구				생산 공장				생산 수량
코드	시기	코드	분류	코드	종류	코드	지역	코드	도시	
2101	2021년 상반기	01	침대	KS	킹사이즈	A	경상남도	01	창원	완성된 제품의 수량을 0001 ~ 9999까지 네 자리 숫자로 나타낸다.
				QS	퀸사이즈			02	함양	
2102	2021년 하반기			SS	싱글사이즈	B	충청남도	01	당진	
		02	옷장	VR	붙박이장			02	서산	
2201	2022년 상반기			CL	장롱			03	천안	
				DR	서랍장	C	전라북도	01	정읍	
2202	2022년 하반기	03	소파	CO	코너형			02	익산	
				DU	2 ~ 3인용					
				FI	4 ~ 5인용					
		04	식탁	RT	원형 식탁					
				WT	확장형 식탁					

㉮ 2021년 상반기에 경상남도 창원 공장에서 열 대 생산된 킹사이즈 침대 : 210101KSA010010

관리자	시리얼 넘버	관리자	시리얼 넘버
박혜나	210103DUA016544	이대형	210102CLB012497
채병용	220201SSB031060	홍인아	210102DRB020602
김그리	220104WTC022871	윤미래	220103COC011820
이순호	210201QSC010830	장윤지	220201QSA010413
김대현	210102CLA020602	김순길	210103DUC026987
하지석	220103COA010430	장이레	220102VRC020310
정선화	210203DUC020598	정지용	210104WTA020341
소이진	220201KSB030451	이상훈	220104RTB020962
한석호	220104RTA020970	정동하	220202DRB025866
이석준	220202VRB020418	전역산	210203FIC010769

58. 다음 중 2022년 하반기 충청남도 천안에서 생산된 4 ~ 5인용 소파의 시리얼 넘버는?

① 220203DUC010321
② 220103FIA019801
③ 220203FIB030143
④ 220202FIB030744

59. 생산 시기와 생산 수량이 동일한 제품을 관리하는 관리자들끼리 올바르게 짝지어진 것은?

① 한석호, 이상훈
② 김대현, 홍인아
③ 장이레, 정지용
④ 장윤지, 이석준

60. 제품 관리자 명단에서 충청남도 서산에서 생산된 원형 식탁을 관리하는 사람은 모두 몇 명인가?

① 1명
② 2명
③ 3명
④ 4명

4회 기출예상문제

문항수 : 60 문항

문항시간 : 60 분

▸ 정답과 해설 39쪽

[01 ~ 03] 다음 보도자료를 보고 이어지는 질문에 답하시오.

정부는 공공 기술이전 플랫폼인 국가기술은행(이하 기술은행)에 AI 기술을 도입하여 새롭게 개편한 신규 플랫폼을 2021년 5월 27일 공식 공개하고, 공개 시연 및 설명행사를 개최하였다.

기술은행은 정부 R&D사업을 통해 개발된 기술정보의 동향을 수집 · 제공하고, 각 공공연구기관에서 자체 보유기술을 이전할 때 직접 등록했던 기술정보를 관리하는 기술이전 · 거래 종합 플랫폼으로 2001년부터 운영 중이며, 최근 AI 기술을 기술은행에 접목하여 기술 매칭, 기술 추천, 기술예상가격 정보를 제공하고, 기술정보 관계망 서비스를 제공하는 등 새롭게 개편을 완료하였다.

[㉠]

기술은행은 기술이전 · 거래를 중개 · 촉진하는 플랫폼으로, 현재 기술은행에 등록된 기술정보는 약 29만 건이며, 기술정보 이용자 수는 연간 202만 명(2020년 기준)이다. 한편 기존 기술은행 이용 시 사용자가 검색어를 입력할 때 전문 기술용어를 입력해야 정확한 정보를 검색할 수 있어 접근성과 활용성을 보다 높일 필요성이 제기되었으며, 검색결과를 단순 리스트 형식으로 제공하고 있어 연관정보 등 종합적인 정보 파악에 한계가 있다고 지적된 바 있다.

〈기술은행 개편 주요내용〉

AI 기술을 활용하여 기술 매칭, 관련 기술 간 관계망, 기술예상가격, 기술개발 흐름 등의 연관정보를 사용자가 체계적으로 파악할 수 있는 방향을 중심으로 기술은행을 대폭 개편하였다.

01. [㉡]

사용자가 기술용어 외에도 키워드(일상용어) 입력 시 AI 알고리즘이 기술은행 등록기술과의 유사성을 계산하여 검색결과를 제공한다. 또한 다수 사용자의 검색 이력 데이터를 분석하여 사용자 맞춤형 기술정보를 추천하며, 해당 기술의 가치와 관련된 정보(기술가치평가금액, 기존 실거래 가격)를 학습하여 기술예상가격을 제공한다.

02. [㉢]

기술정보(기술명－키워드, 키워드－키워드) 간 관계망 서비스를 통해 방대한 정보 속에서 사용자가 찾고자 하는 정보를 시각화하여 제공한다. 기술통계 서비스를 통해 공공연구기관별, 산업분야별 보유기술 현황을 시각화하여 제공하고, 시간흐름에 따른 기술의 변화 · 성장을 보여 주는 타임라인 서비스도 제공한다.

03. [ㄹ]

기존의 공공연구기관 보유기술 등록 · 관리 기능을 우수한 민간(기업) 보유기술 발굴 및 등록까지 확대한다. 또한 기술이전 · 사업화 가능성이 높은 중요 기술정보에 대해서는 기술을 소개하는 동영상을 제작하여 제공함으로써 사용자 및 기업의 이해도와 활용도를 높여 나갈 계획이다.

정부는 "이번에 새롭게 개편된 기술은행을 통해 기술이전 생태계가 활성화되어 기술이전 · 사업화 성과가 대폭 확대되기를 기대한다."라고 강조하고, "등록된 기술정보의 질을 산업분야별로 지속 향상시키고, 다른 기술 정보망들과 연계를 강화하는 등 체계적 운영으로 활용도를 높여 나갈 계획"이라고 밝혔다.

01. 다음 중 위의 보도자료에 대한 설명으로 적절한 것은?

① 기존의 기술은행은 사용자가 전문 기술용어를 숙지해야만 정확한 검색이 가능했다.
② 공공연구기관이 보유기술을 이전할 시 기술은행이 기술정보를 직접 등록한다.
③ 기존의 기술은행에서 정보 검색 시 결과 도출에 시간이 소요되어 불편함이 있었다.
④ AI 기술을 활용하여 기술은행 운영자가 기술 연관정보를 체계적으로 파악하여 관리할 수 있도록 하였다.

02. 다음 중 보도자료의 ㉠ ~ ㉣에 들어갈 제목으로 적절하지 않은 것은?

① ㉠-기술은행 현황 및 개편배경
② ㉡-AI 기반 기술 매칭 및 기술예상가격 제공
③ ㉢-기술정보 관계망 서비스 제공
④ ㉣-AI 기반 민관 합동 기술정보 기술이전 · 사업화 협력 사업 시행

03. 다음 중 위의 보도자료를 바탕으로 답변할 수 없는 질문은?

① AI 기술로 제공되는 기술예상가격은 기존에 제공되던 기술예상가격과 어떤 점에서 다른가요?
② 기술은행에 등록되어 있는 기술정보와 연간 기술정보 이용자 규모는 어떻게 되나요?
③ 기술정보 검색 시 AI 기술은 기존 대비 어떤 이점을 가지게 되나요?
④ 신규 플랫폼에서 제공하는 시각화 정보에는 어떤 것들이 있나요?

[04 ~ 05] 다음 글을 읽고 이어지는 질문에 답하시오.

회전교차로는 1960년대 영국에서 처음 개발하여 도입한 원형 교차로로, 차량이 한쪽 방향으로 돌아서 원하는 곳으로 갈 수 있는 도로이며, 우리나라에서는 2010년부터 도입되기 시작했다. 우측통행을 따르는 우리나라는 반시계 방향으로, 좌측통행을 따르는 영국, 일본 등의 국가는 시계 방향으로 차량이 이동하게 되는데, 회전교차로는 일반 교차로와 달리 신호등이 없고 교차로에 먼저 진입한 순서대로 빠져나갈 수 있다는 점이 가장 큰 특징이다.

회전교차로는 특성상 진입 속도를 줄여야 하기 때문에 교통사고의 가능성이 일반 교차로보다 적고 신호 대기가 없어 같은 시간 대비 많은 차량이 이동할 수 있다는 장점이 있지만, 일반 교차로에 비해 많은 공간이 필요하고 교통량이 많은 장소에는 진입하려는 차량과 빠져나가려는 차량이 복잡하게 얽힐 수 있어 설치가 지양되고 있다.

간혹 로터리와 회전교차로를 혼동하는 운전자들이 있는데, 회전교차로와 로터리는 둘 다 신호등이 없고 중앙에 원형 구조물이 있다는 점에서는 비슷한 듯하지만, 매우 큰 차이점이 존재한다. 바로 차량의 '통행 우선권'이다. 회전교차로의 경우 이미 진입한 차량의 통행이 우선시되기 때문에 새로 진입하는 차량이 양보선에서 회전 중인 차량에 양보하는 것을 원칙으로 한다. 따라서 진입하기 전 감속은 필수사항이며, 안전성이 높다는 장점이 있다. 반면 로터리의 경우 중앙에 원형의 섬이 존재한다는 점은 회전교차로와 같아 보이지만, 새로 진입하는 차량을 우선시하는 형태이기 때문에 이미 교차로에 진입해 있는 차량보다는 새로 들어서는 차량에 통행 우선권이 있다. 따라서 새로 진입하는 차량이 높은 속도로 진입할 우려가 있기 때문에 교차로에 이미 진입해 있던 차량과 새로 진입하는 차량 간의 양보가 부족할 시 사고로 이어질 확률이 높다.

회전교차로와 로터리는 이렇게 중요한 차이가 있기 때문에 회전교차로와 로터리의 차이를 숙지하여 상황에 맞는 진입 방법을 따라야 한다. 회전교차로 통행 시에는 반드시 주의해야 할 사항이 있다. 교차로를 빠져나가는 차량은 반드시 방향지시등을 켜서 진입하려는 차량에 알려줘야 한다는 점이다. 방향지시등을 켜지 않은 경우 교차로에 진입하기 위해 기다리고 있던 차량은 회전 중인 차량이 계속 회전할 것으로 생각하고 기다리다가 진입 타이밍을 놓칠 수 있기 때문이다.

회전교차로는 지난 2010년 행정안전부 시범 사업으로 국내에 처음 도입돼 현재 회전교차로 활성화 사업을 추진 중이며, 매년 130여 개소가 설치되어 있다. 한국교통연구원의 회전교차로 설치 전 · 후를 비교한 결과를 보면 교통사고 발생 건수는 45.6% 감소, 사망사고 발생 건수는 73.7%가 감소한 것으로 나타나 교통안전 측면에서 매우 효과적인 것으로 보인다.

04. 위글을 읽고 추론한 내용으로 올바른 것은?

① 영국과 일본의 회전교차로에서는 회전 중인 차량과 진입 차량 간의 통행 우선권이 우리나라와 다를 것이다.

② 회전교차로의 중심에 있는 원형 구조물은 진입 차량보다 회전 중인 차량의 통행을 고려하여 설치되었을 것이다.

③ 회전교차로가 있는 곳의 진입 차량 차선에는 양보선이 있고, 로터리는 양보선이 없을 것이다.

④ 방향지시등을 켜고 회전하는 차량은 로터리가 회전교차로보다 더 많을 것이다.

05. 윗글을 바탕으로 운전자들을 위한 회전교차로 이용법에 대한 교육자료를 제작하려고 한다. 밑줄 친 ㉠ ~ ㉣ 중 옳지 않은 내용을 모두 고르면?

> 1. 회전교차로에 들어갈 때에는 ㉠ <u>회전교차로 진입신호등의 지시에 따라 속도를 줄이고</u>, 깜박이를 꼭 켜세요.
> 회전교차로에는 이미 회전교차로를 이용 중인 차량이 있으므로, 꼭 서행하여 ㉡ <u>좌회전 지시등을 켜고</u> 전후좌우 상황을 살피고 들어가야 합니다. 회전교차로에서 나갈 때도 회전교차로를 돌고 있는 차량이 있으므로 속도를 줄이고, ㉢ <u>우회전 지시등을 켜야 합니다</u>.
> 2. 회전교차로 진출입로의 횡단보도에 주의하세요.
> 회전교차로를 이용하는 운전자는 회전교차로의 진출입에 집중해 횡단보도를 인식하지 못하는 경우가 종종 발생합니다. 회전교차로 진출입 시 횡단보도를 건너는 보행자에게 양보해야 합니다.
> 3. 회전교차로에서는 회전중인 차량이 우선이에요.
> 회전교차로에 진입하는 차량은 회전교차로 내 회전차량에 양보를 해야 합니다. 회전차량이 지나간 뒤에 회전교차로에 서행하여 진입해야 하고, ㉣ <u>회전교차로에 여유공간이 없다면 양보선에서 대기해야 합니다</u>.
> 4. 교통섬과 회전차로 사이의 화물차턱은 대형 차량만 이용할 수 있어요.
> 화물차턱은 커브를 돌 때 움직임이 큰 중대형 화물차와 버스를 위한 영역으로, 일반 승용차는 이용할 수 없습니다.

① ㉠　　② ㉠, ㉣

③ ㉡, ㉢　　④ ㉡, ㉢, ㉣

[06 ~ 07] 다음 보도자료를 읽고 이어지는 질문에 답하시오.

(가) 보행자 교통사고 감소에 효과적인 안심도로에 대한 인식 확산을 위해 지난 4월부터 6월까지 총 2개월간 개최한 「제2회 안심도로 공모전」의 결과가 발표되었다. 이번 공모전은 지자체 및 공공기관을 대상으로 지난 4월부터 6월까지 총 54일간 진행되었으며, 도로 · 교통 및 도시재생 분야의 2개 계획부문과 현재 운영 중인 우수사례 등 3개 부문으로 나누어 전문 평가단의 평가를 거쳐 각 부문별 7개씩 총 21개 수상작을 선정하였다.

(나) 안심도로란 지그재그, 소형 회전교차로, 차로폭 좁힘 등 자동차의 속도 감소를 유도하여 보행자의 안전을 높이기 위한 교통정온화 시설(Traffic Calming)을 적용한 도로를 의미한다. 교통정온화란 '교통을 조용히 시킨다, 진정시킨다'라는 의미로, 보행자에게 안전한 도로 환경을 제공하기 위한 물리적 시설을 설치하여 자동차의 속도와 통행량을 줄이는 기법이다. 교통정온화는 1970년대 네덜란드에서 시작되어 국내에서도 「교통정온화 시설 설치 및 관리지침」을 '교통안전 종합대책'의 세부과제로 포함하여 추진하고 있다.

(다) 이번 수상작에 대해 국토교통부는 설계 등의 기술 관점에서, 행정안전부는 사업 관점에서 지원을 계속해 나갈 계획이다. 국토교통부는 계획부문 수상작에 대해 교통정온화 시설에 대한 설계 컨설팅을 제공하고, 수상기관 의견 수렴 및 좋은 아이디어를 벤치마킹하여 「교통정온화 시설 설치 및 관리지침」 개정사항을 도출하는 등의 제도 개선도 추진한다.

(라) 국토교통부는 "이번 공모전을 통해 공공부문에서 안심도로가 현장에 잘 정착되고 있음을 확인할 수 있었으며, 앞으로도 안심도로가 전국으로 확산될 수 있도록 공모전 개최, 제도 개선 등 지속적인 노력을 기울일 계획이다"라고 밝혔다.

06. 다음 중 〈보기〉의 내용을 추가하기에 적절한 위치는?

보기

행정안전부는 교통안전 개정사업을 선정할 때 이번 공모전에 참여한 기관에 가점을 부여하는 방안과, 수상작 중 효과성과 시급성이 높은 사업에 대해 예산을 지원하는 방안 등을 검토할 예정이다.

① (가) 문단 앞
② (가) 문단과 (나) 문단 사이
③ (나) 문단과 (다) 문단 사이
④ (다) 문단과 (라) 문단 사이

07. 윗글과 다음 교통정온화 시설에 대한 내용을 참고할 때, 안심도로와 관련된 사업의 내용으로 적절하지 않은 것은?

- 고원식 교차로(Plateau)
  교차로 부분의 도로를 일반적인 도로보다 더 높게 만드는 것으로, 교차로를 고속으로 지나는 자동차가 받는 충격 혹은 운전자의 시각적 인식을 통해 주행속도를 저감시키는 효과가 있다.
- 노면의 요철포장
  도로에 요철을 만들어 그 위를 지나가는 자동차에 소음과 진동을 발생시켜 운전자가 감속하도록 유도하는 도로시설이다. 다만 소음공해로 주거지역 내에는 설치가 힘들고 대형 차량에 의한 도로포장재의 파손 우려가 있다.
- 도로 협착
  도로의 폭을 물리적으로 줄여 차량의 속도를 저하하는 방법으로, 도로의 횡단거리를 감소시키는 효과까지 얻을 수 있어 주로 어린이보호구역이나 노인보호시설 인근에 사용된다.
- 시케인(Chicane)
  시케인은 도로를 굴절시켜 차량의 속도를 줄이는 도로시설로, 도로를 직접 S자 형태로 굴곡화하거나 도로 내에 조경 및 주차시설 등을 설치하여 통행로를 굴곡화하는 방법 등이 있다.
- 조명시설
  야간 운전 시 차량 운전자의 주위를 환기하기 위해 횡단보도나 굴곡부, 통행량이 많은 지역에 조명시설을 설치하여 주변보다 밝게 보이게 한다.

① A 동은 어린이집이 많고 노약자 거주비율이 높아 교통취약층의 이용률이 높은 도로에 일방통행 설치, 차량의 인도 진입을 막는 볼라드 조명 설치 등을 추진하였다.

② B 시는 도로 이용자를 위한 친환경차 충전시설, 스마트 조명, 지역 홍보관과 특산물 판매장 등을 운영하는 '스마트 복합쉼터'를 신설하였다.

③ C 시는 도로 위에 과속방지턱과 같은 높이의 횡단보도를 설치하는 고원식 횡단보도 설치를 의무화하고, 이를 어린이보호구역 등에 점차 확대할 계획이다.

④ D 구청은 왕복 4차로의 양방통행 구간을 1차로로 줄여 왕복 2차로와 회전차로로 구성하고 줄인 차로만큼의 보도를 확보하는 '도로다이어트' 사업을 추진하였다.

[08 ~ 09] 다음 ○○공사의 직원 포상금 제도를 보고 이어지는 질문에 답하시오.

○○공사에서 근무하는 정아름 사원은 안전운전 실천을 위한 포상금 제도를 홍보하는 업무를 맡았다.

〈화물차 모범운전자 포상금 제도〉

• 시행 목적 : 교통사고 위험성이 높은 화물 운전자의 안전운행 실천 유도 및 사고 예방

• 응모 대상 : 1톤 초과 사업용 화물차 운전자

• 신청 방법 및 기간

1. 방문신청 : 고속도로휴게소 종합안내소, 교통안전공단 자동차검사소, 운전적성정밀검사장
2. 인터넷신청(모바일 포함) : ○○공사 홈페이지

※ 202X년 2월 17일 ~ 5월 31일(인터넷신청 시스템 오픈 : 202X년 2월 21일부터)

• 안전운전 실천기간 : 202X년 3 ~ 8월(신청일 다음 달 1일부터 8월 31일까지)

• 선발 기준

1. 교통사고 유발 및 법규위반이 없으며 준법 운행을 한 자
2. 안전위험 운전 점수가 70점 이상인 자 중 상위 30%

구분	배점(점)	평가산식
안전위험 운전 점수	100	화물차 평균치 대비 준수율 =[100×{1-(위험운전*횟수/화물차 평균 위험운전횟수)}×가중치] ※ 가중치(최댓값 1) : 0.5+0.5×(고속도로 주행거리/40만 km)

* 위험운전 : 급감속, 급차로변경, 과속

• 포상 : 선발 기준을 모두 충족한 운전자에게 다음과 같이 포상

구분	대상 인원	구분	대상 인원	구분	대상 인원
500만 원	1%	250만 원	7%	80만 원	20%
350만 원	7%	120만 원	15%	50만 원	50%

※ 선발 기준에 해당되시는 모든 분들께는 도로 안전 지킴이 상을 수여합니다.

※ 재학 자녀 유무에 따라 자녀장학금 또는 포상금을 수여합니다.

• 운행기록 제출 방법

1. 제출기준 : 안전운전 실천기간 내, 실운행일 50일 이상 기록 필수 제출
2. 제출방법 : 홈페이지 업로드, 도로공사 지역본부 방문 제출

08. 정아름 사원은 위 내용을 게시한 후 질문 게시판에서 다음과 같은 글을 보고 수정할 사항을 메모하였다. 다음 중 질문 해결에 가장 적절하지 않은 메모는?

질문 게시판	메모
교통안전공단 자동차검사소의 위치는 어디인가요?	① '신청 방법 및 기간' 하단에 자동차검사소 위치를 표시한 지도를 첨부한다.
저는 작년에 화물차 안전운전 포상금을 받았는데, 올해에도 재신청이 가능한가요?	② '포상' 하단에 작년 모범운전자 포상금 수여자의 재신청 시 포상 금액 제한에 대한 내용을 추가한다.
화물차의 교통사고 유발의 예시에는 어떤 것들이 있나요?	③ '선발 기준 1.'에 화물차의 과적, 적재불량으로 인한 교통사고 사례를 추가한다.
안전위험 운전점수를 구하려고 합니다. 기준이 되는 화물차 평균 위험운전횟수가 몇인가요?	④ 모범운전자 포상금 제도를 실시한 3년간 화물차의 평균 위험운전횟수 감소율을 추가한다.

09. 다음 운전자의 정보를 참고할 때 적절하지 않은 것은?

이름	김△△	고속도로 주행거리	36만 km
신청 날짜	202X년 2월 19일		
포상 결과	도로 안전 지킴이 표창장 수상		
위험운전	김△△(100km당)	화물차 평균(100km당)	
급감속(회)	2	9	
급차로변경(회)	2	12	
과속(회)	5	15	

① 김△△은 고속도로 주행거리가 36만 km이므로 0.95점의 가중치가 부여된다.

② 김△△은 안전위험 운전 점수가 70점 이상인 운전자 중 상위 30%에 해당하지 않는다.

③ 김△△은 3월 1일～8월 31일에 1톤 초과 사업용 화물차를 50일 이상 운전하였다.

④ 김△△은 고속도로휴게소 종합안내소, 교통안전공단 자동차검사소, 운전적성정밀검사장 중 한 곳에서 모범 운전자 포상금 제도를 신청하였다.

[10 ~ 12] 다음은 「국가 주요 정책기록 해설집」(이하 해설집)에 수록된 내용이다. 이어지는 질문에 답하시오.

1945년 광복 이후 지난 70여 년간 도로, 철도, 공항, 항만 등을 포함한 우리나라의 교통정책 ㉠ 기조는 당시 시대상황과 매우 밀접한 관계를 맺으며 변화하였다. 1950년대는 6.25전쟁으로 파괴된 교통시설에 대한 복구 및 재건을 목표로 하였고, 1960년대에는 산업화 및 공업화 촉진 등 경제발전을 지원하기 위한 도로, 철도 등의 교통인프라 구축이 이루어졌다. 이러한 교통시설의 건설은 사람과 화물의 수송력 증대를 가져왔고, 수송력 증가는 국가경쟁력을 높이는데 기여하였고, 1970년대 본격적인 경제성장기에 들어서면서 교통은 경제성장을 지원하는 가장 중요한 위치에 자리매김하였다. 경제개발 5개년 계획에 따라 교통시설을 지속적으로 ㉡ 확충하였고, 특히 지역개발과 여객 및 화물 수요 증가에 따른 경부고속도로 건설, 국도 확충사업에 대한 집중 투자는 현재의 전국 간선도로망체계를 갖추는 계기가 되었다.

1980년대 이후 급속한 도시화가 진행되면서, 도로건설만으로는 도시교통 혼잡문제 해결에 한계가 있다고 지적되었다. 이에 따라 교통서비스에 대한 질적 개선 요구가 증가하였고, 교통의 기능도 점차 다양해지기 시작했다. 교통혼잡이나 교통사고 등과 같은 교통문제가 본격화되면서 도시철도, 버스 등 대중교통 활성화를 위한 정책과 인프라 투자 및 구축에 집중하였다. 1990년대 정부는 경부 축의 원활한 여객수송과 화물운송을 위해 경부고속철도 건설에 착수하였고, 1989년 해외여행 자유화 조치 이후 급격히 증가한 국제여객과 수출입 화물의 원활한 처리를 위해 인천국제공항, 부산항 등의 개발 및 건설이 이루어졌다.

한편, 교통시설 공급만으로는 교통시스템의 효율성과 다양한 교통문제 해결에 한계가 있었다. 또한 지역 간 교통, 급격한 수출입 물동량 증가 및 대도시 교통혼잡으로 발생한 교통문제 때문에 교통혼잡비용, 교통사고비용, 물류비용, 환경비용 등의 막대한 사회 · 경제적 손실로 인해 종합적이고 체계적인 교통시스템 구축과 관리에 대한 필요성이 대두되었다. 이에 1994년 청와대는 '사회간접자본(SOC) 투자기획단'을 구성하였고, 첨단교통체계 도입과 더불어 안정적 투자재원을 마련하였다.

2000년대 들어서는 교통효율의 극대화와 지역 균형발전 촉진에 주력하였다. 그동안 교통시설 투자는 도로, 철도, 항만, 공항 등과 같은 부문별 교통시설에 대한 연계성을 확보하지 못하고 독립적인 투자가 많이 이루어졌다. 또한 교통시설의 확충 시 도로와 철도 등 ㉢ 부문별 교통수단들이 경쟁수단으로 인식되어 왔기 때문에 교통수단 간의 시너지효과를 고려하지 못하는 한계가 있었다. 정부는 이러한 문제점을 해결하기 위해 효율적인 투자를 유도하여 교통수단 간 연계 수송체계 구축과 같은 국가기간교통망 체계의 골격을 형성하였다. 그리고 첨단교통체계의 도입으로 교통체계를 개선하고 시스템 고도화를 통한 혼잡비용, 교통사고 등을 감소시켜 국가 인프라의 질적 향상을 가져왔다. 또한 교통서비스 및 교통인프라의 운영 · 관리도 체계적으로 이루어졌는데, 이러한 교통서비스의 질적 향상으로 국민 삶의 질이 ㉣ 제고되었다.

이 장에서는 28개의 교통 관련 기록물에 대하여 주요 내용을 요약하고 그 의의를 설명하였다. 법 제정 관련 기록물은 1960년대의 「자동차운수사업법」, 「도로운송차량법」, 1970년대의 「교통안전기본법」, 1980년대의 「도시교통정비촉진법」, 1990년대의 「화물유통촉진법」, 「교통체계효율화법」,

2000년대의 「대중교통촉진법」, 「교통약자의 이동편의 증진법」 등을 정리하였다.

정부는 이러한 법 제정과 함께 자동차산업을 활성화하기 위한 자동차공업육성계획, 국토의 종합적 개발을 위한 국토종합개발계획, 국민의 교통안전을 위한 교통안전기본계획, 수도권 교통문제 개선을 위한 수도권 교통개선 5개년 계획, 대도시교통종합계획 수단 및 운영을 통합할 수 있는 국가기간망교통계획 및 수도권광역교통계획 등을 수립하여 교통정책의 효율적 추진을 도모하였다.

10. **다음은 국가 교통정책과 관련하여 수행된 내용이다. 〈보기〉의 (가) ~ (마)를 과거부터 현재까지 연대순으로 나열한 것은?**

보기

(가) 교통혼잡비용, 교통사고비용 등을 감소시키기 위한 첨단교통체제의 도입으로 교통체계를 개선하고 시스템 고도화를 이루었다.
(나) 국도 확충사업에 집중 투자하여 전국 간선도로망체제를 갖추는 계기를 마련하였다.
(다) 경부 축의 원활한 여객수송과 화물수송을 위해 경부고속철도를 건설하기 시작하였다.
(라) 국가의 경제발전을 지원하기 위한 교통인프라를 구축하여 화물 수송력을 증대시켰다.
(마) 본격화된 교통 혼잡 문제를 해결하기 위한 정책과 인프라를 구축하고 도시철도, 버스 등 대중교통을 활성화하였다.

① (마) → (다) → (나) → (라) → (가)
② (다) → (마) → (라) → (나) → (가)
③ (라) → (나) → (다) → (마) → (가)
④ (라) → (나) → (마) → (다) → (가)

11. **다음 중 윗글의 밑줄 친 단어 ㉠ ~ ㉣의 의미로 적절하지 않은 것은?**

① ㉠ 기조 : 일관해서 흐르는 기본적인 경향이나 방향
② ㉡ 확충 : 늘리고 넓혀 충실하게 하는 것
③ ㉢ 부문 : 전체를 몇 개로 나눈 것의 하나
④ ㉣ 제고 : 수준이나 정도 따위를 끌어 올림.

12. 다음은 해설집의 '교통편'에 수록된 내용이다. 이 글의 제목으로 적절한 것은?

> 당시 교통문제를 해결하려고 여러 법령에서 교통계획을 수립하고 시행했지만 교통시설 간 상호연계의 부족으로 서울특별시, 인천광역시 및 경기도를 포함한 수도권 광역교통문제를 해결하는 데는 상당히 미흡하였다. 그리고 각 기관 간 투자우선순위에 대한 불일치 등으로 중복투자가 이루어졌고, 시·도 경계 부근에서 도로의 단절·병목구간도 발생하고 있었다. 수도권의 면적은 전 국토면적의 12%에 불과하나 1999년 기준 인구 및 자동차의 46%가 집중됐고, 1990년 이후 인구는 연평균 1.8%, 자동차는 12.4%씩 증가하고 있었다. 또한 서울시, 인천시의 도로교통 혼잡비용은 1991년 이후 연평균 15.6%씩 증가하여 1999년에 5조 4천억 원에 달했다. 그리고 서울 시계 유·출입 교통량은 연평균 5.8%씩 증가하여 수도권 교통문제는 심각한 수준이었다.
>
> 이에 정부는 2020년까지 수도권 교통문제에 대한 종합적인 해결 계획을 제시하였다. 이 계획체계는 수도권 광역도시계획과 도시공간구조변화에 대비하는 순환방사형 교통망을 구축하고, 급행열차－전철·버스 연계수송체계를 구축하여 대중교통 중심체계로 전환하는 등에 대한 기본방향을 제시하였다.
>
> 계획의 3대 목표로는 고속도로 건설, 전철, 도시철도 및 경량전철 등 수도권 전철망을 대폭 확대하는 간선교통시설 확충과 전철 및 간선도로의 수송분담구조의 개선, 광역철도 및 간선도로 운행속도 증가를 통한 간선교통축의 소통능력 제고에 있었다.
>
> 정부는 이러한 목표를 달성하기 위해서는 향후 20년간 78조 5천억 원이 소요될 것으로 전망하였고, 부문별로 전철·도시철도 및 경량전철 확충에 43조 2천억 원, 간선도로 확충 및 병목도로 정비에 34조 8천억 원, 환승시설 확충에 5천억 원의 투자가 필요하다고 보았다. 그리고 재원분담은 중앙정부가 45조 원(57.3%), 지자체 20조 원(25.5%), 민자 13조 5천억 원(17.2%)이 배분되었으며, 신규제안 사업에 30조 3천억 원이 소요될 것으로 예측되었다.

① 수도권광역교통망계획(안)

② 수도권 운송업 제도개선 방안

③ 수도권 교통개선 5개년 계획(안)

④ 수도권 교통 개선방안 추진 성과

13. 다음의 보도자료를 이해한 내용으로 적절한 것을 〈보기〉에서 모두 고르면?

관계 기관 간 힘을 합쳐 '도로살얼음' 예측기술 개발한다!
－국립기상과학원, 한국건설생활환경시험연구원과 업무협약(MOU) 체결－

□ 국립기상과학원(원장 주○○)은 6월 18일(목), 한국건설생활환경시험연구원(원장 윤△△)과 함께 도로살얼음(블랙아이스) 관련 공동연구를 위해 업무협약(MOU)을 체결했다.

- 이번 협약은 두 기관 간 관측장비 및 시설 공동 활용, 결빙 관측장비의 성능 평가 공동실험, 기상 · 기후환경 챔버 운영 기술교류, 도로살얼음 예측기술 공동연구 등 상호 협력체계 구축을 위해 마련되었다.

□ 한편, 국립기상과학원은 2년간 겨울철 도로결빙 취약지역을 중심으로 도로살얼음 예측기술 개발을 추진한다.

〈주요 추진 내용〉

－행정안전부, 국토교통부, 한국건설기술연구원, 한국도로공사와 협력을 통해 도로살얼음 취약구간에 대한 자료를 수집하고 데이터베이스를 구축
－한국건설생활환경연구원과 공동연구로 기상조건과 도로재질에 따른 도로살얼음 발생 예측 모델 개발
－도로결빙 관측자료와의 비교를 통해 모델의 정확도 제고

보기

ㄱ. 이번 협약은 두 기관 간 도로살얼음 관련 공동연구를 위해 체결되었다.
ㄴ. 도로살얼음은 블랙아이스를 우리말로 순화한 용어이다.
ㄷ. 도로결빙 관측자료와 도로살얼음 발생 예측 모델을 비교하면 모델의 정확도를 높일 수 있다.
ㄹ. 도로의 재질은 도로살얼음 발생에 영향을 주지 않는다.

① ㄱ, ㄴ
② ㄴ, ㄷ
③ ㄱ, ㄴ, ㄷ
④ ㄴ, ㄷ, ㄹ

[14 ~ 15] 다음 글을 읽고 이어지는 질문에 답하시오.

진통제 하면 가장 먼저 떠오르는 약이 아스피린과 타이레놀이다. 약간 열이 나거나 두통이 있을 때 둘 중 어떤 약을 먹어야 하는지 혼란스러워하는 사람이 많다. 아스피린과 타이레놀의 차이점은 무엇일까? 진통제의 라이벌이라고도 불리는 아스피린과 타이레놀의 효능 및 차이점과 복용 시 주의사항을 살펴보자.

아스피린은 대표적인 '해열소염진통제'로 두통, 치통, 생리통뿐만 아니라 치은염, 근육염, 상처에 생긴 염증을 가라앉히는 등 진통과 염증 완화(소염)에 효과적이다. 아스피린은 혈전(피떡)을 없애는 효과가 있어 심혈관질환 예방 목적으로도 많이 사용된다. 하지만 위 자극이 심하므로 제산제나 음식과 함께 먹는 것이 좋다. 또한 임신 · 수유부와 독감, 수두에 걸린 15세 이하의 어린이는 부작용이 나타날 수 있어 복용하지 않도록 한다. 임산부가 진통 및 해열제가 필요한 경우에는 타이레놀을 복용하는 것이 좋다.

타이레놀은 대표적인 '해열진통제'로 해열과 진통의 효과가 있는 단일성분 제제이다. 해열 효과가 좋고 중등도의 통증 치료에 효과적이다. 하지만 아스피린과는 달리 소염 기능이 없어 염증이 동반되지 않는 두통, 치통, 생리통 등의 생활 통증 발생 시 복용하는 것이 좋다. 타이레놀은 공복에 복용해도 되고 임산부와 어린이가 복용할 수 있는 등 아스피린보다 부작용이 적지만 '아세트아미노펜' 성분이 간 독성을 유발할 수 있으므로 평소 술을 많이 먹는 사람이나 간질 환자는 전문의와 상담 후 복용하도록 한다.

14. 윗글의 제목으로 가장 적절한 것은?

① 진통제의 올바른 복용 방법
② 아스피린과 타이레놀의 선택 기준
③ 진통제 오남용 문제의 심각성
④ 아스피린에 대한 타이레놀의 우수성

15. 윗글을 읽고 추론한 내용으로 적절하지 않은 것은?

① 아스피린은 해열 기능이 있다.
② 아스피린과 타이레놀의 선택 기준에 연령도 고려할 수 있다.
③ 두통, 치통, 생리통은 염증이 유발되지 않는 통증이다.
④ 아스피린은 타이레놀과 달리 간 독성을 일으키는 성분이 들어있다.

16. 다음 글에 대한 설명으로 적절하지 않은 것은?

> 나는 집이 가난해서 말이 없기 때문에 간혹 남의 말을 빌려서 타곤 한다. 그런데 노둔하고 야윈 말을 얻었을 경우에는 일이 아무리 급해도 감히 채찍을 대지 못한 채 금방이라도 쓰러지고 넘어질 것처럼 전전긍긍하기 일쑤요, 개천이나 도랑이라도 만나면 또 말에서 내리곤 한다. 그래서 후회하는 일이 거의 없다. 반면에 발굽이 높고 귀가 쫑긋하며 잘 달리는 준마를 얻었을 경우에는 의기양양하여 방자하게 채찍을 갈기기도 하고 고삐를 놓기도 하면서 언덕과 골짜기를 모두 평지로 간주한 채 매우 유쾌하게 질주하곤 한다. 그러나 간혹 위험하게 말에서 떨어지는 환란을 면하지 못한다.
>
> 아, 사람의 감정이라는 것이 어쩌면 이렇게까지 달라지고 뒤바뀔 수가 있단 말인가. 남의 물건을 빌려서 쓸 때에도 이와 같은데, 하물며 진짜로 자기가 가지고 있는 경우야 더 말해 무엇하겠는가.
>
> 그렇기는 하지만 사람이 가지고 있는 것 가운데 남에게 빌리지 않은 것이 또 무엇이 있다고 하겠는가. 임금은 백성으로부터 힘을 빌려서 존귀하고 부유하게 되는 것이요, 신하는 임금으로부터 권세를 빌려서 총애를 받고 귀한 신분이 되는 것이다. 그리고 자식은 어버이에게서, 지어미는 지아비에게서, 비복(婢僕)은 주인에게서 각각 빌리는 것이 또한 심하고도 많은데, 대부분 자기가 본래 가지고 있는 것처럼 여기기만 할 뿐 끝내 돌이켜 보려고 하지 않는다. 이 어찌 미혹된 일이 아니겠는가.
>
> 그러다가 혹 잠깐 사이에 그동안 빌렸던 것을 돌려주는 일이 생기게 되면, 만방(萬邦)의 임금도 독부(獨夫)가 되고 백승(百乘)의 대부(大夫)도 고신(孤臣)이 되는 법인데, 더군다나 미천한 자의 경우야 더 말해 무엇하겠는가. 맹자(孟子)가 말하기를 "오래도록 차용하고자 반환하지 않았으니, 그들이 자기의 소유가 아니라는 것을 어떻게 알았겠는가."라고 하였다. 내가 이 말을 접하고서 느껴지는 바가 있기에, '차마설'을 지어서 그 뜻을 부연해 보았다.
>
> – 이곡, 〈차마설〉

① 사실과 의견의 2단 구성 방식으로 글을 전개하고 있다.

② 유추의 방법을 활용해 주제를 전달하고 있다.

③ 말을 빌려 탄 개인적 경험을 바탕으로 인간의 소유에 대한 성찰과 깨달음을 제시하고 있다.

④ 한문 문체의 하나로, 일반적인 견해를 먼저 제시하고 그에 맞는 논거를 들어 설명하는 글이다.

17. 다음 중 보도자료에 대한 이해가 가장 적절하지 못한 사원은?

□ 오는 28일부터 승용차, 화물차, 특수차 등 다양한 차종들도 캠핑카로 튜닝(개조)할 수 있게 된다. 수요자의 목적에 따라 다양한 캠핑카를 개발할 수 있도록 규제도 완화된다.

- ○○부는 캠핑용 자동차 활성화를 위한 규제 완화 조치 등을 주요 내용으로 하는 자동차관리법 하위법령이 개정되어 오는 28일부터 시행된다고 밝혔다.

□ 주요 개정 내용은 다음과 같다.

1) <u>캠핑카 차종 확대</u>

캠핑카 차종 제한을 폐지하는 취지의 자동차관리법 개정으로 앞으로는 승용 · 승합 · 화물 · 특수 모든 차종을 활용하여 캠핑카 튜닝이 가능하게 된다.

2) <u>캠핑카 기준 완화</u>

- 기존에 캠핑카는 취침시설(제작 시 승차 정원만큼, 튜닝 시 2인 이상 필요), 취사, 세면 등의 시설을 일률적으로 갖추도록 하였으나, 수요자의 목적에 따라 다양한 캠핑카를 개발할 수 있도록 관련 기준을 완화하여 적용하기로 하였다.
- 앞으로는 취침시설(승차 정원의 1/3 이상, 변환형 소파도 가능) 외 캠핑에 필요한 1개 이상의 시설*만 갖추면 캠핑용 자동차로 인정된다.

* 취사시설, 세면시설, 개수대, 탁자(탈부착이 가능한 경우 포함), 화장실(이동용 변기를 설치할 수 있는 독립공간이 있는 경우 포함) 중 1개 이상의 시설

3) <u>캠핑카 튜닝 시 승차 정원 증가 허용</u>

캠핑카는 가족 단위(4 ~ 5인) 이용 수요가 있음을 고려하여 안전성 확보 범위 내*에서 승차 정원의 증가를 허용하기로 하였다.

* 자동차의 총중량 범위 내에서 승차정원을 증가시키는 튜닝이 가능하도록 하는 법적 근거 마련

4) <u>캠핑카 안전성 강화</u>

캠핑카의 캠핑설비*에 대한 액화석유가스 시설, 전기설비 외에 자동차안전기준도 마련하여 시행된다.

* 캠핑공간의 비상탈출구 기준, 주행 중 수납함 개폐 방지, 취침시설 기준 등
(「자동차 및 자동차부품의 성능과 기준에 관한 규칙」 제18조의4 제2항 신설)

① 갑 사원 : 이제 승용차에 취침시설만 갖추면 캠핑용 자동차로 인정되는군요.
② 을 사원 : 개정법령이 시행되기 전에는 승합자동차만 캠핑카로 튜닝할 수 있었네요.
③ 병 사원 : 이제 자동차를 튜닝할 시 정원을 늘리는 것도 가능하네요.
④ 정 사원 : 캠핑카 설비에 대한 구체적인 안전기준도 추가되었군요.

18. 다음은 공공기관 블라인드 채용에 관한 지침이다. 이를 근거로 판단할 때 채용 지침에 부합하는 공공기관 입사지원서를 작성한 사람은?

〈공공기관 블라인드 채용 지침〉

□ 블라인드 채용의 의미

채용과정(입사지원서 · 면접) 등에서 편견이 개입되어 불합리한 차별을 야기할 수 있는 출신지, 가족관계, 학력, 외모, 나이 등의 항목을 걷어내고, 실력(직무능력)을 평가하여 인재를 채용하는 방식을 의미함.

□ 공공기관 블라인드 채용 의무화

– 입사지원서에 인적사항 요구 금지

• 채용 시 입사지원서에 인적사항 요구를 원칙적으로 할 수 없음.

■ 인적사항은 출신지역, 가족관계, 신체적 조건(키 · 체중, 용모〈사진부착 포함〉), 학 · 경력 등을 의미

■ 응시자가 자기소개서 등을 작성할 때 간접적으로 학교명, 가족관계 등이 드러나지 않도록 유의해야 함을 사전에 안내

• 다만, 신체적 조건 · 학력이 채용 직무를 수행하는 데 있어 반드시 필요하다고 인정될 경우 예외로 함.

□ 본인확인 및 증빙서류 관련 사항

– 공무원 채용과 같이 응시자 모두 서류전형 없이 필기시험을 보는 경우, 본인확인을 위해 입사지원서에 사진 요구 가능

• 서류전형이 있는 경우, 서류전형 합격자를 대상으로 본인확인 용도를 위해 사진 요청 가능

– 사실 확인을 위해 정보를 수집하는 경우에는 이를 면접위원에게 제공하는 행위 금지

※ 입사지원서는 직무와 직접 관련된 교육, 훈련, 자격, 경험 중심으로 구성됨.

※ 추가로 입사지원서에 어학성적 등을 요구할 경우 직무수행상 필요한 이유를 채용공고 또는 직무기술서에 명시해야 함.

① 평소 신체장애를 갖고 있던 A는 신체상의 장애가 드러나지 않도록 특정 부위를 제외한 사진을 입사지원서에 부착하였다.

② B는 출신 학교명을 응시 서류에 기재하지는 않았으나, 우수 인재들이 모인 지역임을 나타내기 위하여 해당 지역명만을 입사지원서에 기재하였다.

③ 전기기술자를 채용하기 위한 모집 공고를 본 C는 전기기사 자격증을 보유하고 있지만 공정한 채용 절차를 준수하기 위하여 자격증 보유 사실을 입사지원서에 기재하지 않았다.

④ 경비직에 지원하려고 하는 D는 유사시 대응에 대한 능력을 표현하기 위하여 본인이 태권도와 유도 유단자라는 사실을 입사지원서에 기재하였다.

[19 ~ 21] 다음 자료를 보고 이어지는 질문에 답하시오.

▣ 협력이익공유제도의 정의

위탁 · 수탁거래 관계에 있는 기업 간의 상생협력으로 발생한 위탁기업의 협력이익을 사전에 상호 간 약정한 기준에 따라 공유하는 제도로, 협력의 범위는 프로젝트, 개별기업 간, 물품 · 부품 등 기업의 상황에 따라 자율적으로 선택함.

- 협력이익 : 수탁기업의 실질적 혜택을 도모하기 위해 판매량, 영업이익과 같은 재무적 성과로 한정한다.
- 사전약정 : 수탁기업 등의 혁신노력을 유발할 수 있도록 판매수익배분율, 인센티브율 등에 관한 사전계약을 반드시 체결해야 한다.
- 이익공유 : 협력사업 등을 통해 달성한 성과를 위탁기업의 재무적 성과와 연계하여 이익을 공유한다.

▣ 협력이익공유제도 내 이익공유 유형

협력사업형	인센티브형	마진보상형
제조업	전 업종	플랫폼 업종(유통, IT)

1) 협력사업형(협력사업형의 경우 위탁기업의 기업가치가 상승하는 효과 있음)

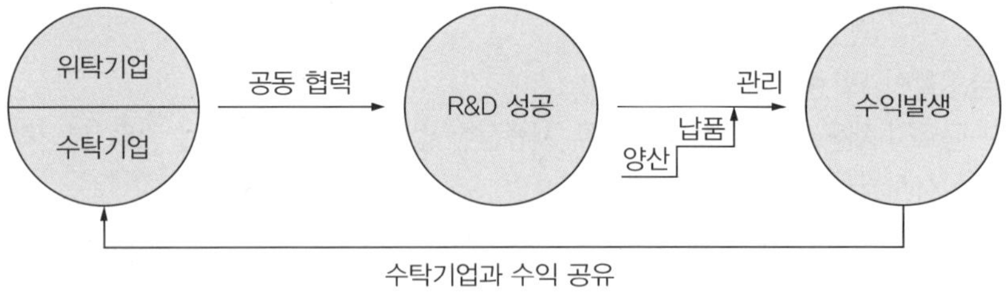

2) 인센티브형

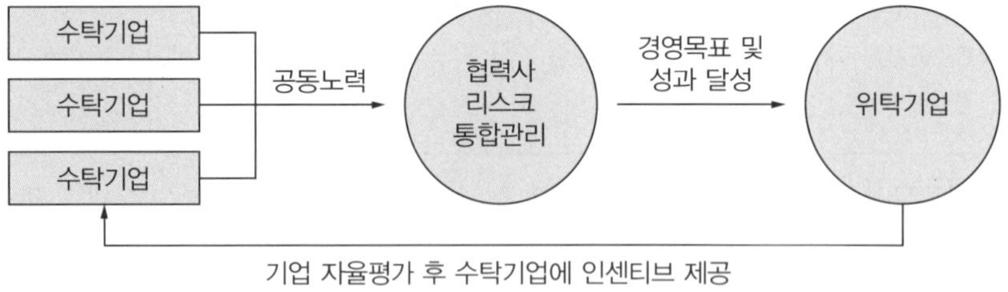

3) ⓐ 마진보상형

- IT : 위탁기업이 플랫폼의 역할을 하는 수탁기업에 콘텐츠를 제공하고, 콘텐츠를 판매한 수탁기업이 위탁기업이 제공한 콘텐츠의 재무적 성과와 연계해 이익을 응용
- 유통 : 위탁기업이 플랫폼의 역할을 하는 수탁기업에게 상품을 제공하고, 위탁기업이 상품을 판매한 수탁기업의 재무적 성과와 연계해 이익을 응용

19. 다음 중 위의 자료에 대한 이해로 적절하지 않은 것은?

① 개별기업 간의 협력은 협력이익공유제도의 협력범위에 포함되지 않는다.
② 협력이익은 수탁기업의 혜택을 도모하기 위해 재무적 성과로 한정한다.
③ 협력사업형 이익공유를 통해 위탁기업은 기업가치 상승을 도모할 수 있고, 수탁기업은 수익을 분배받을 수 있다.
④ 이익공유의 유형은 업종에 따라 다양하게 적용될 수 있다.

20. 협력이익공유제도를 도입한 다음 사례들 중 이익공유 유형이 다른 것은?

① R&D 공동 협력을 통해 발생한 수익에 대해 수탁기업과 이익을 공유한다는 내용의 사전약정을 체결하였다.
② 위탁기업이 수탁기업들이 공동으로 노력하여 성과를 달성한 것에 대한 지원금을 지급하였다.
③ 사전약정을 통해 수탁기업의 기술력에 대한 경영목표를 설정한 후 위탁기업이 수탁기업의 달성률에 따라 성과급을 지급하였다.
④ 수탁기업들은 안전관리에 관한 리스크를 통합적으로 관리하며 위탁기업은 수탁기업에 대해 자율평가를 실시하였다.

21. 〈보기〉는 밑줄 친 ⓐ의 사례를 그림으로 나타낸 자료이다. 다음 중 ㉠, ㉡에 들어갈 내용이 바르게 짝지어진 것은?

보기

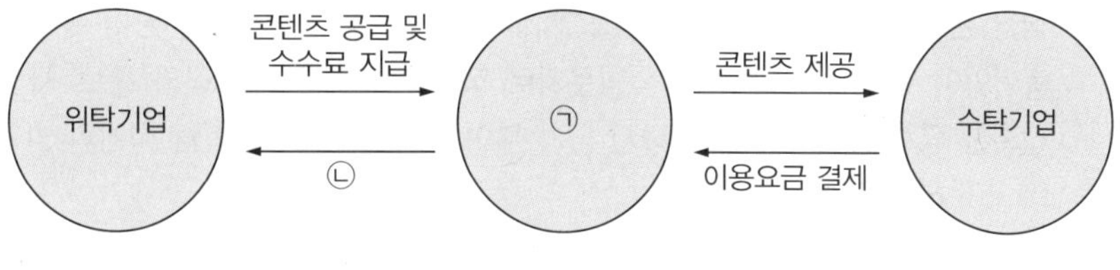

	㉠	㉡
①	유통 플랫폼	목표 이용자 수 달성 시 수수료 1개월 면제
②	IT 플랫폼	콘텐츠 판매 수익에 따른 수수료 인하율 우대
③	유통 플랫폼	가맹점이 본점 상품을 판매해 얻은 영업이익의 1%를 환급
④	IT 플랫폼	상품 판매 목표 매출액 달성 시 수익 배분

22. 다음 안내문을 참고할 때, 코로나19 감염에 따른 직원 공가 사용이 바르게 부여된 사례는?

□ 코로나19 감염이 의심되어 격리된 자인 경우
- ○「코로나바이러스감염증－19 대응지침」에 따라 격리가 해제된 날까지 공가 처리

□ 동거인 또는 동거가족이 코로나19 확진자 또는 격리자인 경우
- ○ 동거인 또는 동거가족 중에 코로나19 확진자가 있는 경우「코로나바이러스감염증－19 대응지침」에 따라 격리가 해제되는 날까지 공가 처리
- ○ 동거인 또는 동거가족 중에 코로나19 격리자가 있는 경우 격리가 결정된 날을 기준으로 14일간 출근하지 않도록 하고 재택근무 또는 공가 처리. 다만, 공가 사용 중에「코로나바이러스감염증－19 대응지침」에 따라 격리자인 동거인 또는 동거가족이 격리 해제될 경우, 격리 해제된 다음날부터 출근

□ 확진자가 공단을 방문하여 직원과 접촉한 경우
- ○ 직원 본인이 보건기관 등에서 자가격리 대상으로 통보 받은 경우 확진검사 및 결과 통보일까지 공가 부여. 음성판정인 경우 다음날 업무 복귀
- ○ 직원 본인이 검사 후 음성판정이라도 보건기관소 등에서 별도 격리안내를 받은 경우 별도 해제 통보일까지 공가 부여
- ○ 지사 등 근무시설 폐쇄의 경우 소독기간 공가 부여
- ○ 자가격리 통보 직원과 접촉한 동료직원의 경우 자가격리 통보 직원의 확진검사 및 결과 통보일까지 공가 부여. 자가격리 대상 직원이 음성판정 통보를 받은 경우 다음날 업무 복귀. 해당직원과 접촉한 직원의 범위는 부서장이 판단하여 지정

□ 직원이 감염시설을 방문하거나, 동거인이 감염시설 근무 또는 방문한 경우
- ○ 직원 본인이 보건기관 등에서 자가격리 대상으로 통보 받은 경우 확진검사 및 결과 통보일까지 공가 부여. 음성판정인 경우 다음날 업무 복귀
- ○ 본인이 검사 후 음성판정이라도 보건기관 등에서 별도 격리안내를 받은 경우 별도 해제 통보일까지 공가 부여
- ○ 직원 본인이 무증상자라 하더라도 시설 폐쇄의 경우 소독기간 공가 부여
- ○ 동거인이 감염시설 근무 또는 방문자로 직원 본인에게 자가격리 통보 시 해당직원과 접촉한 직원도 격리 해제 시까지 공가 부여. 해당 직원과 접촉한 직원의 범위는 부서장이 판단하여 지정
- ○ 동거인이 감염시설 근무 또는 방문자로 자가격리 통보 시 직원 본인은 동거인의 격리 해제 시까지 공가 부여. 확진검사 결과 음성의 경우 검사 시부터 확진(음성)결과 통보일까지 공가 부여
- ○ 확진자 발생시설 방문 직원은 보건기관으로부터 별도의 자가격리 통보가 없는 경우 공가 부여 불가

① 직원 A는 감염시설을 방문하였으며 이에 따라 이틀 간 공가를 받아 확진자 검사를 실시하였다. 검사 결과 음성이 판정되어 판정 다음날까지 공가를 부여받았다.

② 직원 B는 어제 일과 후에 확진자가 발생한 거래처를 방문하였다. 보건 당국에서 아직 자가격리 통보를 받지 못했지만 B는 오늘 출근하지 않아도 공가를 부여받을 수 있다.

③ 직원 C는 어제 자가격리 통보를 받았으며, 통보 당일 저녁에 C와 함께 식사를 한 직원 D는 C의 확진검사 결과가 나오는 시점까지 공가를 부여받을 수 있다.

④ 자녀가 격리자 통보를 받게 되어 출근하지 않고 공가를 사용하던 직원 E는 오늘 자녀의 격리가 해제되었으므로 내일까지 공가를 부여받고 모레부터 출근해야 한다.

23. ○○기업 생산팀 김 대리는 다음과 같이 신제품 NF101의 생산 일정을 정리하고 있다. 다음 내용을 참고할 때, 신제품 NF101의 생산완료일자는?

〈신제품 NF101의 생산설비 확충 공사 일정〉

구분	A 공정	B 공정	C 공정
공사 시작일	7월 16일(화)	7월 18일(목)	7월 23일(화)
공사 일수	2일	3일	2일
설비 확충 후 1일 생산 가능 물량	100만 개	150만 개	200만 개

※ 단, 설비 확충 공사 일수는 시작일을 포함한 날짜이다.

신제품 NF101의 생산 설비 확충 일정과 관련하여 알립니다.

생산설비 가동 및 확충 공사는 토요일과 일요일에는 진행할 수 없고, 각 설비 확충 공사가 완료된 후에 해당 공정의 생산을 진행할 수 있습니다. 현재 재고가 없기 때문에 A 공정 설비 확충 공사 일정이 끝나고 나서야 모든 생산을 시작할 수 있습니다.

총 500만 개의 신제품 NF101을 생산해야 하는데 재고관리를 위해 최대한 남는 제품이 없도록 해야 합니다. 한 공정의 설비 확충 공사가 진행되는 동안에도 다른 공정의 생산 설비는 가동이 가능하니까 이 부분 고려해서 일정을 파악하고, 신제품 NF101의 생산은 3단계의 공정(A 공정→B 공정→C 공정)을 차례로 거쳐야 완성됩니다.

이를 참고하여 7월 16일부터 신제품 NF101의 생산을 시작했을 때 가장 빠른 생산 완료 일자가 언제인지 파악하여 보고해 주시길 바랍니다.

① 7월 25일(목)　　② 7월 26일(금)

③ 7월 29일(월)　　④ 7월 30일(화)

[24 ~ 25] 다음 자료를 바탕으로 이어지는 질문에 답하시오.

202X년 서울 하프마라톤 대회를 개최하기 위해 3월 21일(토) 오전 중 일부 도로의 교통통제가 있을 예정이다. 코스는 1코스, 2코스 총 2가지로 필요한 범위 내에서 최소한으로 교통을 통제할 것이며, 1코스는 2코스와 겹치는 구간을 제외하고 한강변을 따라 조성된 한강공원을 통해 이동하므로 별도의 교통통제가 필요하지 않다.

구간		교통통제	교통해제
1	코엑스사거리 ~ 영동대교 북단교차로	07:50	09:00
2	영동대교 북단교차로 ~ 잠실대교 북단교차로	08:09	09:22
3	잠실대교 북단교차로 ~ 잠실대교 남단삼거리	08:17	09:42
4	잠실대교 남단삼거리 ~ 잠실종합운동장 동문	08:24	10:10

▷ 1코스(1,000명) : 21.098km

코엑스(출발) ~ 영동대교 ~ 잠실대교 남단삼거리 ~ 한강공원 ~ 광나루 한강공원(반환점) ~ 잠실종합운동장 호돌이광장(골인)

▷ 2코스(2,000명) : 10km

코엑스(출발) ~ 영동대교 ~ 잠실대교 남단삼거리(반환) ~ 잠실종합운동장(동문) ~ 잠실종합운동장 호돌이광장(골인)

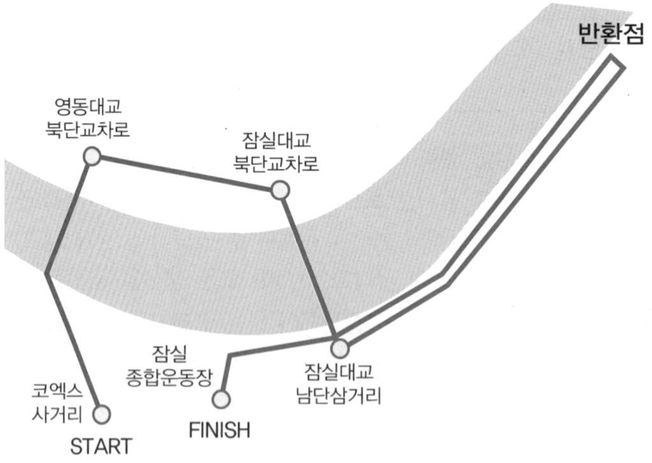

24. 위의 자료를 바탕으로 교통통제 안내도를 작성하고자 한다. 다음 〈조건〉에 가장 부합하는 안내도는?

조건

- 미통제구간과 교통통제 시간이 다른 구간들을 구별해서 표시하도록 한다.
- 마라톤 코스에 나온 도로명(지역명)이 어디인지 알기 쉽게 한다.
- 우회가능한 주변 교량과 도로를 표기한다.

①

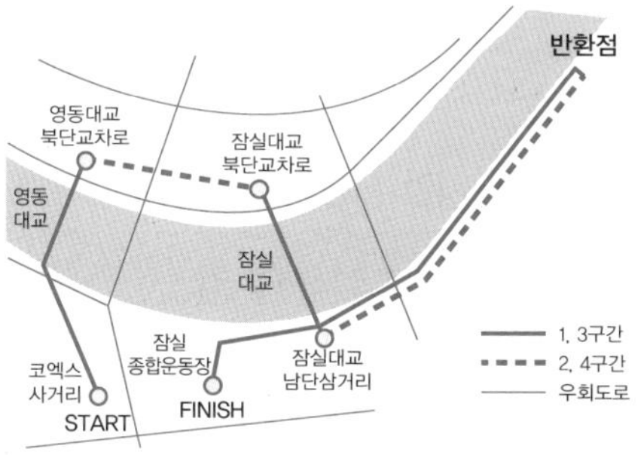

②

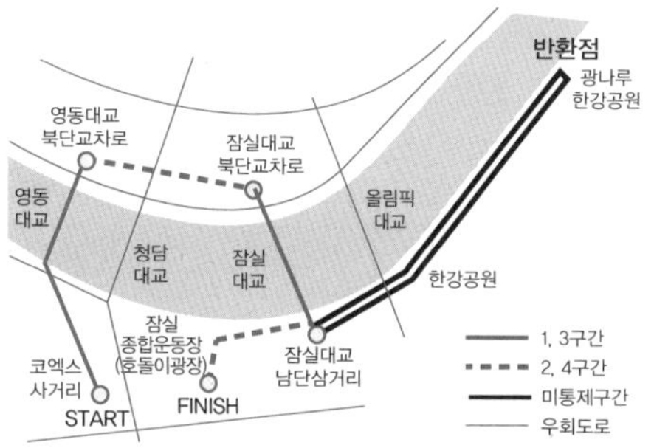

③

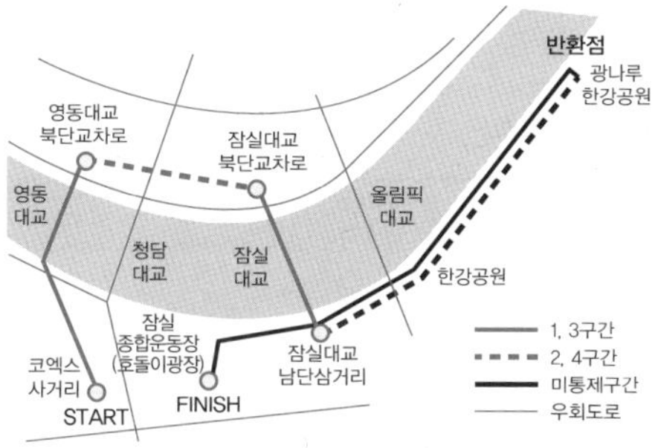

④

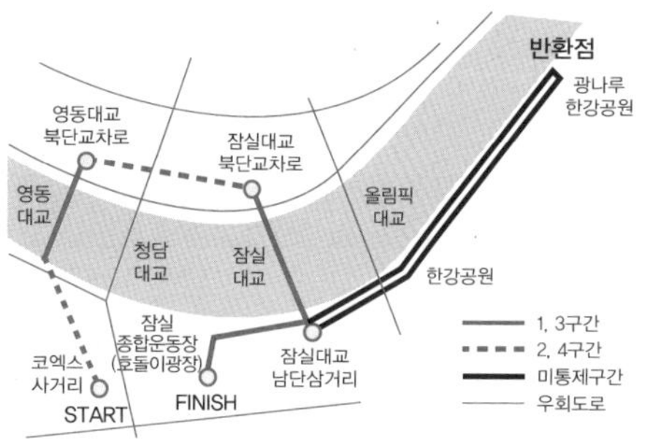

25. 마라톤 코스에 일정 거리마다 부스를 설치하여 생수는 코스 시작 후 5km부터 2.5km마다, 간식은 시작 후 7.5km마다 비치하고 스펀지는 시작 후 5km마다 비치하려 한다. 1코스와 2코스가 갈라지는 잠실대교 남단삼거리가 시작 후 8km 지점에 해당한다면 비치되는 각 물품의 수량으로 옳은 것은? (단, 비치되는 물품은 모든 참가자가 매 부스마다 사용할 수 있는 수량을 비치한다)

	생수(개)	간식(개)	스펀지(개)
①	11,000	4,000	6,000
②	11,000	5,000	8,000
③	14,000	5,000	6,000
④	14,000	6,000	8,000

[26 ~ 28] 다음 자료를 참고하여 이어지는 질문에 답하시오.

〈음식별 영양성분표〉

음식	탄수화물(g)	지방(g)	단백질(g)
A	100	30	20
B	120	25	10
C	80	40	15
D	140	15	10

※ 1g당 열량－탄수화물 : 3.75kcal/g, 지방 : 9kcal/g, 단백질 : 4kcal/g

〈운동종목별 체중당 열량 소모량(1시간 기준)〉

운동종목	열량 소모량(kcal/kg)	운동종목	열량 소모량(kcal/kg)
골프	5	축구	9
자전거	6	농구	8
수영	7.5	조깅	10

※ 시간당 열량 소모량=(운동종목별 체중당 열량 소모량)×(운동 시간)×(체중)

〈다이어트 도전자 정보〉

이름	김철수	이영희	박영서	최동수
성별	남	여	여	남
체중(kg)	80	60	50	90

※ 체중당 필요한 열량－남성 : 30kcal/kg, 여성 : 25kcal/kg

※ 하루 필요 열량=(체중당 필요한 열량)×(체중)

26. 음식 A ~ D 중 열량이 제일 높은 음식은?

① A　② B
③ C　④ D

27. 다이어트에 도전하는 네 사람의 하루 필요 열량으로 알맞은 것은?

① 김철수 – 2,200kcal　② 이영희 – 1,800kcal
③ 박영서 – 1,250kcal　④ 최동수 – 2,250kcal

28. 다음은 다이어트 도전자들이 섭취한 음식과 운동량이다. 이들 중 운동량이 부족한 사람은? (단, 운동량이 부족하다는 의미는 하루 필요 열량 기준으로 초과 섭취한 열량에 비해 소모한 열량이 적다는 의미이다)

이름	하루 동안 섭취한 음식	하루 운동량
김철수	A : 1개, B : 1개, C : 0개, D : 2개	농구 : 1시간
이영희	A : 1개, B : 1개, C : 2개, D : 0개	골프 : 1시간, 자전거 : 3시간
박영서	A : 3개, B : 0개, C : 0개, D : 0개	골프 : 1시간, 자전거 : 1시간, 수영 : 1시간
최동수	A : 1개, B : 2개, C : 2개, D : 2개	골프 : 1시간, 축구 : 1시간, 조깅 : 1시간

① 김철수　② 이영희
③ 박영서　④ 최동수

[29 ~ 30] 다음은 ○○시의 신규도로 투자 우선순위 평가항목별 점수 부여 기준과 각 도로 노선별 평가결과를 나타낸 자료이다. 이어지는 질문에 답하시오.

□ 평가항목별 점수 부여 기준

평가항목	점수 부여 기준 및 배점					반영비율(%)
경제성	2.5이상	2.0 이상~2.5 미만	1.5 이상~2.0 미만	1.0 이상~1.5 미만	1.0 미만	25
	100	90	80	70	60	
지자체 우선순위	아주 높음	높음	보통	낮음	아주 낮음	25
	100	90	80	70	60	
주변 여건	아주 좋음	좋음	보통	적음	아주 적음	20
	100	90	80	70	60	
도로 기능	고속화도로	주간선도로	보조간선도로	국지도로	집산도로	10
	100	90	80	70	60	
연결도로 유형	국가기간망과 직접 연결	국가기간망 접속도로와 연결	기타 시설과의 연결도로	기타도로와 인결	연결안됨	10
	100	80	60	40	20	
교통사고 발생 건수	없음	적음	보통	많음	아주 많음	10
	100	80	60	40	20	

※ 총점이 같을 때에는 경제성 점수가 높을수록 더 높은 우선순위로 간주한다.

□ 노선별 평가결과

노선번호	경제성	지자체 우선순위	주변 여건	도로 기능	연결도로 유형	교통사고 발생 건수
A 노선	2.27	아주 높음	보통	주간선도로	국가기간망 접속도로와 연결	적음
B 노선	2.13	높음	아주 좋음	고속화도로	국가기간망과 직접 연결	보통
C 노선	2.68	높음	좋음	고속화도로	국가기간망 접속도로와 연결	보통
D 노선	1.82	아주 높음	아주 좋음	주간선도로	국가기간망 접속도로와 연결	적음

29. 다음 중 투자 우선순위가 두 번째인 노선은?

① A 노선 ② B 노선
③ C 노선 ④ D 노선

30. 다음은 A ~ D 노선 다음으로 추가된 E, F, G 노선에 대한 평가결과이다. A ~ G 7개의 노선에 대한 평가결과를 종합한 결과로 옳지 않은 것은?

노선번호	경제성	지자체 우선순위	주변 여건	도로 기능	연결도로 유형	교통사고 발생 건수
E 노선	1.75	높음	아주 좋음	고속화도로	국가기간망 접속도로와 연결	적음
F 노선	2.44	보통	아주 좋음	주간선도로	국가기간망과 직접연결	없음
G 노선	2.78	높음	좋음	주간선도로	국가기간망 접속도로와 연결	적음

① G 노선은 우선순위 3번째이다.
② 마지막 순위는 E 노선으로 바뀐다.
③ 노선이 추가되어도 1순위는 바뀌지 않는다.
④ D 노선의 우선순위는 2순위 내려간다.

[31 ~ 32] 다음 글을 읽고 이어지는 질문에 답하시오.

'에너지 하베스팅'은 자연에서 발생되는 에너지를 전기 에너지로 변환하는 것뿐만 아니라 일상에서 발생하는 진동, 실내 조명광, 자동차에서 발생하는 열, 방송 전파 등 우리 주변에 쉽게 버려지는 에너지까지 전기 에너지로 변환하여 사용할 수 있도록 하는 기술을 말한다. 즉 우리가 아침에 일어나서 다시 잠들기까지 발생하는 모든 일상생활 속 에너지를 다시 활용하는 친환경 기술이다. 이런 에너지 하베스팅의 종류로는 신체 에너지 하베스팅, 열에너지 하베스팅, 위치 에너지 하베스팅, 전자파 에너지 하베스팅, 진동 에너지 하베스팅이 있는데, 이 중에서 진동 에너지 하베스팅은 비교적 발전 효율이 높고 응용 범위도 넓기 때문에 향후 실용 에너지로 전망이 밝다.

진동 에너지 하베스팅의 활용은 다양한 곳에서 확인할 수 있다. 버튼을 누르는 운동 에너지를 전력으로 바꿔 건전지가 필요 없는 TV 리모컨, 아이들이 축구장을 뛰어다닐 때 발생하는 진동 에너지를 조명전력으로 전환하여 사용하는 것 등이 그 예이다. 이스라엘에서는 도로, 철도, 공항 활주로에 진동 에너지 하베스팅을 적용하여 1km의 도로에서 시간당 200kWh의 전력을 생산하고 있다. 이렇게 진동과 압력을 통해서 전기 에너지를 얻으려면 압전소자가 필요한데, 압전소자란 무엇일까?

압전소자는 압력을 가하면 전기를 생산하는 성질을 가진 것을 말하며 대표적으로 수정, 전기석, 로셸염 등이 있다. 압전소자를 이용하면 일상생활에서 잡거나 누르고 걸을 때마다 전기 에너지를 만들 수 있다. 압전소자를 물리적인 힘으로 누르면 양전하와 음전하가 나뉘는 '유전분극'이 발생하고 이러한 전하 밀도의 변화로 인해 전기가 흐르는 '압전효과'가 발생한다. 이렇게 압전효과로 압력에 변화를 줄 때마다 전기를 생산하는 압전소자는 라이터, 발광 신발, 밟을 때마다 소리가 나는 계단 등 다양한 곳에서 다른 에너지를 전기 에너지로 재생시키는 것이다. 그런데 친환경적으로 전기를 생산하는 압전소자를 만들기 위해서는 납이나 바륨과 같이 인체에 나쁜 영향을 미칠 수 있는 화학물질이 사용되는 문제점이 있다.

그러나 이미 이러한 압전소자의 문제점을 해결한 나노 압전소자를 개발했다. 나노 압전소자는 천연소재인 양파 껍질을 이용하여 생분해성, 생체적 합성이나 물질 합성 측면에서도 발전 가능성이 큰 것이 특징이다. 흔한 양파 껍질이 친환경 압전소자가 될 수 있었던 이유는 양파 껍질에 들어 있는 셀룰로오스 섬유질 때문인데, 유리판을 쌓은 모양으로 되어 있는 셀룰로오스 섬유질의 층 내부에는 같은 수의 양전하와 음전하가 배열되어 있고 이러한 양파 껍질에 물리적 힘이 전해지면 나란히 배열되어 있던 양전하와 음전하가 이동하면서 전기가 발생하는 원리이다. 양파 껍질은 아주 약한 바람이나 작은 힘에도 전기를 생산할 수 있을 만큼 민감하고 효과적인 압전소자라 더욱 각광받고 있다.

양파 껍질처럼 아주 민감한 반응에도 전기를 생산할 수 있는 압전소자 기술을 신체나 기기에 부착한다면 걸어 다닐 때 발바닥에 발생하는 압력이나 기침과 같은 사람의 일상적인 움직임을 전기 에너지로 바꿀 수 있다. 또 도로에 압전소자를 적용하여 자동차나 사람이 지나가면서 누르는 압력으로 전기를 생산하고 주위 시설에 전기를 제공할 것으로 전망된다. 그러나 그러기 위해서는 연구와 개발을 통해 압전소자의 내구성 개선과 전기발전 효율의 향상이 더 필요하다. 버려지는 에너지를 또 다른 에너지로 발전시키는 에너지 하베스팅 기술은 압전소자뿐만 아니라 다양한 방식으로 계속 발전하게 될 것이며, 우리에게 더욱 편리한 생활을 제공하고 화학 연료로 환경오염 문제를 해결하는 데에도 도움을 줄 것으로 기대된다.

31. 다음 중 윗글을 근거로 하여 추론한 내용으로 옳지 않은 것은?

① 에너지 하베스팅이 실생활에 상용화되면 낭비되는 에너지를 모아 효율적으로 사용할 수 있다.
② 압전 에너지 하베스팅은 내구성과 효율성 등 아직 해결되지 못한 문제가 남아 있다.
③ 기존의 압전소자는 인체에 유해한 화학물질이 사용되었다.
④ 압전소자는 진동 에너지 하베스팅은 물론 열 에너지나 전자파 에너지 등에도 다양하게 활용할 수 있다.

32. 윗글과 다음 자료를 참고하여 압전 에너지 하베스팅의 원리를 바르게 이해한 것을 〈보기〉에서 모두 고르면?

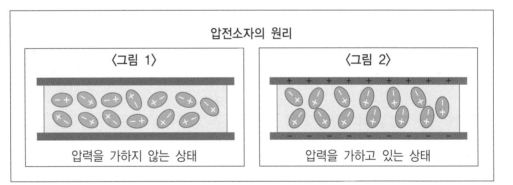

압전소자의 원리

〈그림 1〉　　〈그림 2〉

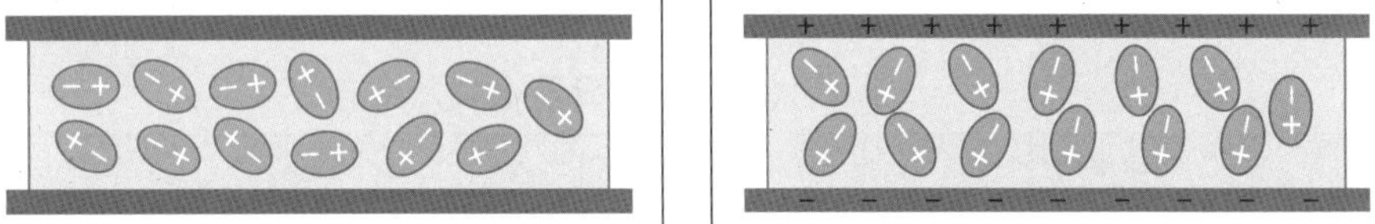

압력을 가하지 않는 상태　　압력을 가하고 있는 상태

보기

㉠ 〈그림 1〉은 전기를 생산하는 상태, 〈그림 2〉는 전기를 생산하지 않는 상태를 나타내는구나.
㉡ 압력을 가하면 〈그림 1〉에서 〈그림 2〉의 상태로 바뀌고, 이에 다른 전해질로의 변화를 쉽게 일으켜 전기가 발생하는 것이지.
㉢ 〈그림 2〉에서 볼 수 있는 양전하와 음전하가 분리된 현상을 유전분극이라 하는구나.
㉣ 양파를 활용할 수 있는 것은 양파 껍질의 셀룰로오스 섬유질 내부에서 양전하와 음전화가 쉽게 이동할 수 있기 때문이야.

① ㉠, ㉡　　② ㉡, ㉢
③ ㉢, ㉣　　④ ㉡, ㉢, ㉣

33. 다음을 보고 연산기호 ▷와 ◁의 규칙을 찾아 〈보기〉의 값을 구하면?

1▷3=8	5▷4=30	7▷2=24	9▷5=60
5◁4=12	6◁3=10	7◁5=24	10◁9=72

보기

(4▷4)◁(3◁8) = ?

① 300　② 312
③ 350　④ 390

34. 10월 19일 A 미술관에 7명이 함께 방문하였다. 10월의 수요일 날짜를 모두 더하면 58이고, 7명의 요금이 총 30,000원이었다면, 이 중 학생 요금을 지불하고 입장한 사람은 몇 명인가?

〈A 미술관 요금 안내〉

구분	평일	주말
성인	5,000원	6,000원
학생	4,000원	5,000원

※ 학생증을 지참한 사람에 한하여 학생 할인이 가능합니다.

① 2명　② 3명
③ 4명　④ 5명

35. 다음 ○○협회에서 제공하는 일부 산업별 경기전망지수를 나타낸 자료를 보고 A ~ D에 해당하는 사업을 바르게 짝지은 것은?

〈산업별 경기전망지수〉

(단위 : 점)

구분	20X1년	20X2년	20X3년	20X4년	20X5년
A	45.8	48.9	52.2	52.5	54.4
B	37.2	39.8	38.7	41.9	46.3
도소매업	38.7	41.4	38.3	41.7	46.2
C	36.1	40.6	44.0	37.1	39.7
D	39.3	41.1	40.2	44.9	48.7

㉠ 20X1년부터 20X5년까지 보건업의 경기전망지수가 40점 이상인 해는 2개이다.
㉡ 20X3년 조선업과 제조업의 경기전망지수는 전년 대비 증가하였다.
㉢ 20X2년 해운업 경기전망지수의 전년 대비 증가율은 5개의 산업 중 가장 낮다.
㉣ 제조업은 매년 5개의 산업 중 경기전망지수가 가장 높다.

	A	B	C	D
①	조선업	보건업	제조업	해운업
②	보건업	조선업	제조업	해운업
③	제조업	조선업	보건업	해운업
④	제조업	보건업	조선업	해운업

36. 다음은 20XX년 목재 이용 실태에 관한 자료이다. 이에 대한 설명으로 옳지 않은 것은?

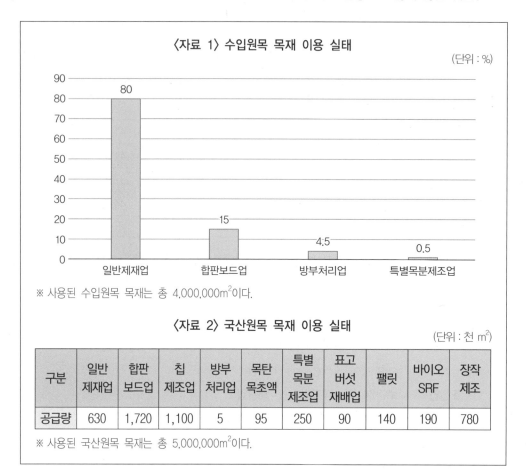

〈자료 1〉 수입원목 목재 이용 실태

(단위 : %)

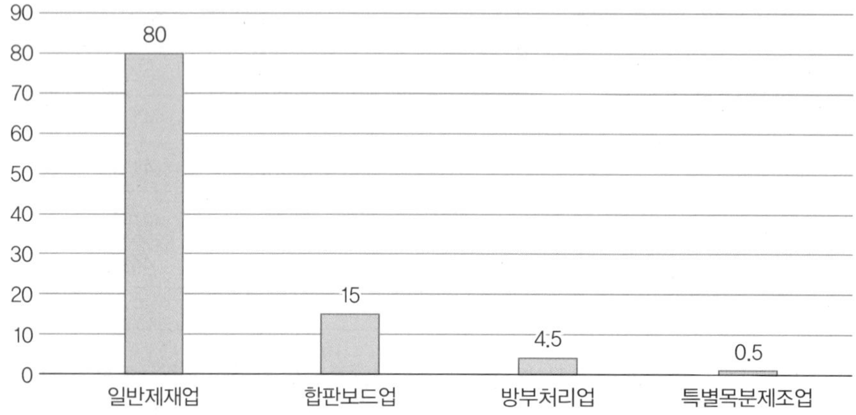

※ 사용된 수입원목 목재는 총 4,000,000m^{2}이다.

〈자료 2〉 국산원목 목재 이용 실태

(단위 : 천 m^2)

구분	일반 제재업	합판 보드업	칩 제조업	방부 처리업	목탄 목초액	특별 목분 제조업	표고 버섯 재배업	팰릿	바이오 SRF	장작 제조
공급량	630	1,720	1,100	5	95	250	90	140	190	780

※ 사용된 국산원목 목재는 총 5,000,000m^{2}이다.

① 수입원목 중에서 방부처리업에 공급되는 양은 180,000m^{2}이다.

② 국산원목 중에서 방부처리업에 공급되는 양은 0.1%를 차지한다.

③ 전체 특별목분제조업 공급량 중에서 수입원목의 비율은 10% 미만이다.

④ 일반제재업에 공급되는 양은 전체 원목 공급량의 과반수를 차지한다.

37. 다음은 어느 포장이사 전문 기업의 프레젠테이션이다. ㉠~㉣ 중 표에 대한 설명으로 옳지 않은 것을 모두 고르면?

〈20X1년 10월 인구이동 예상〉

구분		20X1년		
		9월	10월(예상)	전년 동월 대비
이동자 수 (천 명, %)	계	591	529	−14.2
	시도 내	405	365	−14.1
	시도 간	186	164	−14.5
이동률 (%, %p)	계	1.15	1.03	−0.17
	시도 내	0.79	0.71	−0.12
	시도 간	0.36	0.32	−0.05

안녕하십니까. 기획팀의 김유진 팀장입니다. 프레젠테이션을 시작하겠습니다.

우선 20X1년 10월 인구이동 예상지표와 관련하여 말씀드리겠습니다. ㉠ 20X1년 10월에는 전년 동월 대비 약 14.2% 감소한 약 52만 9천 명의 인구이동이 예상되는데, 이는 10월에 추석 연휴가 있기 때문입니다. 그렇기 때문에 10월에는 포장이사 시장에서 경쟁이 더욱 치열해질 것이므로 공격적인 마케팅이 필요하다고 생각합니다.

특히 ㉡ 20X1년 10월 이동 예상 인원 중 시도 내 이동자 수가 차지하는 비중은 약 69%이고, 전년 동월 대비 전체 이동자 수의 감소율보다 시도 내 이동자 수의 감소율이 더 작으므로 ㉢ 전체 예상 이동자 수에서 시도 내 이동자 수가 차지하는 비중은 20X0년 10월에 비해 감소할 것으로 예상됩니다. 따라서 장거리 포장이사에 배치된 인력을 단거리 포장이사 부문으로 인사이동을 미리 준비해서 인력자원을 안정적으로 운용하여야 할 것입니다.

마지막으로, 인구 100명당 이동자 수를 의미하는 이동률은 ㉣ 20X1년 10월에 전년 동월 대비 약 0.17% 감소할 것으로 예상됩니다. 최근 이동률의 감소폭이 둔화되고 있어 이동률 지표가 안정화 단계에 들어선 것이라 추산할 수 있으며, 이에 따라 저렴한 이사비용을 전면에 내세우는 우리 기업의 방침에서 탈피하여 보급형과 고급형에 이르는 다양한 포장이사 서비스를 개발하는 것이 시급하다고 생각합니다.

이상 프레젠테이션을 마치겠습니다. 감사합니다.

① ㉠, ㉡
② ㉠, ㉣
③ ㉡, ㉢
④ ㉢, ㉣

[38 ~ 39] 다음의 자료를 보고 이어지는 질문에 답하시오.

〈2X12 ~ 2X19년 기금조성현황 자료〉

(단위 : 억 원)

구분	정부출연금(a)	공자예수금(b)	공자예수원금상환(c)	재정운영결과(d)	계(a+b−c−d)
2X12년	2,990	1,500	70	1,147	3,273
2X13년	3,100	1,621	70	2,088	㉠
2X14년	4,590	−	70	2,076	㉡
2X15년	7,664	−	70	2,188	5,406
2X16년	6,100	−	70	1,678	4,352
2X17년	5,900	−	23	1,899	3,978
2X18년	6,713	120	−	2,015	4,818
2X19년	7,800	2,720	1,500	246	8,774
누계	44,857	5,961	1,873	13,337	35,608

※ 1억 원 미만으로 집계된 경우 −로 표시하며, 계산 시 0으로 간주함.

38. 위의 자료를 참고하여 그래프로 나타내고자 한다. 다음 그래프로 나타낼 수 있는 항목으로 적절한 것은?

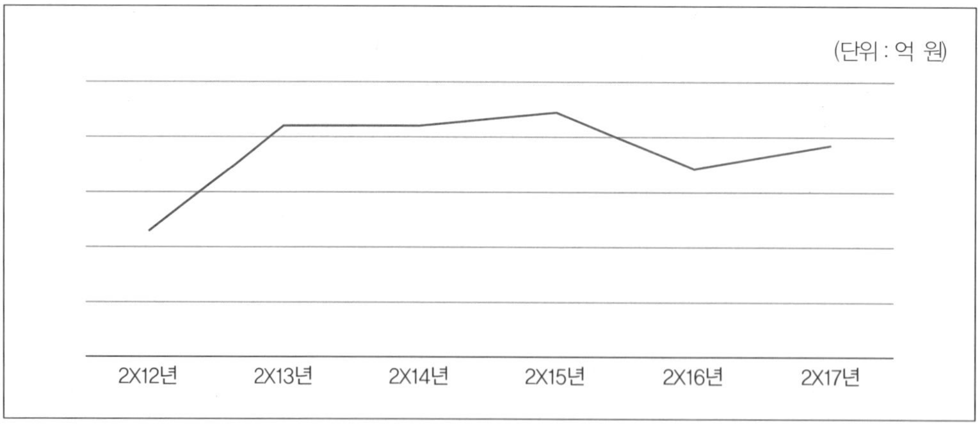

① 정부출연금 ② 공자예수금

③ 공자예수원금상환 ④ 재정운영결과

39. 다음 중 위의 자료에 대한 설명으로 적절하지 않은 것은?

① 공자예수원금상환이 가장 적은 해에는 공자예수금 역시 가장 적다.

② 전년 대비 정부출연금의 감소액이 가장 큰 해는 2X16년이다.

③ 전년 대비 정부출연금의 증가액이 가장 큰 해의 전년 대비 재정운영결과 증가액은 2X12년 ~ 2X19년 중 가장 적다.

④ ㉠의 값이 ㉡의 값보다 크다.

40. 다음은 연령대별 특정 시점의 남녀 임금 변화를 나타낸 그래프이다. 이에 대한 설명으로 올바른 것은?

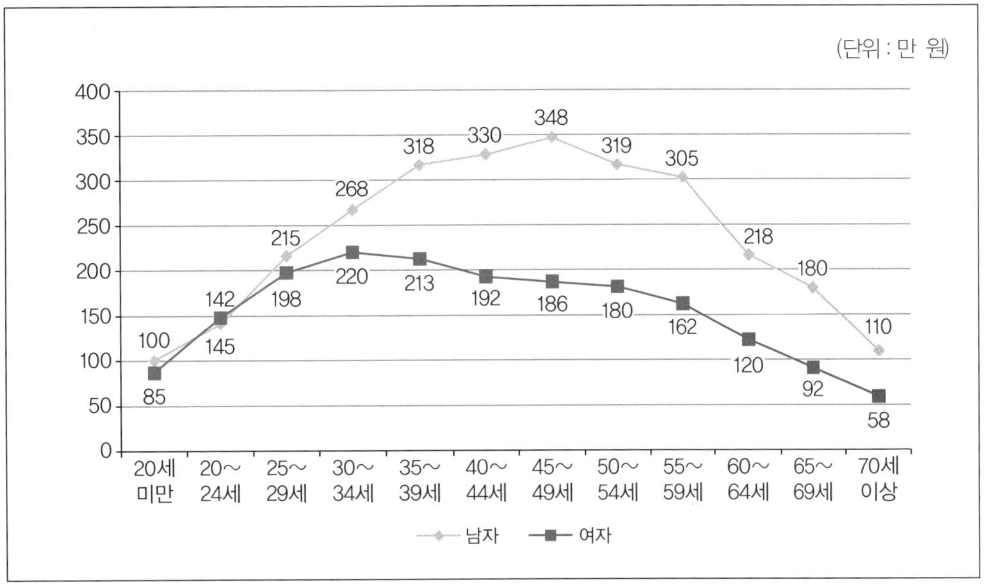

① 이전 연령대 대비 남자의 임금 증가율이 가장 큰 연령대는 20 ~ 24세이다.

② 남녀의 임금 격차가 가장 큰 연령대는 55 ~ 59세이다.

③ 45 ~ 49세 이후 남녀의 임금 격차는 계속 감소한다.

④ 남녀 모두 가장 임금이 많은 연령대를 지나면 연령대별 임금이 지속적으로 감소한다.

[41 ~ 42] 다음은 특정 시점에 파악한 코로나19 감염병 발생 현황이다. 이어지는 질문에 답하시오.

〈누적 확진자 수 25만 명 이상인 국가의 발생 현황〉

(단위 : 명)

구분	확진자		사망자		치명률 (%)	인구 10만 명당 확진자 수
	누적	신규	누적	신규		
미국	5,699,804	35,068	176,765	448	3.10	1,731
브라질	3,605,783	23,421	114,744	494	3.18	1,697
인도	3,044,940	69,239	56,706	912	1.86	222
러시아	956,749	4,852	16,383	73	1.71	664
남아공	607,045	3,707	12,987	144	2.14	1,044
페루	585,236	9,169	27,453	208	4.69	1,778
멕시코	560,164	3,948	60,480	226	10.80	423
콜롬비아	522,138	8,419	16,568	385	3.17	1,048
칠레	397,665	1,957	10,852	60	2.73	2,123
이란	358,905	2,113	20,643	141	5.75	433
아르헨티나	329,043	8,159	6,795	228	2.07	729
영국	325,642	1,041	41,429	6	12.72	486
사우디	307,479	1,109	3,649	30	1.19	901
파키스탄	292,765	591	6,235	6	2.13	143
방글라데시	292,625	2,265	3,907	46	1.34	181
이탈리아	259,345	1,209	35,437	7	13.66	438
튀르키예	258,249	1,217	6,121	19	2.37	311

41. 다음 중 국가별 치명률과 국가별 전체 인구수의 산식으로 올바르게 짝지어진 것은?

	치명률	전체 인구수
①	누적 확진자÷누적 사망자×100	누적 확진자÷인구 10만 명당 확진자 수×100,000
②	신규 사망자÷신규 확진자×100	누적 확진자÷100,000×인구 10만 명당 확진자 수
③	신규 사망자÷신규 확진자×100	신규 확진자÷100,000×인구 10만 명당 확진자 수
④	누적 사망자÷누적 확진자×100	누적 확진자÷인구 10만 명당 확진자 수×100,000

42. 다음 중 위의 자료에 대한 설명으로 올바르지 않은 것은?

① 확진자와 사망자 수가 많은 국가일수록 치명률이 더 높은 것은 아니다.
② 누적 사망자 상위 5개국은 신규 사망자 상위 5개국과 동일하다.
③ 신규 확진자 상위 3개국과 신규 사망자 상위 3개국은 동일하다.
④ 사우디보다 아르헨티나의 전체 인구수가 더 많다.

[43 ~ 45] 다음은 '갑' 국의 건설자재 무역액에 관한 자료이다. 이어지는 질문에 답하시오.

〈수출액 추이〉

(단위 : 억 원)

구분	20X1년	20X2년	20X3년	20X4년	20X5년
A 자재	1,305	1,431	1,495	1,478	1,393
B 자재	2,339	2,406	2,503	2,359	2,409
C 자재	1,370	1,422	1,415	1,281	1,273
D 자재	1,046	1,061	1,072	1,075	1,051

〈수입액 추이〉

(단위 : 억 원)

구분	20X1년	20X2년	20X3년	20X4년	20X5년
A 자재	743	764	840	892	893
B 자재	1,975	1,999	2,139	1,989	1,987
C 자재	1,237	1,294	1,299	1,159	1,179
D 자재	1,165	1,237	1,346	1,303	1,284

※ '무역수지=수출액－수입액'으로, 무역수지가 양수이면 흑자, 음수이면 적자임.

43. 다음은 위의 자료를 바탕으로 작성한 보고서이다. 밑줄 친 ㉠ ~ ㉣ 중 자료의 내용과 일치하지 않는 것은?

'갑' 국의 ㉠ A, B, D 자재는 20X1년 대비 20X5년의 수출과 수입액이 모두 증가하였으나, ㉡ C 자재는 매년 무역수지가 조금씩 감소하여 20X5년에는 100억 원을 밑돌았다. 또한 ㉢ 20X5년의 무역수지는 D 자재를 제외하면 모두 흑자를 나타내고 있는데, 이는 건설 경기 호황에 따라 상대적으로 경기변동지수에 민감한 자재가 흑자를 보인 것으로 풀이된다. 한편, A ~ D 자재의 연도별 합산 수출입 규모를 살펴보면, 수출은 20X3년을 정점으로 이후 다소 감소하고 있으나 매년 꾸준히 6,000억 원 이상의 규모를 나타내고 있으며, 수입 역시 20X3년이 가장 많은 5,624억 원을 기록하여 ㉣ 매년 4개 자재의 합산 무역수지는 흑자를 보이고 있다.

① ㉠　　② ㉡

③ ㉢　　④ ㉣

44. 다음 ㉠ ~ ㉣은 위의 자료를 바탕으로 작성한 그래프이다. 자료의 내용에 부합하는 그래프를 모두 고른 것은?

㉠ 20X5년 자재별 수출액 비중(%)

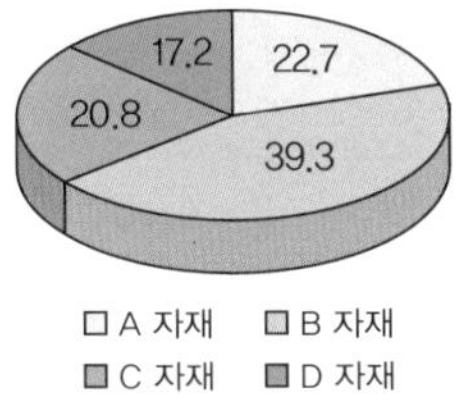

㉡ B 자재의 전년 대비 수입액 증감률(%)

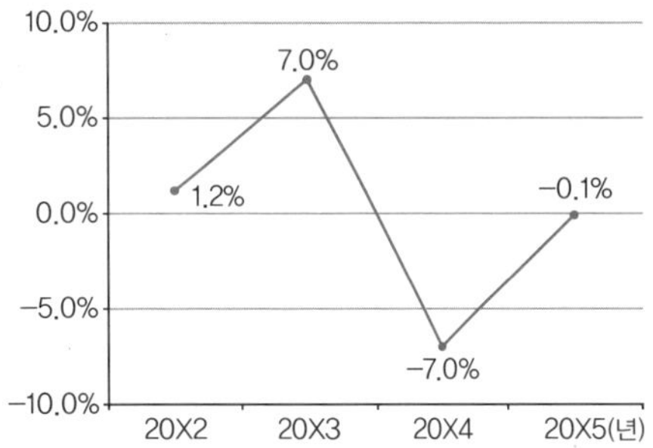

㉢ 20X5년 자재별 전년 대비 무역수지 증감(억 원)

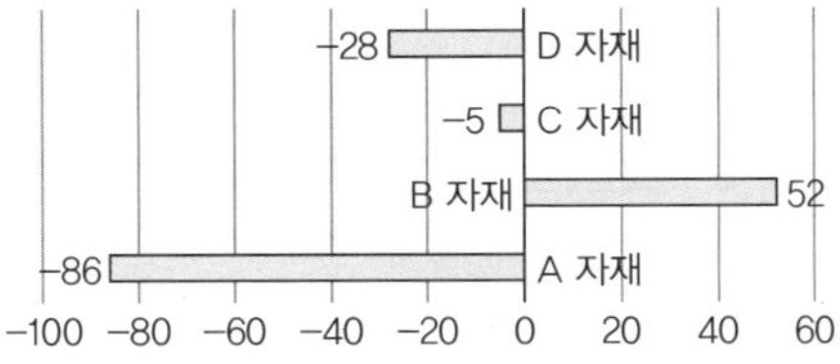

㉣ 20X4 ~ 20X5년 자재별 수입액(억 원)

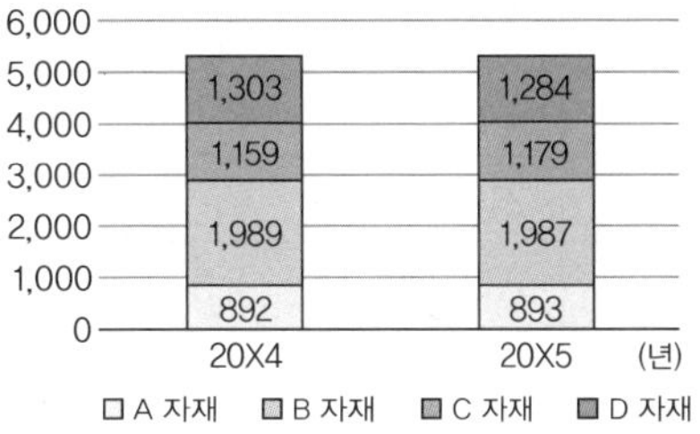

① ㉠, ㉡ ② ㉡, ㉢

③ ㉠, ㉡, ㉣ ④ ㉡, ㉢, ㉣

45. 20X6년 A 자재의 무역수지는 전년 대비 12% 감소하였고 A 자재의 수입액이 900억 원이라고 할 때, 20X6년 수출액의 전년 대비 증감률은 얼마인가? (단, 소수점 아래 둘째 자리에서 반올림한다)

① −4.8% ② −3.8%

③ −2.8% ④ −1.8%

[46 ~ 48] 다음은 지역별 주택가격 및 전월세 가격의 현황이다. 이어지는 질문에 답하시오.

(단위 : 천 원)

지역	매매가격		전세가격		월세가격	
	평균가격	단위면적당(m^2) 가격	보증금 평균가격	단위면적당(m^2) 가격	보증금 평균가격	월세 평균가격
전국	254,000	2,800	167,000	2,000	47,000	560
수도권	346,000	4,000	228,000	2,800	68,000	690
지방	171,000	1,800	112,000	1,300	27,000	440
서울	488,000	5,700	303,000	3,700	104,000	810
부산	216,000	2,500	142,000	1,700	39,000	470
대구	237,000	2,500	161,000	1,800	23,000	660
인천	201,000	2,500	139,000	1,800	24,000	550
광주	173,000	2,000	132,000	1,500	36,000	490
대전	216,000	2,200	145,000	1,600	37,000	550
울산	239,000	2,500	155,000	1,700	42,000	540
세종	226,000	2,500	105,000	1,200	13,000	410
경기	277,000	3,200	195,000	2,300	53,000	640
강원	131,000	1,300	84,000	900	14,000	410
충북	136,000	1,400	90,000	1,000	17,000	390
충남	131,000	1,200	83,000	900	20,000	390
전북	118,000	1,200	84,000	900	26,000	320
전남	97,000	960	65,000	700	17,000	280
경북	125,000	1,100	77,000	800	11,000	400
경남	173,000	1,800	109,000	1,200	44,000	360
제주	238,000	1,900	148,000	1,300	14,000	720

※ 전월세 전환율(%) = $\frac{\text{월세} \times 12(\text{개월})}{\text{전세 보증금} - \text{월세 보증금}} \times 100$

46. 위의 자료에 대한 설명으로 옳지 않은 것은?

① 광주, 경기, 전북은 매매가격 대비 전세 보증금의 비율이 70% 이상이다.
② 단위면적당 전세가격이 백만 원 이하인 지역은 5곳이다.
③ 두 지역 중 전세 보증금 평균가격이 더 높은 곳은 월세 보증금 평균가격도 더 높다.
④ 월세 보증금 대비 전세 보증금의 배율은 대전이 울산보다 높다.

47. 전월세 전환율은 충남 지역이 약 7.43%로 가장 높다. 충남 지역의 전월세 전환율이 6%대로 하락하기 위해 바뀌어야 할 수치로 알맞은 것은?

① 전세 보증금 평균가격 → 84,000천 원
② 월세 보증금 평균가격 → 22,000천 원
③ 월세 평균가격 → 420천 원
④ 월세 보증금 평균가격 → 16,000천 원

48. A 가구의 전세 보증금이 B 가구의 월세 보증금보다 10% 높다고 한다. A 가구와 B 가구의 전월세 전환율 비는 5:4라고 한다면, A 가구의 전세 보증금은?

(단위 : 만 원)

구분	전세 보증금	월세 보증금	월세
A 가구	( )	25,000	50
B 가구	42,000		60

① 32,000만 원
② 33,000만 원
③ 34,000만 원
④ 35,000만 원

[49 ~ 53] 다음 자료를 보고 이어지는 질문에 답하시오.

〈시스템 오류 모니터링 화면 항목 및 세부사항〉

<table>
<tr><th>항목</th><th colspan="4">세부사항</th></tr>
<tr><td>Error Alert #_@○ □</td><td>Type, Code, Hazard, Weight를 알려줌.</td><td colspan="3">- # : Type(에러의 종류)
• C : 클라이언트
• S : 서버
- @ : Code(에러 코드)
- ○ : Hazard(위험도)
- □ : Weight(가중치)</td></tr>
<tr><td rowspan="3">Error Value</td><td rowspan="3">Type에 따라 Hazard와 Weight를 이용하여 산출</td><td rowspan="2">Type이 클라이언트</td><td>Code가 대문자</td><td>Hazard×Weight×2</td></tr>
<tr><td>Code가 소문자</td><td>Hazard×Weight×0</td></tr>
<tr><td>Type이 서버</td><td colspan="2">Hazard×Weight×1</td></tr>
<tr><td>Result Value</td><td colspan="4">산출된 Error Value의 총합</td></tr>
</table>

〈시스템 판단 기준 및 입력 명령어〉

○ Scenario 1 : Error Alert의 Type이 서버보다 클라이언트가 더 많은 경우

상태	판단 기준	입력 명령어
안전	Result Value가 0 이하	negative
주의	Result Value 0 초과 20 이하	record
경고	Result Value 20 초과 40 이하	callup
위험	Result Value 40 초과	shutdown

○ Scenario 2 : Error Alert의 Type이 클라이언트보다 서버가 더 많거나 같은 경우

상태	판단 기준	입력 명령어
안전	Result Value가 0 이하	sunny
주의	Result Value 0 초과 20 이하	foggy
경고	Result Value 20 초과 40 이하	rainy
위험	Result Value 40 초과	stormy

〈시스템 모니터링 및 관리 업무 예시〉

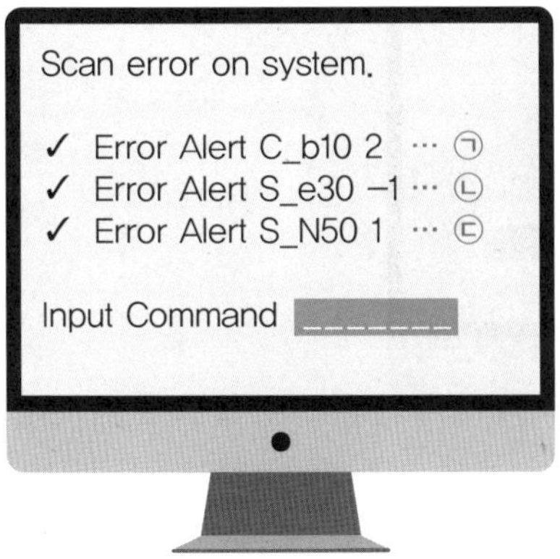
Scan error on system.
✓ Error Alert C_b10 2 … ㉠
✓ Error Alert S_e30 −1 … ㉡
✓ Error Alert S_N50 1 … ㉢
Input Command

➡

[절차 1] 시스템 항목의 해석

㉠ Type이 클라이언트, Code가 소문자 : Hazard(10)×Weight(2)×0=0

㉡ Type이 서버 : Hazard(30)×Weight(−1)×1=−30

㉢ Type이 서버 : Hazard(50)×Weight(1)×1=50

Result Value : 0+(−30)+50=20

⬇

[절차 2] 시스템 상태 판정 및 코드 산출 후 입력

Type에 서버가 더 많으므로 Scenario 2를 적용, Result Value(20)가 0 초과 20 이하, 시스템 상태는 '주의'이므로 입력할 명령어는 'foggy'

49. 다음 중 위의 자료에 대한 설명으로 적절하지 않은 것은?

① Hazard와 Weight는 숫자로 나타난다.

② 입력 명령어는 소문자 영문으로 이루어져 있다.

③ Error Value는 에러 코드에 영향을 받지 않는다.

④ 산출된 Error Value의 총합이 음수일 경우, 시스템 상태는 '안전'이다.

50. 다음 화면에서 입력할 명령어는?

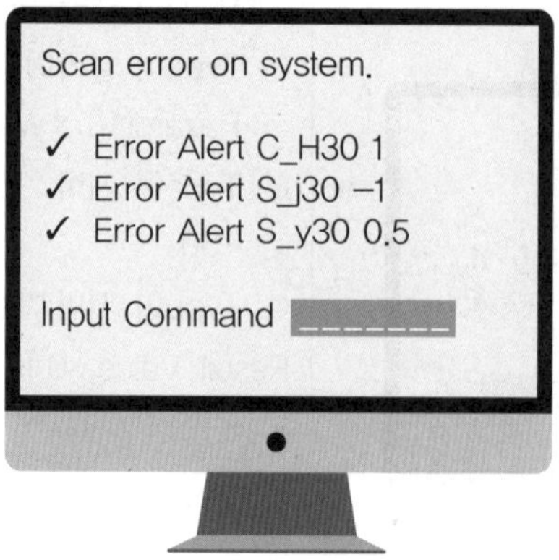
Scan error on system.
✓ Error Alert C_H30 1
✓ Error Alert S_j30 −1
✓ Error Alert S_y30 0.5
Input Command

① negative ② foggy

③ callup ④ stormy

51. 다음 화면에서 입력할 명령어는?

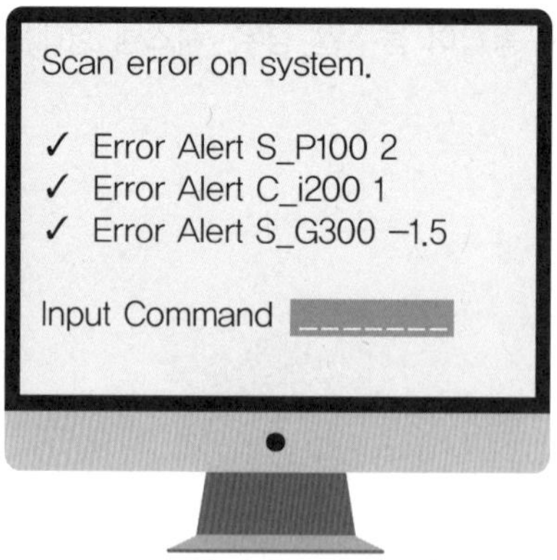
Scan error on system.
✓ Error Alert S_P100 2
✓ Error Alert C_i200 1
✓ Error Alert S_G300 −1.5
Input Command

① sunny ② negative

③ rainy ④ shutdown

52. 다음 화면에서 입력할 명령어는?

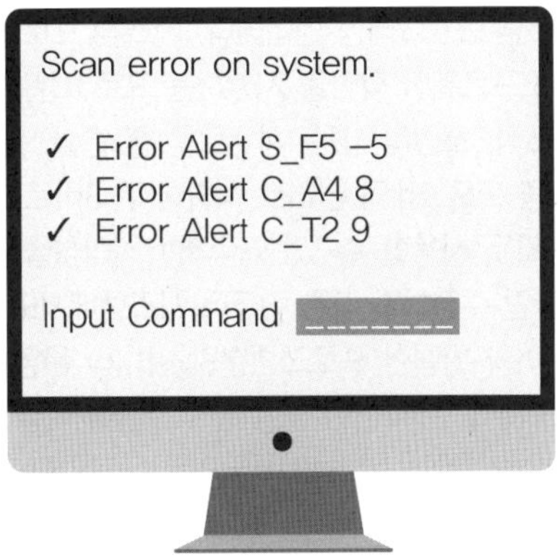
Scan error on system.
✓ Error Alert S_F5 −5
✓ Error Alert C_A4 8
✓ Error Alert C_T2 9
Input Command _______

① negative
② record
③ callup
④ shutdown

53. 다음 화면에서 입력할 명령어는?

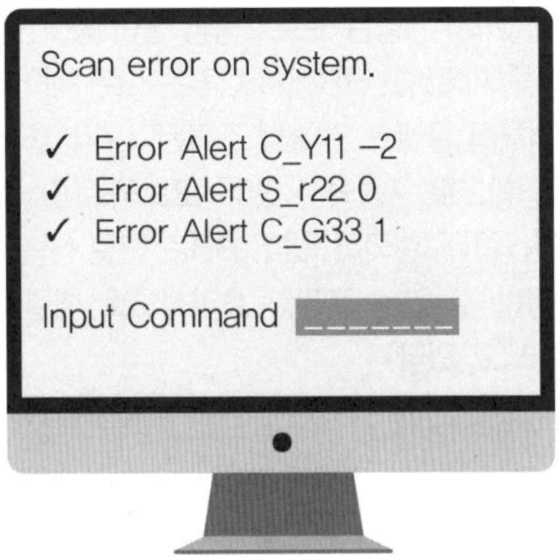
Scan error on system.
✓ Error Alert C_Y11 −2
✓ Error Alert S_r22 0
✓ Error Alert C_G33 1
Input Command _______

① negative
② record
③ callup
④ shutdown

[54 ~ 55] 다음 4가지 종류의 프로그래밍 언어에 대한 설명을 읽고 이어지는 질문에 답하시오.

AA 언어	AA 언어는 시스템 프로그래밍 언어이다. 시스템 프로그램이란 운영체제, 언어처리계, 편집기, 디버깅 등 소프트웨어 작성을 지원하는 프로그램을 의미한다. 뛰어난 이식성과 작은 언어 사양, 비트 조작, 포인터 사용, 자유로운 형 변환, 분할 컴파일 기능 등의 특징을 갖고 있기 때문에 시스템 프로그래밍 언어로 적합하다. 8비트 CP/M 등의 컴퓨터부터 슈퍼컴퓨터에 이르기까지 모두 사용할 수 있는 강력한 이식성을 갖고 있다. 한 시스템에서 개발된 소프트웨어를 약간만 수정하면 다른 컴퓨터 시스템에서도 동일하게 실행할 수 있다. 운영체제와 같이 하드웨어와 밀접한 프로그램뿐만 아니라 운영체제 위에서 작동하는 워드프로세서, 게임, 개발도구와 같은 다양한 응용 프로그램을 작성할 수 있다. 풍부한 자료형과 자료구조화 기능, 현대적인 제어구조, 43개에 이르는 다양한 연산자, 함수를 이용한 인터페이스 제공, 풍부한 라이브러리 함수 제공, 포인터를 이용한 메모리 제어 등의 기능을 갖추고 있다. 대중성이 워낙 높기 때문에 유료로 판매하지 않는다.
AA++ 언어	기존 AA 언어의 기능을 완전히 포함한 객체 지향 언어이다. 기존 AA 언어에서 사용한 라이브러리들을 그대로 사용할 수 있으며 AA 언어로 개발하는 것보다 시간과 노력을 크게 줄일 수 있는 특징을 가지고 있다. AA++라는 이름이 만들어진 이유는 AA 언어에 있는 ++(어떤 변수에 1을 증가시키는 연산) 연산자로부터 생겨난 것으로 AA 언어의 확장판이라는 의미를 가지고 있다. AA++는 AA 언어의 특징인 하드웨어 접근 능력을 가지고 있으며, 현재 890,000원~960,000원에 거래되고 있다.
BB 언어	BB 언어는 AA++ 언어와 매우 유사하다. 그러나 프로그램 작성에 꼭 필요하지 않은 고급 프로그램 기능을 제거했다. 예를 들어 포인터, 다중상속, 헤더 파일, 구조체, 공용체 등의 관련된 기능을 갖고 있지 않다. 이러한 이유로 AA나 AA++를 알고 있다면 BB를 쉽게 배울 수 있다. AA++의 기능 중에 자주 사용하지 않는 복잡한 기능을 뺀 축소형 버전이 BB이다. 또한 BB는 지금까지 개발된 프로그래밍 언어 중 가장 완벽한 객체 지향 언어로 평가받는다. 기본 자료형을 제외하고 BB에서 다루는 모든 데이터는 객체를 통하여 처리된다. BB의 모든 포트는 객체의 클래스 안에서 조작된다. 각 클래스는 부모 클래스의 상속을 받은 변수와 메소드의 집합으로 구성되어 있다. 오브젝트(Object)라는 최상위 클래스로부터 다양한 클래스가 상속되어 구현되어 있다. BB는 단일 상속만 지원되기 때문에 AA++에 있는 다중상속에서 발생할 수 있는 문제를 효과적으로 해결할 수 있으며, 현재 450,000원~500,000원에 거래되고 있다.
CC 언어	CC 언어는 함수를 사용해 간결하게 프로그램을 작성할 수 있다. 각 함수는 변수들의 선언 부분과 수행될 문장으로 구성된다. 또한 포인터를 사용해 효율적으로 자료의 주소를 표현할 수 있으며 동적으로 메모리를 관리할 수 있다. 그리고 전처리기(Preprocessor)를 이용해 파일 포함, 매크로 기능, 조건 번역 등의 기능을 간단하게 수행할 수 있다. 전산 이론 및 실무에 적용하기 위해 제어구조, 자료구조 및 연산자를 충분히 갖추고 있는 현대적인 언어이다. 하향식 설계와 구조적 프로그래밍, 모듈식 설계 등이 용이하여 신뢰성 있고 이해하기 쉬운 프로그램을 작성할 수 있다. 특히 CC 언어는 무료로 제공되고 있어 최근에 더욱 각광받고 있다.

54. 각 프로그래밍 언어의 특징에 대한 설명으로 옳은 것은?

① AA 언어는 유료로 판매되고 있다.
② AA++ 언어는 객체 지향 언어이다.
③ BB 언어는 모듈식 설계가 용이하다.
④ CC 언어는 간결한 프로그램 작성을 위해 포인터, 다중상속, 헤더 파일 등의 기능을 제거하였다.

55. 다음 〈상황〉에서 G사가 선택해야 할 언어 프로그램으로 적절한 것은?

상황

G사는 평소 사용하던 프로그래밍 언어에 문제가 생겨 새로운 언어 프로그램을 찾아야 한다. 언어 프로그램은 G사가 업무를 진행하고 수익을 내는 데 아주 필수적인 프로그램이기에 최대한 빨리 대체 프로그램을 찾아야 하는데, 기존에 사용하던 프로그램은 창립 시기부터 사용했기에 직원들은 다른 언어 프로그램을 사용해 본 경험이 별로 없었으며, 업무가 바빠서 새로운 방식을 바꾸는 데에 한계가 있다.

이에 G사는 직원들의 사정을 고려해 직원들의 의견을 묻고자 했다. 직원들은 AA 언어 프로그램의 기능을 포함하고 있으면서 필요한 기능들만 내재 되어있는 것을 선택하고자 한다. 또한 하드웨어 접근 능력을 가지고 있거나 다양한 응용 프로그램을 작성할 수 있는 기능을 가진 언어 프로그램을 원한다. 하지만 G사의 주요 업무는 데이터를 객체 처리를 하는 것이기에 객체 처리를 잘하는 프로그램을 사용하고자 한다. 가장 중요하게 검토해야 할 것은 가격이지만 급하게 선택하는 상황이기에 직원의 선호도를 우선하기로 하였다.

① AA 언어
② AA++ 언어
③ BB 언어
④ CC 언어

[56 ~ 58] 다음 시스템 모니터링 코드 입력방법을 보고 이어지는 질문에 답하시오.

〈시스템 모니터링 코드 입력 방법〉

항목	세부사항
Index XX of File YY	• 오류 문자 : 'Index' 뒤에 오는 문자 'XX' • 오류 발생 위치 : File 뒤에 오는 문자 'YY'
Error Value	오류 문자와 오류 발생 위치를 의미하는 문자에 사용된 알파벳을 비교하여 일치하는 알파벳의 개수를 확인
Final Code	Error Value를 통하여 시스템 상태 판단

〈시스템 상태 판단기준〉

판단기준	Final Code
일치하는 알파벳의 개수=0	Bingo
0< 일치하는 알파벳의 개수≤1	Lobo
1< 일치하는 알파벳의 개수≤2	Wully
2< 일치하는 알파벳의 개수	Krieg

56. 다음 시스템 상태의 입력코드로 적절한 것은?

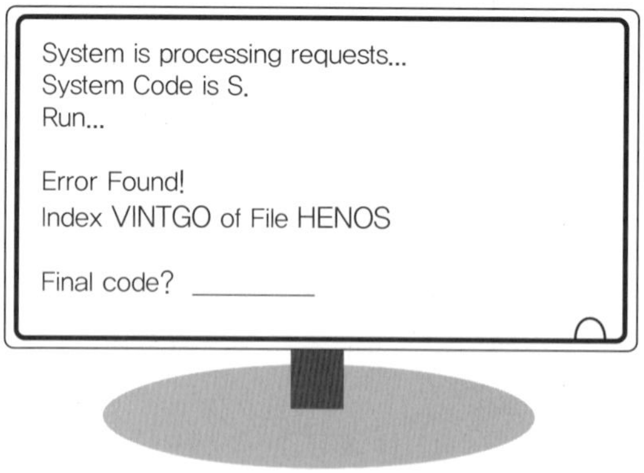
System is processing requests...
System Code is S.
Run...
Error Found!
Index VINTGO of File HENOS
Final code? ________

① Bingo
② Lobo
③ Wully
④ Krieg

57. 다음 시스템 상태의 입력코드로 적절한 것은?

System is processing requests...
System Code is S.
Run...
Error Found!
Index BLNKA of file CUROMPAW
Final Code? _________

① Bingo ② Lobo
③ Wully ④ Krieg

58. 다음 시스템 상태의 입력코드로 적절한 것은?

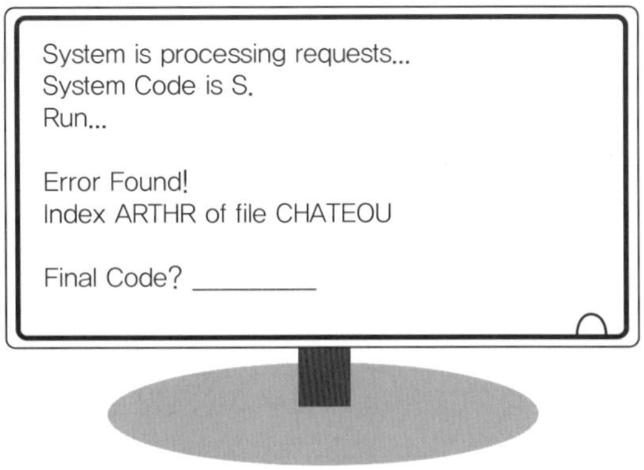
System is processing requests...
System Code is S.
Run...
Error Found!
Index ARTHR of file CHATEOU
Final Code? _________

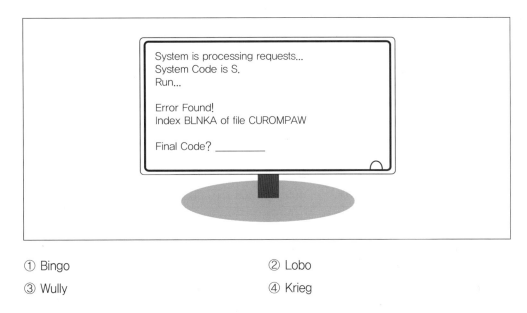

① Bingo ② Lobo
③ Wully ④ Krieg

59. 다음은 사업자등록번호의 구성 체계에 대한 설명이다. 이를 참고할 때, 사업자등록번호가 올바르지 않은 것은? (단, 검증번호는 모두 '★'로 표기함)

사업자등록번호는 세 자리의 청 · 서 코드(세무서 코드)와 두 자리의 개인 · 법인 구분 코드, 네 자리의 일련번호, 그리고 마지막 검증번호로 구성된다. 검증번호를 제외한 코드의 생성 체계는 다음과 같다.

〈청 · 서 코드〉

지역	종로	남대문	마포	용산	영등포	동작	강서	서대문
코드	101	104	105	106	107	108	109	110
지역	구로	반포	양천	금천	동대문	성동	성북	도봉
코드	113	114	117	119	204	206	209	210

〈개인 · 법인 구분 코드〉

• 개인사업자

개인과세사업자	개인면세사업자	비법인 종교단체	기타(아파트관리사무소 등)
01 ~ 79	90 ~ 99	89	80

• 법인사업자

영리법인의 본점	비영리법인의 본점 및 지점	국가, 지방자치단체	외국법인의 본점, 지점	영리법인의 지점
81, 86, 87	82	83	84	85

〈일련번호〉

• 과세사업자, 면세사업자, 법인사업자별로 등록 또는 지정일자 순으로 사용 가능한 번호를 0001 ~ 9999로 부여한다.
• 다만, 비영리법인의 본점, 지점은 등록 또는 지정일자 순으로 0001 ~ 5999로 부여한다.

① 양천구 소재 개인과세사업자 조○○ 씨 : 117－33－0030★
② 강서구 소재 비법인 종교단체 ○○사랑 : 109－89－2207★
③ 성북구 소재 영리법인의 지점 ○○기업 : 209－85－3074★
④ 동대문 소재 민간 봉사활동 법인의 지점 ○○협회 : 204－82－7201★

60. 다음은 컴퓨터 업체의 CPU 관리번호 부여 체계이다. 이를 참고할 때, 용량이 3TB 이상이며 1.8인치 크기의 기본형 CPU의 관리번호인 것은?

제품 용량	제품 용량을 아라비아 숫자로 기입 ㊐ 200GB→200G, 2TB→002T	
인터페이스	A : PATA R : SAS	C : CE-ATA S : SATA
크기 및 특징	**크기**	**두께 및 회전수**
	3.5인치 제품군	K : 7,200rpm
	2.5인치 제품군	C : 차량용 M : 12.7mm 5,400rpm R : 15,000rpm S : 9.5mm 4,200rpm X : 9.5mm 5,400rpm Y : 9.5mm 7,200rpm Z : SSD
	1.8인치 제품군	A : 5mm 3,600rpm B : 8mm 3,600rpm G : 8mm 5,400rpm H : 8mm 4,200rpm L : 5mm 4,200rpm
옵션	B : 기본형 D : 암호화 기능 추가 F : 자유낙하 센서 추가 R : 서버용(하드디스크 전용)	
생산일련번호	00001부터 동일 옵션 제품의 수량만큼 일련번호 부여	

※ CPU 관리번호는 위의 항목에 따라 다음과 같이 숫자 또는 문자로 구성된 자릿수를 부여한다.
- 제품 용량 : 4자리(숫자 3자리+문자 1자리)
- 인터페이스 : 1자리 문자
- 크기 및 특징 : 1자리 문자
- 옵션 : 1자리 문자
- 생산일련번호 : 5자리 숫자

① 003TRHB0001
② 004TCSB00100
③ 003TAHB01010
④ 400GSLB00020

5회 기출예상문제

문항수 : 60 문항
문항시간 : 60 분

▶ 정답과 해설 52쪽

[01 ~ 03] 다음의 제시 상황과 자료를 읽고 이어지는 질문에 답하시오.

○○공사에서 일하는 직원 K는 화물차 사고관련 세미나에 대한 보도자료를 검토하고 있다.

○○공사는 "고속도로 사망사고의 주요 원인인 화물차 사고를 줄이기 위해 정부 및 유관기관 전문가들이 참석한 가운데 교통안전 세미나를 개최했다"라고 6일 밝혔다. 이번 세미나는 화물차 사고 원인의 다각적 분석을 통해 실효성 있는 예방대책과 기관 간의 협력방안을 도출하기 위해 마련됐으며, 화물차 공제조합 등 현장의 목소리를 듣는 기회도 가졌다.

○○공사에 따르면 최근 5년간 고속도로의 화물차 교통량은 전체 교통량 대비 27%에 불과했으나, 화물차 사고로 인한 사망자는 523명으로 전체 고속도로 사망자 1,079명의 48.5%를 차지했으며 그 비중은 매년 증가하는 추세라고 하였다. ㉠ 특히 화물차 사고는 대형사고로 이어질 가능성이 높아 이에 대한 특별 대책과 지속적인 노력이 필요하다고 밝혔다.

이 날 세미나에서는 관련기관 전문가들이 안전장비, 규제 · 단속, 도로 · 시설 및 교육 · 홍보 각각의 측면에서 대책을 발표하고 협력방안을 논의했다. 규제 및 단속 분야는 차량안전장치 해제차량, 적재불량 화물차 등에 대한 단속을 강화하고, 상습 법규위반차량에 대해서는 심야 통행료 할인제한 등 규제를 강화하는 방안이 제시되었다. ㉡ 또한, 화물차 DTG와 연계해 운전자 휴게제도를 개선하고, 운행기록 제출을 의무화해 수집된 운행기록을 교통시설 개선 및 운전자 맞춤형 안전교육 등에 활용하는 방안도 제시됐다.

도로 및 시설 측면에서는 졸음운전 방지를 위한 휴식 공간의 확대 및 사고 위험지역에 대한 가변형 속도제한장치나 시인성이 높은 LED 표지판 등의 확대 설치를 추진하기로 했다. ㉢ 또한, 고속도로 쓰레기를 줄이기 위해 쓰레기 무단투척 신고제도를 운영하고 단속을 강화하는 논의가 이어졌다.

㉣ 교육 및 홍보 부문에서는 운전자 안전의식 제고를 위한 관계기관 합동 캠페인 및 홍보를 확대하고, 적재불량으로 인한 사고예방을 위해 안전한 적재 지침과 운전자 교육 방안을 마련하기로 했다. 또한, 현재 운영 중인 모범화물운전자 포상제도를 확대하는 방안도 검토 중이다.

01. 다음 중 위의 자료를 통해 알 수 있는 정보로 적절하지 않은 것은?

① 최근 5년간 발생한 전체 고속도로 사망자 수
② 교통안전 세미나가 개최된 목적과 주요 논의 내용
③ 화물차 교통사고 감소를 위한 도로 및 시설 측면의 대책
④ 최근 5년간 화물차 사고가 전체 교통사고에서 차지하는 비율

02. 다음 중 위의 보도자료에 대해 이해한 내용으로 적절한 것은?

① 도로 및 시설 측면에서는 현재 운영 중인 모범화물운전자 포상제도의 확대에 대한 구체적인 계획을 실행하기로 결정하였다.
② 교통안전 세미나는 고속도로 사망사고의 주요 원인을 해결하기 위해 개최되었으며, 세미나에서 3가지 측면의 대책 발표가 진행되었다.
③ 규제 및 단속 측면에서는 상습적으로 법규를 위반한 화물 차량의 심야 통행료 할인을 제한하고, 운전자 휴게제도를 개선하는 방안이 제시되었다.
④ 이번 교통안전 세미나에서는 화물차 사고 원인의 다각적 분석을 통해 실효성 있는 예방대책을 도출하기 위한 것으로 현장의 의견이 배제된 채 진행되었다.

03. 밑줄 친 ㉠ ~ ㉣ 중 보도자료의 흐름상 삭제해야 하는 문장으로 가장 적절한 것은?

① ㉠ ② ㉡
③ ㉢ ④ ㉣

1회 기출예상 2회 기출예상 3회 기출예상 4회 기출예상 5회 기출예상 인성검사 면접가이드

[04 ~ 05] 다음의 제시 상황과 자료를 보고 이어지는 질문에 답하시오.

한국도로공사에서 근무하는 A는 지원금 단말기를 홍보하는 업무를 맡았다.

〈하이패스 지원금 단말기〉

• 용어 정리

① 하이패스란 단말기(OBU)에 하이패스 카드를 삽입 후 무선통신(적외선 또는 주파수)을 이용하여 하이패스 차로를 30Km/h 이하로 무정차 주행하면서 통행료를 지불하는 최첨단 전자요금 수납시스템입니다.

② 지원금 단말기란 한국도로공사에서 단말기별 보조금*을 제조사에 지급하여 고객이 보다 저렴하게 구매할 수 있는 실용적 단말기입니다.

* 전기 · 수소차, 비상자동제동장치 장착 차량 단말기 : 1만 원, 화물자동차 단말기 : 1.5만 원, 감면자동차 단말기 : 6만 원

• 사업 목표 : 2022년 지원금 단말기 보급계획에 의거, 선정된 제조사의 단말기를 2022년 12월말까지 10만 대 보급

유형별	전기 · 수소차 (친환경)	비상자동제동장치 장착 차량(AEBS)	화물자동차 (4.5톤 이상)	감면자동차 (장애인, 국가유공자 등)
보조금 적용 구입가(대당)	약 2.5만 원	약 2.5만 원	약 2.5만 원	약 3.5만 원

※ 단, 감면단말기 지원금 사업기간(2015. 8. ~ 현재) 중 기 지원자는 지원 혜택 제한 → 구입가 확인 필요

• 참여 기관 : 지원금 단말기 사업 참여 제조사(6개사) : (주)에어포인트, (주)영원, (주)아이트로닉스, (주)에스디시스템, 엠피온(주), (주)휴먼케어

• 지원금 단말기 구입방법

① 전기 · 수소차, 비상자동제동장치 장착 차량, 화물차(4.5톤 이상)용 단말기 구매

– 온라인 구매 : 옥션, G마켓, 11번가 등 대부분의 온라인 쇼핑몰에서 구매 가능

– GS25 편의점 구매 : 5,000여 개소 일부 편의점에서도 구매 가능

– 제조사 오프라인 대리점 방문 : 제조사, 총판 전화문의를 통하여 대리점 위치 확인

② 감면자동차용 단말기 구매

– 단말기 제조사 전화문의 또는 홈페이지 접속 후 구매 가능

• 단말기 특판장 운영현황

① 총 195개소(영업소 : 53, 하이패스 센터 : 20, 휴게소 : 122) (2020. 8. 1. 기준)

② 2022년 12월 말까지 운영 예정 / 운영시간 : 09:00 ~ 18:00

☞ 감면단말기는 영업소 특판장 일부에서만 판매되오니, 지역별 연락처로 사전 문의 후 방문하시기 바랍니다.

☞ 현장판매 여건에 따라 운영장소(시간) 및 판매 모델의 종류가 제한될 수 있사오니 양해하여 주시기 바랍니다.

04. A는 홍보 안내문을 게시한 후 질문 게시판에서 다음과 같은 글을 보고 수정할 사항을 메모하였다. 다음 중 메모의 내용으로 적절하지 않은 것은?

질문 게시판	메모
Q. 감면단말기 지원금 기 지원자는 어떤 지원 혜택을 받을 수 있나요?	① 사업 목표 하단에 기 지원자의 감면단말기 구입가에 따른 지원제한에 대한 표를 첨부한다.
Q. 화물자동차용 감면단말기 중에 적외선 무선통신을 활용한 모델이 있나요?	② 지원금 단말기 항목을 새로 만들고 차량분류에 따른 감면단말기 구매 가능 모델명과 모델 개수를 첨부한다.
Q. 감면자동차용 단말기 구매방법에 대해 알고 싶습니다.	③ 참여 기관 하단에 단말기 제조사의 주소와 연락처, 인터넷 홈페이지를 첨부한다.
Q. 죽전 휴게소에서도 감면단말기를 파나요?	④ 단말기 특판장 운영현황에 운영장소와 지역별 연락처가 적힌 표를 추가한다.

05. 위의 홍보 안내문에 대해 이해한 내용으로 적절하지 않은 것은?

① 하이패스 차로를 15km/h로 주행한다면 하이패스 단말기를 활용한 요금수납을 할 수 있다.

② 6톤 화물차량을 운전하는 P 씨는 지원금 단말기를 구매함으로써 1.5만 원을 절약할 수 있다.

③ 지원금 단말기 보급계획이 없다면 전기 · 수소차, 비상자동제동장치 장착 차량 단말기는 약 3.5만 원, 화물자동차 단말기는 약 4.5만 원, 감면자동차 단말기는 약 9.5만 원에 구매할 수 있다.

④ 단말기 특판장은 영업소와 하이패스 센터를 합친 것보다 휴게소에 더 많이 개설되어 있다.

[06 ~ 08] 다음 글을 읽고 이어지는 질문에 답하시오.

사물 인터넷(IoT ; Internet of Things)이란 사물에 센서를 부착해 실시간으로 데이터를 모아 인터넷으로 전달해 주는 것을 말한다. 인터넷을 기반으로 사물과 사람을 연결해, 사람이 무선으로 연결된 스마트 기기, 즉 스마트폰을 통해 사물을 제어할 수 있도록 해 주는 기술이다. 이는 사람과 사람, 사람과 사물 간의 소통을 넘어 이제는 '사물과 사물 간의 소통'이 가능해진 것을 의미한다. 한마디로 정의하면 (A) 데이터를 일차적으로 획득, 저장, 분석하고 이를 다시 활용해 결과를 예측하는 프로세스의 탄생이다. 이러한 사물 인터넷은 상품정보를 저장한 극소형 칩이 무선으로 데이터를 송신하는 'RFID'와 센서, 스마트기기의 등장에서 비롯되었다. 최근 출시된 구글 글래스와 같은 웨어러블(wearable) 컴퓨터도 사물 인터넷 기술을 포함한다.

근거리 무선통신기술인 'NFC' 칩을 활용한 IT형 가전제품도 마찬가지다. NFC 칩이 탑재된 세탁기는 태그에 스마트폰을 갖다 대면 세탁기의 동작 상태나 오작동 여부를 확인하고 ㉠ 사용자에 따른 맞춤형 세탁코스로 세탁을 할 수 있다. 냉장고의 경우에도 기존에 존재하던 ㉡ 온도를 일정한 규칙에 따라 설정하는 기능을 넘어, 이제는 실시간으로 온도점검을 하고 제품 진단과 절전관리를 할 수 있으며, 프린터는 파일을 컴퓨터에 옮기지 않고 스마트폰을 갖다 대는 것만으로도 인쇄물을 손쉽게 출력할 수 있다. K 교수는 이에 대해 "인터넷과 거리가 멀게 느껴졌던 주변 사물이 통신망을 통해 서로 연결되면서 새로운 부가가치 산업이 등장하고 있다."라고 말한다.

사물 인터넷을 활용한 대표적인 사례 중 하나가 월트디즈니 놀이공원에서의 미키마우스 인형이다. 디즈니는 미키마우스 인형의 눈, 코, 팔, 배 등 몸 곳곳에 적외선 센서와 스피커를 탑재하여, 인형이 실시간으로 디즈니랜드의 정보 데이터를 수집한 뒤 관람객에게 놀이공원에서 ㉢ 어떤 놀이기구를 얼마나 기다려야 하는지, 또 지금 있는 위치가 어디쯤인지 등을 알려 준다고 한다. 또한 미국의 매사추세츠공과대학에서는 기숙사의 화장실과 세탁실에 센서를 설치해 두고 인터넷을 연결해 어떤 화장실이 비어 있는지, ㉣ 어떤 세탁기와 건조기가 이용 가능한지 등의 정보를 실시간으로 제공하고 있다. 이 덕분에 학생들은 현장에 가지 않더라도 스마트폰으로 화장실, 세탁실의 상황을 파악할 수 있게 된다. 또한 사물 인터넷은 농업과 축산업에서도 활용된다. 네덜란드의 벤처기업 '스파크드'는 IoT(사물인터넷)를 농업과 축산업에 접목했다. 소의 몸에 센서를 부착해 소의 움직임과 건강정보를 파악한 뒤 이 데이터를 실시간으로 전송해 주는 이 기술 덕분에 더욱 많은 소들을 건강하게 키울 수 있게 되었다.

현재 전 세계에는 약 100억 개에 달하는 기계가 인터넷과 연결되어 있다. 하지만 이 숫자는 전 세계 단말기 수의 0.7%에 불과하다. 미국의 다국적 기업 IBM은 앞으로 새로운 하드웨어의 등장보다는 사용자에게 데이터를 제공하는 방법이 더 관건이 될 것이라고 주장하고 있다. 그러나 모든 사물이 연결될 경우, 개인정보가 유출되거나 시스템이 마비되는 등 해킹의 문제가 자연스럽게 뒤따르기 때문에 철저한 대안과 정책 마련도 반드시 필요하다.

06. 윗글을 통해 알 수 없는 것은?

① 사물 인터넷은 기계 이외의 대상에도 적용될 수 있다.
② RFID와 NFC는 모두 무선통신기술의 종류이다.
③ 사물 인터넷을 적용하는 경우에 심각한 보안 문제가 발생할 가능성이 있다.
④ 사물 인터넷은 본래 상업 외적인 목적으로 개발되었으나 현재 상업 목적으로 상용화되었다.

07. 다음 중 윗글에 나타난 서술 방식이 아닌 것은?

① 권위자의 의견에 의지하여 대상을 묘사하고 있다.
② 예상되는 결과와 그에 따른 행동의 필요성을 제시하고 있다.
③ 대상이 적용됨에 따라 나타난 결과를 설명하고 있다.
④ 구체적인 사례와 사례별 대상의 적용 방식을 열거하고 있다.

08. 윗글의 ㉠ ~ ㉣ 중 (A)의 사례로 보기 어려운 것은?

① ㉠ ② ㉡
③ ㉢ ④ ㉣

[09 ~ 10] 다음의 제시 상황과 자료를 읽고 이어지는 질문에 답하시오.

해외 인터넷 ○○기업 한국지사의 법무팀에서 근무하는 L 대리는 자사 검색 사이트의 개인정보 취급방침에 대한 약관을 작성하고 수정, 검토하는 일을 담당하고 있다.

〈개인정보취급방침〉

■ 본 인터넷 검색 H 사이트(이하 '본 사이트'라 한다)의 계정에 가입할 때 사용자의 계정과 함께 보관하기 위하여 사용자 이름, 이메일 주소, 전화번호 또는 신용카드와 같은 개인정보를 요청합니다. 또한 본 사이트에서 제공하는 공유 기능을 최대한 활용하고자 하는 사용자에게 프로필을 만들도록 요청할 수 있으며, 이 프로필은 모든 이에게 공개되고 이름과 사진이 포함될 수 있습니다.

■ 본 사이트는 사용자가 서비스를 사용할 때 광고 서비스를 사용하는 웹사이트 방문 시점 또는 광고 및 콘텐츠를 보고 사용한 시점 등 사용하는 서비스 및 사용 방식에 대한 정보를 수집할 수 있습니다. 이러한 정보에는 다음의 사항들이 포함됩니다.

- 기기 정보 : 본 사이트는 하드웨어 모델, 운영체제 버전, 고유 기기 식별자, 모바일 네트워크 정보(전화번호 포함)와 같은 기기별 정보를 수집합니다. 본 사이트는 기기 식별자 또는 전화번호를 본 사이트의 계정에 연결할 수 있습니다.
- 로그 정보 : 본 사이트의 서비스를 사용하거나 본 사이트에서 제공하는 콘텐츠를 볼 때 서버 로그에 특정 정보를 자동으로 수집하고 저장합니다. 여기에는 다음이 포함됩니다.
  - 사용자가 본 사이트의 서비스를 사용한 방법에 대한 세부정보(예 검색어)
  - 전화 로그 정보(전화번호, 발신자 번호, 착신전환 번호, 통화 일시, 통화 시간, 통화 유형)
  - 인터넷 프로토콜 주소
  - 기기 이벤트 정보(다운, 하드웨어 설정, 시스템 활동, 브라우저 언어, 요청 날짜 및 시간, 참조 URL)
  - 사용자의 브라우저 또는 본 사이트의 계정을 고유하게 식별할 수 있는 쿠키
- 위치 정보 : 사용자가 본 사이트의 서비스를 사용할 때 본 사이트에서 사용자의 실제 위치에 대한 정보를 수집하고 처리할 수 있습니다(예 본 사이트가 제공하는 내비게이션 기능). 본 사이트는 IP 주소, GPS뿐 아니라 주변 기기, Wi-Fi 액세스 포인트, 기지국 등에 관련된 정보를 제공하는 기타 센서를 포함한 다양한 기술을 활용하여 위치를 파악합니다.
- 로컬 저장소 : 본 사이트는 브라우저 웹 저장소(HTML 5 포함) 및 애플리케이션 데이터 캐시 등의 메커니즘을 사용하여 정보(개인정보 포함)를 수집하고 이를 사용자의 기기에 로컬로 저장할 수 있습니다.
- 쿠키 및 유사한 기술 : 사용자가 본 사이트의 서비스를 방문할 때 본 사이트와 본 사이트의 파트너(사이트가 신뢰할 수 있는 외부 업체들)는 다양한 기술을 사용하여 한정적인 정보를 수집하고 저장합니다(쿠키 또는 유사한 기술을 사용해 사용자의 브라우저 또는 기기를 식별하는 것 포함). 또한 본 사이트가 파트너에게 제공하는 서비스(예 다른 사이트에 표시되는 본 사이트의 기능이나 광고 서비스)와 사용자 간 상호 작용이 있을 때 이러한 기술을 사용하여 정보를 수집하고 저장합니다. 비즈니스 및 사이트 소유자는 본 사이트의 분석 기술을 사용하여 웹사이트의 트래픽을 분석할 수 있습니다.

09. 다음 중 L 대리가 〈개인정보취급방침〉을 읽고 잘못 이해한 것은?

① 사용자가 광고에 접근하는 방식이나 시점을 외부 업체들과 공유할 수 있구나.
② 본 사이트가 직접 제공하는 기능 외에 여타 기술과도 연계하여 내 위치를 파악하는군.
③ 사용자가 사용하는 장치의 고유 정보가 자사 사이트의 사용자 계정과 연동될 수 있겠구나.
④ 사용자 기기의 시스템 활동, 요청 날짜 및 시간 등을 통해 사용자 기기의 이벤트 정보를 추적하는군.

10. L 대리가 같은 법무팀 소속의 팀원으로부터 다음과 같은 질문을 받았을 때, 가장 적절한 답변은?

최근 △△ 대형 글로벌 인터넷 회사가 운영하는 검색사이트를 상대로 가입자가 낸 개인정보 관련 소송에서 '원고 승소' 판결이 났다고 합니다. 판결에 따르면 광고 서비스 등 사용자가 사용한 콘텐츠와 직접 관련이 있는 경우 외에는 사용자의 사이트 이용 정보를 상업적인 목적으로 제3자에게 제공할 수 없고, 만약 사용자의 요청이 있을 경우에는 제3자에게 제공한 개인정보에 대한 내용을 사용자에게 알려야 한다고 합니다. 이 판결에 따라 예상할 수 있는 내용으로는 무엇이 있습니까?

① 사용자가 사용한 콘텐츠와 직접적으로 관련이 있는 이용 정보는 제3자에게 제공할 수 있어요.
② 사이트 내에서 광고 동영상을 시청한 사람의 프로필 정보가 광고주에게 보고될 수 있어요.
③ 경찰이 공무상의 이유로 사용자 계정의 개인정보를 요청할 경우에는 경찰에게 정보를 제공할 수 있어요.
④ 사용자의 위치를 파악하기 위해 정보를 제공한 GPS 사업자나 통신사를 사용자에게 의무적으로 알려야 돼요.

[11 ~ 12] 다음의 제시 상황과 자료를 읽고 이어지는 질문에 답하시오.

차량등록 사업소를 운영하고 있는 H는 자사 홈페이지에 신규 자동차 번호판에 대한 세부사항 및 문의사항과 관련한 공지를 아래와 같이 게시하였다.

〈8자리 자동차 번호판 관련 세부사항〉

• 8자리 페인트식 번호판

8자리 페인트식 번호판은 2019년 9월부터 발급된 자동차 번호판으로, 이전의 숫자+한글 7자리에서 8자리로 늘어난 새로운 번호체계를 따른 것입니다. 이전의 자동차 번호 체계는 '2자리 숫자+한글+4자리 숫자'로 구성되어 있었으며 총 2,200만 대의 자동차를 표시할 수 있었습니다. 그러나 머지않아 남은 자동차 등록번호가 소진될 것이 예상됨에 따라 국토교통부는 앞에 숫자 한 자리를 추가하여 '3자리 숫자+한글+4자리 숫자' 형태의 번호 체계를 도입하여 2억 개 이상의 등록번호를 추가 확보하고자 하였습니다. 번호판 디자인은 기존과 동일합니다.

• 8자리 반사필름식 번호판

번호판 자릿수 변화와 함께 번호판 디자인에도 약간의 변화가 있었습니다. 번호판의 바탕색은 기존의 흰색을 사용하되 태극문양과 대한민국 축약영문인 'KOR'이 들어간 청색 홀로그램이 왼쪽에 추가되었습니다. 홀로그램은 특정 각도로 보거나 빛을 비출 때 식별이 되는데 이는 미등록 불법 차량과 번호판 위변조 방지를 위한 조치입니다. 2020년 7월 1일부터 위의 번호판 디자인, 즉 태극문양, KOR, 위변조방지 홀로그램이 추가된 8자리 자동차 번호판에 반사필름이 더해진 8자리 반사필름식 번호판이 도입되었습니다. 이 반사필름식 번호판은 재귀반사의 원리를 이용한 것으로 야간 시인성 확보에 유리하여 교통사고를 줄이는 데 효과가 있습니다. 따라서 대부분의 OECD 국가들이 채택하고 있는 방식의 번호판입니다.

〈자주 묻는 문의사항〉

Q. 기존의 7자리 등록번호를 사용하는 차량도 새로운 번호판으로 교체 가능한가요?
A. 그렇습니다. 차량등록 사업소에 방문하시면 교체하실 수 있습니다.
Q. 새로 교체한다면 반드시 반사필름식 번호판으로 교체해야 하나요?
A. 아닙니다. 페인트식과 반사필름식 중에 선택하실 수 있습니다.
Q. 차량번호 인식 카메라가 새로운 번호판을 인식하지 못하지는 않을까요?
A. 아닙니다. 한국도로공사에 따르면 차량번호 인식 카메라를 운영 중인 시설은 전국에 총 23,714개소로 5월 말 기준 98.3% 업데이트가 완료된 상태입니다. 따라서 인식이 잘 되지 않는 경우는 거의 없을 것으로 예상됩니다.
Q. 개인택시를 운영할 예정에 있는 사업자인데, 의무적으로 새로운 번호판으로 등록해야 하나요?
A. (㉠)

11. **다음은 고객 L이 H의 홈페이지에 방문하여 신규 자동차 번호판에 대한 내용을 읽고 이해한 내용이다. L이 이해한 내용으로 가장 적절하지 않은 것은?**

① 기존 번호판 숫자 맨 앞에 숫자 하나가 추가되어 총 8자리 번호판이 되는 것이군.

② 기존의 번호판 체계로는 총 2,200만 대의 차량을 등록할 수 있었군.

③ 기존 7자리 번호판을 사용하던 차주가 신규 번호판으로 교체하려면 반드시 반사필름식 번호판으로 교체해야 하는군.

④ 홀로그램을 도입한 이유는 차량 번호판의 위변조 방지를 할 수 있기 때문이군.

12. **다음은 H가 검색을 통해 신규 번호판과 관련하여 추가적으로 알아낸 자료이다. 이를 바탕으로 할 때, 〈자주 묻는 문의사항〉의 빈칸 ㉠에 들어갈 대답으로 적절한 것은?**

> 신규 번호판을 모든 자동차가 의무적으로 장착해야 하는 것은 아니다. 우선적으로 비사업용 및 렌터카 차량에만 신규 번호판이 적용되고 수소 · 전기차는 파란색 바탕의 친환경 자동차 전용 번호판을 사용하며 기존의 7자리 번호판을 사용한다. 한편, 2006년 이전 생산된 차량이나 짧은 번호판을 사용하는 국가에서 수입된 차량 역시 기존의 7자리 번호판을 그대로 사용한다.

① 비사업용 및 렌터카 차량에만 우선적으로 신규 번호판 적용이 장려되지만 사업 규모가 작은 개인택시 사업자 차량은 비사업용 차량으로 구분되므로 신규 번호판으로 등록해야 합니다.

② 비사업용 및 렌터카 차량에만 우선적으로 신규 번호판 적용이 장려되므로 개인택시 사업자는 신규 번호판 적용의 의무 대상이 아닙니다.

③ 친환경 자동차를 개인택시 차량으로 이용하신다고 하셨으므로, 신규 번호판 적용의 의무 대상이 아닙니다.

④ 이미 택시를 운영하고 계신 사업자이시니, 의무적으로 번호판을 교체하실 필요는 없습니다.

[13 ~ 14] 다음의 제시 상황과 자료를 읽고 이어지는 질문에 답하시오.

B 건강식품 회사에 근무하는 A 사원은 T 단백질보충제에 대한 제품정보를 작성하라는 업무를 부여받았다.

- 식품명 : T 단백질보충제(딸기맛)
- 식품의 유형 : 기타가공품
- 원재료명 : 농축유청단백분말(미국) 93%, 딸기향분말(국내산), 혼합탈지분유(네덜란드), 딸기과즙농축분말, 비타민미네랄혼합분말, 혼합아미노산분말, 비트레드, 아스파탐(감미료), 효소처리스테비아
- 섭취방법 : 쉐이커에 물 또는 우유 100 ~ 200ml와 제품 30g(2스쿱)을 함께 타서 섭취하시기 바랍니다.
- 보관방법 : 직사광선과 고온다습한 곳을 피하여 서늘한 곳에 보관해 주시고 어린이의 손이 닿지 않는 곳에 보관하여 주십시오.
- 포장재질 : 폴리에틸렌(내면)
- 섭취 시 주의사항 : 포장이 변형, 팽창, 손상되었거나 내용물이 변질되었을 경우 섭취하지 마십시오. 특이 체질, 알레르기 체질인 경우 소비자 상담실에 문의하신 후 섭취하시기 바랍니다.

〈영양성분〉

- 총 내용량 : 2,000g
- 1회 제공량 : 2스쿱(30g)
- 1회 제공량당 함량 열량 : 115kcal, 탄수화물 4.1g(2%), 당류 1.7g(2%), 지방 1g(2%), 트랜스지방 0g, 포화지방 0.7g(5%), 콜레스테롤 24.2mg(8%), 단백질 22.3g(41%), 나트륨 21.6mg(1%)

본 제품은 밀, 콩, 우유, 계란, 복숭아, 토마토, 호두를 사용한 제조시설에서 제조되었습니다. 본 제품은 공정거래위원회 고시 소비자 분쟁 해결기준에 의거하여 교환 또는 보상받을 수 있습니다.

※ 부정 · 불량식품 신고는 국번 없이 1399

13. A 사원은 상사로부터 T 단백질보충제 영양성분을 표로 정리하여 수정하라는 지시를 받았다. 다음 중 적절한 것은?

①

영양성분	총 내용량 2,000g 2스쿱(30g)당 115kcal
	2스쿱당 (30g, 1회 제공량)
나트륨	22.3mg (1%)
탄수화물	4.1g (2%)
당류	1.7g (2%)
지방	1g (2%)
트랜스지방	0g (0%)
포화지방	0.7g (5%)
콜레스테롤	24.2mg (8%)
단백질	21.6g (41%)

②

영양성분	총 내용량 2,000g 2스쿱(30g)당 115kcal
	2스쿱당 (30g, 1회 제공량)
나트륨	24.2mg (1%)
탄수화물	4.1g (2%)
당류	1.7g (2%)
지방	1g (2%)
트랜스지방	0g (0%)
포화지방	0.7g (5%)
콜레스테롤	21.6mg (8%)
단백질	22.3g (41%)

③

영양성분	총 내용량 2,000g 2스쿱(30g)당 115kcal
	2스쿱당 (30g, 1회 제공량)
나트륨	21.6mg (1%)
탄수화물	4.1g (2%)
당류	1.7g (2%)
지방	1g (2%)
트랜스지방	0g (0%)
포화지방	0.7g (5%)
콜레스테롤	24.2mg (8%)
단백질	22.3g (41%)

④

영양성분	총 내용량 2,000g 2스쿱(30g)당 115kcal
	2스쿱당 (30g, 1회 제공량)
나트륨	21.6mg (1%)
탄수화물	4.7g (2%)
당류	1.1g (2%)
지방	1g (2%)
트랜스지방	0g (0%)
포화지방	0.7g (5%)
콜레스테롤	24.2mg (8%)
단백질	22.3g (41%)

14. 위의 제품정보를 보고 알 수 있는 내용이 아닌 것은?

① T 단백질보충제 섭취 후 알레르기 반응이 일어날 수도 있다.
② T 단백질보충제는 물 또는 우유에 타 먹는 제품이다.
③ 첨가된 필수아미노산 비율을 알 수 있다.
④ 하루 3회씩 먹는다면 약 22일 정도 섭취할 수 있다.

[15 ~ 17] 다음 글을 읽고 이어지는 질문에 답하시오.

(가) 현대에 우리가 사용하거나 이용하는 물건을 들여다보면, 아무리 복잡한 물건이라 해도 대부분 철로 만들어져 있거나 철이 들어 있다. 이렇게 철이 광범위하게 사용되는 이유는 철이 우수한 성질을 가졌을 뿐 아니라 가공도 쉽기 때문이다. 철이 도구로 사용되기에 적당하다는 것은 지구상에 살고 있는 인류에게는 큰 행운이다. 그 이유는 철이 지구상에서 충분하게 얻을 수 있는 자원이기 때문이다. 인구의 급격한 팽창과 개인 소비의 증가에 따라 인류는 모든 종류의 자원 고갈에 대해 걱정하고 있다. 그러나 인류가 가장 많이 사용하는 재료인 철의 자원은 현재까지 파악된 매장량만으로도 앞으로 수백 년 동안 고갈에 대한 걱정을 하지 않아도 된다. 브라질의 현재 매장량만으로도 인류가 100년은 사용할 수 있을 정도이다. 또한 한 번 사용되었던 철을 회수하여 다시 가공할 수 있기 때문에 철은 거의 무한한 자원이라고 볼 수 있다.

(나) 소규모 대장간에서 생산된 철을 기반으로 발전해 오던 인류는 18세기 후반부에 철의 대량 생산에 성공하면서 산업 혁명을 맞이한다. 각 분야에서 철의 우수한 특성을 활용하는 기술이 발달하면서 급속하게 산업의 발달이 이루어지게 된다. 예를 들어, 돌이나 나무가 주재료였던 건축물은 철을 사용함으로써 높이나 크기의 한계를 극복할 수 있었다. 1779년 철을 사용한 최초의 다리인 아이언 브리지가 세워지기 전까지는 교각의 수도 제한적이었고, 다리가 세워질 수 있는 폭도 한계가 있었다. 그러나 철이 사용되기 시작하면서 교량의 건설이 급격하게 늘어났다. 철로 된 기념비적인 건축물로는 1889년에 세워진 유명한 파리의 에펠탑이 있다. 이 탑은 강철 이전의 재료인 연철로 만들어진 것으로, 건축물의 주재료가 철로 변화했음을 보여주는 상징적인 건축물이다.

(다) 앞으로의 철의 위상에 대해서도 철의 시대가 계속될 것이라고 단언할 수 있다. 왜냐하면 대체 재료를 찾는 일이 불가능하기 때문이다. 또한 인류 역사와 더불어 발달해 온 철강을 다루는 고도의 기술 수준이 있기 때문에 철이 다른 어느 재료보다도 인류에게는 다루기 쉬운 재료라는 것도 큰 장점이다.

(라) 앞으로의 철강 기술의 발전 방향을 살펴보자. 우선은 철강의 고순도화가 계속 진행될 것이다. 현재 철강 내의 불순물들의 농도는 수십ppm(1ppm은 1kg에 1mg의 불순물이 들어 있는 농도) 정도다. 반도체에 사용되는 고순도 실리콘 내에 산소 불순물이 10 ~ 20ppm 함유되어 있는 것과 비교하면 거의 반도체 수준에 육박하는 고순도 제품이 얻어지고 있는 것이다. 앞으로 철강 재료의 고순도화는 계속 진행될 것이고, 이런 고순도화 기술이 확보되면 철의 가공성이나 성능이 더욱 향상해 새로운 산업 분야를 만들어 낼 수 있을 것이다.

15. 윗글에서 (가) ~ (라)의 문단별 주제로 알맞지 않은 것은?

① (가) : 철 수입원 다각화의 필요성
② (나) : 산업 혁명을 이끈 철
③ (다) : 앞으로도 계속될 철의 위상
④ (라) : 철강 기술의 발전 방향

16. 다음 중 윗글에 나타난 서술 방식으로 옳은 것은?

① 일반적인 통념에 대해서 문제를 제기하고 있다.
② 상반된 관점을 절충적으로 종합하고 있다.
③ 구체적인 예시를 들며 설명하고 있다.
④ 반대 사례를 제시하여 논지를 전환하고 있다.

17. 다음 중 윗글의 내용과 일치하지 않는 것은?

① 철은 재활용할 수 있기 때문에 자원 고갈 문제를 크게 일으키지 않는다.
② 철을 다루는 기술이 많이 발달되어 있고 철의 대체 재료를 찾기 힘들기 때문에 앞으로도 인류 사회에 철이 많이 이용될 것이다.
③ 철은 18세기 이전까지 생산되지 않았다.
④ 100kg의 철강에 15ppm 농도의 불순물이 있다고 하면 이 철강에 들어있는 불순물의 양은 1,500mg이다.

[18 ~ 20] 가게 홍보를 위해 베이커리 박람회에 참가한 B는 박람회 기간 동안 디저트 부스 한 개를 운영하려고 한다. 다음 기획서를 바탕으로 이어지는 질문에 답하시오.

〈디저트 종류별 단가〉

종류	마카롱	브라우니	초코쿠키	아메리카노	카페라테
단가(원)	2,000	2,000	1,000	1,500	2,000

〈세트 상품 기획〉

구성	세트 가격	예상 판매 개수(개)
마카롱+커피	3,000원	50
브라우니+커피	3,000원	30
초코쿠키+커피	2,000원	20
마카롱 3개 세트+커피	(마카롱 단가)×3의 10% 할인가격+1,000원	20
브라우니+초코쿠키+커피	3,500원	10

※ 세트 상품 커피를 카페라테로 주문할 경우, 세트 가격에 500원 추가

※ 예상 판매액(원)=(세트 가격)×(예상 판매 개수)

18. 다음 중 예상 판매액이 가장 높은 세트 상품 기획은?

① 마카롱＋커피
② 브라우니＋커피
③ 초코쿠키＋커피
④ 브라우니＋초코쿠키＋커피

19. '브라우니＋커피' 세트 상품을 구입한 모든 손님들이 커피를 카페라테로 주문할 때의 예상 판매액은 '브라우니＋커피' 세트 상품을 구입한 모든 손님들이 커피를 아메리카노로 주문할 때의 예상 판매액보다 얼마 더 많은가?

① 2,000원
② 1,500원
③ 15,000원
④ 20,000원

20. '마카롱＋커피' 세트 상품을 구입한 모든 손님들이 커피를 카페라테로 주문할 때 예상 판매액과 '마카롱 3개 세트＋커피' 세트 상품을 구입한 모든 손님들이 커피를 아메리카노로 주문할 때의 예상 판매액 중, 그 금액이 더 큰 세트 상품과 예상 판매액의 차이로 적절하게 짝지어진 것은?

① 마카롱＋커피, 47,000원
② 마카롱＋커피, 48,000원
③ 마카롱 3개 세트＋커피, 47,000원
④ 마카롱 3개 세트＋커피, 48,000원

[21 ~ 22] 다음의 제시 상황과 자료를 보고 이어지는 질문에 답하시오.

고용노동부 고용센터에서 근무하는 사원 P는 직업훈련 전반을 맡아 진행하고 있다.

〈직업훈련〉

직업훈련은 취업이나 창업을 희망하는 사람에게 직업에 필요한 기술과 기능을 익히도록 도와주는 제도이다. 외국인은 고용보험 피보험자격 취득이력이 있어야 지원 가능하지만, 결혼이민자는 고용보험 이력이 없어도 지원받을 수 있다.

〈지원 대상〉

고용센터 등에 구직신청을 한 만 15세 이상 실업자, 결혼이민자와 그 가족인 만 15세 이상의 이주청소년, 영세자영업자(사업기간이 1년 이상 지났고 연간 매출액이 15,000만 원 미만일 것), 고3 재학생 중 비진학예정자, 대학졸업예정자 등

〈지원 내용〉

- 지원한도 : 1인당 최대 2백만 원까지 실제 훈련비의 20 ~ 95% 지원(나머지 훈련비는 훈련생이 직접 부담)
  - 취업성공패키지 2유형 참여자는 실제 훈련비의 50 ~ 95% 지원, 1유형은 최대 300만 원까지 훈련비의 전액 또는 90% 지원
  - 훈련종료일로부터 6개월 이내에 훈련받은 직종과 동일직종에 취업 또는 창업하여 6개월 이상 취·창업 상태를 유지한 사람(수료자 및 조기취업자)에게는 자비로 부담한 훈련비 전액 환급
  - 단위기간(1개월) 소정훈련일수의 80% 이상 출석한 경우 월 최대 116천 원의 훈련장려금 별도 지급
- 유효기간 : 계좌 발급일로부터 1년
  - 계좌 발급일로부터 6개월 이내에 훈련 미참여 시 계좌사용 중지 및 한도 전액 소멸되며(계좌 발급관서에 계좌의 재사용신청 조치를 거쳐 사용 가능), 계좌 재발급 시 계좌한도를 50% 감액하여 지원

〈지원 절차〉

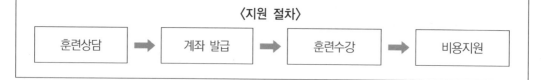

훈련상담 → 계좌 발급 → 훈련수강 → 비용지원

21. 다음 중 사원 P가 맡아서 진행하는 직업훈련 대상자로 적절하지 않은 사람은?

① 사업기간이 2년이며 연간 매출액이 10,000만 원인 영세자영업자 A
② 고용보험 피보험자격 취득이력이 없는 미혼의 베트남인 B
③ 졸업 후 시중은행에서 근무 예정인 고3 재학생 C
④ 고용보험 피보험자격 취득이력이 없고 한국인과 결혼한 중국인 이민자 D

22. 사원 P는 어제 들어온 질문에 대한 답변을 작성 중이다. 적절한 답변이 아닌 것은?

Q. 저희 아버지는 인도인, 어머니는 한국인으로 한국으로 이민온 지 3년 차인 만 15세 학생입니다. 저도 직업훈련대상자가 될 수 있을까요?

A. ① 네, 그렇습니다. 결혼이민자와 그 가족인 만 15세 이상의 이주청소년은 직업훈련 지원대상입니다.

Q. 저는 취업성공패키지 2유형 참여자입니다. 제가 훈련비로 3백만 원을 지불했고 아직 취업을 못한 상태라면 얼마까지 지원받을 수 있을까요?

A. ② 2유형 참여자는 실제 훈련비의 50 ~ 95% 지원을 받을 수 있으므로 1.5백만 원에서 2.85백만 원까지 지원받을 수 있습니다.

Q. 작년에 한도가 2백만 원인 계좌를 1월 1일에 발급받고 7월 1일에 직업훈련을 시작했다면 올해 계좌의 최대한도는 얼마까지 가능할까요?

A. ③ 작년에 계좌 발급일로부터 6개월 이내에 훈련에 미참여하셨기 때문에 계좌 재발급 시 계좌한도가 50% 감액됩니다. 따라서 올해 계좌는 최대 1백만 원까지 발급받으실 수 있습니다.

Q. 훈련 관련 상담 후 계좌를 발급받으면 바로 비용이 계좌로 이체되나요?

A. ④ 아닙니다. 계좌 발급 후 훈련수강을 완료하신 후에 비용을 지원받으실 수 있습니다.

[23 ~ 25] 다음에 제시된 자료를 보고 이어지는 질문에 답하시오.

〈노선번호 지정체계〉

• 기본 규칙

1. 노선 방향(남북방향 혹은 서동방향)에 따라 노선번호 부여 방식이 다름.
   – 서동방향 : 짝수번호 부여 / – 남북방향 : 홀수번호 부여
2. 노선의 시작지점을 기준으로 하여 오름차순으로 번호 부여
   ㉠ 서동방향 : 서동방향인 경우 시작지점이 아래쪽에 위치할수록 더 낮은 번호를 부여
   ㉠ 남북방향 : 남북방향인 경우 시작지점이 왼쪽에 위치할수록 더 낮은 번호를 부여

• 노선 유형에 따른 규칙

1) 간선노선 : 두 자릿수로 구성하며 일의 자리는 노선 방향에 따라 0 또는 5를 부여

남북방향	일의 자리 '5' 부여(㉠ 15, 25, … 65)
서동방향	일의 자리 '0' 부여(㉠ 10, 20, … 60)

2) 보조노선 : 두 자릿수로 구성하며 노선 방향과 간선노선을 기준으로 번호를 부여

서동방향 보조노선	보조노선 시작지점을 기준으로 하여 남쪽 간선노선보다 크고 북쪽 간선노선보다 작은 숫자를 부여한다.
남북방향 보조노선	보조노선 시작지점을 기준으로 하여 서쪽 간선노선보다 크고 동쪽 간선노선보다 작은 숫자를 부여한다.

3) 순환노선 : 세 자릿수로 구성하며 해당 지역별로 다음 표와 같이 백의 자리를 부여하고 뒤에 '00'번 부여

지역	서울	대전	경기도 (수도권)	광주	부산	대구
번호	1	3	4	5	6	7

• 예시

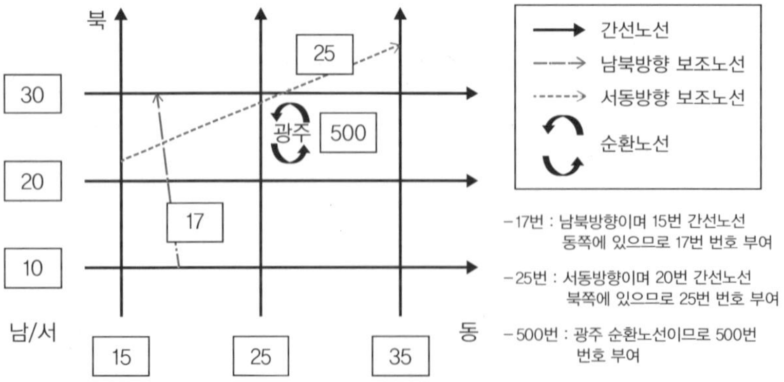

23. 위의 자료를 이해한 내용으로 적절하지 않은 것은?

① 끝자리가 0으로 끝나는 남북방향 노선은 보조노선이다.
② 남북방향 노선과 서동방향 노선은 번호 지정방식이 다르다.
③ 순환노선은 1 ~ 7의 숫자로 노선이 시작되지만 2로 시작하는 노선은 없다.
④ 순환노선 번호를 통해 해당 노선이 어느 지역에서 운행하는지 알 수 있다.

24. 다음 중 권 사원이 기재한 노선번호로 적절하지 않은 것은?

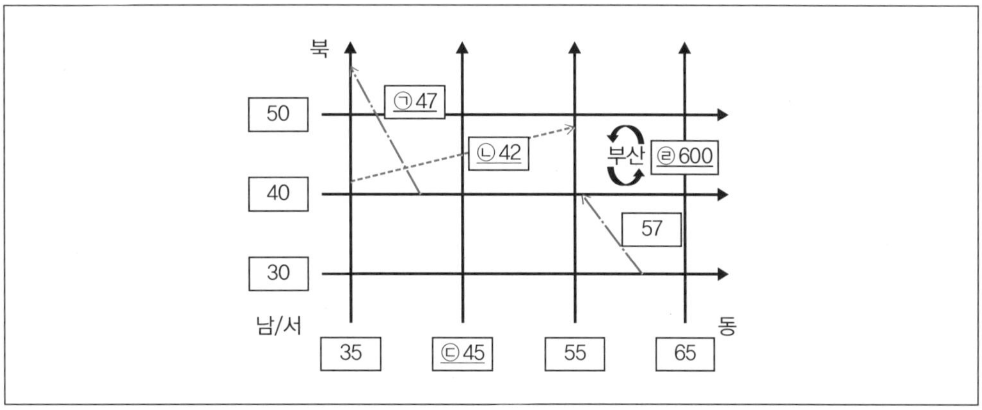

① ㉠　　② ㉡　　③ ㉢　　④ ㉣

25. 다음 중 32번 노선의 위치로 가장 적절한 것은?

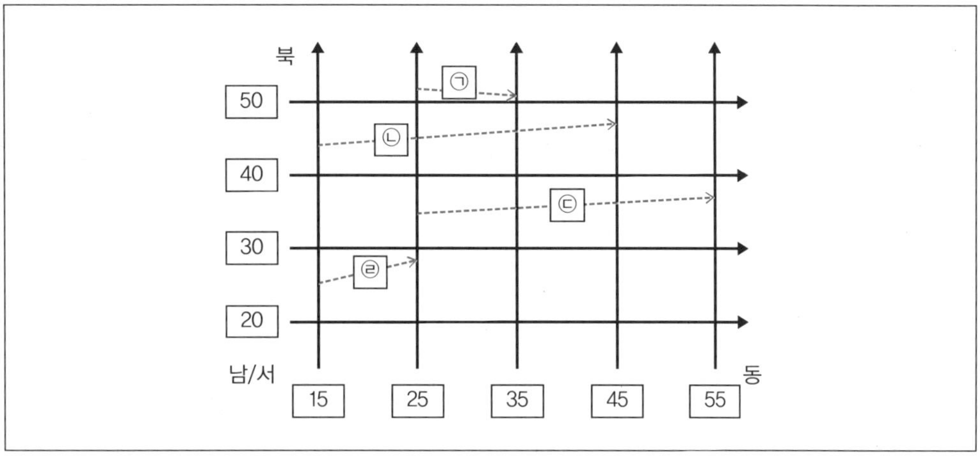

① ㉠　　② ㉡　　③ ㉢　　④ ㉣

[26 ~ 28] 다음은 A 컴퓨터 업체의 A/S 관련 규정이다. 이어지는 질문에 답하시오.

〈A/S 규정〉

1. 제품 보증기간
   - 제품의 보증기간은 제품 구매일을 기준으로 하며, 구매일을 증명할 수 있는 자료(구매영수증, 제품보증서 등)가 없을 경우에는 제품 생산일을 기준으로 산정한다.
   - 단, 보증기간(1년 이내) 중 소비자 취급주의, 부적절한 설치, 자가 수리 또는 개조로 인한 고장 발생 및 천재지변(화재 및 수해, 낙뢰 등)으로 인한 손상 또는 파손된 경우에는 보증기간 기준을 제외한다.
2. A/S 처리기준
   - 제품보증기간 1년 이내 무상 A/S를 실시한다.
   - 초기불량 및 파손의 경우를 제외한 사용 이후의 불량은 각 제품의 제조사 또는 판매자가 처리함을 원칙으로 한다.
   - 당사는 제품의 미개봉 판매를 원칙으로 하며, 모든 사후처리는 당사 A/S 규정과 원칙에 준한다.
3. 교환 및 환불 배송 정책
   - A/S에 관련된 운송비는 제품 초기불량일 경우에만 당사에서 부담한다.
   - 당사의 교환 및 환불 정책은 수령한 날짜로부터 7일 이내 상품이 초기불량 및 파손일 경우에 한하며, 그 외의 경우에는 복구비용을 소비자가 부담해야 한다.
   - 당사에서 판매한 제품의 환불은 소비자법 시행령 제12조에 준한 사후처리를 원칙으로 한다.
   - 제품의 온전한 상태를 기준으로 하며, 수령 후 제품을 사용하였을 경우에는 환불이 불가능하다.

〈서비스 처리 비용〉

구성	수리조치 사항		비용(원)
수리 및 점검	OS 포맷 및 펌웨어 업그레이드 설치		20,000
	하드디스크 포맷 및 기능점검		10,000
	메인보드 파손(수리)		50,000
	네트워크 연결 불량		20,000
부품 교체 및 추가 장착	메인보드 교체 (제품 구매비 별도)		10,000
	메모리카드 추가 장착	8G	30,000
		16G	60,000
	SSD 카드 추가 장착	250G	50,000
	주변기기	HDMI 선	5,000
		마우스	5,000
		키보드	5,000
		모니터	1인치당 10,000

26. 다음 중 〈A/S 규정〉에 대한 이해가 바르지 못한 것은?

① 제품 구입일로부터 1년간 무상 A/S가 제공되나 영수증이나 보증서를 분실했을 경우에는 제품 생산일 기준으로 산정되는구나.

② A 컴퓨터 업체는 모든 제품을 미개봉 상태에서 판매하며, 온전한 제품을 수령한 후 사용하였을 때는 환불이 불가능하구나.

③ 제품을 수령한 날로부터 7일 이내 초기불량 및 파손이 있을 경우에는 교환 또는 환불이 가능하구나.

④ 만약 이외의 문제가 발생한다면 운송비를 제외한 복구 시 발생되는 모든 비용을 부담해야 하는구나.

27. 다음 내용에 따라 고객이 지불해야 할 A/S 비용은 얼마인가?

> 재작년 A 컴퓨터 업체에서 컴퓨터를 구매했었습니다. 며칠 전 이사하고 나서 컴퓨터를 설치했는데 이사 도중 문제가 생겼는지 네트워크 연결이 잘되지 않습니다. 또한 충격으로 인해 모니터가 망가져서 27인치 모니터로 새로 구매하고 싶습니다. 방문하는 김에 하드디스크 기능점검도 함께 진행하고 250G SSD 카드 추가 장착도 하고 싶습니다.

① 320,000원 ② 330,000원 ③ 340,000원 ④ 350,000원

28. 다음은 수리기사가 보내온 A/S 점검 결과 내역이다. 고객에게 청구해야 할 비용은 얼마인가?

컴퓨터 본체	메인보드	파손 교체(제품비 85,000원)
	CPU	이상 무
	메모리카드	8G 메모리카드 교체
	SSD 카드	이상 무
	그래픽카드	이상 무
	전원부	이상 무
	쿨러	이상 무
주변기기	HDMI 선	접촉 불량, 교체
	모니터	이상 무
	키보드	이상 무
	마우스	마우스 휠 수리(비용 X)

① 120,000원 ② 125,000원 ③ 130,000원 ④ 135,000원

[29 ~ 30] 다음의 제시 상황과 자료를 보고 이어지는 질문에 답하시오.

한국도로공사에서 근무하는 K는 다차로 하이패스에 대한 공식기사를 작성해야 하는 업무를 맡았다.

〈다차로 하이패스〉

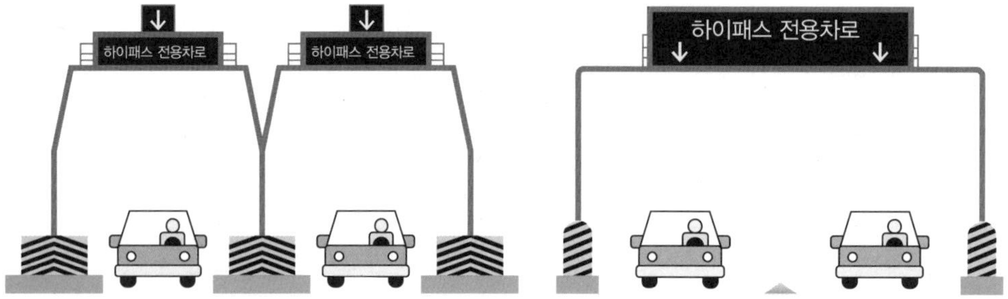

〈단차로 하이패스〉 〈다차로 하이패스〉

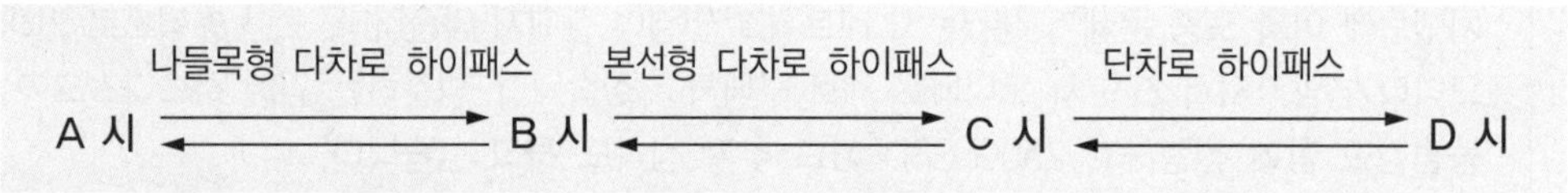

구분	제한 속도	비용
단차로 하이패스	30km/h	1,000원
본선형 다차로 하이패스	60km/h	2,000원
나들목형 다차로 하이패스	50km/h	3,000원

※ 각 시(市) 사이의 거리는 180km로 동일하다.
※ 하이패스 제한 속도가 적용되는 거리는 각 하이패스마다 10km로 동일하다.
※ 고속도로 주행 시 제한 속도는 100km/h이다.

29. K는 기사 작성을 위해 직접 12시에 D시에서 출발하여 A시까지 가는 데 걸리는 시간을 측정해 보려고 한다. 최대한 빠르게 이동했을 때 K가 A시에 도착하는 시간은 언제인가?

① 17시 42분
② 17시 44분
③ 17시 46분
④ 17시 48분

30. 다음 표는 각 시로 이동하는 하루 평균 차 대수이다. 한국도로공사가 각 하이패스에서 하루에 얻는 평균 수익을 알맞게 짝지은 것은? (단, 차 대수는 도착지 기준으로 기록했으며 중복 계상되지 않았다)

구간	차 대수	구간	차 대수
D 시～C 시	500대	C 시～B 시	2,000대
D 시～B 시	1,000대	C 시～A 시	900대
D 시～A 시	1,200대	B 시～A 시	600대

	단차로 하이패스	본선형 다차로 하이패스	나들목형 다차로 하이패스
①	270만 원	1,020만 원	810만 원
②	270만 원	1,010만 원	820만 원
③	260만 원	1,010만 원	810만 원
④	260만 원	1,020만 원	820만 원

[31 ~ 32] 다음의 제시 상황과 자료를 보고 이어지는 질문에 답하시오.

△△법인 민자도로 운영평가 평가팀 P 팀장은 운영평가 매뉴얼을 살펴보고 있다.

1. 민자도로 운영평가 개요

(1) 목적 : 민자도로 이용자에게 안전성과 편리성을 제공하여 공공성을 강화하고 민자도로 운영 효율성을 유도

(2) 근거 : 유료도로법 제23조의2 제3항, 유료도로법 시행규칙 제8조의2, 민자도로의 운영평가 기준(국토부 고시)

2. 민자도로 운영평가 처리 절차

(1) 운영평가 계획 수립(기한 : 매년 3월 31일까지)
- 평가 대상 법인 및 일정, 평가단 구성 방향, 평가항목 및 방법 등이 포함된 민자도로 평가계획 방침 마련

(2) 운영평가 계획 통보(기한 : 평가 30일 전까지)
- 운영평가 항목, 평가방법, 평가일정 등 평가계획을 평가 대상 법인에 통보

(3) 수검자료 취합(기한 : 평가 15일 전까지)
- 평가 대상 법인이 제출한 정량 및 정성평가 수검자료에 대하여 종합 및 정리표 작성

(4) 수검자료 사전 검토(기한 : 평가 10일 전까지)
- 평가 대상 법인이 제출한 수검자료에 대하여 계산 오류 수정, 근거자료 파악 등 사전 점검

(5) 평가단 확정 및 교육(기한 : 평가 5일 전까지)
- 평가위원 7 ~ 8명을 대상으로 평가단을 최종 확정하고, 필요한 경우 평가위원을 대상으로 교육 시행

(6) 운영평가 시행(기한 : 매년 두 분기 내)
- 평가 전 : 수검자료, 매뉴얼, 평가위원 명패, 평가표 등 자료 준비, 평가위원 평가장소 도착 확인 등
- 평가 후 : 민자도로 현장을 직접 순회하여 청소 상태, 교량 및 터널 등 시설 유지관리 상태, 휴게소 및 졸음쉼터 운영 현황 등 점검

(7) 평가결과 종합 및 통보
- 평가결과 집계 및 종합, 법인별 우수사항 및 미흡사항 등을 기재하여 해당 법인에 통보, 미흡사항 개선 · 보완 계획 제출 요청(평가결과 국장님 방침 및 보도자료 배포 등 시행)

(8) 개선 · 보완 계획 접수 등(기한 : 결과통보 후 30일 이내)
- 법인은 미흡사항에 대한 개선 · 보완 계획을 주무관청에 제출해야 하며, 주무관청은 개선계획 등 검토 및 개선현황 모니터링 시행

3. 평가 당일 평가위원 숙지 사항

(1) 정량평가 및 정성평가 항목이 많으므로 평가위원별로 항목을 분업화, 객관적인 사실에 입각하여 집중적이고 책임성 있게 평가하는 것이 효율적임.
  - 근거자료와 백데이터 · 참고자료, 현장 방문 · 점검 등을 통해 사실관계 확인 필요

(2) 정량평가 점수는 계량화한 점수이므로 평가위원 모두 점수가 동일해야 함.

(3) 정성평가 점수는 평가위원별로 점수가 다를 수도 있음.

(4) 평가위원은 정량평가 및 정성평가 점수표를 반드시 작성하여 서명 날인 후 제출해야 함.

(5) 평가팀장 또는 간사는 평가 대상 법인의 가점 및 감점 사항이 있는 경우 반드시 가점 또는 감점 사항에 대하여 평가표에 작성 · 제출해야 함.

(6) 평가팀장은 당일 평가한 법인 관계자를 대상으로 우수한 점 및 미흡한 점 등 평가결과에 대한 사항을 간략하게 설명 필요

4. 운영평가 항목 및 배점

구분	평가 항목	평가내용	점수
정량 평가	도로 안전성	돌발사항 대응 신속성	6
		교통사고 발생률	20
		도로 안전조치 신속성	11
	이용 편의성	도로청결성	10
		민원처리시스템 운영효율성	11
		이용자서비스 제공실적	10
	운영 효율성	운영비 집행효율성	5
		유지관리 계획이행여부	10
	도로 공공성	운영평가 결과 개선 실적	10
		도로운영 관련 법령/규정 등 준수여부	20

구분	평가 항목	평가내용	점수
정성 평가	도로 안전성	교통사고 예방 노력	12
		재난 대응시스템 운영 적정성	3
	이용 편의성	이용자 편익 향상	9
	운영 효율성	관리조직 운영 적정성	2
		도로관리 효율성 향상 노력	1
	도로 공공성	사회편익 기여활동	3

31. 다음 중 P 팀장이 위의 자료를 보고 이해한 내용으로 가장 적절하지 않은 것은?

① 운영평가 7일 전까지 최소 5명의 평가위원이 확정되어야 한다.
② 평가단에 의해 민자도로 운영평가가 시행되는 기간은 최대 6개월이다.
③ 평가팀장은 법인 관계자에게 평가결과에 대한 사항을 간략히 설명해야 할 의무가 있다.
④ 평가 대상 법인은 운영평가를 위해 정량 및 정성평가 수검자료를 제출해야 한다.

32. 위의 자료와 다음의 종합 평가표를 바탕으로 보았을 때, P 팀장이 작성한 종합 점수표에서 옳지 않은 것은?

〈○○법인 민자도로 운영평가 종합 평가표〉

구분	평가항목	평가내용	점수
정량평가	도로 안전성	돌발사항 대응 신속성	3
		교통사고 발생률	13
		도로 안전조치 신속성	7
	이용 편의성	도로청결성	8
		민원처리시스템 운영효율성	11
		이용자서비스 제공실적	9
	운영 효율성	운영비 집행효율성	4
		유지관리 계획이행여부	6
	도로 공공성	운영평가 결과 개선 실적	4
		도로운영 관련 법령/규정 등 준수여부	20

구분	평가항목	평가내용	점수
정성평가	도로 안전성	교통사고 예방 노력	8.5
		재난 대응시스템 운영 적정성	2
	이용 편의성	이용자 편익 향상	7
	운영 효율성	관리조직 운영 적정성	1
		도로관리 효율성 향상 노력	1
	도로 공공성	사회편익 기여활동	1.5

※ 평가표의 점수는 평가위원들의 점수들의 평균값임.

비고
- 운영비 이용자 서비스 제공실적 항목 평가 산식에 모순이 있다는 의견이 제기됨. 추후 평가기준 개정 검토 필요
- 도로 안전조치 신속성의 하위 평가항목 중 로드킬 발생건수에 있어 이 지역에서 발생한 적 없는 신종 야생동물의 로드킬 건수가 발생, 주변 생태계의 변화로 인한 특이사항으로 간주하여 평가팀장 설명하에 위원 다수결로 점수를 결정함.

〈○○법인 민자도로 운영평가 종합 점수표〉

평가위원 : P 팀장

구분	평가항목	평가내용	점수
정량평가	도로 안전성	돌발사항 대응 신속성	3
		교통사고 발생률	13
		도로 안전조치 신속성	7
	이용 편의성	도로청결성	8
		민원처리시스템 운영효율성	11
		이용자서비스 제공실적	9
	운영 효율성	운영비 집행효율성	4
		유지관리 계획이행여부	6
	도로 공공성	운영평가 결과 개선 실적	4
		도로운영 관련 법령/규정 등 준수여부	20

구분	평가항목	평가내용	점수
정성평가	도로 안전성	교통사고 예방 노력	8
		재난 대응시스템 운영 적정성	1
	이용 편의성	이용자 편익 향상	8
	운영 효율성	관리조직 운영 적정성	2
		도로관리 효율성 향상 노력	1
	도로 공공성	사회편익 기여활동	4

싸인 ㊞

① 교통사고 발생률
② 도로청결성
③ 교통사고 예방 노력
④ 사회편익 기여활동

33. 다음은 202X년 원/달러 환율 추이에 대한 자료이다. 이에 대한 설명으로 옳지 않은 것은? (단, 한국의 입장을 기준으로 판단한다)

〈202X년 원/달러 환율 추이〉

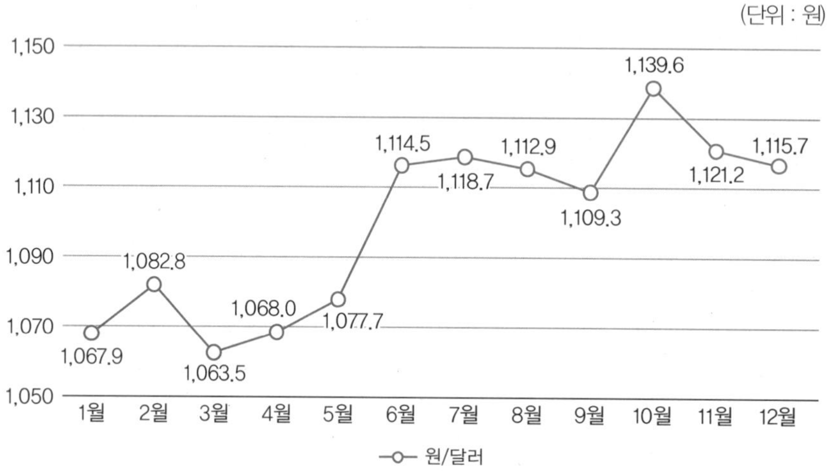

① 물품 수입업자가 동일한 양의 제품을 수입했을 때, 202X년 10월보다 같은 해 3월에 상대적으로 환율에서 이득을 보았을 것이다.

② 김 과장이 2월과 3월에 각 50만 원씩 환전했다면 환율 변동으로 인해 3월에 5달러 이상 더 받았다.

③ 이 부장이 10월에 미국 유학 중인 아들에게 5만 달러를 송금했다면 이는 원화로 5,500만 원보다 적은 금액이다.

④ A 중소기업이 9월에 30억 원짜리 계약을 체결했다면 이는 약 270만 달러에 해당하는 금액이다.

34. 다음 자료에 대한 설명으로 옳은 것을 〈보기〉에서 모두 고르면?

〈202X년 1 ~ 4월 행정구역별 순이동인구〉

(단위 : 명)

구분	202X. 01.	202X. 02.	202X. 03.	202X. 04.
서울특별시	3,946	3,305	−3,404	−7,117
부산광역시	−1,378	−223	−399	−958
대구광역시	−1,325	−3,422	984	−1,719
인천광역시	−913	−1,275	−2,391	−1,951
광주광역시	220	−511	−447	388
대전광역시	−714	−1,059	−1,323	−230
울산광역시	−1,135	−1,470	−1,319	−648
세종특별자치시	1,495	1,303	746	210
경기도	9,341	13,798	21,855	20,454
강원도	−497	−535	−672	−595
충청북도	−423	−497	−725	−850
충청남도	−944	−1,114	−1,007	−1,069
전라북도	−1,034	−1,569	−1,670	−970
전라남도	−3,328	−2,067	−2,026	−1,640
경상북도	−2,413	−2,729	−4,717	−1,700
경상남도	−614	−2,013	−3,123	−1,696
제주특별자치도	−284	78	−362	91

※ 순이동인구(명) = 전입인구 − 전출인구

보기

ㄱ. 202X년 4월에 전입인구가 가장 많은 행정구역은 경기도이다.
ㄴ. 202X년 3월에 전출인구가 가장 많은 행정구역은 전라남도이다.
ㄷ. 국외 전입 혹은 전출이 없다면 전국의 순이동인구는 항상 0명이다.
ㄹ. 경상남도의 1월부터 4월까지 전출인구는 전입인구보다 많다.
ㅁ. 세종특별자치시의 1월부터 4월까지 전출인구는 전입인구보다 적다.

① ㄱ, ㄴ, ㄷ ② ㄱ, ㄴ, ㄹ
③ ㄴ, ㄷ, ㅁ ④ ㄷ, ㄹ, ㅁ

[35 ~ 36] 다음은 재무정보의 일부인 유동자산과 비유동자산에 대한 자료이다. 이어지는 질문에 답하시오.

〈연도별 유동자산〉

(단위 : 백만 원)

구분	20X4년 12월 말	20X5년 12월 말	20X6년 12월 말	20X7년 12월 말	20X8년 12월 말
현금 및 현금성자산	1,678,801	1,608,979	1,007,690	1,336,613	1,271,190
매출채권 및 기타채권	5,912,162	5,746,433	6,799,105	7,053,565	7,722,433
미청구공사	4,666,234	4,181,091	4,967,728	6,675,112	7,085,973
재고자산	5,039,417	6,478,003	6,191,140	6,129,287	6,038,318
기타	5,432,505	5,058,774	6,213,964	8,059,607	7,188,253

〈연도별 비유동자산〉

(단위 : 백만 원)

구분	20X4년 12월 말	20X5년 12월 말	20X6년 12월 말	20X7년 12월 말	20X8년 12월 말
관계기업 및 공동기업투자	1,125,213	972,467	851,041	661,664	649,732
장기금융자산	3,722,137	3,697,006	3,062,838	3,322,604	3,507,147
유형자산	14,779,132	15,564,732	15,556,464	15,712,997	15,789,357
무형자산	2,411,099	2,323,660	2,291,411	2,285,549	2,292,725
기타	1,687,211	3,366,163	2,226,795	1,967,874	1,772,962

35. 다음 중 연도별 증감 추세가 '미청구공사'와 동일한 자산항목은?

① 현금 및 현금성자산
② 매출채권 및 기타채권
③ 관계기업 및 공동기업투자
④ 장기금융자산

36. 다음 중 위의 자료에 대한 설명으로 옳은 것은?

① 비유동자산 중 '유형자산'은 매해 증가와 감소를 반복한다.
② 20X4년부터 매해 감소하는 항목은 '현금 및 현금성자산'이다.
③ 유동자산 중 '재고자산'은 20X6년을 제외하고 꾸준히 증가하고 있다.
④ 비유동자산 중 '기타'는 20X4년부터 증가－감소－감소－감소의 추세를 보인다.

[37 ~ 38] 다음의 제시 상황과 자료를 보고 이어지는 질문에 답하시오.

평화의 댐, 화천댐, 춘천댐, 소양강댐, 의암댐, 청평댐은 다음 그림과 같이 화살표 방향으로 저수량이 이동하며, 현재 저수량과 최대 저수량은 다음과 같다.

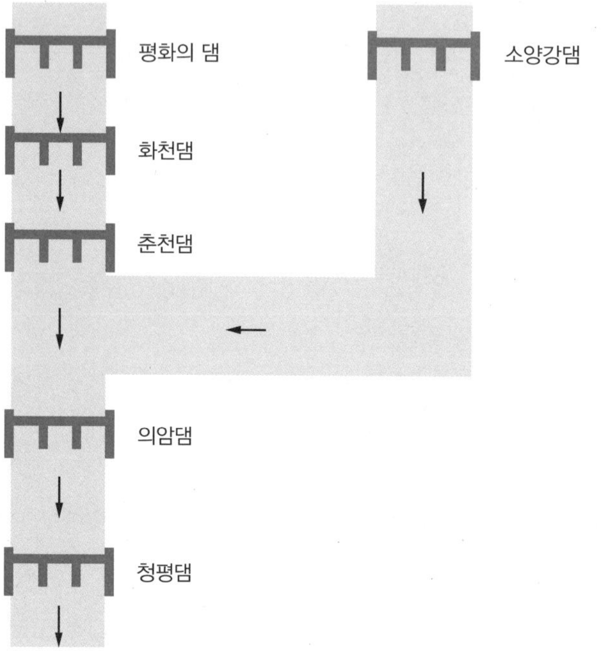

(단위 : km^3)

댐명	평화의 댐	화천댐	춘천댐	소양강댐	의암댐	청평댐
현재 저수량	1,800	600	100	1,300	30	120
최대 저수량	2,600	1,000	150	2,900	80	185

37. 현재 저수량이 최대 저수량의 60% 미만인 댐은 몇 개인가?

① 1개 ② 2개

③ 3개 ④ 4개

38. 기상청에서는 내일 평화의 댐에서 춘천댐에 이르는 지역에 폭우가 내릴 것이라고 예보하였다. 이때 폭우에 따른 예상되는 저수량 증가는 다음과 같다. 각 댐의 저수량을 최대 저수량의 70%로 유지하고자 할 때, 각 댐에서 예상되는 방류량은? (단, 각 댐의 저수량이 최대 저수량의 70%가 되면 방류를 시작하며, 이전 댐의 방류량도 고려한다)

댐명	평화의 댐	화천댐	춘천댐
예상 저수량 증가(km^3)	520	180	30

	평화의 댐	화천댐	춘천댐
①	500km^3	80km^3	25km^3
②	500km^3	580km^3	605km^3
③	520km^3	180km^3	30km^3
④	800km^3	300km^3	500km^3

[39 ~ 40] 다음 자료를 보고 이어지는 질문에 답하시오.

〈자료 1〉 연령별 인구

(단위 : 천 명, %)

구분		1970년	1980년	1990년	2000년	2010년	2020년
인구수	0 ~ 14세	13,709	12,951	10,974	9,911	7,979	6,751
	15 ~ 64세	17,540	23,717	29,701	33,702	36,209	37,620
	65세 이상	991	1,456	2,195	3,395	5,366	7,076
구성비	0 ~ 14세	42.5	34	25.6	21.1	16.1	
	15 ~ 64세	54.4	62.2	69.3		73.1	
	65세 이상	3.1	3.8	5.1		10.8	

〈자료 2〉 인구 정보 관련 용어

구분	내용	계산
유소년 인구	0 ~ 14세 인구	−
생산 가능 인구	15 ~ 64세 인구	−
고령 인구	65세 이상 인구	−
노령화 지수	유소년 인구(0 ~ 14세)에 대한 고령 인구(65세 이상)의 비	$\frac{\text{고령 인구}}{\text{유소년 인구}} \times 100$
유소년 부양비	생산 가능 인구(15 ~ 64세)에 대한 유소년 인구(0 ~ 14세)의 비	$\frac{\text{유소년 인구}}{\text{생산 가능 인구}} \times 100$
노년 부양비	생산 가능 인구(15 ~ 64세)에 대한 고령 인구(65세 이상)의 비	$\frac{\text{고령 인구}}{\text{생산 가능 인구}} \times 100$
총 부양비	유소년 부양비와 노년 부양비의 합	$\frac{\text{유소년 인구} + \text{고령 인구}}{\text{생산 가능 인구}} \times 100$

39. 다음 중 위의 자료에 관한 설명으로 옳지 않은 것은?

① 노령화 지수는 1970년 이후 지속적으로 증가하고 있다.
② 10년 전 대비 유소년 인구의 감소 비율이 가장 큰 해는 1990년이다.
③ 2000년 생산 가능 인구는 동일 연도 고령 인구의 9배 이상을 차지한다.
④ 2020년 전체 인구수 대비 고령 인구의 비율은 13% 이상으로 조사 기간 중 가장 높다.

40. 다음은 위의 자료를 바탕으로 작성한 보고서 내용의 일부이다. ㉠과 ㉡에 해당하는 수치를 바르게 짝지은 것은? (단, 모든 계산은 소수점 아래 첫째 자리에서 반올림한다)

> 총부양비는 생산 가능 인구에 대한 유소년 인구와 고령 인구 합의 백분비로 인구의 연령구조를 나타내는 지표이다. (중략) 2020년 노년 부양비는 ___㉠___ 이고, 총부양비는 ___㉡___ 를 나타냈다.

	㉠	㉡
①	14%	32%
②	14%	37%
③	19%	32%
④	19%	37%

[41 ~ 42] 다음은 연도별 및 지역별 전기차 등록 추이에 대한 그래프이다. 이어지는 질문에 답하시오.

〈전기차 등록 현황〉

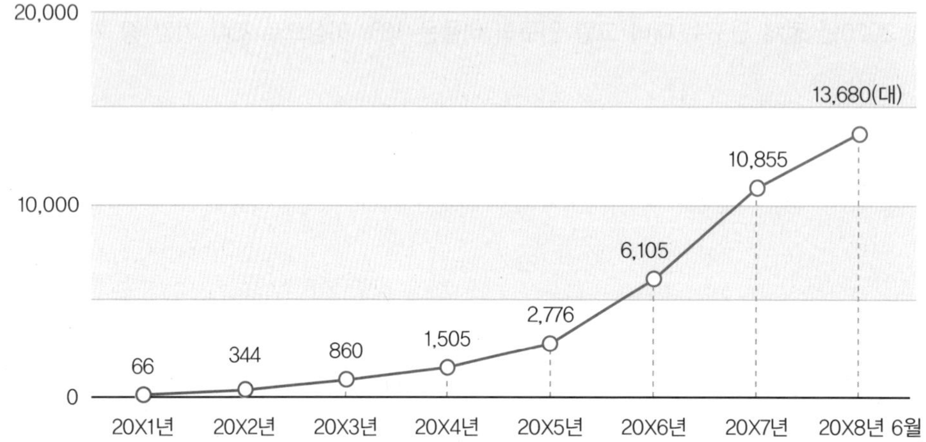

〈지역별 전기차 등록 현황〉

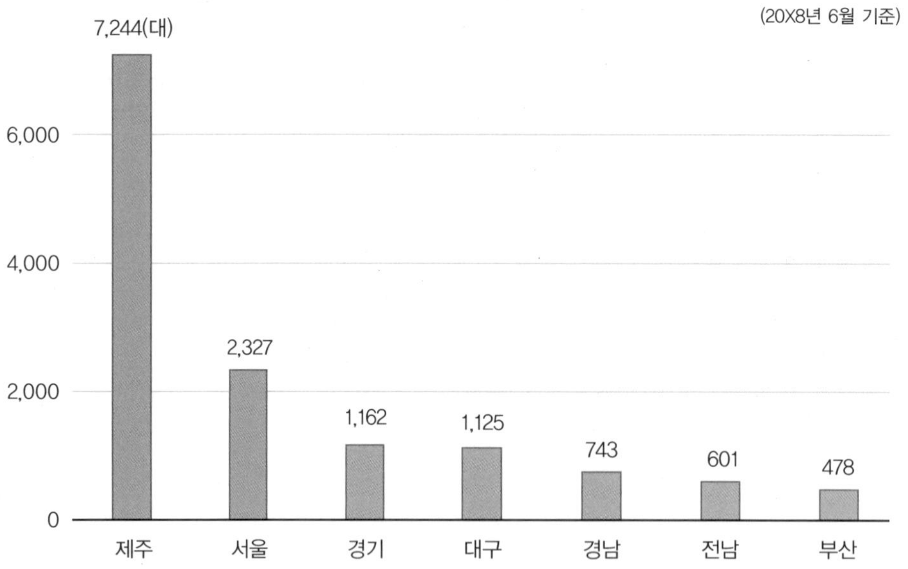

41. 현재가 20X8년 6월이라고 가정했을 때, 다음 설명 중 옳지 않은 것은?

① 경기와 대구의 전기차 등록 수의 합은 서울의 전기차 등록 수보다 적다.
② 대구의 등록 수는 부산의 등록 수의 3배보다 적다.
③ 현재 전체 등록 수 대비 제주의 등록 수의 비율은 50% 이하이다.
④ 등록 수가 1,000대 미만인 지역들의 등록 수 평균은 600대보다 많다.

42. 20X6년의 전년 대비 전기차 등록 증가율과 20X4년의 전년 대비 전기차 등록 증가율의 차이는? (단, 모든 계산은 소수점 아래 첫째 자리에서 반올림한다)

① 30%p
② 35%p
③ 40%p
④ 45%p

43. 다음은 ○○경제원의 A 연구원이 작성한 보고서의 일부이다. 이에 대한 해석으로 올바르지 않은 것은?

〈20X9 회계연도 총세입 현황〉

(단위 : 조 원)

구분			20X8년 결산	20X9년		증감량	
				예산	결산	전년 대비	예산 대비
㉠ 국세수입			242.6	251.1	265.4	22.8	14.3
	일반회계		235.7	244.0	258.6	22.9	14.6
		소득세	68.5	69.6	75.1	6.6	5.5
		법인세	52.1	57.3	59.2	7.1	1.9
		부가가치세	61.8	62.6	67.1	5.3	4.5
		기타	53.3	54.6	57.3	4.0	2.7
	특별회계		6.8	7.1	6.9	0.1	-0.2
㉡ 세외수입			102.4	98.8	94.1	-8.3	-4.7
	일반회계		46.0	41.0	34.4	-11.6	-6.6
	특별회계		56.5	57.8	59.7	3.2	1.9
총세입(㉠+㉡)			345.0	349.9	359.5	14.5	9.6

※ 구성항목별 계산금액은 단수조정으로 조정될 수 있음.

① 세외수입을 제외한 20X9 회계연도 세입은 총 359.5조 원이며 20X8년 대비 14.5조 원 증가하였다.

② 20X9년 세외수입은 94.1조 원으로 20X9년 예산 대비 4.7조 원 감소하였으며 20X8년 결산 대비 8.3조 원 감소하였다.

③ 20X9년 국세수입은 265.4조 원으로 20X9년 예산 대비 14.3조 원 초과하였으며 20X8년 대비 22.8조 원 증가하였다.

④ 세목별로 살펴보면 20X8년도와 비교하여 20X9년 법인세는 59.2조 원으로 7.1조 원 증가하였고 부가가치세는 67.1조 원으로 5.3조 원 증가하였다.

44. 다음은 어느 기간의 국내 저가항공사 실적에 대한 자료이다. 이를 통해 추론한 20X2년 11월 A사의 공급석은 모두 몇 석인가?

〈자료 1〉 국내 저가항공사 국내선 여객실적(11월 기준)

(단위 : 천 석, %, 천 명)

구분	20X1년 11월		20X2년 11월	
	공급석	탑승률	국내여객	국내여객 전년 동월 대비 증감량
A사	250	70	(?)	105
B사	80	50	102	62
C사	200	90	198	18
D사	400	87.5	480	130
E사	350	90	420	105
소계	1,280		1,480	

※ 탑승률 $= \frac{\text{국내여객}}{\text{공급석}} \times 100$

※ 국내여객 전년 동월 대비 증감량=20X2년 11월 국내여객−20X1년 11월 국내여객

〈자료 2〉 20X2년 11월 기준 탑승률의 전년 동월 대비 증감률

(단위 : %)

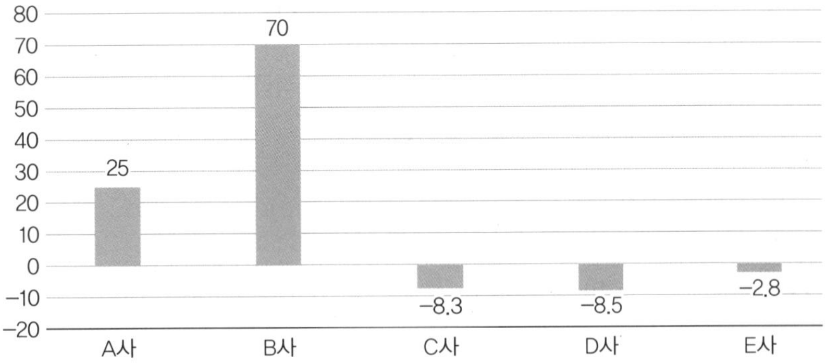

① 206,000석
② 217,000석
③ 268,800석
④ 320,000석

[45 ~ 46] 다음은 ○○공사 성과상여금 지급 기준이다. C 팀의 성과보고를 참고하여 이어지는 질문에 답하시오.

〈12월 성과상여금 지급 기준〉

1. 지급원칙
   - 성과상여금은 팀의 전체 사원에 대하여 성과(근무성적, 업무 난이도, 조직 기여도의 평점 합) 순위를 매긴 후 적용대상에 해당되는 사원에 한하여 지급한다.
   - 적용대상 사원에는 계약직을 포함한 4급 이하 모든 사원이 포함된다.
2. 상여금의 배분
   성과상여금은 다음의 지급기준액을 기준으로 한다.

4급	5급	6급	계약직
400만 원	300만 원	200만 원	100만 원

3. 지급등급 및 지급률

지급등급	S 등급	A 등급	B 등급
성과 순위	1 ~ 2위	3 ~ 4위	5위 이하
지급률	150%	130%	100%

4. 지급액 등
   - 개인별 성과상여금 지급액은 지급기준액에 해당 등급의 지급률을 곱하여 산정한다.
   - 계약직의 경우 12월 기준 S 등급인 경우, 1월 1일자로 정규직 6급으로 전환한다.

〈12월 C 팀 성과 및 직급〉

사원	평점			직급
	근무성적	업무 난이도	조직 기여도	
가	8	6	8	계약직
나	10	8	7	5급
다	7	4	8	5급
라	8	9	7	6급
마	6	5	7	4급
바	8	9	10	계약직
사	8	8	5	4급
아	8	8	7	3급

45. C 팀의 적용대상 사원 중 12월 성과상여금을 가장 많이 받는 사원과 가장 적게 받는 사원의 금액 차이는?

① 150만 원 ② 250만 원

③ 350만 원 ④ 450만 원

46. 구성원 변동이 없다고 가정할 때, 1월 기준으로 C 팀 정규직 직원들 중에서 5급 이하 직원의 비율은? (단, 1월 1일 기준으로 정규직 전환 외 직급의 변동은 없다고 가정한다)

① $\frac{2}{7}$ ② $\frac{3}{7}$

③ $\frac{4}{7}$ ④ $\frac{5}{7}$

[47 ~ 48] 재경팀에서 근무하는 S는 사옥과 제조 공장의 전기요금을 정산하고 보고하는 업무를 담당하고 있다. 이어지는 질문에 답하시오.

1) 산업용 전력

광업, 제조업 및 기타사업에 전력을 사용하는 전력 4kW 이상 300kW 미만의 고객

패키지 구분	월별 기본요금(원)	전력량 요금(원/kWh)			
		시간대	여름철 (6 ~ 8월)	봄 · 가을철 (3 ~ 5, 9 ~ 10월)	겨울철 (11 ~ 2월)
(1)	6,490	경부하	60.5	60.5	67.9
		중간부하	86.3	65.3	84.8
		최대부하	119.8	84.5	114.2
(2)	7,470	경부하	55.6	55.6	63.0
		중간부하	81.4	60.4	79.9
		최대부하	114.9	79.6	109.3

2) 일반용 전력

주택용 · 산업용 종별을 제외한 고객으로 전력 300kW 미만 고객

패키지 구분	월별 기본요금(원)	전력량 요금(원/kWh)			
		시간대	여름철 (6 ~ 8월)	봄 · 가을철 (3 ~ 5, 9 ~ 10월)	겨울철 (11 ~ 2월)
(1)	7,170	경부하	62.7	62.7	71.4
		중간부하	113.9	70.1	101.8
		최대부하	136.4	81.4	116.6
(2)	8,230	경부하	57.4	57.4	66.1
		중간부하	108.6	64.8	96.5
		최대부하	131.1	76.1	111.3

3) 계절별 시간대 구분

구분	여름철, 봄 · 가을철 (6 ~ 8월), (3 ~ 5, 9 ~ 10월)	겨울철 (11 ~ 2월)
경부하 시간대	23:00 ~ 09:00	23:00 ~ 09:00
중간부하 시간대	09:00 ~ 10:00 12:00 ~ 13:00 17:00 ~ 23:00	09:00 ~ 10:00 12:00 ~ 17:00 20:00 ~ 22:00
최대부하 시간대	10:00 ~ 12:00 13:00 ~ 17:00	10:00 ~ 12:00 17:00 ~ 20:00 22:00 ~ 23:00

47. 다음은 S가 본사 사옥에 사용될 전력 패키지 요금 제도에 대해 분석한 내용이다. 이 중 적절하지 않은 것은? (단, 사옥에 사용되는 전력은 일반용 전력이다)

① 오전 8시부터 9시에는 패키지와 계절에 관계없이 1kWh당 75원 미만의 요금이 부과된다.

② 7월 한 달 동안 중간부하 시간대에 200kWh를 사용할 경우 패키지 (2)가 패키지 (1)보다 유리하다.

③ 경부하 시간대의 경우, 어떤 패키지를 선택하더라도 1kWh당 요금은 겨울철이 여름철보다 높다.

④ 패키지 (1)을 선택할 경우, 겨울철 오후 3시는 중간부하 시간대에 포함되어 1kWh당 101.8원이 부과된다.

48. S는 200kW 전력을 사용하는 제조 공장에 적합한 전력 패키지를 선택하기 위해 지난 1년간의 해당 공장 전력 사용 내역을 분석하고 있다. 다음 중 적절하지 않은 설명은? (단, 패키지 요금 계산 시 기본요금을 포함한다)

〈전력 사용량〉

(단위 : kWh)

구분	1월	2월	3월	4월	5월	6월	7월	8월	9월	10월	11월	12월
경부하	20	30	10	10	20	40	40	60	30	20	40	20
중간부하	80	20	50	30	40	80	70	200	100	50	90	90
최대부하	100	100	90	30	60	200	200	300	200	50	100	100

① 지난해 여름철 경부하 시간대에 발생된 요금은 어떤 패키지를 선택하더라도 4만 원을 넘지 않는다.

② 지난해 겨울철 최대부하 시간대의 요금은 패키지 (2)를 선택했을 때가 패키지 (1)을 선택했을 때보다 높다.

③ 지난해 여름철 중간부하 시간대의 요금은 패키지 (2)를 선택했을 때가 패키지 (1)을 선택했을 때보다 높다.

④ 지난해 사용량을 기준으로 봄·가을철 총요금이 9만 원을 넘지 않게 하기 위해서는 패키지 (2)를 선택해야 한다.

[49 ~ 53] 다음 명령체계에 대한 자료를 보고 이어지는 질문에 답하시오.

〈명령체계〉

명령	의미	True	False
	초기 데이터 묶음 항상 True를 출력	모든 값을 다음 명령으로 전달	–
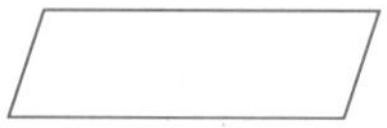	조건을 만족하는 값이 하나라도 있으면 True, 하나도 없으면 False	전달받은 값 중 앞쪽 3개의 값을 다음 명령으로 전달	전달받은 값 중 뒤쪽 3개의 값을 다음 명령으로 전달
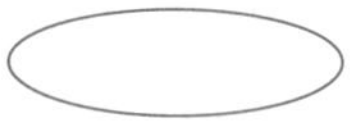	조건을 만족하는 값의 개수가 짝수면 True, 홀수면 False	명령을 하나 건너뛰고 그다음 명령으로 모든 값 전달	조건을 만족하는 값을 다음 명령으로 전달
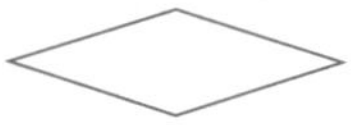	모든 값이 조건을 만족하면 True, 그렇지 않으면 False	모든 값을 다음 명령으로 전달	조건을 만족하는 값만 다음 명령으로 전달
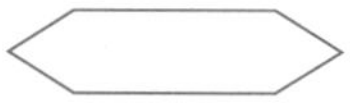	앞 명령어가 True였다면 False, False였다면 True	조건을 만족하는 값만 다음 명령으로 전달	조건을 만족하지 않는 값만 다음 명령으로 전달

※ 데이터는 제시된 순서대로 전달되며, 다음 명령으로 전달해도 순서는 변하지 않음.

※ 마지막 명령까지 통과한 값들을 모두 출력함.

㉦

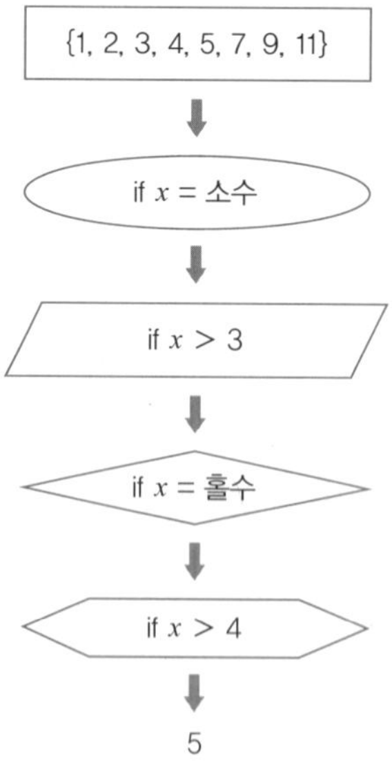

49. 다음 명령체계에서 출력되는 값은?

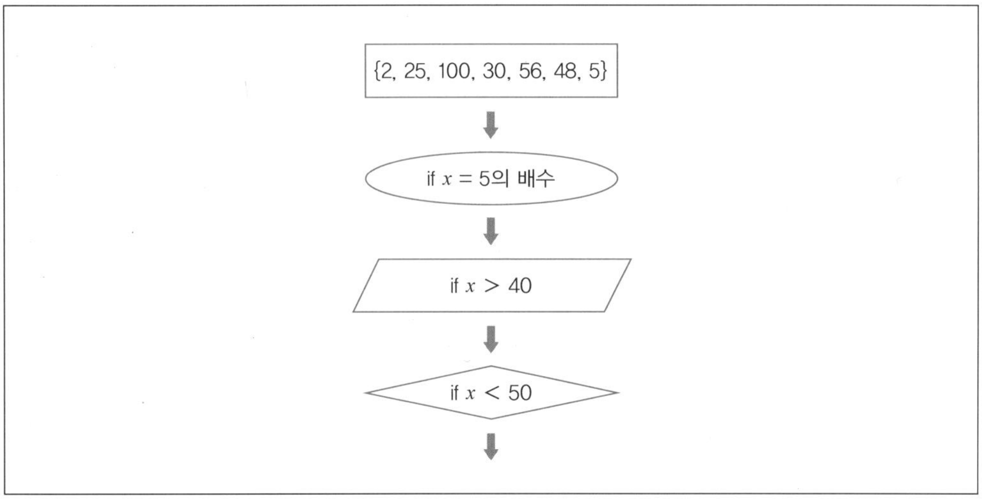

① 출력값 없음.
② 5, 25, 30
③ 2, 25, 30, 48
④ 2, 25, 30, 48, 5

50. 다음 명령체계를 통해 출력되는 값이 다음과 같을 때, (가)에 들어가야 할 조건은?

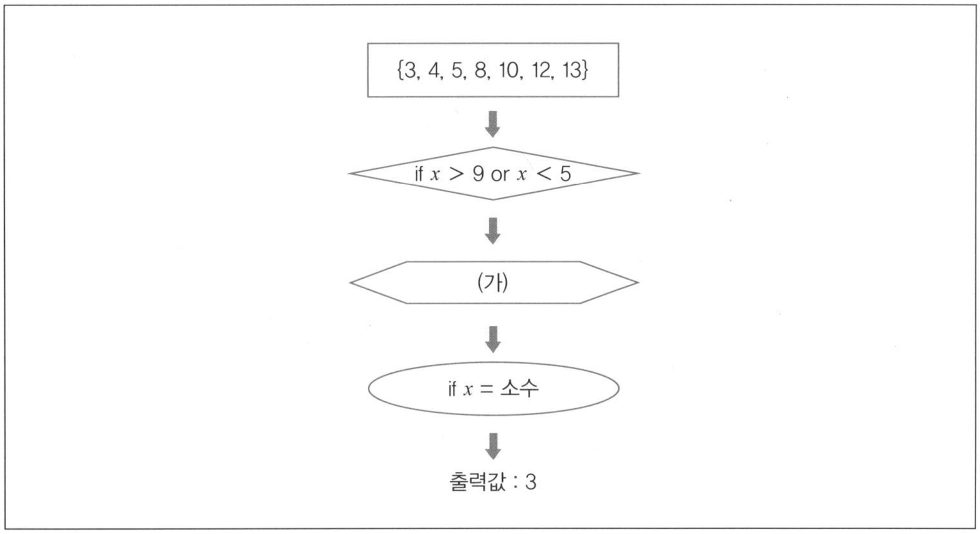

① if x =홀수
② if x >10
③ if x^2 <100
④ if x +5>10

51. 다음 명령체계에서 출력되는 값은?

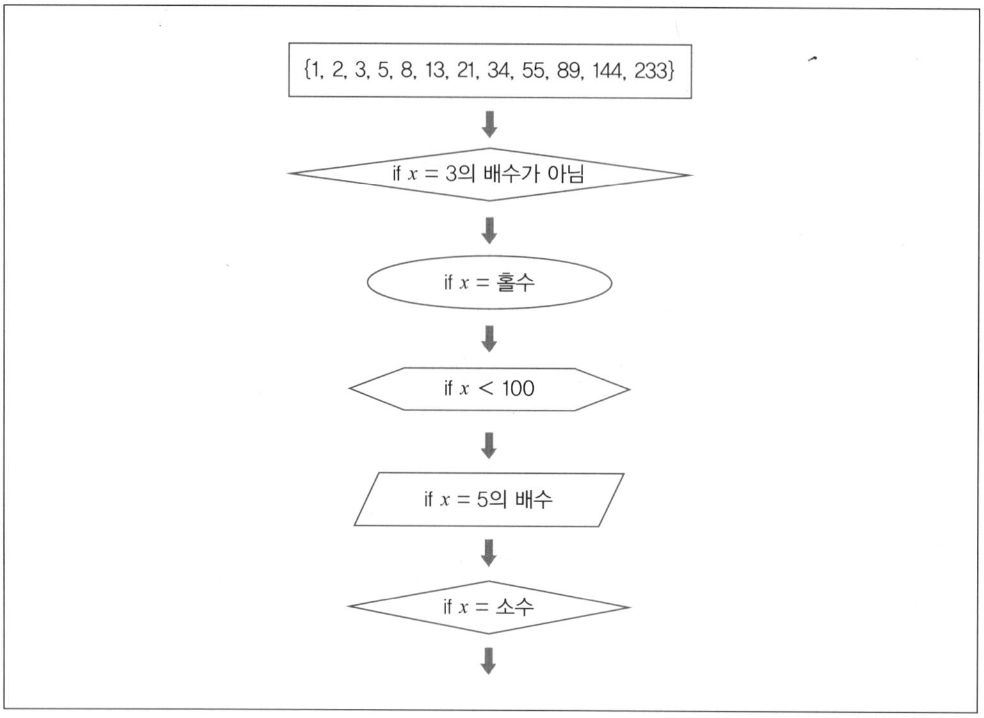

① 2, 5
② 2, 5, 13
③ 1, 2, 13
④ 5, 13, 55

52. 다음 명령체계에서 최종적으로 출력된 값이 3개일 때, (가)에 들어갈 수 없는 것은?

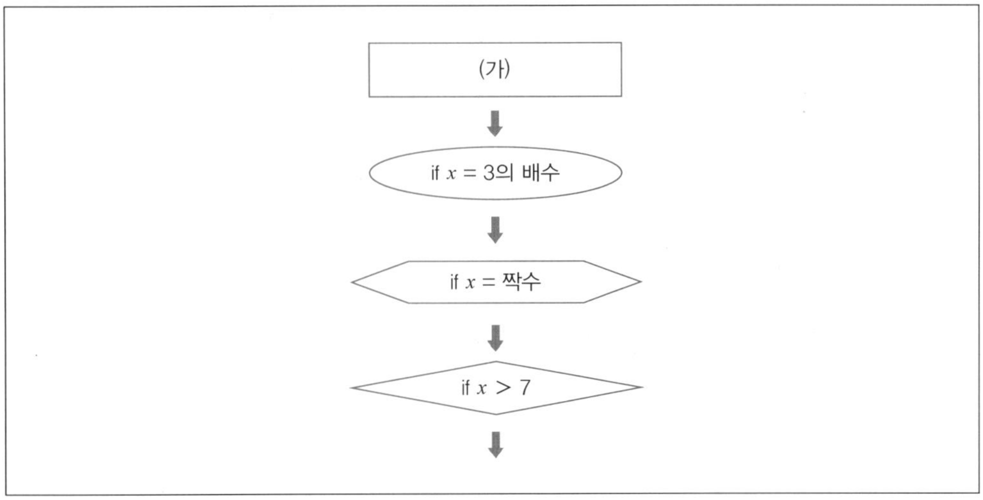

① {8, 9, 12}
② {12, 13, 18, 24}
③ {2, 6, 7, 18, 21, 24}
④ {1, 2, 4, 12, 18}

53. 다음 중 출력값에 8이 포함되는 명령체계가 아닌 것은?

①
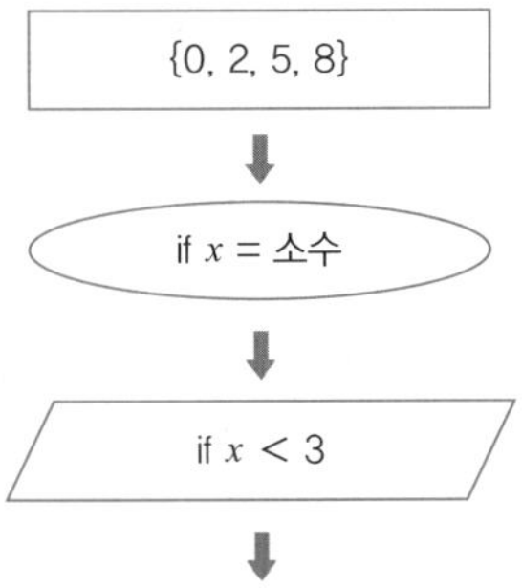

②
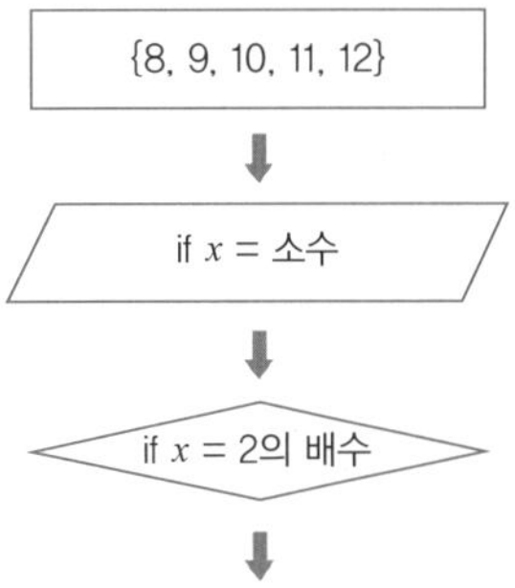

③
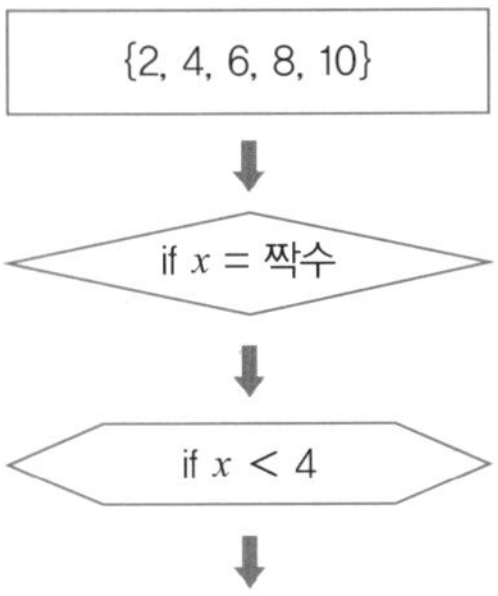

④
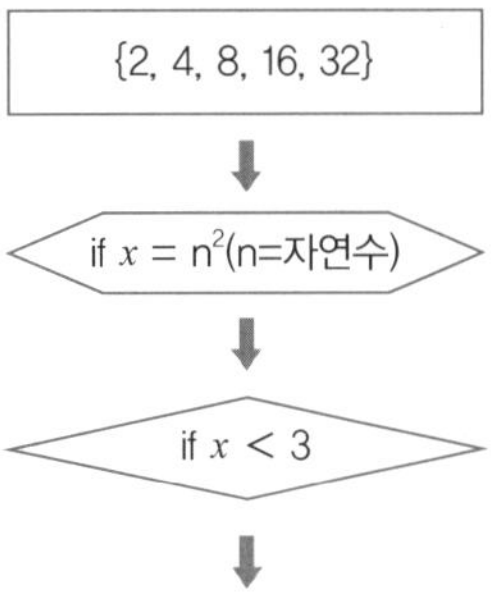

[54 ~ 56] 다음은 ASCII 문자 코드에 대한 설명이다. 이어지는 질문에 답하시오.

〈ASCII 문자 코드〉

ASCII(American Standard Code for Information Interchange) 문자 코드는 컴퓨터에서 7비트의 2진 부호에 문자를 대응시킨 코드이다. 아래는 ASCII 문자 코드표의 일부이다.

2진 코드	문자	2진 코드	문자	2진 코드	문자
0100000	space	1000001	A	1100001	a
		1000010	B	1100010	b
0110000	0	1000011	C	1100011	c
0110001	1	1000100	D	1100100	d
0110010	2	1000101	E	1100101	e
0110011	3	1000110	F	1100110	f
0110100	4	⋮	⋮	⋮	⋮
0110101	5	1010110	V	1110110	v
0110110	6	1010111	W	1110111	w
0110111	7	1011000	X	1111000	x
0111000	8	1011001	Y	1111001	y
0111001	9	1011010	Z	1111010	z

ASCII 문자 코드로 표현할 수 있는 문자의 개수는 128개이며, 컴퓨터에서는 문자 정보를 담는 7비트 뒤에 패리티 비트 1비트를 추가하여 1바이트(8비트)로 주로 사용된다.

〈패리티 비트〉

패리티 비트는 정보의 전송 과정에서 오류가 발생하였는지를 검사하기 위해 추가되는 비트이다. 패리티 비트는 아래와 같은 규칙으로 쓰인다.

- 보내고자 하는 정보에서 1의 개수가 짝수 개이면 패리티 비트에 0을 추가한다. ㉠ 0110101 → 0110101<u>0</u>
- 보내고자 하는 정보에서 1의 개수가 홀수 개이면 패리티 비트에 1을 추가한다. ㉠ 1010111 → 1010111<u>1</u>
- 수신받은 정보에서 1의 개수가 짝수 개이면 오류가 없다고 판단하며, 1의 개수가 홀수 개이면 오류가 발생했다고 판단한다.
  - ㉠ 0110101<u>0</u>을 수신받을 경우 → 1의 개수가 짝수 개이므로 오류 없음. 맨 뒤의 패리티 비트를 제외하고 0110101로 해석
  - ㉠ 0110101<u>1</u>을 수신받을 경우 → 1의 개수가 홀수 개이므로 오류가 발생했다고 판단

만일 수신받는 측에서 정보에 오류가 발생했다고 판단하면 이를 전송하는 측에 알려 정보를 다시 전달받을 수 있다. 그러나 수신받는 측에서 직접 오류를 정정할 수는 없다.

54. 다음의 ASCII 코드 중 알파벳에 해당하지 않는 문자는 몇 개인가?

1110010 1101111 1110011 1100101	1000111 0110110 1110100 1100101
1010011 0110000 1000001 1011001	1000011 1001100 1001001 1010000
1101000 1100001 1101110 1100100	1001101 1000001 0111001 0100000
1010010 1100101 1100001 1100100	1101100 1101001 1100110 1100101

① 2개 ② 4개
③ 6개 ④ 8개

55. 'Do not use MINE'이라는 문장을 ASCII 코드로 올바르게 변환한 것은?

① 1000100 1101111 0100000 1101110 1101111 1110100 0100000 1110101 1110011 1100101 0100000 1001101 1001001 1001110 1000101
② 1100100 1101111 0100000 1101110 1101111 1110100 0100000 1110101 1110011 1100101 0100000 1101101 1101001 1101110 1100101
③ 1100100 1101111 0100000 1101110 1101111 1110101 0100000 1110101 1110011 1100101 0100000 1001101 1001001 1001110 1000101
④ 1000100 1101111 0100000 1101110 1101111 1110101 0100000 1110101 1110011 1100101 0100000 1101101 1101001 1101110 1100101

56. 7비트의 ASCII 코드 뒤에 1비트의 패리티 비트를 붙여 어떤 정보를 보냈더니, 수신받는 측에서 다음과 같이 정보를 수신받았다. 정보를 송신하는 측에 재전송을 요구해야 하는 정보는 최소 몇 비트인가?

10101111 11001011 01000001 11000011 11100100 11001010 01000000 11000011
11011000 11011000 01000000 10011111 10011101 10001010 01000001 11101000
11001010 11000010 11011010

① 24비트 ② 40비트
③ 56비트 ④ 72비트

[57 ~ 60] 다음의 제시 상황과 자료를 보고 이어지는 질문에 답하시오.

(주)대한 보안팀은 직원들의 회사 계정의 비밀번호와 보안을 위해 비밀번호를 다음과 같이 변환하여 관리하고 있다.

문자	변환문자	문자	변환문자	문자	변환문자	문자	변환문자
A	1a	J	3y	S	1g	1	96
B	4w	K	2c	T	9n	2	23
C	8h	L	5q	U	3o	3	37
D	3r	M	9L	V	4p	4	12
E	7b	N	5i	W	6e	5	85
F	6s	O	4u	X	3x	6	41
G	8i	P	7d	Y	2w	7	54
H	7i	Q	9m	Z	8f	8	69
I	2k	R	1v	!	9z	9	78

• 비밀번호 변환하는 4가지 방식

비밀번호를 입력하세요("SECRET1") ○ 방식으로 변환 중 ….. 변환완료! 변환 값 출력 변환 값 : 1g7b8h1v7b9n96	비밀번호를 입력하세요("OCARINA") ◎ 방식으로 변환 중 ….. 변환완료! 변환 값 출력 변환 값 : 2k5i1a1v4u8h1a
비밀번호를 입력하세요("ELECTRO") ◇ 방식으로 변환 중 ….. 변환완료! 변환 값 출력 변환 값 : 6s9L6s3r3o1g7d	비밀번호를 입력하세요("SUPERB7") □ 방식으로 변환 중 ….. 변환완료! 변환 값 출력 변환 값 : 544w1v7b7d3o1g

57. 다음 비밀번호를 □ 방식으로 변환하였을 때, 변환 값으로 옳은 것은?

비밀번호	IYFR97!

① 9m54781v6s2w2k
② 9z54781v6s2w2k
③ 9m54411v6e2w2k
④ 9z54691v6e2w2k

58. 다음 비밀번호를 ◇ 방식으로 변환하였을 때, 변환 값으로 옳은 것은?

비밀번호	OB37HAB

① 7d8h12692k4w8h
② 7d8h12852k4u8f
③ 7d8n12782k4u8f
④ 7d8n37542k4w8h

59. 다음 비밀번호를 ◎ 방식으로 변환하였을 때, 변환 값으로 옳은 것은?

비밀번호	49JYSBP

① 1g4w7d2w41782y
② 1q4w7d2w41783y
③ 1g4w7d2w12783y
④ 1g4w7d2v12783y

60. 기획팀 J 차장이 비밀번호를 분실하여 보안팀을 찾아왔다. J 차장이 분실한 7자리 비밀번호의 변환 값이 다음과 같을 때, 분실한 J 차장의 비밀번호는? (단, 해당 비밀번호는 ○ 방식으로 변환되었다)

변환 값	4u9m41699n6e3x

① OQ68SWX ② OQ68TWX ③ OQ68SVX ④ OQ68TVX

한국도로공사

파트 2

인성검사

01 인성검사의 이해

1 인성검사, 왜 필요한가?

채용기업은 지원자가 '직무적합성'을 지닌 사람인지를 인성검사와 NCS기반 필기시험을 통해 판단한다. 인성검사에서 말하는 인성(人性)이란 그 사람의 성품, 즉 각 개인이 가지는 사고와 태도 및 행동 특성을 의미한다. 인성은 사람의 생김새처럼 사람마다 다르기 때문에 몇 가지 유형으로 분류하고 이에 맞추어 판단한다는 것 자체가 억지스럽고 어불성설일지 모른다. 그럼에도 불구하고 기업들의 입장에서는 입사를 희망하는 사람이 어떤 성품을 가졌는지 정보가 필요하다. 그래야 해당 기업의 인재상에 적합하고 담당할 업무에 적격한 인재를 채용할 수 있기 때문이다.

지원자의 성격이 외향적인지 아니면 내향적인지, 어떤 직무와 어울리는지, 조직에서 다른 사람과 원만하게 생활할 수 있는지, 업무 수행 중 문제가 생겼을 때 어떻게 대처하고 해결할 수 있는지에 대한 전반적인 개성은 자기소개서를 통해서나 면접을 통해서도 어느 정도 파악할 수 있다. 그러나 이것들만으로 인성을 충분히 파악할 수 없기 때문에 객관화되고 정형화된 인성검사로 지원자의 성격을 판단하고 있다.

채용기업은 필기시험을 높은 점수로 통과한 지원자라 하더라도 해당 기업과 거리가 있는 성품을 가졌다면 탈락시키게 된다. 일반적으로 필기시험 통과자 중 인성검사로 탈락하는 비율이 10% 내외가 된다고 알려져 있다. 물론 인성검사를 탈락하였다 하더라도 특별히 인성에 문제가 있는 사람이 아니라면 절망할 필요는 없다. 자신을 되돌아보고 다음 기회를 대비하면 되기 때문이다. 탈락한 기업에서 원하는 인재상이 아니었다면 맞는 기업을 찾으면 되고, 경쟁자가 많았기 때문이라면 자신을 다듬어 경쟁력을 높이면 될 것이다.

2 인성검사의 특징

우리나라 대다수의 채용기업은 인재개발 및 인적자원을 연구하는 한국행동과학연구소(KIRBS), 에스에이치알(SHR), 한국사회적성개발원(KSAD), 한국인재개발진흥원(KPDI) 등 전문기관에 인성검사를 의뢰하고 있다.

이 기관들의 인성검사 개발 목적은 비슷하지만 기관마다 검사 유형이나 평가 척도는 약간의 차이가 있다. 또 지원하는 기업이 어느 기관에서 개발한 검사지로 인성검사를 시행하는지는 사전에 알 수 없다. 그렇지만 공통으로 적용하는 척도와 기준에 따라 구성된 여러 형태의 인성검사지로 사전 테스트를 해 보고 자신의 인성이 어떻게 평가되는가를 미리 알아보는 것은 가능하다.

인성검사는 필기시험 당일 직무능력평가와 함께 실시하는 경우와 직무능력평가 합격자에 한하여 면접과 함께 실시하는 경우가 있다. 인성검사의 문항은 100문항 내외에서부터 최대 500문항까지 다양하다. 인성검사에 주어지는 시간은 문항 수에 비례하여 30 ~ 100분 정도가 된다.

문항 자체는 단순한 질문으로 어려울 것은 없지만 제시된 상황에서 본인의 행동을 정하는 것이 쉽지만은 않다. 문항 수가 많을 경우 이에 비례하여 시간도 길게 주어지지만 단순하고 유사하며 반복되는 질문에 방심하여 집중하지 못하고 실수하는 경우가 있으므로 컨디션 관리와 집중력 유지에 노력하여야 한다. 특히 같거나 유사한 물음에 다른 답을 하는 경우가 가장 위험하다.

3 인성검사 척도 및 구성

1 미네소타 다면적 인성검사(MMPI)

MMPI(Minnesota Multiphasic Personality Inventory)는 1943년 미국 미네소타 대학교수인 해서웨이와 매킨리가 개발한 대표적인 자기 보고형 성향 검사로서 오늘날 가장 대표적으로 사용되는 객관적 심리검사 중 하나이다. MMPI는 약 550여 개의 문항으로 구성되며 각 문항을 읽고 '예(YES)' 또는 '아니오(NO)'로 대답하게 되어 있다.

MMPI는 4개의 타당도 척도와 10개의 임상척도로 구분된다. 500개가 넘는 문항들 중 중복되는 문항들이 포함되어 있는데 내용이 똑같은 문항도 10문항 이상 포함되어 있다. 이 반복 문항들은 응시자가 얼마나 일관성 있게 검사에 임했는지를 판단하는 지표로 사용된다.

구분	척도명	약자	주요 내용
타당도 척도 (바른 태도로 임했는지, 신뢰할 수 있는 결론인지 등을 판단)	무응답 척도 (Can not say)	?	응답하지 않은 문항과 복수로 답한 문항들의 총합으로 빠진 문항을 최소한으로 줄이는 것이 중요하다.
	허구 척도 (Lie)	L	자신을 좋은 사람으로 보이게 하려고 고의적으로 정직하지 못한 답을 판단하는 척도이다. 허구 척도가 높으면 장점까지 인정받지 못하는 결과가 발생한다.
	신뢰 척도 (Frequency)	F	검사 문항에 빗나간 답을 한 경향을 평가하는 척도로 정상적인 집단의 10% 이하의 응답을 기준으로 일반적인 경향과 다른 정도를 측정한다.
	교정 척도 (Defensiveness)	K	정신적 장애가 있음에도 다른 척도에서 정상적인 면을 보이는 사람을 구별하는 척도로 허구 척도보다 높은 고차원으로 거짓 응답을 하는 경향이 나타난다.
임상척도 (정상적 행동과 그렇지 않은 행동의 종류를 구분하는 척도로, 척도마다 다른 기준으로 점수가 매겨짐)	건강염려증 (Hypochondriasis)	Hs	신체에 대한 지나친 집착이나 신경질적 혹은 병적 불안을 측정하는 척도로 이러한 건강염려증이 타인에게 어떤 영향을 미치는지도 측정한다.
	우울증 (Depression)	D	슬픔 · 비관 정도를 측정하는 척도로 타인과의 관계 또는 본인 상태에 대한 주관적 감정을 나타낸다.
	히스테리 (Hysteria)	Hy	갈등을 부정하는 정도를 측정하는 척도로 신체 증상을 호소하는 경우와 적대감을 부인하며 우회적인 방식으로 드러내는 경우 등이 있다.
	반사회성 (Psychopathic Deviate)	Pd	가정 및 사회에 대한 불신과 불만을 측정하는 척도로 비도덕적 혹은 반사회적 성향 등을 판단한다.
	남성-여성특성 (Masculinity-Feminity)	Mf	남녀가 보이는 흥미와 취향, 적극성과 수동성 등을 측정하는 척도로 성에 따른 유연한 사고와 융통성 등을 평가한다.

	편집증 (Paranoia)	Pa	과대 망상, 피해 망상, 의심 등 편집증에 대한 정도를 측정하는 척도로 열등감, 비사교적 행동, 타인에 대한 불만과 같은 내용을 질문한다.
	강박증 (Psychasthenia)	Pt	과대 근심, 강박관념, 죄책감, 공포, 불안감, 정리정돈 등을 측정하는 척도로 만성 불안 등을 나타낸다.
	정신분열증 (Schizophrenia)	Sc	정신적 혼란을 측정하는 척도로 자폐적 성향이나 타인과의 감정 교류, 충동 억제불능, 성적 관심, 사회적 고립 등을 평가한다.
	경조증 (Hypomania)	Ma	정신적 에너지를 측정하는 척도로 생각의 다양성 및 과장성, 행동의 불안정성, 흥분성 등을 나타낸다.
	사회적 내향성 (Social introversion)	Si	대인관계 기피, 사회적 접촉 회피, 비사회성 등의 요인을 측정하는 척도로 외향성 및 내향성을 구분한다.

2 캘리포니아 성격검사(CPI)

CPI(California Psychological Inventory)는 캘리포니아 대학의 연구팀이 개발한 성검사로 MMPI와 함께 세계에서 가장 널리 사용되고 있는 인성검사 툴이다. CPI는 다양한 인성 요인을 통해 지원자가 답변한 응답 왜곡 가능성, 조직 역량 등을 측정한다. MMPI가 주로 정서적 측면을 진단하는 특징을 보인다면, CPI는 정상적인 사람의 심리적 특성을 주로 진단한다.

CPI는 약 480개 문항으로 구성되어 있으며 다음과 같은 18개의 척도로 구분된다.

구분	척도명	주요 내용
제1군 척도 (대인관계 적절성 측정)	지배성(Do)	리더십, 통솔력, 대인관계에서의 주도권을 측정한다.
	지위능력성(Cs)	내부에 잠재되어 있는 내적 포부, 자기 확신 등을 측정한다.
	사교성(Sy)	참여 기질이 활달한 사람과 그렇지 않은 사람을 구분한다.
	사회적 자발성(Sp)	사회 안에서의 안정감, 자발성, 사교성 등을 측정한다.
	자기 수용성(Sa)	개인적 가치관, 자기 확신, 자기 수용력 등을 측정한다.
	행복감(Wb)	생활의 만족감, 행복감을 측정하며 긍정적인 사람으로 보이고자 거짓 응답하는 사람을 구분하는 용도로도 사용된다.
제2군 척도 (성격과 사회화, 책임감 측정)	책임감(Re)	법과 질서에 대한 양심, 책임감, 신뢰성 등을 측정한다.
	사회성(So)	가치 내면화 정도, 사회 이탈 행동 가능성 등을 측정한다.
	자기 통제성(Sc)	자기조절, 자기통제의 적절성, 충동 억제력 등을 측정한다.
	관용성(To)	사회적 신념, 편견과 고정관념 등에 대한 태도를 측정한다.
	호감성(Gi)	타인이 자신을 어떻게 보는지에 대한 민감도를 측정하며, 좋은 사람으로 보이고자 거짓 응답하는 사람을 구분한다.
	임의성(Cm)	사회에 보수적 태도를 보이고 생각 없이 적당히 응답한 사람을 판단하는 척도로 사용된다.

제3군 척도 (인지적, 학업적 특성 측정)	순응적 성취(Ac)	성취동기, 내면의 인식, 조직 내 성취 욕구 등을 측정한다.
	독립적 성취(Ai)	독립적 사고, 창의성, 자기실현을 위한 능력 등을 측정한다.
	지적 효율성(Le)	지적 능률, 지능과 연관이 있는 성격 특성 등을 측정한다.
제4군 척도 (제1~3군과 무관한 척도의 혼합)	심리적 예민성(Py)	타인의 감정 및 경험에 대해 공감하는 정도를 측정한다.
	융통성(Fx)	개인적 사고와 사회적 행동에 대한 유연성을 측정한다.
	여향성(Fe)	남녀 비교에 따른 흥미의 남향성 및 여향성을 측정한다.

3 SHL 직업성격검사(OPQ)

OPQ(Occupational Personality Questionnaire)는 세계적으로 많은 외국 기업에서 널리 사용하는 CEB 사의 SHL 직무능력검사에 포함된 직업성격검사이다. 4개의 질문이 한 세트로 되어 있고 총 68세트 정도 출제되고 있다. 4개의 질문 안에서 '자기에게 가장 잘 맞는 것'과 '자기에게 가장 맞지 않는 것'을 1개씩 골라 '예', '아니오'로 체크하는 방식이다. 단순하게 모든 척도가 높다고 좋은 것은 아니며, 척도가 낮은 편이 좋은 경우도 있다.

기업에 따라 척도의 평가 기준은 다르다. 희망하는 기업의 특성을 연구하고, 채용 기준을 예측하는 것이 중요하다.

척도	내용	질문 예
설득력	사람을 설득하는 것을 좋아하는 경향	– 새로운 것을 사람에게 권하는 것을 잘한다. – 교섭하는 것에 걱정이 없다. – 기획하고 판매하는 것에 자신이 있다.
지도력	사람을 지도하는 것을 좋아하는 경향	– 사람을 다루는 것을 잘한다. – 팀을 아우르는 것을 잘한다. – 사람에게 지시하는 것을 잘한다.
독자성	다른 사람의 영향을 받지 않고, 스스로 생각해서 행동하는 것을 좋아하는 경향	– 모든 것을 자신의 생각대로 하는 편이다. – 주변의 평가는 신경 쓰지 않는다. – 유혹에 강한 편이다.
외향성	외향적이고 사교적인 경향	– 다른 사람의 주목을 끄는 것을 좋아한다. – 사람들이 모인 곳에서 중심이 되는 편이다. – 담소를 나눌 때 주변을 즐겁게 해 준다.
우호성	친구가 많고, 대세의 사람이 되는 것을 좋아하는 경향	– 친구와 함께 있는 것을 좋아한다. – 무엇이라도 얘기할 수 있는 친구가 많다. – 친구와 함께 무언가를 하는 것이 많다.
사회성	세상 물정에 밝고 사람 앞에서도 낯을 가리지 않는 성격	– 자신감이 있고 유쾌하게 발표할 수 있다. – 공적인 곳에서 인사하는 것을 잘한다. – 사람들 앞에서 발표하는 것이 어렵지 않다.

겸손성	사람에 대해서 겸손하게 행동하고 누구라도 똑같이 사귀는 경향	- 자신의 성과를 그다지 내세우지 않는다. - 절제를 잘하는 편이다. - 사회적인 지위에 무관심하다.
협의성	사람들에게 의견을 물으면서 일을 진행하는 경향	- 사람들의 의견을 구하며 일하는 편이다. - 타인의 의견을 묻고 일을 진행시킨다. - 친구와 상담해서 계획을 세운다.
돌봄	측은해 하는 마음이 있고, 사람을 돌봐 주는 것을 좋아하는 경향	- 개인적인 상담에 친절하게 답해 준다. - 다른 사람의 상담을 진행하는 경우가 많다. - 후배의 어려움을 돌보는 것을 좋아한다.
구체적인 사물에 대한 관심	물건을 고치거나 만드는 것을 좋아하는 경향	- 고장 난 물건을 수리하는 것이 재미있다. - 상태가 안 좋은 기계도 잘 사용한다. - 말하기보다는 행동하기를 좋아한다.
데이터에 대한 관심	데이터를 정리해서 생각하는 것을 좋아하는 경향	- 통계 등의 데이터를 분석하는 것을 좋아한다. - 표를 만들거나 정리하는 것을 좋아한다. - 숫자를 다루는 것을 좋아한다.
미적가치에 대한 관심	미적인 것이나 예술적인 것을 좋아하는 경향	- 디자인에 관심이 있다. - 미술이나 음악을 좋아한다. - 미적인 감각에 자신이 있다.
인간에 대한 관심	사람의 행동에 동기나 배경을 분석하는 것을 좋아하는 경향	- 다른 사람을 분석하는 편이다. - 타인의 행동을 보면 동기를 알 수 있다. - 다른 사람의 행동을 잘 관찰한다.
정통성	이미 있는 가치관을 소중히 여기고, 익숙한 방법으로 사물을 대하는 것을 좋아하는 경향	- 실적이 보장되는 확실한 방법을 취한다. - 낡은 가치관을 존중하는 편이다. - 보수적인 편이다.
변화 지향	변화를 추구하고, 변화를 받아들이는 것을 좋아하는 경향	- 새로운 것을 하는 것을 좋아한다. - 해외여행을 좋아한다. - 경험이 없더라도 시도해 보는 것을 좋아한다.
개념성	지식에 대한 욕구가 있고, 논리적으로 생각하는 것을 좋아하는 경향	- 개념적인 사고가 가능하다. - 분석적인 사고를 좋아한다. - 순서를 만들고 단계에 따라 생각한다.
창조성	새로운 분야에 대한 공부를 하는 것을 좋아하는 경향	- 새로운 것을 추구한다. - 독창성이 있다. - 신선한 아이디어를 낸다.
계획성	앞을 생각해서 사물을 예상하고, 계획적으로 실행하는 것을 좋아하는 경향	- 과거를 돌이켜보며 계획을 세운다. - 앞날을 예상하며 행동한다. - 실수를 돌아보며 대책을 강구하는 편이다.

치밀함	정확한 순서를 세워 진행하는 것을 좋아하는 경향	- 사소한 실수는 거의 하지 않는다. - 정확하게 요구되는 것을 좋아한다. - 사소한 것에도 주의하는 편이다.
꼼꼼함	어떤 일이든 마지막까지 꼼꼼하게 마무리 짓는 경향	- 맡은 일을 마지막까지 해결한다. - 마감 시한은 반드시 지킨다. - 시작한 일은 중간에 그만두지 않는다.
여유	평소에 릴랙스하고, 스트레스에 잘 대처하는 경향	- 감정의 회복이 빠르다. - 분별없이 함부로 행동하지 않는다. - 스트레스에 잘 대처한다.
근심 · 걱정	어떤 일이 잘 진행되지 않으면 불안을 느끼고, 중요한 일을 앞두면 긴장하는 경향	- 예정대로 잘되지 않으면 근심 · 걱정이 많다. - 신경 쓰이는 일이 있으면 불안하다. - 중요한 만남 전에는 기분이 편하지 않다.
호방함	사람들이 자신을 어떻게 생각하는지를 신경 쓰지 않는 경향	- 사람들이 자신을 어떻게 생각하는지 그다지 신경 쓰지 않는다. - 상처받아도 동요하지 않고 아무렇지 않은 태도를 취한다. - 사람들의 비판에 크게 영향받지 않는다.
억제력	감정을 표현하지 않는 경향	- 쉽게 감정적으로 되지 않는다. - 분노를 억누른다. - 격분하지 않는다.
낙관적	사물을 낙관적으로 보는 경향	- 낙관적으로 생각하고 일을 진행시킨다. - 문제가 일어나도 낙관적으로 생각한다.
비판적	비판적으로 사물을 생각하고, 이론 · 문장 등의 오류에 신경 쓰는 경향	- 이론의 모순을 찾아낸다. - 계획이 갖춰지지 않은 것이 신경 쓰인다. - 누구도 신경 쓰지 않는 오류를 찾아낸다.
행동력	운동을 좋아하고, 민첩하게 행동하는 경향	- 동작이 날렵하다. - 여가를 활동적으로 보낸다. - 몸을 움직이는 것을 좋아한다.
경쟁성	지는 것을 싫어하는 경향	- 승부를 겨루게 되면 지는 것을 싫어한다. - 상대를 이기는 것을 좋아한다. - 싸워 보지 않고 포기하는 것을 싫어한다.
출세 지향	출세하는 것을 중요하게 생각하고, 야심적인 목표를 향해 노력하는 경향	- 출세 지향적인 성격이다. - 곤란한 목표도 달성할 수 있다. - 실력으로 평가받는 사회가 좋다.
결단력	빠르게 판단하는 경향	- 답을 빠르게 찾아낸다. - 문제에 대한 빠른 상황 파악이 가능하다. - 위험을 감수하고도 결단을 내리는 편이다.

4 인성검사 합격 전략

1 포장하지 않은 솔직한 답변

"다른 사람을 험담한 적이 한 번도 없다.", "물건을 훔치고 싶다고 생각해 본 적이 없다."

이 질문에 당신은 '그렇다', '아니다' 중 무엇을 선택할 것인가? 채용기업이 인성검사를 실시하는 가장 큰 이유는 '이 사람이 어떤 성향을 가진 사람인가'를 효율적으로 파악하기 위해서이다.

인성검사는 도덕적 가치가 빼어나게 높은 사람을 판별하려는 것도 아니고, 성인군자를 가려내기 위함도 아니다. 인간의 보편적 성향과 상식적 사고를 고려할 때, 도덕적 질문에 지나치게 겸손한 답변을 체크하면 오히려 솔직하지 못한 것으로 간주되거나 인성을 제대로 판단하지 못해 무효 처리가 되기도 한다. 자신의 성격을 포장하여 작위적인 답변을 하지 않도록 솔직하게 임하는 것이 예기치 않은 결과를 피하는 첫 번째 전략이 된다.

2 필터링 함정을 피하고 일관성 유지

앞서 강조한 솔직함은 일관성과 연결된다. 인성검사를 구성하는 많은 척도는 여러 형태의 문장 속에 동일한 요소를 적용해 반복되기도 한다. 예컨대 '나는 매우 활동적인 사람이다'와 '나는 운동을 매우 좋아한다'라는 질문에 '그렇다'고 체크한 사람이 '휴일에는 집에서 조용히 쉬며 독서하는 것이 좋다'에도 '그렇다'고 체크한다면 일관성이 없다고 평가될 수 있다.

그러나 일관성 있는 답변에만 매달리면 '이 사람이 같은 답변만 체크하기 위해 이 부분만 신경 썼구나'하는 필터링 함정에 빠질 수도 있다. 비슷하게 보이는 문장이 무조건 같은 내용이라고 판단하여 똑같이 답하는 것도 주의해야 한다. 일관성보다 중요한 것은 솔직함이다. 솔직함이 전제되지 않은 일관성은 허위 척도 필터링에서 드러나게 되어 있다. 유사한 질문의 응답이 터무니없이 다르거나 양극단에 치우치지 않는 정도라면 약간의 차이는 크게 문제되지 않는다. 중요한 것은 솔직함과 일관성이 하나의 연장선에 있다는 점을 명심하자.

3 지원한 직무와 연관성을 고려

다양한 분야의 많은 계열사와 큰 조직을 통솔하는 대기업은 여러 사람이 조직적으로 움직이는 만큼 각 직무에 걸맞은 능력을 갖춘 인재가 필요하다. 그래서 기업은 매년 신규채용으로 입사한 신입사원들의 젊은 패기와 참신한 능력을 성장 동력으로 활용한다.

기업은 사교성 있고 활달한 사람만을 원하지 않는다. 해당 직군과 직무에 따라 필요로 하는 사원의 능력과 개성이 다르기 때문에, 지원자가 희망하는 계열사나 부서의 직무가 무엇인지 제대로 파악하여 자신의 성향과 맞는지에 대한 고민은 반드시 필요하다. 같은 질문이라도 기업이 원하는 인재상이나 부서의 직무에 따라 판단 척도가 달라질 수 있다.

4 평상심 유지와 컨디션 관리

역시 솔직함과 연결된 내용이다. 한 질문에 오래 고민하고 신경 쓰면 불필요한 생각이 개입될 소지가 크다. 이는 직관을 떠나 이성적 판단에 따라 포장할 위험이 높아진다는 뜻이기도 하다. 긴 시간 생각하지 말고 자신의 평상시 생각과 감정대로 답하는 것이 중요하며, 가능한 건너뛰지 말고 모든 질문에 답하도록 한다. 300 ~ 400개 정도 문항을 출제하는 기업이 많기 때문에, 끝까지 집중하여 임하는 것이 중요하다.

특히 적성검사와 같은 날 실시하는 경우, 적성검사를 마친 후 연이어 보기 때문에 신체적 · 정신적으로 피로한 상태에서 자세가 흐트러질 수도 있다. 따라서 컨디션을 유지하면서 문항당 7 ~ 10초 이상 쓰지 않도록 하고, 문항 수가 많을 때는 답안지에 바로바로 표기하자.

02 인성검사 연습

1 인성검사 출제유형

한국도로공사의 인성검사는 사전 온라인 검사로 진행된다. 적 · 부로 판단되기에 인성검사에서 적합 판정을 받아야 선발된다. 또한, 인성검사 결과는 대면면접의 참고자료로 활용되므로 솔직하고 일관되게 응답하는 것이 중요하다.

인성검사는 기업이 추구하는 내부 기준에 따라 적합한 인재를 찾기 위해 가치관과 태도를 측정하는 것이다. 응시자 개인의 사고와 태도 · 행동 특성 및 유사 질문의 반복을 통해 거짓말 척도 등으로 기업의 인재상에 적합한지를 판단하므로 특별하게 정해진 답은 없다.

2 문항군 개별 항목 체크

1 각 문항의 내용을 읽고 자신이 동의하는 정도에 따라 '① 매우 그렇지 않다 ② 그렇지 않다 ③ 보통이다 ④ 그렇다 ⑤ 매우 그렇다' 중 해당되는 것을 표시한다.

2 각 문항의 내용을 읽고 평소 자신의 생각 및 행동과 유사하거나 일치하면 '예', 다르거나 일치하지 않으면 '아니오'에 표시한다.

3 구성된 검사지에 문항 수가 많으면 일관된 답변이 어려울 수도 있으므로 최대한 꾸밈없이 자신의 가치관과 신념을 바탕으로 솔직하게 답하도록 노력한다.

인성검사 Tip

1. 직관적으로 솔직하게 답한다.
2. 모든 문제를 신중하게 풀도록 한다.
3. 비교적 일관성을 유지할 수 있도록 한다.
4. 평소의 경험과 선호도를 자연스럽게 답한다.
5. 각 문항에 너무 골똘히 생각하거나 고민하지 않는다.
6. 지원한 분야와 나의 성격의 연관성을 미리 생각하고 분석해 본다.

3 모의 연습

※ 자신의 모습 그대로 솔직하게 응답하십시오. 솔직하고 성의 있게 응답하지 않을 경우 결과가 무효 처리됩니다.

[001~100] 모든 문항에는 옳고 그른 답이 없습니다. 다음 문항을 잘 읽고 ① ~ ⑤ 중 본인에게 해당되는 부분에 표시해 주십시오.

번호	문항	매우 그렇지 않다	그렇지 않다	보통이다	그렇다	매우 그렇다
1	내가 한 행동이 가져올 결과를 잘 알고 있다.	①	②	③	④	⑤
2	다른 사람의 주장이나 의견이 어떤 맥락을 가지고 있는지 생각해 본다.	①	②	③	④	⑤
3	나는 어려운 문제를 보면 반드시 그것을 해결해야 직성이 풀린다.	①	②	③	④	⑤
4	시험시간이 끝나면 곧바로 정답을 확인해 보는 편이다.	①	②	③	④	⑤
5	물건을 구매할 때 가격 정보부터 찾는 편이다.	①	②	③	④	⑤
6	항상 일을 할 때 개선점을 찾으려고 한다.	①	②	③	④	⑤
7	사적인 스트레스로 일을 망치는 일은 없다.	①	②	③	④	⑤
8	일이 어떻게 진행되고 있는지 지속적으로 점검한다.	①	②	③	④	⑤
9	궁극적으로 내가 달성하고자 하는 것을 자주 생각한다.	①	②	③	④	⑤
10	막상 시험기간이 되면 계획대로 되지 않는다.	①	②	③	④	⑤
11	다른 사람에게 궁금한 것이 있어도 참는 편이다.	①	②	③	④	⑤
12	요리하는 TV프로그램을 즐겨 시청한다.	①	②	③	④	⑤
13	후회를 해 본 적이 없다.	①	②	③	④	⑤
14	스스로 계획한 일은 하나도 빠짐없이 실행한다.	①	②	③	④	⑤
15	낮보다 어두운 밤에 집중력이 좋다.	①	②	③	④	⑤
16	인내심을 가지고 일을 한다.	①	②	③	④	⑤
17	많은 생각을 필요로 하는 일에 더 적극적이다.	①	②	③	④	⑤
18	미래는 불확실하기 때문에 결과를 예측하는 것은 무의미하다.	①	②	③	④	⑤
19	매일 긍정적인 감정만 느낀다.	①	②	③	④	⑤
20	쉬는 날 가급적이면 집 밖으로 나가지 않는다.	①	②	③	④	⑤

21	나는 약속 시간을 잘 지킨다.	①	②	③	④	⑤
22	영화보다는 연극을 선호한다.	①	②	③	④	⑤
23	아무리 계획을 잘 세워도 결국 일정에 쫓기게 된다.	①	②	③	④	⑤
24	생소한 문제를 접하면 해결해 보고 싶다는 생각보다 귀찮다는 생각이 먼저 든다.	①	②	③	④	⑤
25	내가 한 일의 결과물을 구체적으로 상상해 본다.	①	②	③	④	⑤
26	새로운 것을 남들보다 빨리 받아들이는 편이다.	①	②	③	④	⑤
27	나는 친구들의 생일선물을 잘 챙겨 준다.	①	②	③	④	⑤
28	나를 알고 있는 모든 사람은 나에게 칭찬을 한다.	①	②	③	④	⑤
29	일을 할 때 필요한 나의 능력에 대해 정확하게 알고 있다.	①	②	③	④	⑤
30	나는 질문을 많이 하는 편이다.	①	②	③	④	⑤
31	가급적 여러 가지 대안을 고민하는 것이 좋다.	①	②	③	④	⑤
32	만일 일을 선택할 수 있다면 어려운 것보다 쉬운 것을 선택할 것이다.	①	②	③	④	⑤
33	나는 즉흥적으로 일을 한다.	①	②	③	④	⑤
34	배가 고픈 것을 잘 참지 못한다.	①	②	③	④	⑤
35	단순한 일보다는 생각을 많이 해야 하는 일을 선호한다.	①	②	③	④	⑤
36	갑작스럽게 힘든 일을 겪어도 스스로를 통제할 수 있다.	①	②	③	④	⑤
37	가능성이 낮다 하더라도 내가 믿는 것이 있으면 그것을 실현시키기 위해 노력할 것이다.	①	②	③	④	⑤
38	내가 잘하는 일과 못하는 일을 정확하게 알고 있다.	①	②	③	④	⑤
39	어떤 목표를 세울 것인가 보다 왜 그런 목표를 세웠는지가 더 중요하다.	①	②	③	④	⑤
40	나는 성인이 된 이후로 하루도 빠짐없이 똑같은 시간에 일어났다.	①	②	③	④	⑤
41	다른 사람들보다 새로운 것을 빠르게 습득하는 편이다.	①	②	③	④	⑤
42	나는 모르는 것이 있으면 수단과 방법을 가리지 않고 알아낸다.	①	②	③	④	⑤
43	내 삶을 향상시키기 위한 방법을 찾는다.	①	②	③	④	⑤
44	내 의견이 옳다는 생각이 들면 다른 사람과 잘 타협하지 못한다.	①	②	③	④	⑤
45	나는 집요한 사람이다.	①	②	③	④	⑤

46	가까운 사람과 사소한 일로 다투었을 때 먼저 화해를 청하는 편이다.	①	②	③	④	⑤
47	무엇인가를 반드시 성취해야 하는 것은 아니다.	①	②	③	④	⑤
48	일을 통해서 나의 지식과 기술을 후대에 기여하고 싶다.	①	②	③	④	⑤
49	내 의견을 이해하지 못하는 사람은 상대하지 않는다.	①	②	③	④	⑤
50	사회에서 인정받을 수 있는 사람이 되고 싶다.	①	②	③	④	⑤
51	착한 사람은 항상 손해를 보게 되어 있다.	①	②	③	④	⑤
52	내가 잘한 일은 남들이 꼭 알아줬으면 한다.	①	②	③	④	⑤
53	상황이 변해도 유연하게 대처한다.	①	②	③	④	⑤
54	나와 다른 의견도 끝까지 듣는다.	①	②	③	④	⑤
55	상황에 따라서는 거짓말도 필요하다.	①	②	③	④	⑤
56	평범한 사람이라고 생각한다.	①	②	③	④	⑤
57	남들이 실패한 일도 나는 해낼 수 있다.	①	②	③	④	⑤
58	남들보다 특별히 더 우월하다고 생각하지 않는다.	①	②	③	④	⑤
59	시비가 붙더라도 침착하게 대응한다.	①	②	③	④	⑤
60	화가 날수록 상대방에게 침착해지는 편이다.	①	②	③	④	⑤
61	세상은 착한 사람들에게 불리하다.	①	②	③	④	⑤
62	여러 사람과 이야기하는 것이 즐겁다.	①	②	③	④	⑤
63	다른 사람의 감정을 내 것처럼 느낀다.	①	②	③	④	⑤
64	내게 모욕을 준 사람들을 절대 잊지 않는다.	①	②	③	④	⑤
65	우리가 사는 세상은 살 만한 곳이라고 생각한다.	①	②	③	④	⑤
66	속이 거북할 정도로 많이 먹을 때가 있다.	①	②	③	④	⑤
67	마음속에 있는 것을 솔직하게 털어놓는 편이다.	①	②	③	④	⑤
68	일은 내 삶의 중심에 있다.	①	②	③	④	⑤
69	내가 열심히 노력한다고 해서 나의 주변 환경에 어떤 바람직한 변화가 일어나는 것은 아니다.	①	②	③	④	⑤
70	웬만한 일을 겪어도 마음의 평정을 유지하는 편이다.	①	②	③	④	⑤
71	사람들 앞에 서면 실수를 할까 걱정된다.	①	②	③	④	⑤
72	점이나 사주를 믿는 편이다.	①	②	③	④	⑤
73	화가 나면 언성이 높아진다.	①	②	③	④	⑤
74	차근차근 하나씩 일을 마무리한다.	①	②	③	④	⑤

75	어려운 목표라도 어떻게 해서든 실현 가능한 해결책을 만든다.	①	②	③	④	⑤
76	진행하던 일을 홧김에 그만둔 적이 있다.	①	②	③	④	⑤
77	사람을 차별하지 않는다.	①	②	③	④	⑤
78	창이 있는 레스토랑에 가면 창가에 자리를 잡는다.	①	②	③	④	⑤
79	다양한 분야에 관심이 있다.	①	②	③	④	⑤
80	무단횡단을 한 번도 해 본 적이 없다.	①	②	③	④	⑤
81	내 주위에서는 즐거운 일들이 자주 일어난다.	①	②	③	④	⑤
82	다른 사람의 행동을 내가 통제하고 싶다.	①	②	③	④	⑤
83	내 친구들은 은근히 뒤에서 나를 비웃는다.	①	②	③	④	⑤
84	아이디어를 적극적으로 제시한다.	①	②	③	④	⑤
85	규칙을 어기는 것도 필요할 때가 있다.	①	②	③	④	⑤
86	친구를 쉽게 사귄다.	①	②	③	④	⑤
87	내 분야에서 1등이 되어야 한다.	①	②	③	④	⑤
88	스트레스가 쌓이면 몸도 함께 아프다.	①	②	③	④	⑤
89	목표를 달성하기 위해서는 때로 편법이 필요할 때도 있다.	①	②	③	④	⑤
90	나는 보통사람들보다 더 존경받을 만하다고 생각한다.	①	②	③	④	⑤
91	내 주위에는 나보다 잘난 사람들만 있는 것 같다.	①	②	③	④	⑤
92	나는 따뜻하고 부드러운 마음을 가지고 있다.	①	②	③	④	⑤
93	어떤 일에 실패했어도 반드시 다시 도전한다.	①	②	③	④	⑤
94	회의에 적극 참여한다.	①	②	③	④	⑤
95	나는 적응력이 뛰어나다.	①	②	③	④	⑤
96	서두르지 않고 순서대로 일을 마무리한다.	①	②	③	④	⑤
97	나는 실수에 대해 변명한 적이 없다.	①	②	③	④	⑤
98	나는 맡은 일은 책임지고 끝낸다.	①	②	③	④	⑤
99	나는 눈치가 빠르다.	①	②	③	④	⑤
100	나는 본 검사에 성실하게 응답하였다.	①	②	③	④	⑤

※ 자신의 모습 그대로 솔직하게 응답하십시오. 솔직하고 성의 있게 응답하지 않을 경우 결과가 무효 처리됩니다.

[01~50] 모든 문항에는 옳고 그른 답이 없습니다. 문항의 내용을 읽고 평소 자신의 생각 및 행동과 유사하거나 일치하면 '예', 다르거나 일치하지 않으면 '아니오'로 표시해 주십시오.

1	나는 수줍음을 많이 타는 편이다.	○ 예	○ 아니오
2	나는 과거의 실수가 자꾸만 생각나곤 한다.	○ 예	○ 아니오
3	나는 사람들과 서로 일상사에 대해 이야기하는 것이 쑥스럽다.	○ 예	○ 아니오
4	내 주변에는 나를 좋지 않게 평가하는 사람들이 있다.	○ 예	○ 아니오
5	나는 가족들과는 합리적인 대화가 잘 안 된다.	○ 예	○ 아니오
6	나는 내가 하고 싶은 일은 꼭 해야 한다.	○ 예	○ 아니오
7	나는 개인적 사정으로 타인에게 피해를 주는 사람을 이해할 수 없다.	○ 예	○ 아니오
8	나는 많은 것을 성취하고 싶다.	○ 예	○ 아니오
9	나는 변화가 적은 것을 좋아한다.	○ 예	○ 아니오
10	나는 내가 하고 싶은 일과 해야 할 일을 구분할 줄 안다.	○ 예	○ 아니오
11	나는 뜻대로 일이 되지 않으면 화가 많이 난다.	○ 예	○ 아니오
12	내 주변에는 나에 대해 좋게 얘기하는 사람이 있다.	○ 예	○ 아니오
13	요즘 세상에서는 믿을 만한 사람이 없다.	○ 예	○ 아니오
14	나는 할 말은 반드시 하고야 마는 사람이다.	○ 예	○ 아니오
15	나는 변화가 적은 것을 좋아한다.	○ 예	○ 아니오
16	나는 가끔 부당한 대우를 받는다는 생각이 든다.	○ 예	○ 아니오
17	나는 가치관이 달라도 친하게 지내는 친구들이 많다.	○ 예	○ 아니오
18	나는 새로운 아이디어를 내는 것이 쉽지 않다.	○ 예	○ 아니오
19	나는 노력한 만큼 인정받지 못하고 있다.	○ 예	○ 아니오
20	나는 매사에 적극적으로 참여한다.	○ 예	○ 아니오
21	나의 가족들과는 어떤 주제를 놓고도 서로 대화가 잘 통한다.	○ 예	○ 아니오
22	나는 사람들과 어울리는 일에서 삶의 활력을 얻는다.	○ 예	○ 아니오
23	학창시절 마음에 맞는 친구가 없었다.	○ 예	○ 아니오
24	특별한 이유 없이 누군가를 미워한 적이 있다.	○ 예	○ 아니오
25	내가 원하는 대로 일이 되지 않을 때 화가 많이 난다.	○ 예	○ 아니오
26	요즘 같은 세상에서는 누구든 믿을 수 없다.	○ 예	○ 아니오
27	나는 여행할 때 남들보다 짐이 많은 편이다.	○ 예	○ 아니오

28	나는 상대방이 화를 내면 더욱 화가 난다.	○ 예	○ 아니오
29	나는 반대 의견을 말하더라도 상대방을 무시하는 말을 하지 않으려고 한다.	○ 예	○ 아니오
30	나는 학창시절 내가 속한 동아리에서 누구보다 충성도가 높은 사람이었다.	○ 예	○ 아니오
31	나는 새로운 집단에서 친구를 쉽게 사귀는 편이다.	○ 예	○ 아니오
32	나는 다른 사람을 챙기는 태도가 몸에 배여 있다.	○ 예	○ 아니오
33	나는 항상 겸손하여 노력한다.	○ 예	○ 아니오
34	내 주변에는 나에 대해 좋지 않은 이야기를 하는 사람이 있다.	○ 예	○ 아니오
35	나는 가족들과는 합리적인 대화가 잘 안 된다.	○ 예	○ 아니오
36	나는 내가 하고 싶은 일은 꼭 해야 한다.	○ 예	○ 아니오
37	나는 스트레스를 받으면 몸에 이상이 온다.	○ 예	○ 아니오
38	나는 재치가 있다는 말을 많이 듣는 편이다.	○ 예	○ 아니오
39	나는 사람들에게 잘 보이기 위해 마음에 없는 거짓말을 한다.	○ 예	○ 아니오
40	다른 사람을 위협적으로 대한 적이 있다.	○ 예	○ 아니오
41	나는 부지런하다는 말을 자주 들었다.	○ 예	○ 아니오
42	나는 쉽게 화가 났다가 쉽게 풀리기도 한다.	○ 예	○ 아니오
43	나는 할 말은 반드시 하고 사는 사람이다.	○ 예	○ 아니오
44	나는 터질 듯한 분노를 종종 느낀다.	○ 예	○ 아니오
45	나도 남들처럼 든든한 배경이 있었다면 지금보다 훨씬 나은 위치에 있었을 것이다.	○ 예	○ 아니오
46	나는 종종 싸움에 휘말린다.	○ 예	○ 아니오
47	나는 능력과 무관하게 불이익을 받은 적이 있다.	○ 예	○ 아니오
48	누군가 내 의견을 반박하면 물러서지 않고 논쟁을 벌인다.	○ 예	○ 아니오
49	남이 나에게 피해를 입힌다면 나도 가만히 있지 않을 것이다.	○ 예	○ 아니오
50	내가 인정받기 위해서 규칙을 위반한 행위를 한 적이 있다.	○ 예	○ 아니오

한국도로공사

파트 3

면접가이드

01 NCS 면접의 이해

※ 능력중심 채용에서는 타당도가 높은 구조화 면접을 적용한다.

1 면접이란?

일을 하는 데 필요한 능력(직무역량, 직무지식, 인재상 등)을 지원자가 보유하고 있는지를 다양한 면접기법을 활용하여 확인하는 절차이다. 자신의 환경, 성취, 관심사, 경험 등에 대해 이야기하여 본인이 적합하다는 것을 보여 줄 기회를 제공하고, 면접관은 평가에 필요한 정보를 수집하고 평가하는 것이다.

- 지원자의 태도, 적성, 능력에 대한 정보를 심층적으로 파악하기 위한 선발 방법
- 선발의 최종 의사결정에 주로 사용되는 선발 방법
- 전 세계적으로 선발에서 가장 많이 사용되는 핵심적이고 중요한 방법

2 면접의 특징

서류전형이나 인적성검사에서 드러나지 않는 것들을 볼 수 있는 기회를 제공한다.

- 직무수행과 관련된 다양한 지원자 행동에 대한 관찰이 가능하다.
- 면접관이 알고자 하는 정보를 심층적으로 파악할 수 있다.
- 서류상의 미비한 사항과 의심스러운 부분을 확인할 수 있다.
- 커뮤니케이션, 대인관계행동 등 행동 · 언어적 정보도 얻을 수 있다.

3 면접의 평가요소

1 인재적합도

해당 기관이나 기업별 인재상에 대한 인성 평가

2 조직적합도

조직에 대한 이해와 관련 상황에 대한 평가

3 직무적합도

직무에 대한 지식과 기술, 태도에 대한 평가

4 면접의 유형

구조화된 정도에 따른 분류

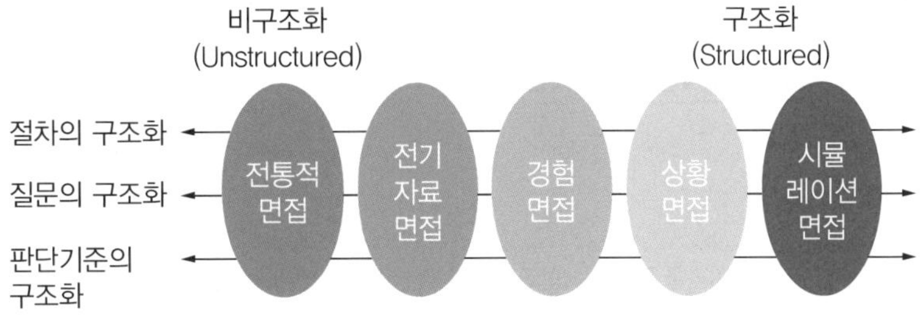

1 구조화 면접(Structured Interview)

사전에 계획을 세워 질문의 내용과 방법, 지원자의 답변 유형에 따른 추가 질문과 그에 대한 평가역량이 정해져 있는 면접 방식(표준화 면접)

- 표준화된 질문이나 평가요소가 면접 전 확정되며, 지원자는 편성된 조나 면접관에 영향을 받지 않고 동일한 질문과 시간을 부여받을 수 있음.
- 조직 또는 직무별로 주요하게 도출된 역량을 기반으로 평가요소가 구성되어, 조직 또는 직무에서 필요한 역량을 가진 지원자를 선발할 수 있음.
- 표준화된 형식을 사용하는 특성 때문에 비구조화 면접에 비해 신뢰성과 타당성, 객관성이 높음.

2 비구조화 면접(Unstructured Interview)

면접 계획을 세울 때 면접 목적만 명시하고 내용이나 방법은 면접관에게 전적으로 일임하는 방식(비표준화 면접)

- 표준화된 질문이나 평가요소 없이 면접이 진행되며, 편성된 조나 면접관에 따라 지원자에게 주어지는 질문이나 시간이 다름.
- 면접관의 주관적인 판단에 따라 평가가 이루어져 평가 오류가 빈번히 일어남.
- 상황 대처나 언변이 뛰어난 지원자에게 유리한 면접이 될 수 있음.

02 NCS 구조화 면접 기법

※ 능력중심 채용에서는 타당도가 높은 구조화 면접을 적용한다.

1 경험면접(Behavioral Event Interview)

면접 프로세스

안내	지원자는 입실 후, 면접관을 통해 인사말과 면접에 대한 간단한 안내를 받음.
질문	지원자는 면접관에게 평가요소(직업기초능력, 직무수행능력 등)와 관련된 주요 질문을 받게 되며, 질문에서 의도하는 평가요소를 고려하여 응답할 수 있도록 함.
세부질문	•지원자가 응답한 내용을 토대로 해당 평가기준들을 충족시키는지 파악하기 위한 세부질문이 이루어짐. •구체적인 행동·생각 등에 대해 응답할수록 높은 점수를 얻을 수 있음.

• 방식

해당 역량의 발휘가 요구되는 일반적인 상황을 제시하고, 그러한 상황에서 어떻게 행동했었는지(과거경험)를 이야기하도록 함.

• 판단기준

해당 역량의 수준, 경험 자체의 구체성, 진실성 등

• 특징

추상적인 생각이나 의견 제시가 아닌 과거 경험 및 행동 중심의 질의가 이루어지므로 지원자는 사전에 본인의 과거 경험 및 사례를 정리하여 면접에 대비할 수 있음.

• 예시

지원분야		지원자		면접관	(인)
경영자원관리 조직이 보유한 인적자원을 효율적으로 활용하여, 조직 내 유·무형 자산 및 재무자원을 효율적으로 관리한다.					
주질문					
A. 어떤 과제를 처리할 때 기존에 팀이 사용했던 방식의 문제점을 찾아내 이를 보완하여 과제를 더욱 효율적으로 처리했던 경험에 대해 이야기해 주시기 바랍니다.					
세부질문					
[상황 및 과제] 사례와 관련해 당시 상황에 대해 이야기해 주시기 바랍니다. [역할] 당시 지원자께서 맡았던 역할은 무엇이었습니까? [행동] 사례와 관련해 구성원들의 설득을 이끌어 내기 위해 어떤 노력을 하였습니까? [결과] 결과는 어땠습니까?					

기대행동	평점
업무진행에 있어 한정된 자원을 효율적으로 활용한다.	① - ② - ③ - ④ - ⑤
구성원들의 능력과 성향을 파악해 효율적으로 업무를 배분한다.	① - ② - ③ - ④ - ⑤
효과적 인적/물적 자원관리를 통해 맡은 일을 무리 없이 잘 마무리한다.	① - ② - ③ - ④ - ⑤

척도해설

1 : 행동증거가 거의 드러나지 않음	2 : 행동증거가 미약하게 드러남	3 : 행동증거가 어느 정도 드러남	4 : 행동증거가 명확하게 드러남	5 : 뛰어난 수준의 행동증거가 드러남
관찰기록 : 총평 :				

※ 실제 적용되는 평가지는 기업/기관마다 다름.

2 상황면접(Situational Interview)

면접 프로세스

안내 : 지원자는 입실 후, 면접관을 통해 인사말과 면접에 대한 간단한 안내를 받음.

질문 :
- 지원자는 상황질문지를 검토하거나 면접관을 통해 상황 및 질문을 제공받음.
- 면접관의 질문이나 질문지의 의도를 파악하여 응답할 수 있도록 함.

세부질문 :
- 지원자가 응답한 내용을 토대로 해당 평가기준들을 충족시키는지 파악하기 위한 세부질문이 이루어짐.
- 구체적인 행동·생각 등에 대해 응답할수록 높은 점수를 얻을 수 있음.

- 방식

  직무 수행 시 접할 수 있는 상황들을 제시하고, 그러한 상황에서 어떻게 행동할 것인지(행동의도)를 이야기하도록 함.

- 판단기준

  해당 상황에 맞는 해당 역량의 구체적 행동지표

- 특징

  지원자의 가치관, 태도, 사고방식 등의 요소를 평가하는 데 용이함.

• 예시

지원분야		지원자		면접관	(인)
유관부서협업 타 부서의 업무협조요청 등에 적극적으로 협력하고 갈등 상황이 발생하지 않도록 이해관계를 조율하며 관련 부서의 협업을 효과적으로 이끌어 낸다.					
주질문					
당신은 생산관리팀의 팀원으로, 2개월 뒤에 제품 A를 출시하기 위해 생산팀의 생산 계획을 수립한 상황입니다. 그러나 원가가 곧 실적으로 이어지는 구매팀에서는 최대한 원가를 줄여 전반적 단가를 낮추려고 원가절감을 위한 제안을 하였으나, 연구개발팀에서는 구매팀이 제안한 방식으로 제품을 생산할 경우 대부분이 구매팀의 실적으로 산정될 것이므로 제대로 확인도 해보지 않은 채 적합하지 않은 방식이라고 판단하고 있습니다. 당신은 어떻게 하겠습니까?					
세부질문					
[상황 및 과제] 이 상황의 핵심적인 이슈는 무엇이라고 생각합니까? [역할] 당신의 역할을 더 잘 수행하기 위해서는 어떤 점을 고려해야 하겠습니까? 왜 그렇게 생각합니까? [행동] 당면한 과제를 해결하기 위해서 구체적으로 어떤 조치를 취하겠습니까? 그 이유는 무엇입니까? [결과] 그 결과는 어떻게 될 것이라고 생각합니까? 그 이유는 무엇입니까?					

척도해설

1 : 행동증거가 거의 드러나지 않음	2 : 행동증거가 미약하게 드러남	3 : 행동증거가 어느 정도 드러남	4 : 행동증거가 명확하게 드러남	5 : 뛰어난 수준의 행동증거가 드러남
관찰기록 : 총평 :				

※ 실제 적용되는 평가지는 기업/기관마다 다름.

3 발표면접(Presentation)

면접 프로세스

안내
- 입실 후 지원자는 면접관으로부터 인사말과 발표면접에 대해 간략히 안내받음.
- 면접 전 지원자는 과제 검토 및 발표 준비시간을 가짐.

발표
- 지원자들이 과제 주제와 관련하여 정해진 시간 동안 발표를 실시함.
- 면접관은 발표내용 중 평가요소와 관련해 나타난 가점 및 감점요소들을 평가하게 됨.

질문응답
- 발표 종료 후 면접관은 정해진 시간 동안 지원자의 발표내용과 관련해 구체적인 내용을 확인하기 위한 질문을 함.
- 지원자는 면접관의 질문의도를 정확히 파악하여 적절히 응답할 수 있도록 함.
- 응답 시 명확하고 자신있게 전달할 수 있도록 함.

- 방식

  지원자가 특정 주제와 관련된 자료(신문기사, 그래프 등)를 검토하고, 그에 대한 자신의 생각을 면접관 앞에서 발표하며, 추가 질의응답이 이루어짐.

- 판단기준

  지원자의 사고력, 논리력, 문제해결능력 등

- 특징

  과제를 부여한 후, 지원자들이 과제를 수행하는 과정과 결과를 관찰 · 평가함. 과제수행의 결과뿐 아니라 과제수행 과정에서의 행동을 모두 평가함.

4 토론면접(Group Discussion)

면접 프로세스

안내

- 입실 후, 지원자들은 면접관으로부터 토론 면접의 전반적인 과정에 대해 안내받음.
- 지원자는 정해진 자리에 착석함.

토론

- 지원자들이 과제 주제와 관련하여 정해진 시간 동안 토론을 실시함(시간은 기관별 상이).
- 지원자들은 면접 전 과제 검토 및 토론 준비시간을 가짐.
- 토론이 진행되는 동안, 지원자들은 다른 토론자들의 발언을 경청하여 적절히 본인의 의사를 전달할 수 있도록 함. 더불어 적극적인 태도로 토론면접에 임하는 것도 중요함.

마무리(5분 이내)

- 면접 종료 전, 지원자들은 토론을 통해 도출한 결론에 대해 첨언하고 적절히 마무리 지음.
- 본인의 의견을 전달하는 것과 동시에 다른 토론자를 배려하는 모습도 중요함.

- 방식

  상호갈등적 요소를 가진 과제 또는 공통의 과제를 해결하는 내용의 토론 과제(신문기사, 그래프 등)를 제시하고, 그 과정에서의 개인 간의 상호작용 행동을 관찰함.

- 판단기준

  팀워크, 갈등 조정, 의사소통능력 등

- 특징

  면접에서 최종안을 도출하는 것도 중요하나 주장의 옳고 그름이 아닌 결론을 도출하는 과정과 말하는 자세 등도 중요함.

5 역할연기면접(Role Play Interview)

- 방식
  기업 내 발생 가능한 상황에서 부딪히게 되는 문제와 역할을 가상적으로 설정하여 특정 역할을 맡은 사람과 상호작용하고 문제를 해결해 나가도록 함.
- 판단기준
  대처능력, 대인관계능력, 의사소통능력 등
- 특징
  실제 상황과 유사한 가상 상황에서 지원자의 성격이나 대처 행동 등을 관찰할 수 있음.

6 집단면접(Group Activity)

- 방식
  지원자들이 팀(집단)으로 협력하여 정해진 시간 안에 활동 또는 게임을 하며 면접관들은 지원자들의 행동을 관찰함.
- 판단기준
  대인관계능력, 팀워크, 창의성 등
- 특징
  기존 면접보다 오랜 시간 관찰을 하여 지원자들의 평소 습관이나 행동들을 관찰하려는 데 목적이 있음.

03 면접 최신 기출 주제

한국도로공사의 면접

한국도로공사는 온라인 검사로 AI면접을 먼저 시행하여 그 결과를 대면면접 참고자료로 활용한다. AI면접은 화면에 제시되는 상황면접 질문과 가치관 및 경험을 묻는 질문에 대해 정해진 시간 내에 답하는 것이다. 대면면접의 경우 1차면접과 2차면접으로 진행된다.

- 1차면접(실무진 면접전형)
  - PT면접 : 30분 자료 작성→15분 발표 및 질의응답
  - 그룹토론면접 : 10분 토론 준비→15 ~ 30분 토론 진행
- 2차면접(경영진 면접전형)
  - 경험면접 : 다대다 면접으로 공통질문과 경험 관련 질문 제시
  - 상황면접 : 30초 제시상황 파악→발표 및 질의응답

1 2024 면접 실제 기출 주제

1 PT면접

1. 타 운송수단 대비 고속도로의 경쟁력 향상 방안을 말해 보시오.
2. 비탈면 보강과 안정성 강화 방안을 말해 보시오.

2 그룹토론면접

1. 노후 교량의 재건축 및 유지보수
2. 버스 전용 차로에 자율주행차량 도입

3 경험면접

1. 1분 자기소개를 해 보시오.
2. 한국도로공사에 어떻게 기여하고 싶은가?
3. 살면서 실패한 경험을 말해 보시오.
4. 가장 힘든 상대를 설득해 본 경험이 있는가?
5. 본인이 인재상에 적합하다고 생각하는 부분을 말해 보시오.
6. 민원을 해결해 본 경험과 구체적으로 어떻게 문제를 해결했는지를 말해 보시오.
7. 적응하지 못하는 팀원을 설득하거나 함께 협력한 경험을 말해 보시오.

8. 한국도로공사가 세계적인 축제에 참여할 때 기여할 수 있는 본인의 첫 번째 역량과, 귀빈이 한국도로공사에 방문했을 때 우리 공사를 어떻게 나타낼 수 있는지를 말해 보시오.
9. 한국도로공사에 입사하기 위하여 노력한 점을 말해 보시오.
10. 복잡한 문제를 해결한 경험이 있는가?
11. 동료나 손님에게 피드백을 받고 적용했던 경험을 말해 보시오.
12. 지원한 직렬과 관련하여 한국도로공사의 사업에 대해 알고 있는 것을 말하고, 개선 사항을 말해 보시오.
13. 마지막으로 하고 싶은 말이 있다면 말해 보시오.

4 상황면접

1. 공사 진행 시 안전 사항을 빼고 진행하여 기한을 맞춰야 하는 상황에서 어떻게 할 것인가?
2. 시공사가 공사기일을 맞추기 위해 안전수칙을 무시하는 상황에서 이전에도 동일하게 해왔으니 괜찮다는 입장일 때, 어떻게 해결할 것인가?
3. 포트홀 관련 민원 문제로 시공 단계를 생략하고 다른 방안이 있는지 말해 보시오.

2 2023 면접 실제 기출 주제

1 PT면접

1. 한국도로공사의 ESG 경영 현황과 이에 대한 개선방안을 말해 보시오.
2. 로드킬 사고에 대한 대응방안 3가지를 제시하시오.
3. 4차 산업혁명과 관련하여 자사의 사업 중 접목할 수 있는 기술을 말해 보시오.
4. 최근 고속도로를 이용하면서 느꼈던 개선이 필요한 시설물을 제시하고 이유를 말해 보시오.
5. 휴게소별 특산품을 판매할 때 이에 대한 판매량을 증대시킬 수 있는 방안을 말해 보시오.
6. 스마트 기술을 활용한 고속도로 시설 관리 방안에 대해 말해 보시오.

2 역량면접

1. 다른 사람에게 곤란한 부탁을 받았을 때 어떻게 대처할 것인가?
2. 한국도로공사에서 진행하는 사업 3가지를 제시하고 이에 대해 설명해 보시오.
3. 특정 업체와만 지속적으로 계약하여 일을 진행하는 상사가 있을 때 어떻게 대응하겠는가?
4. 기관이 신규 사업을 도입하는데 있어서 가장 신경써야 할 부분은 무엇이라고 생각하는가?
5. 다른 사람에게 도움을 줬던 경험을 말해 보시오.
6. 남들보다 일찍 출근하고 늦게 퇴근하는 것에 대해 어떻게 생각하는가?

7. 회사를 다닌 경력이 있는데 그때 갈등 상황이 발생한 적이 있는가, 있다면 갈등을 풀어갔던 과정을 말해 보시오.
8. 자신의 단점은 무엇이라고 생각하며, 이를 어떻게 극복했는가?
9. 봉사활동에 자발적으로 참여한 경험이 있다면 말해 보시오.
10. 조직에서 부조리를 경험한 적이 있다면 말해 보시오.
11. 휴가 중 상사가 연락해 회식에 오라고 한다면 어떻게 행동할 것인가?
12. 가치관이 충돌하는 일을 경험한 적이 있다면 말해 보시오.
13. 조직에서 긍정적인 평가를 받은 경험이 있다면 해당 평가에 대해 말해 보시오.

3 2022 상·하반기 면접 실제 기출 주제

1 PT면접

1. 효율적으로 교통량을 확인하는 방법이 있다면 제시하시오.
2. 동탄 신도시 도로에서 상습 정체구간이 발생하는데 이를 해소하는 방법을 말해 보시오.
3. 정보자원이 부족할 경우 신규 서버를 도입하는 것이 바람직한지 본인의 의견을 말해 보시오.
4. 고속도로에서 졸음운전 사고를 예방하는 방법을 말해 보시오.
5. 하이패스 이용자를 늘리기 위한 방안 3가지를 제시하시오.
6. 도로요인, 인적요인, 차량요인 3가지 요인 중 가장 개선이 필요한 요인과 그 이유를 제시하시오.
7. 제시된 사회적 가치 관련 뉴스와 설문조사, 보고서들을 바탕으로 당사에서 추진할 수 있는 사업을 제시하고 그 이유를 설명하시오.
8. 제시된 자료를 바탕으로 고속도로 내 유휴부지를 활용한 탄소저감사업의 필요성과 기대효과 그리고 활성화 방안을 제시하시오.

2 역량면접

1. 본인이 생각하는 한국도로공사의 장점과 단점은 무엇인가?
2. 본인의 지원 직렬에 필요한 역량은 무엇이라고 생각하는가?
3. 순환근무에 대해 어떻게 생각하는가?
4. 동료가 근거 없이 나를 험담하고 다닌다는 사실을 알게 되었다. 이에 대한 본인의 대응은?
5. 편법과 정도 사이에서 고민한 경험에 대해 말해보시오.
6. 자신을 희생하면서까지 윤리를 추구했던 경험이 있다면 말해보시오.
7. 성과와 원칙 중 어느 것이 더 중요하다고 생각하는가?
8. 화물차 휴게소를 추가로 설치하려고 하는데, 여행 목적으로 방문하는 고객들과의 형평성 문제가 발생하였다. 이에 대한 본인의 의견은?

4 2021 상 · 하반기 면접 실제 기출 주제

– 다대다(지원자 4명, 면접관 3명, 감독관 1명)

1. 도로 상에서 문제 발생 시 대처 방법에 관해서 말해보시오.
2. 직장동료와 불화 시 해결 방법에 대해서 말해보시오.
3. 최근에 읽었던 책 중에 가장 감명 깊었던 책은?(소설, 만화 제외)
4. 전 직업 퇴직 후 2개월 동안 무엇을 하였는가?
5. 졸음 쉼터, 인공지능, 무인자동차에 관하여 말해보시오.
6. 도로공사에 대해 알고 있는 것과 이슈에 대해 말해보시오.
7. 통행료 할인제도에 대해 말해보시오.
8. 왜 공기업을 지원하는가?
9. 고속도로 유휴부지 활용 방안에 대해 말해보시오.
10. 도로공사의 비전, 미션이 무엇인지 말해보시오.
11. 전공이 업무에 어떻게 도움이 되겠는가?
12. 인공지능이 발달하고 자동화될수록 톨게이트에서의 일자리가 사라질 수 있는데 이에 대한 생각은?
13. 현재 워라벨이 많이 강조되고 있는데, 워라벨은 좋지만 실적이 좋지 않은 회사가 있다면 어떻게 해결해야 하는가?
14. 한국도로공사가 운영하는 고속도로와 민자도로의 차이에 대해 생각해 본 것이 있는가?
15. KTX와 같은 철도는 한국도로공사와 경쟁관계에 있는데 앞으로 한국도로공사가 경쟁에서 어떨 것 같은지?
16. 본인에게 있어 팀워크란?
17. 지원자가 중요시 여기는 가치관은 무엇인가?
18. 젠트리피케이션 현상에 대해 설명하고 대책을 말하시오.
19. 어떤 역량이 우리 공사에 기여할 수 있으리라 생각하는가?
20. 우리 공사에서는 같은 일을 20 ~ 30년 해야 한다. 지루할 수 있는데 어떻게 극복할 수 있다고 생각하는가?
21. 사람을 사귀는 데에 본인만의 기준이 있다면 무엇이 있는지 말해보시오.
22. 어떤 부서에 지원하고 싶은지 말해보시오.
23. 앞으로 한국도로공사가 나아가야 할 방향에 대해 말해보시오.
24. 자신이 동물이라면 어디에 비유할 것인가?
25. 여러 가지 순환근무나 멀티플레이어 같은 근무를 하게 될 텐데, 가장 중요하다고 생각하는 것과 이를 어떻게 업무에 적용할 것인지 말해보시오.
26. 문제해결을 위해 협력을 하고 창의적으로 해결한 경험에 대해 말해보시오.

5 그 외 면접 실제 기출 주제

1. 어린이 보호구역에서 과속 차량을 효과적으로 줄이는 방법을 제시하시오.
2. 지구온난화 상황 중인 가운데 온실가스를 줄이는 방법을 제시하시오.
3. 운전면허 1종을 딴 이유에 대해 말해보시오.
4. 고속도로 무료화에 대해 말해보시오.
5. 고객과의 중요한 약속이 있는데, 개인 사정으로 약속 시간을 못지키게 될 상황이다. 이때 과속이나 신호위반 등 교통법규를 위반하면서 고객과의 약속시간을 지킬 것인가?
6. 금연장소에서 대놓고 흡연을 하고 있는 사람을 보았다. 담배를 끄라고 할 것인가, 그냥 지나칠 것인가?
7. 첫 출근하는 날, 30분 일찍 출근한 나에게 상사는 왜 이렇게 늦었냐며 나무란다. 어떻게 할 것인가?
8. 부모님께 죄송했던 일을 말해보시오.
9. 해보고 싶었지만 못해본 일이 있다면 말해보시오.
10. 주인의식을 가지고 일해 본 경험에 대해 말해 보시오.
11. 평소 자기관리를 어떻게 하는지 말해 보시오.
12. 스트레스를 어떻게 해소하는지 말해 보시오.
13. 나이가 많은 직원과 일한 경험이 있는가? 있다면 그때의 경험을 말해 보시오.
14. 지시에 따르지 않는 부하직원이 있을 때 어떻게 할 것인지 말해 보시오.
15. 4차 산업을 공사와 본인 업무에 어떻게 적용할 수 있는지 말해 보시오.
16. 선임자가 규정대로 일을 진행하지 않을 경우 어떻게 할 것인가?
17. 선임자와 의견충돌이 발생할 경우 어떻게 대처할 것인가?
18. 공부를 제외하고 성취한 것에 대해 말해 보시오.
19. 조직 간의 갈등을 해결하기 위해 가장 중요한 것은 무엇이라고 생각하는가?
20. 입사 후 자기개발을 위해 어떤 일을 할 것인지 말해 보시오.
21. 전공 외에 따로 공부해 본 것이 있다면 말해 보시오.
22. 회사 일과 개인적인 일이 겹친다면 어떻게 할 것인가?
23. 일할 때 가장 꺼리는 유형을 말해 보시오.
24. 원하는 부서에 배치되지 않는다면 어떻게 할 것인가?
25. 학생과 직장인의 차이가 뭐라고 생각하는가?
26. 여러 단체에 있으면서 소속감을 느꼈던 순간에 대해 말해 보시오.

27. 차량실명제에 대하여 어떻게 생각하는지 말해 보시오.

28. 자신만의 경쟁력을 말해 보시오.

29. 노조의 필요성과 파업에 대한 견해를 말해 보시오.

30. 공과 사를 구분한 경험이 있다면 구체적으로 말해 보시오.

31. 평소 친구들과 어떻게 연락하는가?

32. 살면서 가장 열정적으로 임했던 일이 있다면 말해 보시오.

33. 융통성을 깨고 성과를 이룬 경험에 대해 말해 보시오.

34. 아르바이트를 하면서 느낀 점에 대해 말해 보시오.

35. 본인이 속했던 집단이 가졌던 장점에 대해 말해 보시오.

36. 돌발 상황에 대처한 경험이 있다면 구체적으로 말해 보시오.

37. 다른 사람이 잘못했을 때 대신 희생한 경험이 있다면 구체적으로 말해 보시오.

38. 본인이 다른 지원자보다 뛰어나다고 생각하는 부분이 있는지 말해 보시오.

39. 본인은 안전을 추구하는 사람인지, 경제성을 추구하는 사람인지 말해 보시오.

40. 다른 사람들과 일을 할 때 불편한 게 보여서 누가 말하기 전에 본인이 먼저 나선 경험이 있는지 말해 보시오.

41. 새로운 기술을 사용해 본 경험이 있다면 그 기술을 어떻게 습득하였는지 말해 보시오.

42. 팀 과제나 프로젝트를 하면서 어려움이 있었던 경험에 대해 말해 보시오.

43. 지원한 직무를 선택한 동기와 해당 직무를 잘 수행하기 위해 어떤 역량이 가장 필요하다고 생각하는지 말해 보시오.

44. 책임감을 발휘했던 경험에 대해 말해 보시오.

45. 싫어하는 사람과 같이 일해 본 적 있는가? 있다면 구체적으로 말해 보시오.

46. A를 해야 하는 상황에서 선배가 B를 하라고 한다면, 어떻게 소통할 것인가?

47. 현재 어떤 제품의 점검 주기가 10달인데 해외에서는 5달에 한 번 점검을 한다. 따라서 5달에 한 번 점검을 하자고 다른 사람들을 설득하고자 할 때 어떻게 할 것인가?

48. CEO라면 일은 잘하지만 대인관계가 안 좋은 사람과 일은 잘 못하지만 대인관계가 좋은 사람 중 누구를 뽑을지 말해보시오. 또한 그 이유는 무엇인지 말해보시오.

gosinet (주)고시넷

한국도로공사

감독관 확인란	

1회 기출예상문제

성명표기란

ㄱ ㄴ ㄷ ㄹ ㅁ ㅂ ㅅ ㅇ ㅈ ㅊ ㅋ ㅌ ㅍ ㅎ ㄲ ㄸ ㅃ ㅆ ㅉ

ㅏ ㅑ ㅓ ㅕ ㅗ ㅛ ㅜ ㅠ ㅡ ㅣ ㅐ ㅒ ㅔ ㅖ ㅘ ㅙ ㅚ ㅝ ㅞ ㅟ ㅢ

ㄱ ㄴ ㄷ ㄹ ㅁ ㅂ ㅅ ㅇ ㅈ ㅊ ㅋ ㅌ ㅍ ㅎ ㄲ ㄸ ㅃ ㅆ ㅉ ㄺ ㄻ

수험번호

0 1 2 3 4 5 6 7 8 9

(주민등록 앞자리 생년제외) 월일

0 1 2 3 4 5 6 7 8 9

수험생 유의사항

※ 답안은 반드시 컴퓨터용 사인펜으로 보기와 같이 바르게 표기해야 합니다.
〈보기〉 ① ② ③ ❹ ⑤

※ 성명표기란 위 칸에는 성명을 한글로 쓰고 아래 칸에는 성명을 정확하게 표기하십시오. (맨 왼쪽 칸부터 성과 이름은 붙여 씁니다)

※ 수험번호/월일 위 칸에는 아라비아 숫자로 쓰고 아래 칸에는 숫자와 일치하게 표기하십시오.

※ 월일은 반드시 본인 주민등록번호의 생년을 제외한 월 두 자리, 일 두 자리를 표기하십시오.
〈예〉 1994년 1월 12일 → 0112

문번	답란	문번	답란	문번	답란	문번	답란
1	① ② ③ ④	16	① ② ③ ④	31	① ② ③ ④	46	① ② ③ ④
2	① ② ③ ④	17	① ② ③ ④	32	① ② ③ ④	47	① ② ③ ④
3	① ② ③ ④	18	① ② ③ ④	33	① ② ③ ④	48	① ② ③ ④
4	① ② ③ ④	19	① ② ③ ④	34	① ② ③ ④	49	① ② ③ ④
5	① ② ③ ④	20	① ② ③ ④	35	① ② ③ ④	50	① ② ③ ④
6	① ② ③ ④	21	① ② ③ ④	36	① ② ③ ④	51	① ② ③ ④
7	① ② ③ ④	22	① ② ③ ④	37	① ② ③ ④	52	① ② ③ ④
8	① ② ③ ④	23	① ② ③ ④	38	① ② ③ ④	53	① ② ③ ④
9	① ② ③ ④	24	① ② ③ ④	39	① ② ③ ④	54	① ② ③ ④
10	① ② ③ ④	25	① ② ③ ④	40	① ② ③ ④	55	① ② ③ ④
11	① ② ③ ④	26	① ② ③ ④	41	① ② ③ ④	56	① ② ③ ④
12	① ② ③ ④	27	① ② ③ ④	42	① ② ③ ④	57	① ② ③ ④
13	① ② ③ ④	28	① ② ③ ④	43	① ② ③ ④	58	① ② ③ ④
14	① ② ③ ④	29	① ② ③ ④	44	① ② ③ ④	59	① ② ③ ④
15	① ② ③ ④	30	① ② ③ ④	45	① ② ③ ④	60	① ② ③ ④

잘라서 활용하세요.

한국도로공사

감독관 확인란	

2회 기출예상문제

성명표기란

㉠	ㅏ	㉠	㉠	ㅏ	㉠	㉠	ㅏ	㉠	㉠	ㅏ	㉠
㉡	ㅑ	㉡	㉡	ㅑ	㉡	㉡	ㅑ	㉡	㉡	ㅑ	㉡
㉢	ㅓ	㉢	㉢	ㅓ	㉢	㉢	ㅓ	㉢	㉢	ㅓ	㉢
㉣	ㅕ	㉣	㉣	ㅕ	㉣	㉣	ㅕ	㉣	㉣	ㅕ	㉣
㉤	ㅗ	㉤	㉤	ㅗ	㉤	㉤	ㅗ	㉤	㉤	ㅗ	㉤
㉥	ㅛ	㉥	㉥	ㅛ	㉥	㉥	ㅛ	㉥	㉥	ㅛ	㉥
㉦	ㅜ	㉦	㉦	ㅜ	㉦	㉦	ㅜ	㉦	㉦	ㅜ	㉦
㉧	ㅠ	㉧	㉧	ㅠ	㉧	㉧	ㅠ	㉧	㉧	ㅠ	㉧
㉨	ㅡ	㉨	㉨	ㅡ	㉨	㉨	ㅡ	㉨	㉨	ㅡ	㉨
㉩	ㅣ	㉩	㉩	ㅣ	㉩	㉩	ㅣ	㉩	㉩	ㅣ	㉩
㉪	ㅐ	㉪	㉪	ㅐ	㉪	㉪	ㅐ	㉪	㉪	ㅐ	㉪
㉫	ㅒ	㉫	㉫	ㅒ	㉫	㉫	ㅒ	㉫	㉫	ㅒ	㉫
㉬	ㅔ	㉬	㉬	ㅔ	㉬	㉬	ㅔ	㉬	㉬	ㅔ	㉬
㉭	ㅖ	㉭	㉭	ㅖ	㉭	㉭	ㅖ	㉭	㉭	ㅖ	㉭
	ㅘ		ㄲ	ㅘ	ㄲ	ㄲ	ㅘ	ㄲ	ㄲ	ㅘ	ㄲ
	ㅙ		ㄸ	ㅙ	ㄸ	ㄸ	ㅙ	ㄸ	ㄸ	ㅙ	ㄸ
	ㅚ		ㅃ	ㅚ	ㅃ	ㅃ	ㅚ	ㅃ	ㅃ	ㅚ	ㅃ
	ㅝ		ㅆ	ㅝ	ㅆ	ㅆ	ㅝ	ㅆ	ㅆ	ㅝ	ㅆ
	ㅞ		ㅉ	ㅞ	ㅉ	ㅉ	ㅞ	ㅉ	ㅉ	ㅞ	ㅉ
	ㅟ			ㅟ	ㄺ		ㅟ	ㄺ		ㅟ	ㄺ
	ㅢ			ㅢ	ㄻ		ㅢ	ㄻ		ㅢ	ㄻ

수험번호

⓪	⓪	⓪	⓪	⓪	⓪
①	①	①	①	①	①
②	②	②	②	②	②
③	③	③	③	③	③
④	④	④	④	④	④
⑤	⑤	⑤	⑤	⑤	⑤
⑥	⑥	⑥	⑥	⑥	⑥
⑦	⑦	⑦	⑦	⑦	⑦
⑧	⑧	⑧	⑧	⑧	⑧
⑨	⑨	⑨	⑨	⑨	⑨

(주민등록 앞자리 생년제외) 월일

⓪	⓪	⓪	⓪
①	①	①	①
②	②	②	②
③	③	③	③
④	④	④	④
⑤	⑤	⑤	⑤
⑥	⑥	⑥	⑥
⑦	⑦	⑦	⑦
⑧	⑧	⑧	⑧
⑨	⑨	⑨	⑨

수험생 유의사항

※ 답안은 반드시 컴퓨터용 사인펜으로 보기와 같이 바르게 표기해야 합니다.
〈보기〉 ① ② ③ ❹ ⑤

※ 성명표기란 위 칸에는 성명을 한글로 쓰고 아래 칸에는 성명을 정확하게 표기하십시오. (맨 왼쪽 칸부터 성과 이름은 붙여 씁니다)

※ 수험번호/월일 위 칸에는 아라비아 숫자로 쓰고 아래 칸에는 숫자와 일치하게 표기하십시오.

※ 월일은 반드시 본인 주민등록번호의 생년을 제외한 월 두 자리, 일 두 자리를 표기하십시오.
〈예〉 1994년 1월 12일 → 0112

문번	답란	문번	답란	문번	답란	문번	답란
1	① ② ③ ④	16	① ② ③ ④	31	① ② ③ ④	46	① ② ③ ④
2	① ② ③ ④	17	① ② ③ ④	32	① ② ③ ④	47	① ② ③ ④
3	① ② ③ ④	18	① ② ③ ④	33	① ② ③ ④	48	① ② ③ ④
4	① ② ③ ④	19	① ② ③ ④	34	① ② ③ ④	49	① ② ③ ④
5	① ② ③ ④	20	① ② ③ ④	35	① ② ③ ④	50	① ② ③ ④
6	① ② ③ ④	21	① ② ③ ④	36	① ② ③ ④	51	① ② ③ ④
7	① ② ③ ④	22	① ② ③ ④	37	① ② ③ ④	52	① ② ③ ④
8	① ② ③ ④	23	① ② ③ ④	38	① ② ③ ④	53	① ② ③ ④
9	① ② ③ ④	24	① ② ③ ④	39	① ② ③ ④	54	① ② ③ ④
10	① ② ③ ④	25	① ② ③ ④	40	① ② ③ ④	55	① ② ③ ④
11	① ② ③ ④	26	① ② ③ ④	41	① ② ③ ④	56	① ② ③ ④
12	① ② ③ ④	27	① ② ③ ④	42	① ② ③ ④	57	① ② ③ ④
13	① ② ③ ④	28	① ② ③ ④	43	① ② ③ ④	58	① ② ③ ④
14	① ② ③ ④	29	① ② ③ ④	44	① ② ③ ④	59	① ② ③ ④
15	① ② ③ ④	30	① ② ③ ④	45	① ② ③ ④	60	① ② ③ ④

한국도로공사

감독관 확인란	

3회 기출예상문제

성명표기란

ㄱ ㄴ ㄷ ㄹ ㅁ ㅂ ㅅ ㅇ ㅈ ㅊ ㅋ ㅌ ㅍ ㅎ ㄲ ㄸ ㅃ ㅆ ㅉ ㄳ ㄺ ㄻ

ㅏ ㅑ ㅓ ㅕ ㅗ ㅛ ㅜ ㅠ ㅡ ㅣ ㅐ ㅒ ㅔ ㅖ ㅘ ㅙ ㅚ ㅝ ㅞ ㅟ ㅢ

수험번호

0 1 2 3 4 5 6 7 8 9

(주민등록 앞자리 생년제외) 월일

0 1 2 3 4 5 6 7 8 9

문번	답란	문번	답란	문번	답란	문번	답란
1	① ② ③ ④	16	① ② ③ ④	31	① ② ③ ④	46	① ② ③ ④
2	① ② ③ ④	17	① ② ③ ④	32	① ② ③ ④	47	① ② ③ ④
3	① ② ③ ④	18	① ② ③ ④	33	① ② ③ ④	48	① ② ③ ④
4	① ② ③ ④	19	① ② ③ ④	34	① ② ③ ④	49	① ② ③ ④
5	① ② ③ ④	20	① ② ③ ④	35	① ② ③ ④	50	① ② ③ ④
6	① ② ③ ④	21	① ② ③ ④	36	① ② ③ ④	51	① ② ③ ④
7	① ② ③ ④	22	① ② ③ ④	37	① ② ③ ④	52	① ② ③ ④
8	① ② ③ ④	23	① ② ③ ④	38	① ② ③ ④	53	① ② ③ ④
9	① ② ③ ④	24	① ② ③ ④	39	① ② ③ ④	54	① ② ③ ④
10	① ② ③ ④	25	① ② ③ ④	40	① ② ③ ④	55	① ② ③ ④
11	① ② ③ ④	26	① ② ③ ④	41	① ② ③ ④	56	① ② ③ ④
12	① ② ③ ④	27	① ② ③ ④	42	① ② ③ ④	57	① ② ③ ④
13	① ② ③ ④	28	① ② ③ ④	43	① ② ③ ④	58	① ② ③ ④
14	① ② ③ ④	29	① ② ③ ④	44	① ② ③ ④	59	① ② ③ ④
15	① ② ③ ④	30	① ② ③ ④	45	① ② ③ ④	60	① ② ③ ④

수험생 유의사항

※ 답안은 반드시 컴퓨터용 사인펜으로 보기와 같이 바르게 표기해야 합니다.
〈보기〉 ① ② ③ ❹ ⑤

※ 성명표기란 위 칸에는 성명을 한글로 쓰고 아래 칸에는 성명을 정확하게 표기하십시오. (맨 왼쪽 칸부터 성과 이름은 붙여 씁니다)

※ 수험번호/월일 위 칸에는 아라비아 숫자로 쓰고 아래 칸에는 숫자와 일치하게 표기하십시오.

※ 월일은 반드시 본인 주민등록번호의 생년을 제외한 월 두 자리, 일 두 자리를 표기하십시오.
〈예〉 1994년 1월 12일 → 0112

잘라서 활용하세요.

한국도로공사

감독관 확인란	

4회 기출예상문제

성명표기란

㉠	㉮	㉠	㉠	㉮	㉠	㉠	㉮	㉠	㉠	㉮	㉠
㉡	㉯	㉡	㉡	㉯	㉡	㉡	㉯	㉡	㉡	㉯	㉡

수험번호

⓪	⓪	⓪	⓪	⓪	⓪
①	①	①	①	①	①
②	②	②	②	②	②
③	③	③	③	③	③
④	④	④	④	④	④
⑤	⑤	⑤	⑤	⑤	⑤
⑥	⑥	⑥	⑥	⑥	⑥
⑦	⑦	⑦	⑦	⑦	⑦
⑧	⑧	⑧	⑧	⑧	⑧
⑨	⑨	⑨	⑨	⑨	⑨

(주민등록 앞자리 생년제외) 월일

⓪	⓪	⓪	⓪
①	①	①	①
②	②	②	②
③	③	③	③
④	④	④	④
⑤	⑤	⑤	⑤
⑥	⑥	⑥	⑥
⑦	⑦	⑦	⑦
⑧	⑧	⑧	⑧
⑨	⑨	⑨	⑨

수험생 유의사항

※ 답안은 반드시 컴퓨터용 사인펜으로 보기와 같이 바르게 표기해야 합니다.
〈보기〉 ① ② ③ ❹ ⑤

※ 성명표기란 위 칸에는 성명을 한글로 쓰고 아래 칸에는 성명을 정확하게 표기하십시오. (맨 왼쪽 칸부터 성과 이름은 붙여 씁니다)

※ 수험번호/월일 위 칸에는 아라비아 숫자로 쓰고 아래 칸에는 숫자와 일치하게 표기하십시오.

※ 월일은 반드시 본인 주민등록번호의 생년을 제외한 월 두 자리, 일 두 자리를 표기하십시오.
〈예〉 1994년 1월 12일 → 0112

문번	답란	문번	답란	문번	답란	문번	답란
1	① ② ③ ④	16	① ② ③ ④	31	① ② ③ ④	46	① ② ③ ④
2	① ② ③ ④	17	① ② ③ ④	32	① ② ③ ④	47	① ② ③ ④
3	① ② ③ ④	18	① ② ③ ④	33	① ② ③ ④	48	① ② ③ ④
4	① ② ③ ④	19	① ② ③ ④	34	① ② ③ ④	49	① ② ③ ④
5	① ② ③ ④	20	① ② ③ ④	35	① ② ③ ④	50	① ② ③ ④
6	① ② ③ ④	21	① ② ③ ④	36	① ② ③ ④	51	① ② ③ ④
7	① ② ③ ④	22	① ② ③ ④	37	① ② ③ ④	52	① ② ③ ④
8	① ② ③ ④	23	① ② ③ ④	38	① ② ③ ④	53	① ② ③ ④
9	① ② ③ ④	24	① ② ③ ④	39	① ② ③ ④	54	① ② ③ ④
10	① ② ③ ④	25	① ② ③ ④	40	① ② ③ ④	55	① ② ③ ④
11	① ② ③ ④	26	① ② ③ ④	41	① ② ③ ④	56	① ② ③ ④
12	① ② ③ ④	27	① ② ③ ④	42	① ② ③ ④	57	① ② ③ ④
13	① ② ③ ④	28	① ② ③ ④	43	① ② ③ ④	58	① ② ③ ④
14	① ② ③ ④	29	① ② ③ ④	44	① ② ③ ④	59	① ② ③ ④
15	① ② ③ ④	30	① ② ③ ④	45	① ② ③ ④	60	① ② ③ ④

한국도로공사

감독관 확인란	

5회 기출예상문제

성명표기란

초성: ㄱ ㄴ ㄷ ㄹ ㅁ ㅂ ㅅ ㅇ ㅈ ㅊ ㅋ ㅌ ㅍ ㅎ

중성: ㅏ ㅑ ㅓ ㅕ ㅗ ㅛ ㅜ ㅠ ㅡ ㅣ ㅐ ㅒ ㅔ ㅖ ㅘ ㅙ ㅚ ㅝ ㅞ ㅟ ㅢ

종성: ㄱ ㄴ ㄷ ㄹ ㅁ ㅂ ㅅ ㅇ ㅈ ㅊ ㅋ ㅌ ㅍ ㅎ ㄲ ㄸ ㅃ ㅆ ㅉ ㄺ ㄻ

수험번호

⓪ ① ② ③ ④ ⑤ ⑥ ⑦ ⑧ ⑨

(주민등록 앞자리 생년제외) 월일

⓪ ① ② ③ ④ ⑤ ⑥ ⑦ ⑧ ⑨

수험생 유의사항

※ 답안은 반드시 컴퓨터용 사인펜으로 보기와 같이 바르게 표기해야 합니다.
〈보기〉 ① ② ③ ❹ ⑤

※ 성명표기란 위 칸에는 성명을 한글로 쓰고 아래 칸에는 성명을 정확하게 표기하십시오. (맨 왼쪽 칸부터 성과 이름은 붙여 씁니다)

※ 수험번호/월일 위 칸에는 아라비아 숫자로 쓰고 아래 칸에는 숫자와 일치하게 표기하십시오.

※ 월일은 반드시 본인 주민등록번호의 생년을 제외한 월 두 자리, 일 두 자리를 표기하십시오.
〈예〉 1994년 1월 12일 → 0112

문번	답란	문번	답란	문번	답란	문번	답란
1	① ② ③ ④	16	① ② ③ ④	31	① ② ③ ④	46	① ② ③ ④
2	① ② ③ ④	17	① ② ③ ④	32	① ② ③ ④	47	① ② ③ ④
3	① ② ③ ④	18	① ② ③ ④	33	① ② ③ ④	48	① ② ③ ④
4	① ② ③ ④	19	① ② ③ ④	34	① ② ③ ④	49	① ② ③ ④
5	① ② ③ ④	20	① ② ③ ④	35	① ② ③ ④	50	① ② ③ ④
6	① ② ③ ④	21	① ② ③ ④	36	① ② ③ ④	51	① ② ③ ④
7	① ② ③ ④	22	① ② ③ ④	37	① ② ③ ④	52	① ② ③ ④
8	① ② ③ ④	23	① ② ③ ④	38	① ② ③ ④	53	① ② ③ ④
9	① ② ③ ④	24	① ② ③ ④	39	① ② ③ ④	54	① ② ③ ④
10	① ② ③ ④	25	① ② ③ ④	40	① ② ③ ④	55	① ② ③ ④
11	① ② ③ ④	26	① ② ③ ④	41	① ② ③ ④	56	① ② ③ ④
12	① ② ③ ④	27	① ② ③ ④	42	① ② ③ ④	57	① ② ③ ④
13	① ② ③ ④	28	① ② ③ ④	43	① ② ③ ④	58	① ② ③ ④
14	① ② ③ ④	29	① ② ③ ④	44	① ② ③ ④	59	① ② ③ ④
15	① ② ③ ④	30	① ② ③ ④	45	① ② ③ ④	60	① ② ③ ④

잘라서 활용하세요.

한국도로공사

감독관 확인란	

기출예상문제_연습용

성명표기란

(Name-marking grid: bubbles ㄱ ㄴ ㄷ ㄹ ㅁ ㅂ ㅅ ㅇ ㅈ ㅊ ㅋ ㅌ ㅍ ㅎ ㄲ ㄸ ㅃ ㅆ ㅉ / ㅏ ㅑ ㅓ ㅕ ㅗ ㅛ ㅜ ㅠ ㅡ ㅣ ㅐ ㅒ ㅔ ㅖ ㅘ ㅙ ㅚ ㅝ ㅞ ㅟ ㅢ / ㄱ ㄴ ㄷ ㄹ ㅁ ㅂ ㅅ ㅇ ㅈ ㅊ ㅋ ㅌ ㅍ ㅎ ㄲ ㄸ ㅃ ㅆ ㅉ ㄺ ㄻ)

수험번호

0	0	0	0	0	0
1	1	1	1	1	1
2	2	2	2	2	2
3	3	3	3	3	3
4	4	4	4	4	4
5	5	5	5	5	5
6	6	6	6	6	6
7	7	7	7	7	7
8	8	8	8	8	8
9	9	9	9	9	9

(주민등록 앞자리 생년제외) 월일

0	0	0	0
1	1	1	1
2	2	2	2
3	3	3	3
4	4	4	4
5	5	5	5
6	6	6	6
7	7	7	7
8	8	8	8
9	9	9	9

수험생 유의사항

※ 답안은 반드시 컴퓨터용 사인펜으로 보기와 같이 바르게 표기해야 합니다.
〈보기〉 ① ② ③ ❹ ⑤

※ 성명표기란 위 칸에는 성명을 한글로 쓰고 아래 칸에는 성명을 정확하게 표기하십시오. (맨 왼쪽 칸부터 성과 이름은 붙여 씁니다)

※ 수험번호/월일 위 칸에는 아라비아 숫자로 쓰고 아래 칸에는 숫자와 일치하게 표기하십시오.

※ 월일은 반드시 본인 주민등록번호의 생년을 제외한 월 두 자리, 일 두 자리를 표기하십시오.
〈예〉 1994년 1월 12일 → 0112

문번	답란	문번	답란	문번	답란	문번	답란
1	① ② ③ ④	16	① ② ③ ④	31	① ② ③ ④	46	① ② ③ ④
2	① ② ③ ④	17	① ② ③ ④	32	① ② ③ ④	47	① ② ③ ④
3	① ② ③ ④	18	① ② ③ ④	33	① ② ③ ④	48	① ② ③ ④
4	① ② ③ ④	19	① ② ③ ④	34	① ② ③ ④	49	① ② ③ ④
5	① ② ③ ④	20	① ② ③ ④	35	① ② ③ ④	50	① ② ③ ④
6	① ② ③ ④	21	① ② ③ ④	36	① ② ③ ④	51	① ② ③ ④
7	① ② ③ ④	22	① ② ③ ④	37	① ② ③ ④	52	① ② ③ ④
8	① ② ③ ④	23	① ② ③ ④	38	① ② ③ ④	53	① ② ③ ④
9	① ② ③ ④	24	① ② ③ ④	39	① ② ③ ④	54	① ② ③ ④
10	① ② ③ ④	25	① ② ③ ④	40	① ② ③ ④	55	① ② ③ ④
11	① ② ③ ④	26	① ② ③ ④	41	① ② ③ ④	56	① ② ③ ④
12	① ② ③ ④	27	① ② ③ ④	42	① ② ③ ④	57	① ② ③ ④
13	① ② ③ ④	28	① ② ③ ④	43	① ② ③ ④	58	① ② ③ ④
14	① ② ③ ④	29	① ② ③ ④	44	① ② ③ ④	59	① ② ③ ④
15	① ② ③ ④	30	① ② ③ ④	45	① ② ③ ④	60	① ② ③ ④

저마다의 일생에는,

특히 그 일생이 동터 오르는 여명기에는

모든 것을 결정짓는 한 순간이 있다.

그 순간을 다시 찾아내는 것은 어렵다.

그것은 다른 수많은 순간들의 퇴적 속에

깊이 묻혀있다.

- 장 그르니에, 섬 LES ILES

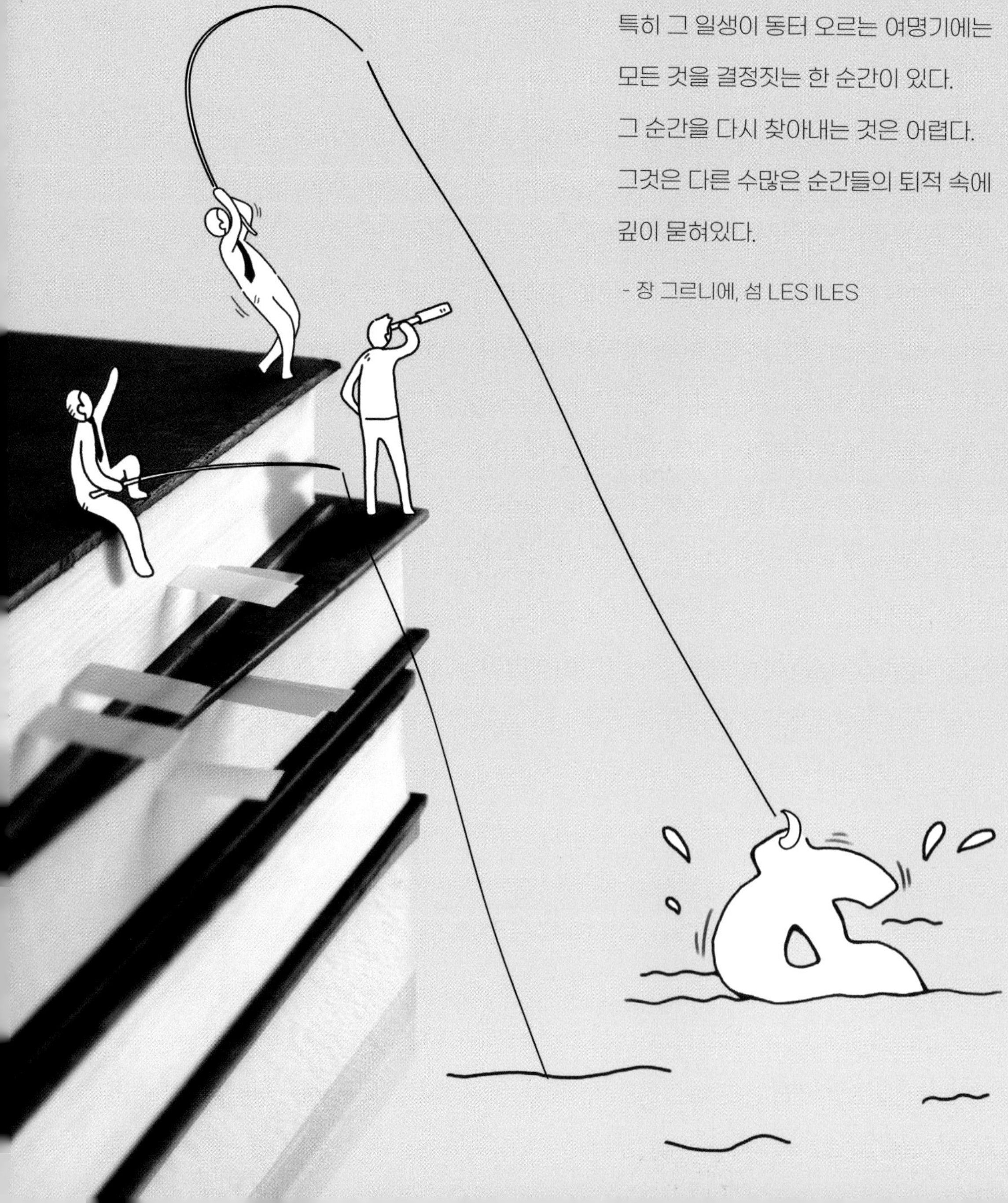

NCS 직업기초능력평가

2025 **고시넷** 공기업

최신 한국도로공사 기출 유형

실제 시험과 동일한 구성의 모의고사

고시넷 WWW.GOSINET.CO.KR

한국도로공사 NCS 직업기초능력 기출예상모의고사

정답과 해설

gosinet
(주)고시넷

NCS 직업기초능력평가

2025 **고시넷** 공기업

최신 한국도로공사 기출 유형

실제 시험과 동일한 구성의 모의고사

고시넷 WWW.GOSINET.CO.KR

한국도로공사 NCS 직업기초능력 기출예상모의고사

정답과 해설

gosinet
(주)고시넷

정답과 해설

1회 기출예상문제

▶ 문제 16쪽

01	③	02	①	03	②	04	①	05	①
06	②	07	②	08	①	09	④	10	②
11	④	12	④	13	②	14	②	15	③
16	③	17	③	18	④	19	③	20	②
21	②	22	①	23	①	24	①	25	④
26	①	27	③	28	④	29	④	30	③
31	①	32	②	33	①	34	③	35	③
36	①	37	④	38	④	39	②	40	④
41	①	42	④	43	②	44	③	45	②
46	①	47	③	48	②	49	②	50	③
51	①	52	②	53	①	54	②	55	④
56	②	57	③	58	④	59	②	60	③

01 문서작성능력 어법에 맞게 글쓰기

| 정답 | ③

| 해설 | ㉡ '건드리다'는 '조금 움직일 만큼 손으로 만지다. 상대를 자극하거나 기분을 나쁘게 만들다.'의 뜻으로 '건드렸다'가 옳은 표기이다.

㉢ • 쇠다 : 명절, 생일, 기념일 같은 날을 맞이하여 지내다.
• 새다 : 날이 밝아 오다. 기체, 액체 따위가 틈이나 구멍으로 조금씩 빠져 나가거나 나오다.

따라서 명절 잘 '쇠세요'가 옳은 표현이다.

| 오답풀이 |

㉠ '부둥켜안다'는 '두 팔로 꼭 끌어안다'의 뜻으로 '부둥켜안다'는 잘못된 표기이다.

㉣ '대물림'은 '물이나 기업 따위를 후손에게 넘겨주어 그것을 이어 나감'의 뜻으로 '되물림'은 잘못된 표기이다.

㉤ '서슴다'는 흔히 '서슴지'의 기본형으로 '않다', '말다' 따위의 부정어와 함께 쓰여 '결단을 내리지 못하고 머뭇거리며 망설이다'는 의미로 사용한다. '서슴치 않고'는 잘못된 표기이다.

02 문서작성능력 어휘의 관계 파악하기

| 정답 | ①

| 해설 | '낯설다'는 '전에 본 기억이 없어 익숙하지 아니하거나 사물이 눈에 익지 아니하다'는 뜻을, '생경하다'는 '익숙하지 않아 어색하다'는 뜻이므로 ㉠과 ㉡은 유의 관계이다. '부박하다'는 '천박하고 경솔하다'는 뜻이고 '천박하다'는 '학문이나 생각 따위가 얕거나, 말이나 행동 따위가 상스럽다'는 뜻이므로 유의 관계에 있다.

| 오답풀이 |

② • 안갚음하다 : 자식이 커서 부모를 봉양하다.
• 앙갚음하다 : 남이 저에게 해를 준 대로 저도 그에게 해를 주다.

③ • 궁벽하다 : 매우 후미지고 으슥하다.
• 궁리하다 : 마음속으로 이리저리 따져 깊이 생각하다.

④ • 막연하다 : 뚜렷하지 못하고 어렴풋하다.
• 막역하다 : 허물이 없이 아주 친하다.

03 문서작성능력 빈칸에 알맞은 단어 찾기

| 정답 | ②

| 해설 | '부대 행사'는 주요 행사와 함께 진행되는 부수적인 행사를 의미한다. 문맥상 주된 행사 외에 다양한 프로그램들이 추가적으로 마련되어 있다는 내용이므로 ㉠에는 '부대'가 들어가는 것이 적절하다.

| 오답풀이 |

① '연례행사'는 해마다 정기적으로 하는 행사를 뜻한다. '2024 해양주간'은 특정 연도에 맞춰 계획된 행사이고, 제시된 행사들이 매년 반복되는지 알 수 없으므로 ㉠에 들어가기에 적절하지 않다.

③ '추모 행사'는 죽은 사람을 그리며 생각하기 위해 치르는 행사를 뜻하므로 제시된 글의 행사들과는 연관이 없다.

④ '시범 행사'는 본 행사를 진행하기 전에 제시된 행사들 시험 삼아 또는 모범이 되도록 미리 진행하여 보는 행사를 뜻하므로 제시된 행사들과는 연관이 없다.

04 문서작성능력 단어의 의미 파악하기

| 정답 | ①

| 해설 | '옹골차다'는 '매우 옹골지다'라는 뜻으로, '옹골지다'는 '실속이 있게 속이 꽉 차 있다'는 의미를 가진다. 이는 집주인이 당장 방을 비우라고 하였다는 내용에 맞지 않으며, '옹골차게' 대신 '단호하게'와 같은 단어가 적절하다.

| 오답풀이 |

② 으레 : 틀림없이 언제나

③ 허황되다 : 헛되고 황당하며 미덥지 못하다.

④ 부듯하다 : 기쁨이나 감격이 마음에 가득 차서 벅차다.

05 문서작성능력 단어의 의미 파악하기

| 정답 | ①

| 해설 | '여망(輿望)'은 '많은 사람들이 간절히 기대하고 바람. 또는 기대나 바람'을 의미하며, '중망(衆望)'은 '여러 사람에게서 받는 신망'으로 '그녀는 언론인으로 중망을 받고 있다'에서와 같이 주로 사람에게 쓰이는 단어이다. 따라서 ㉠에 '중망(衆望)'이 들어가는 것은 적절하지 않다.

| 오답풀이 |

② 형국 : 어떤 일이 벌어진 형편이나 국면
　국면 : 어떤 일이 벌어진 장면이나 형편

③ 보전 : 온전하게 보호하여 유지함.
　보호 : 잘 지켜 원래대로 보존되게 함.

④ 방안 : 일을 처리하거나 해결하여 나갈 방법이나 계획
　방책 : 방법과 꾀를 아울러 이르는 말

06 문서이해능력 세부 내용 이해하기

| 정답 | ②

| 해설 | 두 번째 문단에 "할리우드 영화 제작자가 장르 영화를 만드는 가장 중요한 이유는 상업적 안정성 때문이다."라는 내용이 제시되어 있다. 이를 통해 제작자가 장르 영화를 만드는 가장 큰 이유는 미학적 이유가 아닌 상업적 이유임을 알 수 있다.

| 오답풀이 |

① 두 번째 문단의 첫 번째 문장에서 할리우드 고전기에 할리우드가 만들어 낸 대다수의 영화가 장르 영화였다고 제시되어 있다.

③ 세 번째 문단의 첫 번째 문장에서 할리우드에서 상업적 고려에 의해 탄생한 장르를 통해 20세기 대중 예술의 가장 위대한 성취 가운데 하나를 이룩했다고 제시되어 있다.

④ 두 번째 문단에 "영화를 궁극적으로 하나의 상품으로 취급하는 할리우드 영화 제작자"라고 언급하고 있고, 마지막 문단에서 "장르 어프로치는 영화 제작을 영화 산업과 관객과의 역동적인 상호작용으로 다룸으로써"라고 제시되어 있다. 따라서 영화가 '산업(제작자 · 자본)'과 '관객(수요)'의 상호작용 하에 생산 · 소비되는 상품이라는 점을 알 수 있다.

07 문서이해능력 글의 관점 이해하기

| 정답 | ②

| 해설 | 필자는 영화 비평에서 주요한 과제는 감독이 자신의 영화적 경험을 작품에 어떻게 반영하는가에 대한 분석이라고 했다. 반면 〈보기〉에서는 작품『아리랑』이 나운규가 처음으로 쓴 작품이며, 이에 대해 '우리의 영화 사상 획기적이며 무수한 관객을 울린 작품, 이후 많은 무성영화의 제작을 가능하게 만든 작품'이라고 설명할 뿐 장르적인 통찰이나 비평은 나타나지 않는다. 따라서 필자는 〈보기〉의 관점을 가진 이에게 ②와 같은 반론을 제기할 수 있다.

08 문서작성능력 글의 흐름에 맞게 문단 배열하기

| 정답 | ①

| 해설 | (다)는 '먼저', (라)는 '결국'으로 시작하므로 앞에 다른 문단이 있어야 한다. (가)와 (나)를 살펴보면 (가)는 도덕적 해이에 대한 내용이고, (나)는 정보의 비대칭성을 말하며 "역선택의 문제와 도덕적 해이의 문제를 야기시킨다."로 말을 맺는다. 이에 따라 (나)가 첫 문단으로 적절하며, 역선택의 문제에 대한 (다)와 도덕적 해이의 문제에 대한

(가) 중에 '먼저'로 시작하는 (다)가 우선으로 와야 한다. 마지막으로 역선택이나 도덕적 해이가 금융시장에 미치는 영향과 그 결과에 대한 내용인 (라)가 온다. 따라서 (나)-(다)-(가)-(라) 순이 적절하다.

09 문서이해능력 세부 내용 이해하기

| 정답 | ④

| 해설 | 시장 스스로의 대응에 의해 해결된다는 내용은 제시되어 있지 않다.

| 오답풀이 |

① (나)에서 '금융시장에서는'이라고 한정하고 있으므로 정보의 비대칭성이 금융시장 밖에서도 적용될 수 있음을 추론할 수 있다.

② (나)의 마지막 문장에서 확인할 수 있다.

③ (라)의 첫 문장에서 확인할 수 있다.

10 문서이해능력 글의 주제 찾기

| 정답 | ②

| 해설 | 이동에 필요한 도구로서 발명된 '바퀴'는 시간이 지남에 따라 다양한 기술이 접목되어 수레, 전차, 마차, 자동차에 이르기까지 인류에게 효율적인 이동 수단으로 발전해 왔다. 또한 마지막 문단에서 '바퀴는 한계에 도전하면서 살아남은 인류의 역사, 혹은 그 흔적'이라고 하였다. 따라서 글의 주제로 '인류의 역사를 움직인 바퀴의 진화 과정'이 적절하다.

11 문서이해능력 글을 바탕으로 추론하기

| 정답 | ④

| 해설 | 다섯 번째 문단을 보면 곡선에서 전차를 몰기 위해서는 여러 말들의 고삐를 독립적으로 움직이며 무게중심을 이동시켜 균형을 유지하는 기술이 필요하다고 나와 있다. 〈사례〉의 K는 곡선 도로에서 여러 말들의 고삐를 한번에 움켜쥐고 돌았으므로, 운전 실력이 미숙해 실수했다고 볼 수 있다.

12 문서작성능력 문맥에 맞게 문장 채우기

| 정답 | ④

| 해설 | 두 번째 문단부터 마지막 문단까지 삼중수소가 자발광체, 공항의 활주로 유도등, 공항의 중성자 검색대, 핵융합에서 활용될 수 있음을 설명하고 있다. 즉, 여러 산업 분야에서 삼중수소를 유용하게 활용할 수 있기 때문에 폐기처리 과정을 거치는 다른 방사성폐기물과 다르게 귀하게 여겨지는 것이다. 따라서 ㉠에는 ④가 적절하다.

| 오답풀이 |

① 다른 방사능 물질과 안전성을 비교하는 내용은 제시되어 있지 않다.

② 마지막 문단에서 삼중수소가 핵융합 분야에서 활약할 수 있다고 하였지만, 이것이 삼중수소 스스로 핵융합을 일으킬 수 있다는 것은 아니다.

③ 삼중수소가 귀하게 여겨지는 이유는 방사능을 지닌다는 점이 아닌 다양한 활용성에 있다.

13 문서이해능력 글을 바탕으로 추론하기

| 정답 | ②

| 해설 | 두 번째 문단에서 방사능폐기물인 삼중수소가 베타선을 방출한다고 하였으므로, 활용 과정에서 방출된 삼중수소가 체내에 흡입되거나 섭취되지 않도록 관리해야 한다는 설명은 적절하다.

| 오답풀이 |

① 삼중수소는 그 자체로 자발광체가 아니라 자발광체의 핵심 연료로 쓰이는 것이다. 또한, 가시광선을 직접 방출하는 것이 아니라 삼중수소가 방출하는 베타선이 형광물질을 자극해 빛이 나게 한다.

③ 제시된 글에 삼중수소가 전자기파를 방출한다는 내용과 전자기 간섭에 관한 내용은 언급되어 있지 않다.

④ 삼중수소는 중성자를 방출하는 것이 아니라 중성자 검색대에서 중성자를 쏘기 위해 필요한 원료가 된다. 또한 삼중수소가 다른 방사성 물질과 쉽게 결합하여 강한 방사선을 유발한다는 것은 제시된 글을 통해 알 수 없다.

14 문서작성능력 문장의 호응 이해하기

|정답| ②

|해설| 밑줄 친 ㉠은 주어와 서술어가 유기적으로 결합하여 의미상으로 통해야 한다는 의미이다. ②는 주어와 서술어의 의미 호응이 이루어지지 않은 예시의 문장으로, 주어인 '○○박물관'과 서술어인 '받는다'가 호응을 이루지 않는다. ○○박물관이 법령에 따라 무단 침입자에게 처벌을 내린다는 내용이 의미상 자연스러우므로, '처벌을 내린다'로 수정

해야 한다.

|오답풀이|

① 부사어와 서술어의 호응이 이루어지지 않은 문장이다. 부사인 '절대로'는 부정 표현과 어울린다.

③ '원인'과 '때문'이 의미상 중복되므로, 의미의 중복으로 문장이 어색한 경우이다.

④ 목적어 '케이크'와 호응하는 서술어 '먹다'가 생략되어 문장이 어색한 경우이다.

15 문서이해능력 세부 내용 이해하기

|정답| ③

|해설| 네 번째 문단에서 보험회사가 예상되는 위험에 따라 발생할 수 있는 비용을 초과하여 보험료를 설정한다고 하였다.

|오답풀이|

① 첫 번째 문단에서 본래 사람들은 공동체의 상부상조의 관행으로 손실을 충당했으나, 두 번째 문단에서 산업화와 도시화로 그 관행이 기업화된 보험으로 대체되었다고 설명하고 있다.

② 두 번째 문단에서 보험 가입자가 다른 가입자와 묵시적으로 위험을 공유하되 직접적으로 연계될 필요가 없다고 했다. 또한 네 번째 문단에서 보험 가입자 전체가 납부한 보험료로 일부 가입자의 손실을 보전하는 구조임을 통해 금전적 위험 공유가 이루어지는 것을 확인할 수 있다.

④ 마지막 문단에서 손실의 빈도와 금액이라는 두 확률적 변수로 손실의 크기를 결정한다고 하였고, 이러한 평가에 따라 손실 예상 금액을 정한다는 것을 알 수 있다.

16 문서이해능력 글을 바탕으로 예시 파악하기

|정답| ③

|해설| 마지막 문단의 ㉠ 위해요인은 사고나 손실의 발생 가능성을 높이는 조건이나 요인이다. '안전사고로 인한 뇌진탕'은 이미 발생한 사고의 결과이므로 위해요인으로 볼 수 없다.

|오답풀이|

① 특정 질병의 재발 위험을 높이는 요인이므로 위해요인에 해당한다.

② 사고 발생 가능성이 높은 환경이므로 위해요인에 해당한다.

④ 도로 침수로 사고나 손실이 발생할 수 있는 가능성이 생기므로 위해요인에 해당한다.

17 문서이해능력 세부 내용 이해하기

|정답| ③

|해설| 다섯 번째 문단에 "이렇게 상호출자제한기업집단에 속한 기업들은 기업 매출이나 자산 규모와는 무관하게 대기업으로 분류가 된다."라고 제시되어 있다.

|오답풀이|

① 마지막 문단에 "2014년 이전만 해도 중소기업의 분류 기준이 기업의 종사자 수가 300명 이하인지 아닌지로 설정되어 있었기 때문이다."라고 제시되어 있다.

② 마지막 문단에 "이와 같이 중소기업, 대기업에 대한 법적인 개념이 명확한 데 비해"라고 제시되어 있다.

④ 네 번째 문단에 "기업집단의 자산이 10조 원 이상이 되면"이라고 제시되어 있다. 따라서 1천억 원이 아닌 10조 원 이상을 자산으로 보유한 기업이 대기업으로 분류된다.

18 문서이해능력 글을 바탕으로 추론하기

|정답| ④

|해설| ㉡ 플라스틱 제조회사는 3년간 평균 매출액이 1,000억 원 이하여야 한다. B 회사의 3년간 월평균 매출액이 2억 원이므로, 평균 매출액은 $2 \times 12 = 24$(억 원)이다. 따라서 B 회사는 중소기업으로 볼 수 있다.

㉣ 광학기기 제조회사는 3년간 평균 매출액이 800억 원 이하여야 한다. D 회사의 3년간 총매출액이 2천억 원이므로, 3년간 평균 매출액은 $\frac{2,000}{3}$≒667(억 원)이다. 또한 대기업으로 분류되어야 하는 기업집단의 자산인 10조 원보다 적은 5조 원을 보유 중이므로 D 회사는 중소기업으로 볼 수 있다.

| 오답풀이 |

㉠ 건설회사는 3년간 평균 매출액이 1,000억 원 이하여야 하고 A 회사는 3년간 연평균 매출액이 900억 원이다. 그러나 기업집단의 자산이 10조 원이므로 대기업으로 분류된다. 따라서 A 회사는 중소기업으로 볼 수 없다.

㉢ 가구회사는 3년간 평균 매출액이 1,500억 원 이하여야 한다. C 회사의 2023년 매출액은 5,000억 원이며 중소기업을 분류하기 위해서는 3년간의 연평균 매출액을 계산해야 하는데, $\frac{5,000}{3}$≒1,667(억 원)으로 이미 1,500억 원을 초과하므로 C 회사는 중소기업으로 볼 수 없다.

㉤ 호텔은 평균 매출액이 400억 원 이하여야 한다. E 호텔은 3년간 총매출액이 3,000억 원이므로 3년간 연평균 매출액이 $\frac{3,000}{3}=1,000$(억 원)으로 400억 원을 초과하며, 공정거래위원회에서 기업 총수를 정했다는 것은 보유 자산이 10조 원 이상임을 의미하므로 E 호텔은 중소기업으로 볼 수 없다.

19 기초통계능력 확률 계산하기

| 정답 | ③

| 해설 | 목적지까지의 거리는 4km이고 1km/h의 속도로 이동하므로 목적지로부터 2km 이내에 위치하려면 적어도 2시간 전에는 출발해야 한다. 즉, 적어도 오후 3시에는 출발해야 하며, 균등한 확률로 출발 시각을 고르므로 2시와 4시 사이에서 3시 이전의 구간을 고를 확률은 $\frac{1}{2}$이다. 따라서 오후 5시에 민주와 혜정이가 모두 목적지로부터 2km 이내에 위치해 있을 확률은 $\frac{1}{2}\times\frac{1}{2}\times100=25(\%)$이다.

20 기초연산능력 거리 · 속력 · 시간 활용하기

| 정답 | ②

| 해설 | 박 사원이 출발하기 전 6분 동안 김 사원이 걸어간 거리는 $4(\text{km/h})\times\frac{6}{60}(\text{h})=\frac{2}{5}(\text{km})$이다. 이 위치에서 거래처까지 남은 거리는 $\frac{2}{3}-\frac{2}{5}=\frac{4}{15}(\text{km})$이고, 김 사원이 걷는 속력으로 $\frac{4}{15}\div4=\frac{1}{15}(\text{h})$, 즉 4분 더 걸어가면 김 사원은 거래처에 도착한다. 따라서 박 사원이 김 사원을 따라잡으려면 4분 내에 거래처까지의 거리인 $\frac{2}{3}$km 이상을 갈 수 있으면 된다. 따라서 박 사원이 달려가야 할 최소의 속력은 $\frac{2}{3}\div\frac{1}{15}=10(\text{km/h})$이다.

21 기초연산능력 방정식 활용하기

| 정답 | ②

| 해설 | 남자 직원을 x명이라 할 때, 남자 직원 중 40%가 안경을 썼으므로 안경을 쓴 남자 직원은 $\frac{2}{5}x$명이다. 안경을 쓴 여자 직원은 안경을 쓴 남자 직원보다 5명 적기 때문에 $\frac{2}{5}x-5$명이 된다. 안경을 쓴 직원은 총 150×0.5=75(명)이므로 이에 대해 식을 세워 보면 다음과 같다.

$$75=\frac{2}{5}x+\left(\frac{2}{5}x-5\right)$$

$$\therefore\ x=100(\text{명})$$

따라서 S 공장의 남자 직원은 100명이다.

22 기초통계능력 비율 계산하기

| 정답 | ①

| 해설 | 작년의 전체 사원 수를 x명이라 하면, 작년 프로그래밍 교육 프로그램 수강생 수는 $\frac{1}{5}x$명이다.

따라서 올해 1% 증가한 전체 사원 수는 $\frac{101}{100}x$명이고, 2%

감소한 프로그래밍 교육 프로그램 수강생의 수는 $\frac{1}{5}x\times\frac{98}{100}=\frac{98}{500}x$(명)이므로, 올해 프로그래밍 교육 프로그램 수강생의 비율은 $\frac{\frac{98x}{500}}{\frac{101x}{100}}\times100 \fallingdotseq 19.4(\%)$이다.

23 기초연산능력 부등식 활용하기

| 정답 | ①

| 해설 | 포스터를 x장 인쇄한다고 하면 다음과 같은 식이 성립한다.

$$\frac{120(x-100)+20{,}000}{x}\leq 150$$

$120x+8{,}000\leq150x$

$30x\geq8{,}000$

$\therefore\ x\geq266.66\cdots$

따라서 최소한 267장 인쇄를 맡겨야 한다.

24 도표분석능력 자료의 수치 분석하기

| 정답 | ①

| 해설 | 청소기 판매율 계산식을 활용하여 2013 ~ 2022년의 Z 청소기 생산량을 구하면 다음과 같다.

- 2013년 : $\frac{12}{0.3}=40$(천 개)
- 2014년 : $\frac{15}{0.4}=37.5$(천 개)
- 2015년 : $\frac{9}{0.5}=18$(천 개)
- 2016년 : $\frac{13}{0.35}\fallingdotseq37.1$(천 개)
- 2017년 : $\frac{11}{0.65}\fallingdotseq16.9$(천 개)
- 2018년 : $\frac{15}{0.7}\fallingdotseq21.4$(천 개)
- 2019년 : $\frac{9}{0.8}\fallingdotseq11.2$(천 개)
- 2020년 : $\frac{8}{0.55}\fallingdotseq14.5$(천 개)
- 2021년 : $\frac{15}{0.3}=50$(천 개)
- 2022년 : $\frac{13}{0.4}=32.5$(천 개)

㉠ 2014년 Z 청소기 생산량은 37.5천 개로 2015년 생산량인 18천 개의 2배 이상이다.

㉡ $\frac{50-40}{40}\times100=25(\%)$ 증가했다.

| 오답풀이 |

㉢ 2018년 Z 청소기 생산량은 약 21.4천 개로 2만 개 이상이다.

㉣ 2013 ~ 2022년 중 Z 청소기를 가장 많이 생산한 연도는 2021년이다.

25 도표분석능력 자료의 수치 분석하기

| 정답 | ④

| 해설 | ○○시의 40대 이상 연령층에서는 체육활동 중 걷기를 가장 선호한다는 의견이 30% 이상으로 가장 높은 비중을 차지하고 있어 이를 통해 40대 이상이 가장 선호하는 체육활동은 걷기임을 알 수 있다. 이를 대상으로 맞춤형 참여 프로그램을 계획할 경우 걷기 운동 프로그램을 운영하는 것이 가장 적절하다.

| 오답풀이 |

① ○○시의 10대 주민들은 체육시설 중 학교시설을 52.1%로 가장 많이 선호하므로, 학생을 대상으로 하는 체육활동 지원은 학교시설을 이용하는 것이 적절하다.

② ○○시의 20대 주민들은 체육시설 중 민간시설의 이용을 54.0%로 가장 많이 선호하며, 공공시설은 체육시설을 이용하지 않는다는 의견을 제외한 의견들 중 10.0%로 가장 낮은 선호도를 기록하고 있다. 따라서 20대를 대상으로 공공시설에 생활체육지도자를 배치하는 것은 적절하지 않다.

③ 피트니스 프로그램은 ○○시의 30대 주민들이 32.1%로 가장 선호하는 체육활동이나, ○○시 전체를 기준으로 할 때는 20대의 선호비중이 41.0%로 가장 높아 피트니스 프로그램을 운영한다면 30대보다 20대의 참여 비율이 더 높을 것으로 추측할 수 있다.

26 도표분석능력 자료에 의견 제시하기

| 정답 | ①

| 해설 | ○○시 주민의 체육활동 비참여 이유로는 '체육활동 관심부족(평균 약 15.9%)'보다는 '낮은 시설접근성(평균 약 23.3%)'과 '체육활동 정보부족(평균 24.1%)'의 비중이 더 크게 나타나고 있다.

| 오답풀이 |

② 체육활동 비참여 이유로 '지출비용 부담'을 답변한 연령층은 27.1%로 40대가 가장 높다.

③ 체육활동 비참여 이유로 '낮은 시설접근성'을 답변한 연령층은 70대 이상이 43.2%로 가장 높으며, 찾아가는 운동 코칭 서비스는 낮은 시설접근성을 극복하는 방안으로 적절하다.

④ ○○시의 생활체육 지원 계획에는 이용료 지원, 체육활동 지원, 찾아가는 운동 코칭 서비스 등이 있으나, '체육활동 정보 부족'은 체육활동 비참여 이유에서 높은 비율을 차지하고 있는데 반해 그 대응책이 나타나고 있지 않으므로 적절한 의견이다.

27 도표분석능력 자료의 수치 분석하기

| 정답 | ③

| 해설 | 2005년 온실가스 총배출량 중 에너지 부문을 제외한 나머지 부문이 차지하는 비율은 $\frac{49.9+21.6+18.8}{500.9} \times 100 \fallingdotseq 18(\%)$이다.

| 오답풀이 |

① 〈자료 1〉의 온실가스 총배출량에서 에너지, 산업공정, 농업, 폐기물의 배출량을 보면 에너지의 배출량이 현저히 크다는 것을 알 수 있다.

② 〈자료 1〉을 보면 온실가스 총배출량은 계속해서 증가한 것을 알 수 있고, 2020년 온실가스 총배출량은 69,020만 톤 CO_2eq로 1995년 온실가스 총배출량인 29,290만 톤 CO_2eq의 $\frac{69,020}{29,290} \fallingdotseq 2.4$(배)이다.

④ 〈자료 1〉의 온실가스 배출량은 계속 증가함에 반해 GDP 대비 온실가스 배출량은 계속 감소한 것을 알 수 있는데, 이는 온실가스 배출량(분자에 해당)이 증가하는 속도보다 GDP(분모에 해당) 증가 속도가 상대적으로 더 빠르기 때문이라 분석할 수 있다.

28 도표분석능력 자료의 수치 분석하기

| 정답 | ④

| 해설 | 11개국 중 호주는 2010년 대비 2015년 1인당 온실가스 배출량이 −2.6으로 가장 많이 감소하였으며, 1인당 온실가스 배출량은 26.5톤 CO_2eq/명으로 다른 국가들의 1인당 온실가스 배출량보다 높다.

| 오답풀이 |

① 프랑스의 1인당 온실가스 배출량은 최대 9.2, 최소 7.9로 변화폭이 1.3인 반면, 인도의 1인당 온실가스 배출량은 최대 2.3, 최소 1.6으로 변화폭이 0.7이다.

② 한국, 중국, 브라질의 경우 2005년 이후 1인당 온실가스 배출량이 증가하고 있고, 이탈리아, 일본, 호주의 경우 증가하다가 다시 감소하고 있다.

③ 11개국 2015년 1인당 온실가스 배출량의 평균은 $\frac{2.3+7.9+8.2+8.0+9.4+11.5+10.1+5.5+21.0+26.5+13.2}{11} \fallingdotseq 11.2$로 우리나라 1인당 온실가스 배출량인 13.2에 비해 낮은 수준이다.

29 도표분석능력 자료의 수치 분석하기

| 정답 | ④

| 해설 | 유실 · 유기 동물 중 안락사 된 동물의 수는 20X2년에 89,732×0.199≒17,857(마리), 20X1년에 82,082×0.2≒16,416(마리)로, 전년 대비 증가하였다.

| 오답풀이 |

① 유실 · 유기 동물 수의 전년 대비 증가량을 구하면 다음과 같다.

- 20X1년 : 82,082−81,147=935(마리)
- 20X2년 : 89,732−82,082=7,650(마리)
- 20X3년 : 102,593−89,732=12,861(마리)
- 20X4년 : 121,077−102,593=18,484(마리)
- 20X5년 : 135,791−121,077=14,714(마리)

따라서 유실 · 유기 동물 수의 전년 대비 증가량은 20X5년에 감소하였다.

② 20X2년에는 동물등록기관 1개소당 평균 $\frac{91,509}{3,450} \fallingdotseq$ 26.5(마리)가 신규 등록하였다.

③ 동물보호센터의 개수는 전년 대비 증감 추이가 '감소－감소－증가－증가－감소'인 반면, 운영비용은 '감소－증가－증가－증가－증가'이다.

30 도표작성능력 자료를 바탕으로 그래프 작성하기

| 정답 | ③

| 해설 | 20X1 ~ 20X5년의 인도, 분양, 안락사로 조치되는 유실 · 유기 동물 중 인도 및 분양되는 비율을 구하면 다음과 같다.

- 20X1년 : $\frac{11.6+28.4}{11.6+28.4+20} \times 100 \fallingdotseq 67(\%)$
- 20X2년 : $\frac{18+30.1}{18+30.1+19.9} \times 100 \fallingdotseq 71(\%)$
- 20X3년 : $\frac{12.2+30.2}{12.2+30.2+20.2} \times 100 \fallingdotseq 68(\%)$
- 20X4년 : $\frac{14+26.2}{14+26.2+20.2} \times 100 \fallingdotseq 67(\%)$
- 20X5년 : $\frac{12.1+26.4}{12.1+26.4+21.8} \times 100 \fallingdotseq 64(\%)$

따라서 A는 20X2년, B는 68%이다.

31 도표분석능력 자료의 수치 분석하기

| 정답 | ①

| 해설 | 2015년 대비 2020년의 에너지 공급량 증가율을 구하면 다음과 같다.

- (가) : $\frac{2,216-2,215}{2,215} \times 100 \fallingdotseq 0.05(\%)$
- (나) : $\frac{3,066-2,629}{2,629} \times 100 \fallingdotseq 16.62(\%)$
- (다) : $\frac{1,741-1,526}{1,526} \times 100 \fallingdotseq 14.09(\%)$
- (라) : $\frac{721-623}{623} \times 100 \fallingdotseq 15.73(\%)$
- 그 외 국가 : $\frac{4,280-4,139}{4,139} \times 100 \fallingdotseq 3.41(\%)$

따라서 두 번째 조건에 따라 2015년 대비 2020년의 에너지 공급량 증가율이 가장 큰 (나)가 중국이고, 네 번째 조건에 따라 '그 외 국가'보다 작은 (가)가 미국임을 알 수 있다.

(다)와 (라)의 2005년 대비 2020년 에너지 공급량 증가율을 구하면 다음과 같다.

- (다) : $\frac{1,741-1,038}{1,038} \times 100 \fallingdotseq 67.7(\%)$
- (라) : $\frac{721-354}{354} \times 100 \fallingdotseq 103.7(\%)$

따라서 세 번째 조건에 따라 (다)는 중국 외 아시아, (라)는 중동임을 알 수 있다.

32 도표분석능력 자료의 수치 분석하기

| 정답 | ②

| 해설 | 권역별 1차 에너지 공급량의 시기별 증감 추이는 다음과 같다.

구분	2010년	2015년	2020년
유럽(OECD)	+	−	−
미국	+	−	+
중국	+	+	+
중국 외 아시아	+	+	+
중동	+	+	+
그 외 국가	+	+	+

따라서 유럽과 미국을 제외한 전 권역에서 1차 에너지 공급량의 시기별 증감 추이는 동일하다.

| 오답풀이 |

① 2020년 중동에서 공급한 1차 에너지 공급량은 721백만 toe로 같은 시기 원자력의 공급량 661백만 toe보다 많다.

③ 에너지원별 공급량 증가율을 구하면 다음과 같다.

- 석유 : $\frac{4,290-3,662}{3,662} \times 100 \fallingdotseq 17.15(\%)$
- 석탄 : $\frac{3,914-2,313}{2,313} \times 100 \fallingdotseq 69.22(\%)$
- 천연가스 : $\frac{2,901-2,071}{2,071} \times 100 \fallingdotseq 40.08(\%)$

• 원자력 : $\frac{661-676}{676} \times 100 \fallingdotseq -2.22(\%)$

• 신재생 등 : $\frac{1,933-1,315}{1,315} \times 100 \fallingdotseq 47.0(\%)$

따라서 가장 큰 증가율을 보인 에너지원은 석탄이다.

④ 시기별 중국과 중국 외 아시아의 1차 에너지 공급량 총합은 각 2,187, 3,067, 4,155, 4,807백만 toe이다. 이와 비교했을 때 2015년, 2020년에는 중국과 중국 외 아시아의 1차 에너지 공급량 총합이 석유의 전체 공급량보다 많다.

33 도표분석능력 자료의 수치 분석하기

| 정답 | ①

| 해설 | 20X1년 4분기 자동차 수입액 2,475억 원의 5배는 2,475×5=12,375(억 원)으로 4분기 수출액 13,310억 원보다 적다. 따라서 20X1년 4분기 자동차 수출액은 수입액의 5배 이상이다.

| 오답풀이 |

② 분기별 평균 수출액과 수입액의 차이가 가장 작은 때는 20X2년 4분기로 그 차이는 11,247.5−3,327.5=7,920(억 원)이므로 8천억 원 미만을 기록하였다.

③ 자동차의 수입 대수와 수출 대수의 차이가 가장 큰 때는 20X1년 1분기이며 수입 대수인 1,586대의 3배는 4,758대로 20X1년 1분기의 자동차 수출 대수인 4,657대보다 많다. 따라서 20X1년 1분기 자동차 수출 대수는 수입 대수의 3배 미만이다.

④ 자동차 평균 수출액이 가장 컸던 분기는 20X1년 4분기, 자동차 수출 대수가 가장 많았던 분기는 20X1년 1분기이다.

34 도표작성능력 자료를 바탕으로 수치 계산하기

| 정답 | ③

| 해설 | (A) 12,375+12,870+13,255+13,310=51,810(억 원)

(B) 4,556+4,229+4,115+4,029=16,929(대)

(C) 1,780×4=7,120(대)

35 도표분석능력 자료의 수치 분석하기

| 정답 | ③

| 해설 | ㉡ A 국가의 국내 총수입액의 전년 대비 증가율이 가장 큰 해는 $\frac{605,412-556,980}{556,980} \times 100 \fallingdotseq 8.70(\%)$를 기록한 20X5년이다. 에너지 총수입액의 증가율을 구하기 위해 연도별 에너지 총수입액을 구하면 다음과 같다.

(단위 : 백만 달러)

20X1년	20X2년	20X3년	20X4년	20X5년
136,692.2	165,703.2	226,756.5	256,210.8	286,359.9

따라서 에너지 총수입액의 전년 대비 증가율이 가장 큰 해는 20X5년이 아닌 $\frac{226,756.5-165,703.2}{165,703.2} \times 100 \fallingdotseq 36.84(\%)$ 증가를 기록한 20X3년이다.

㉣ 국내 총수입액 대비 천연가스 수입액을 구하기 위해 연도별 천연가스 수입액을 구하면 다음과 같다.

(단위 : 백만 달러)

20X1년	20X2년	20X3년	20X4년	20X5년
34,583.1	30,655.1	36,734.6	34,844.7	32,645.0

국내 총수입액 대비 천연가스 수입액이 차지하는 비율은 20X1년 약 7.4%, 20X2년 약 6.1%, 20X3년 약 7.0%, 20X4년 약 6.3%, 20X5년 약 5.4%로 20X3년에 비중이 증가하였다가 다시 감소하는 추세를 보인다.

따라서 옳지 않은 설명은 모두 2개이다.

| 오답풀이 |

㉠ A 국가의 국내 총수입액은 20X1년 468,124백만 달러에서 20X5년 605,412백만 달러로 매해 증가하였고, 그 가운데에서 에너지 비중은 매해 증가하였으므로 에너지 총수입액 역시 해마다 증가함을 알 수 있다.

㉢ 20X5년 에너지 총수입액은 20X1년 에너지 총수입액의 약 $\frac{286,359.9}{136,692.2} \fallingdotseq 2.1$(배)이다.

36 사고력 명제 판단하기

| 정답 | ①

| 해설 | 제시된 명제를 정리하면 다음과 같다.

• 지윤 창측 → 지인 내측

• 지현 내측 → 지인 창측
• 지은 창측 → 지숙 내측 and 지윤 창측
• 지한 내측 → 지은 창측

두 번째 명제와 첫 번째 명제의 대우의 삼단논법에 의해 '지현 내측 → 지인 창측 → 지윤 내측'이 성립한다. 따라서 지현이가 내측에 앉으면 지윤이도 내측에 앉는다.

| 오답풀이 |

② 첫 번째 명제의 대우와 세 번째 명제의 대우, 네 번째 명제의 대우를 삼단논법으로 연결하면 '지인 창측 → 지윤 내측 → 지은 내측 → 지한 창측'이 성립한다. 따라서 이는 거짓이다.

③ 세 번째 명제의 대우에 의하면 지숙이가 창측에 앉거나 지윤이가 내측에 앉으면 지은이는 내측에 앉는다. 따라서 이는 거짓이다.

④ 네 번째 명제와 세 번째 명제, 첫 번째 명제를 삼단논법으로 연결하면 '지한 내측 → 지은 창측 → 지윤 창측 → 지인 내측'이 성립한다. 따라서 이는 거짓이다.

37 사고력 명제 판단하기

| 정답 | ④

| 해설 | B, C, D의 경우만 고려할 때, 세 사람이 제품을 접한 경로에서 유일한 공통점은 '전문 블로거의 리뷰'이므로 이 요인이 구매에 영향을 미쳤다고 볼 수 있다.

| 오답풀이 |

① A, C의 경우만 고려할 때, 구매에 영향을 미치는 요인이 SNS 광고인지 신문 기사인지 확실히 알 수 없다.

② D, E의 경우만 고려할 때, 구매에 영향을 미치는 요인은 지인 소개이다.

③ A, B, D의 경우만 고려할 때, D는 TV 광고를 통해 제품을 접하지 않았으므로 TV 광고가 반드시 구매에 영향을 미친다고 볼 수 없다.

38 사고력 조건을 바탕으로 추론하기

| 정답 | ④

| 해설 | 수요일과 금요일은 대형 전시실에 작품을 설치하는데(㉣) 조각품을 설치하고 이틀 뒤 소형 전시실에 현대미술품을 설치해야 하므로(㉤) 조각품은 화요일, 현대미술품은 목요일에 설치하게 된다.

사진작품을 설치한 이틀 뒤 대형 전시실에 작품을 설치하는데, 그 옆 전시실에 서양화를 설치하므로(㉥) 해당 대형 전시실에는 서양화가 아닌 동양화가 설치됨을 알 수 있다. 이때, 동양화는 금요일 이전에 설치가 완료되어야 하므로 (㉢) 사진작품은 월요일, 동양화는 수요일, 서양화는 금요일에 설치하게 된다.

이를 정리하면 다음과 같다.

구분	월	화	수	목	금
전시실			대형	소형	대형
작품	사진작품	조각품	동양화	현대미술	서양화

이때 대형 전시실은 3개, 소형 전시실은 2개이므로 사진작품이 소형 전시실에 설치된다면 조각품은 대형 전시실에 설치된다.

| 오답풀이 |

② ㉥에 따라 사진작품을 설치한 이틀 뒤 설치되는 작품인 동양화 전시실 옆에는 서양화 전시실이 있게 된다.

39 사고력 조건을 참고하여 비밀번호 찾기

| 정답 | ②

| 해설 | 단서 1), 2)에 의해 비밀번호의 첫 번째 숫자로 올 수 있는 숫자는 3, 5, 7이다. 또한 단서 4)에 따르면 7이 맨 앞에 오는 경우 비밀번호를 완성할 수 없으므로 비밀번호 맨 앞에 오는 숫자는 3, 5뿐이다. 나머지 세 자리에는 소수를 제외한 0, 1, 4, 6, 8, 9가 올 수 있다. 단서 4)에 따라 가능한 비밀번호는 3468, 3469, 3489, 3689, 5689로 총 5개이다. 따라서 가능한 비밀번호 중에 3489가 있으므로, 모든 비밀번호에 6이 포함되어있다는 설명은 옳지 않다.

40 문제처리능력 업무 계획 파악하기

| 정답 | ④

| 해설 | 마케팅팀은 기존 제품을 분석하고 새로운 제품에 반영할 내용을 검토하는 것이 주 업무이다. 스마트폰 블루투스 컨트롤 시스템 또한 손으로 작동되므로 손이 자유롭지

못하다는 불편 사항을 해결하지 못하며 마케팅팀에서 기술의 적용을 제안할 수 있으나 적용 여부를 검토하는 것은 기술지원팀의 업무이므로 부적절하다.

| 오답풀이 |

① 마케팅팀은 기존 제품을 분석하고 새로운 제품에 추가할 기능을 면밀히 검토하여 제안해야 하므로 기존 제품은 높이가 고정되어 높은 곳 물건을 꺼내기 어렵다는 불편 사항을 반영하여 새 기능을 추가하도록 제안할 수 있다.

② 기술지원팀은 국내 · 외 전동휠체어의 신기술을 조사하여 적용 가능 여부를 검토해야 하므로 비포장도로에서도 강한 사륜구동기술의 적용 가능 여부를 검토할 수 있다.

③ 홍보팀은 기존 출시된 국내 · 외 전동휠체어의 특징을 조사하여 전동휠체어 신제품을 제안해야 하므로 해외에서 출시된 계단도 오르내리는 전동휠체어에 대하여 조사하여 제안할 수 있다.

41 문제처리능력 방문 순서 정하기

| 정답 | ①

| 해설 | 이동시간 1시간을 고려하면 점심시간 이후에는 반드시 14 : 00를 희망하는 고객 D에게 방문해야 하므로 점심시간 이전에는 14 : 00 이전을 희망하는 고객 A에게 가장 먼저 방문해야 한다. 또한 고객 C는 17 : 00 이후를 희망하므로 가장 마지막에 방문한다. 방문 희망시간과 이동시간에 따라 방문 순서를 정하면 다음과 같다.

(10 : 00 ~ 11 : 00) 고객 A에게 이동 → (11 : 00 ~ 12 : 00) 고객 A 부품 교체 → (12 : 00 ~ 13 : 00) 점심시간 → (13 : 00 ~ 14 : 00) 고객 D에게 이동 → (14 : 00 ~ 15 : 00) 고객 D 부품 교체 → (15 : 00 ~ 16 : 00) 고객 B에게 이동 → (16 : 00 ~ 16 : 30) 고객 B 타이어 교체 → (16 : 30 ~ 17 : 30) 고객 C에게 이동 → (17 : 30 ~ 18 : 00) 고객 C 타이어 교체

따라서 A-D-B-C 순으로 방문해야 한다.

42 문제처리능력 조건을 바탕으로 계산하기

| 정답 | ④

| 해설 | 선택지별 동반질환의 위험도는 다음과 같다.

① BMI = $\frac{70}{1.7^2}$ ≒24.2, 허리둘레는 100cm인 남성이므로 비만전단계에 해당하고 동반질환의 위험도는 높음이다.

② BMI = $\frac{70}{1.6^2}$ ≒27.3, 허리둘레는 90cm인 여성이므로 1단계 비만에 해당하고 동반질환의 위험도는 매우 높음이다.

③ BMI = $\frac{100}{1.8^2}$ ≒30.9, 허리둘레는 110cm인 남성이므로 2단계 비만에 해당하고 동반질환의 위험도는 가장 높음이다.

④ BMI = $\frac{40}{1.5^2}$ ≒17.8, 허리둘레는 70cm인 여성이므로 저체중에 해당하고 동반질환의 위험도는 낮음이다.

따라서 동반질환의 위험도는 ④가 가장 낮다.

43 문제처리능력 조건을 바탕으로 계산하기

| 정답 | ②

| 해설 | A 씨의 체질량지수(BMI)는 $\frac{85}{1.75^2}$ ≒ 27.8, 허리둘레는 95cm인 남성이므로 1단계 비만에 해당하고 동반질환의 위험도는 매우 높음이다. 그러므로 한 수준씩 낮추면 BMI는 비만전단계로, 동반질환의 위험도는 높음이 된다. 체중이 76kg이면 BMI = $\frac{76}{1.75^2}$ ≒ 24.8이므로 비만전단계로 낮아지고, 허리둘레는 90cm이므로 높음으로 낮아진다.

| 오답풀이 |

① BMI = $\frac{78}{1.75^2}$ ≒ 25.5이므로 여전히 1단계 비만에 해당하며, 동반질환의 위험도 수준도 매우 높음으로 동일하다.

③ BMI = $\frac{82}{1.75^2}$ ≒ 26.8이므로 여전히 1단계 비만으로 동일하지만, 허리둘레에 따라 동반질환의 위험도는 높음 수준으로 낮아진다.

④ BMI= $\frac{73}{1.75^2}$ ≒ 23.8이므로 비만전단계로 낮아지지만, 허리둘레에 따라 동반질환의 위험도가 약간 높음으로 두 수준 낮아진다.

44 문제처리능력 자료 이해하기

| 정답 | ③

| 해설 | • 정◎◎ : 기초생활수급자, 연구원 소재지 지역 인재의 경우 서류전형 단계에서 가점을 받는다. 이때 우대혜택이 중복되는 경우 가점이 제일 높은 항목 한 개만 적용되므로 우선 해당되는 증명서를 모두 제출하는 것이 유리하다.

• 류□□ : 블라인드 심사이므로 관련 분야 최종학력성적증명서에서 출신학교를 삭제한 것은 적절하다.

| 오답풀이 |

• 박○○ : 부연구위원 응시 시, 학위논문은 연구실적으로 인정하지 않는다.

• 김◇◇ : 전문연구원에 응시하기 위해서는 석사학위가 있어야 한다.

• 채△△ : 부연구위원급에서는 국제협상 및 국제관계 관련 분야 전공자를 모집하지 않는다.

45 문제처리능력 자료를 바탕으로 추론하기

| 정답 | ②

| 해설 | 국제협상 및 국제관계 연구직은 전문연구원에 해당한다. 채용공고에 업무 분야 변경 가능 여부에 대한 언급은 없다.

46 문제처리능력 선호도로 방안 제시하기

| 정답 | ①

| 해설 | 각 영업본부장들의 선호도 순위를 파악하여 자신이 원하는 방안이 선정되도록 전략을 세울 수 있다. P사 영업본부장의 주장은 '기존 방안'이 선정되는 것이다.

만일 방안 B를 '새로운 방안'으로 제시하면 1단계에서 12 대 9로 방안 B가 선정되고, 2단계에서 12 대 9로 '기존 방안'이 최종 방안으로 결정된다.

〈1단계〉

	선호도1	선호도2	선호도3	선호도4	선호도5	선호도6
7명		방안 B			방안 A	
5명	방안 A					방안 B
5명	방안 B			방안 A		
4명		방안 A			방안 B	
(방안 A) 9 : 12 (방안 B)						

〈2단계〉

	선호도1	선호도2	선호도3	선호도4	선호도5	선호도6
7명	기존 방안	방안 B				
5명				기존 방안		방안 B
5명	방안 B				기존 방안	
4명					방안 B	기존 방안
(방안 B) 9 : 12 (기존 방안)						

| 오답풀이 |

② 방안 C를 새로운 방안으로 제시하면 1단계에서 방안 A와 방안 C 중 14 대 7로 방안 A가 선정되고, 2단계에서 방안 A와 '기존 방안' 중 14 대 7로 방안 A가 최종 방안으로 결정된다.

③ 방안 D를 새로운 방안으로 제시하면 1단계에서 방안 D와 방안 A 중 12 대 9로 방안 D가 선정되고, 2단계에서 방안 D와 '기존 방안' 중 14 대 7로 방안 D가 최종 방안으로 결정된다.

④ 만일 '새로운 방안'을 제시하지 않는다면 방안 A와 '기존 방안'과의 다수결 투표에서 14 대 7로 방안 A가 최종 방안으로 결정된다.

47 사고력 자료를 바탕으로 추론하기

| 정답 | ③

| 해설 | H가 A ~ G를 알 수 있는 각 단계의 수를 구하면 다음과 같다.

• A : H → A로 1단계

- B : H → C → B로 2단계
- C : H → C로 1단계
- D : H → C → B → F → D로 4단계
- E : H → A → E 또는 H → C → E로 2단계
- F : H → C → B → F로 3단계
- G : H → C → G로 2단계

따라서 H의 케빈 베이컨의 수는 1+2+1+4+2+3+2=15이다.

48 사고력 조건을 바탕으로 추론하기

| 정답 | ②

| 해설 | 각 문을 이용하는 부서의 수는 동일하지 않고 사용하지 않는 문은 없으므로 각 문을 이용하는 부서의 수는 4개, 2개, 1개이다.

E 부서는 G 부서와, A 부서는 F 부서와 함께 쓴다. 그리고 B 부서는 A 부서와 다른 문을 쓰며, C 부서는 B 부서와 다른 문을 이용한다. 그리고 B 부서가 이용하는 문은 B 부서 포함 2개 부서가 이용한다. 모든 정보를 종합하면 다음과 같다.

E 부서, G 부서, A 부서, F 부서
B 부서, D 부서
C 부서

49 문제처리능력 자료 이해하기

| 정답 | ②

| 해설 | 민수 씨는 월요일부터 목요일까지 하루에 최대 6시간씩 업무를 진행할 수 있으며, 금요일에 최대 9시간을 근무할 수 있다. 따라서 주 40시간보다 짧은 시간을 근무하며 1일 최소 3시간 이상 근무해야 하는 시간선택제를 선택하는 것이 가장 적절하다.

| 오답풀이 |

① 시차출퇴근형을 선택할 경우, 1일 8시간 근무체제를 유지해야 한다. 월요일부터 목요일까지는 휴게시간을 고려하여 근무시간이 최대 6시간밖에 되지 않으므로 적절하지 않다.

③ 근무시간선택형을 선택할 경우, 1일 8시간에 구애받지 않고 근무시간을 자율 조정할 수 있는데, 월요일부터 목요일까지 하루에 최대 6시간씩 근무하더라도 금요일에 16시간을 근무해야 한다. 근무시간이 오전 9시부터 오후 8시까지로 최대 9시간 근무가 가능하므로 적절하지 않다.

④ 스마트워크 근무형을 선택할 경우, 1일 8시간 근무체제를 유지해야 한다. 월요일부터 목요일까지는 휴게시간을 고려하여 근무시간이 최대 6시간밖에 되지 않으므로 적절하지 않다.

50 문제처리능력 유연근무제 형태 이해하기

| 정답 | ③

| 해설 | 시간선택제 전환근무하면 주 5일 1일 최소 3시간 주당 15시간 근무할 수 있다.

| 오답풀이 |

① 시간선택제 전환근무에서 주 20시간 근무형태를 선택했다 하더라도 의무 근로시간인 오전(09 : 00 ~ 14 : 00)의 근로시간을 지켜야 하므로 오후 1시에 퇴근하는 것은 적절하지 않다.

② 시차출퇴근형을 선택하면 출퇴근시간을 자율적으로 조정할 수 있지만, 근무시간을 단축할 수는 없다.

④ 전 직원의 근무시간은 09 : 00 ~ 20 : 00로 한정되어 있으므로, 오전 6시에 출근하는 것은 적절하지 않다.

51 정보처리능력 효과적 정보수집 방법 이해하기

| 정답 | ①

| 해설 | 제시된 글에서 정보의 선수필승은 빠른 정보수집의 중요성을 의미하는 것으로 정보의 출처나 내용의 불확실성을 간과하고 정보를 수집 및 활용하라는 의미는 아니다.

52 정보처리능력 정보수집 예시 고르기

| 정답 | ②

| 해설 | ㉠에는 수집한 정보를 머릿속에 체계적으로 정리할 수 있도록 나름의 기준에 따라 카테고리를 만드는 상황이

사례로 들어가야 한다. 따라서 인터넷 기사의 정보를 읽고 머릿속에 '고령화 사회'라는 카테고리의 서랍을 만드는 ②가 적절하다.

53 컴퓨터활용능력 웹 접근성 개념 이해하기

| 정답 | ①

| 해설 | 네 번째 문단을 통해 웹 접근성의 개념이 제시되어 있으며, 모든 사용자들이 웹사이트의 정보에 차별 없이 접근하고 제공되는 서비스를 편리하게 이용하는 것을 목적으로 함을 알 수 있다.

| 오답풀이 |

② 다섯 번째 문단에서 설명하는 대체 텍스트는 이미지가 어떤 내용을 가졌는지를 설명하는 텍스트이므로 이미지와 무관한 설명을 제공하지는 않는다.

③ 다섯 번째 문단에서 PC는 키보드, 모바일은 터치 등의 입력 방법에 맞춰서 초점 이동의 재현 방법이 달라진다고 하였으므로 키보드 조작 없이 콘텐츠를 편리하게 사용하게 하는 서비스라는 설명은 적절하지 않다.

④ 웹 접근성은 장애인을 배려하기 위해 비장애인들의 접근성을 떨어뜨리는 것이 아니라 장애인을 포함한 모든 사람들이 웹을 이용할 수 있도록 하는 것이다.

54 컴퓨터활용능력 웹 접근성 활용 방안 이해하기

| 정답 | ②

| 해설 | 웹 접근성은 장애인이나 고령자를 포함한 모든 사용자가 웹 콘텐츠와 서비스를 차별 없이 접근할 수 있도록 보장하는 것을 목표로 한다. 그런데 스마트폰 화면 읽어주기 서비스에 음성 광고를 삽입하는 것은 오히려 사용자에게 불필요한 방해 요소가 될 수 있다. 특히, 시각 장애가 있는 사람이 화면 읽기 기능을 사용하는 동안 음성 광고가 추가되면 정보 접근에 불편을 초래할 수 있어 웹 접근성을 저해하게 된다.

| 오답풀이 |

① 제공되는 서비스에 대한 사용자의 반응 속도를 고려하여 시간적 여유를 제공하는 예이다.

③ 다섯 번째 문단의 대체 텍스트의 예로, 시각 장애를 겪는 이들의 웹 접근성을 높일 수 있다.

④ 음성을 자막이라는 시각적 정보로 전달하는 것으로, 청각 장애가 있는 이들의 웹 접근성을 높일 수 있는 예이다.

55 정보처리능력 암호 기술 이해하기

| 정답 | ④

| 해설 | 네 번째 문단을 통해 RSA는 수학적 기반의 비대칭키 암호 방식임을 알 수 있다. 반면에, 마지막 문단을 통해 암호화 기술에 대한 연구가 수학적 기반을 넘어 물리학의 양자역학 원리에까지 영역이 확대되고 있다고 하였다. 따라서 RSA가 물리학적 방식을 기반으로 한다는 설명은 적절하지 않다.

| 오답풀이 |

① 두 번째 문단의 첫 번째 문장을 통해 알 수 있다.

② 첫 번째, 세 번째 문단을 통해 알 수 있다.

③ 네 번째 문단의 마지막 문장을 통해 알 수 있다.

56 정보처리능력 암호문 파악하기

| 정답 | ②

| 해설 | ㉠의 방식은 알파벳 각각을 암호 키 또는 복호 키만큼 평행이동하여 암호화 또는 복호화하는 방식이다. 따라서 평문인 'APPLE'에 암호 키 '−2'를 적용하여 암호화하면 각 알파벳을 두 칸씩 앞으로 평행이동한 'YNNJC'이 된다.

| 오답풀이 |

① 'CRRNG'는 제시된 평문의 각 알파벳에서 암호 키 '+2'를 적용한 결과이다. 복호 키와 암호 키의 개념을 구분할 수 있어야 한다.

57 정보처리능력 난수의 개념 이해하기

| 정답 | ③

| 해설 | 세 번째 문단까지 랜덤과 셔플의 개념 설명이 제시되어 있고, 네 번째 문단을 통해 이들을 위해 난수를 사용

하며 난수의 개념이 무엇인지를 알 수 있다. 이후의 문단에서는 난수가 필요할 때 사용하는 난수표를 만드는 방법들이 제시되어 있다. 따라서 글의 중심내용으로 ③이 적절하다.

| 오답풀이 |

④ 랜덤과 셔플의 개념 설명이 제시되어 있기는 하지만, 글 전체의 내용을 포괄하는 것은 아니다. 랜덤과 셔플의 개념을 비교하는 설명은 난수의 특성을 이해시키기 위한 것이다.

58 정보처리능력 알고리즘 유용 방법 이해하기

| 정답 | ④

| 해설 | ㉡ 셔플은 무작위로 데이터를 섞되 중복을 허용하지 않는 방식으로, 모든 요소가 한 번씩 포함되도록 순서를 정하는 방식이다. 반면, 주사위를 굴리는 방식은 중복이 가능하며 특정 값이 반복될 수 있는 난수 생성 방식이기 때문에 셔플과는 본질적으로 다르다. 따라서 주사위를 활용한 난수 생성은 셔플에 적합하지 않다.

| 오답풀이 |

① 랜덤과 셔플 모두 무작위성을 기반으로 하지만, 랜덤은 중복을 허용하여 여러 번 동일한 결과가 나올 수 있는 반면, 셔플은 모든 요소를 한 번씩 포함하여 중복 없이 결과를 섞는 특성을 지닌다. 따라서 무작위성을 처리하는 방식이 다르다는 설명은 적절하다.

② 랜덤과 셔플 모두 데이터를 무작위로 뽑기 때문에 특정 패턴이나 의도가 있는 것은 아니다.

③ 랜덤은 중복을 허용하기 때문에 동일한 결과가 연속으로 나타날 수 있다. 예를 들어, 음악 재생에 랜덤 방식을 적용할 경우 특정 곡이 연속으로 나올 가능성이 있으며, 이는 중복을 허용하는 랜덤의 특성 때문이다.

59 정보처리능력 가짜 뉴스의 개념 이해하기

| 정답 | ②

| 해설 | 가짜 뉴스로 인하여 큰 피해를 입는 쪽이 나타날 수도 있다는 내용은 있으나 처벌을 강화해야 한다는 언급은 없다.

60 정보처리능력 가짜 뉴스의 사례 파악하기

| 정답 | ③

| 해설 | 제시된 글은 가짜 뉴스란 원본과 작성 주체의 불명확성을 무기로 이용자가 믿을 수 있는 뉴스 형식을 통해 의도적으로 거짓된 정보를 조작하여 한눈에 전체 내용을 파악할 수 없는 소셜미디어, 모바일 메신저 등 콘텐츠 유통 플랫폼을 통해 콘텐츠 확산을 의도한 뉴스라고 정의하고 있다. 따라서 신원미상인 사람이 블로그를 통해 배포한 기사 형식의 글과 문제 또는 개인을 구성하기 위해 정보를 조작하여 사용한 뉴스 형식의 글이 가짜 뉴스임을 알 수 있다.

2회 기출예상문제

▶ 문제 66쪽

01	④	02	④	03	②	04	④	05	①
06	①	07	④	08	③	09	③	10	③
11	①	12	③	13	④	14	④	15	①
16	④	17	③	18	①	19	④	20	②
21	④	22	④	23	③	24	④	25	④
26	②	27	④	28	②	29	④	30	③
31	④	32	①	33	②	34	②	35	①
36	④	37	②	38	③	39	④	40	④
41	②	42	①	43	④	44	②	45	④
46	③	47	②	48	①	49	②	50	④
51	①	52	③	53	①	54	④	55	④
56	①	57	①	58	④	59	②	60	①

01 문서작성능력 단어의 의미 파악하기

| 정답 | ④

| 해설 | 제시된 글에서 ㉠은 '금지되거나 제한된 것을 할 수 있도록 터놓다'는 의미로 사용되었으며, 이와 비슷한 의미로 쓰인 것은 ④이다.

| 오답풀이 |

① '피로나 독기 따위를 없어지게 하다'의 뜻으로 사용되었다.

② '마음에 맺혀 있는 것을 해결하여 없애거나 품고 있는 것을 이루다'의 뜻으로 사용되었다.

③ '복잡한 문제 따위를 해결하다'의 뜻으로 사용되었다.

02 문서작성능력 단어의 의미 파악하기

| 정답 | ④

| 해설 | '비약'의 사전적 의미 중 '지위나 수준이 갑자기 빠른 속도로 높아지거나 향상됨'의 의미로 사용되었다. '비약'의 사전적 의미는 다음과 같다.

1. 나는 듯이 높이 뛰어오름.
2. 지위나 수준이 갑자기 빠른 속도로 높아지거나 향상됨.
3. 논리나 사고방식 따위가 그 차례나 단계를 따르지 아니하고 뛰어넘음.
4. 바쁘고 힘차게 활동함.

03 문서이해능력 문단별 중심 내용 파악하기

| 정답 | ②

| 해설 | (나) 문단의 중심 내용으로는 '흙에서 자란 글쓴이에게 자연의 행복을 주는 트럭 아저씨'가 적절하다. 시골 계집애는 흙에서 자란 글쓴이의 어린 시절을 지칭하는 것이며, 제시된 글은 트럭 아저씨와의 사랑과 관련이 없다.

04 문서이해능력 세부 내용 이해하기

| 정답 | ④

| 해설 | 두 번째 문단에서 운전자와 보행자의 시인성을 증진시키기 위해 시설개선을 하는 것이 필요하다고 하였다. 따라서 시설물을 제거한다는 설명은 적절하지 않다.

| 오답풀이 |

① 두 번째 문단에서 보행활성화를 유도하면 운전자는 서행 운전하게 되며, 이 경우 주변을 볼 수 있는 시야가 넓어져 돌발 상황에 쉽게 대처할 수 있게 된다고 하였다.

② 첫 번째 문단에서 자동차의 주행경로 등에 보행자가 노출되면 보행사고가 발생할 가능성이 높아지므로 직접적인 노출을 감소시켜야 한다고 하였다.

③ 마지막 문단에서 운전자의 보행자에 대한 배려나 보호의지 등 교육 · 홍보를 통한 안전의식을 개선시켜 나가는 것이 중요하다고 하였으며, 보행자가 안전한 보행습관을 몸에 익힐 수 있도록 범국민 문화캠페인을 전개하는 것이 필요하다고 하였다.

05 문서작성능력 올바른 외래어 표기법 적용하기

| 정답 | ①

| 해설 | 타깃(target), 레모네이드(lemonade), 로브스터 · 랍스터(lobster), 스트로(straw), 플루트(flute)로 적는 것이 알맞다.

06 문서작성능력 글의 전개방식 파악하기

| 정답 | ①

| 해설 | 글쓴이는 재난으로 고통 받고 있는 아이들에 대한 다양한 사례를 들어 독자들의 감정을 자극하면서, 우리 공동체가 마술 지팡이처럼 아동이 신체적, 지적, 정신적, 도덕적, 사회적 발달에 맞는 생활수준을 누리고 있는지 귀 기울이고 지켜봐야 한다며 의견에 대한 공감을 이끌어 내고 있다.

07 문서작성능력 어법에 맞게 글쓰기

| 정답 | ④

| 해설 | ㉡ 두음법칙에 의하여 첫소리 'ㄹ'은 'ㄴ'으로 변환되므로 '논하기보다'가 옳다.

㉢ 어미 '-ㄴ지'가 쓰인 경우이므로 '연결되는지'가 옳다. 의존명사 '지'인 경우에는 띄어 쓴다.

㉣ 생각 따위를 마음에 품다는 의미의 '갖는다'가 옳다.

08 문서이해능력 글의 제목 찾기

| 정답 | ③

| 해설 | 제시된 글은 20세기 후반에 독일에서 등장한 '뉴저먼 시네마'에 대해 소개하고 있다. 나치즘으로 인해 붕괴되어 있던 독일의 영화 산업에 '뉴저먼 시네마'가 핵심으로 등장해 독일 영화의 황금기를 이끌었다는 것이 주된 내용이므로 글의 제목으로 ③이 가장 적절하다.

09 문서이해능력 세부 내용 이해하기

| 정답 | ③

| 해설 | 회의 진행에 대한 문의사항은 홍보1팀 Y 대리에게 문의해야 한다.

| 오답풀이 |

① 3개 팀에서 각 2인 이상 참석해야 하므로, 참석 규모를 6인 이상으로 보면 크게 무리가 없다.

10 문서이해능력 저자의 견해 파악하기

| 정답 | ③

| 해설 | 두 번째 문단을 보면 "소비 과정은 ~ 개인으로서의 존재는 기호의 조작과 계산 속에서 소멸한다"라고 말한다. 또한 인간은 자신의 모습과 마주 대하는 일 없이 자신이 늘어놓은 기호들 속에 내재할 뿐이므로 '인간의 물질적 욕망은 기호화된 사물에 자신을 투영하여 새로운 자기상을 창출한다'는 것은 저자의 생각과 일치하지 않는다.

11 문서이해능력 글을 바탕으로 추론하기

| 정답 | ①

| 해설 | 현대의 개인의 존재는 기호의 조작과 계산 속에서 소멸되며 현대의 인간은 자신의 욕구를 직시하는 일이 없고 자신의 모습과 마주 대하는 일도 없이 자신이 늘어놓은 기호들 속에 내재할 뿐이라고 하였다. 즉 현대의 질서에서는 인간이 자신의 모습, 자신의 '실체'와 마주하지 않고 대량의 기호화된 사물, '허상'만을 응시할 따름이라고 볼 수 있다.

12 문서이해능력 세부 내용 이해하기

| 정답 | ③

| 해설 | 가설연역법에서 가설에 포함되지 않는 사실이 발견되면 가설은 논리적으로 거짓이 되며 이를 가설이 '반증'되었다고 한다. 이 경우 가설은 틀린 것이 되고 새로운 가설을 설정해야 하므로 ③은 적절하지 않다.

| 오답풀이 |

① 두 번째 문단을 통해 검증의 단계에서는 연구자가 관찰, 실험과 같은 경험적인 방법으로 예측의 진위를 알아보는 것을 알 수 있다.

② 첫 번째 문단을 통해 연역이 이미 알고 있는 일반적인 명제를 전제로 삼아 구체적인 사실을 이끌어내는 추론인 것을 알 수 있다.

④ 첫 번째 문단을 통해 귀납이 이미 알고 있는 개별적인 사실들에서 그러한 사실들을 포함하는 일반적인 명제를 이끌어내는 추론으로 개별적인 사실들이 모두 옳을지라도 결론이 반드시 옳지는 않은 속성을 지닌 것을 알 수 있다.

13 문서이해능력 글의 내용 사례에 적용하기

| 정답 | ④

| 해설 | 마지막 문단을 보면 예측을 검증한 결과가 참이라면 가설은 더욱 믿을 만한 것이 되며 이를 가설의 '확증'이라고 하였다. 그러나 확증은 가설이 옳다는 것을 절대적으로 뒷받침하지는 못하고 단지 가설이 옳을 확률이 높다는 사실을 알려주는 것이므로 '가설이 반드시 옳다는 것이 증명되었다'는 설명은 적절하지 않다.

14 문서이해능력 세부 내용 이해하기

| 정답 | ④

| 해설 | 네 번째 문단을 보면 코로나19 사태 이후 정책의 중앙집권화가 심화되고 있으며, 이를 다시 지방분권으로 돌릴 수 있는 기회는 지방정부의 창의적인 일자리 정책이라고 제시되어 있다.

15 문서이해능력 글의 사례 파악하기

| 정답 | ①

| 해설 | 전주시의 경우 정책 실행 과정에서 '거버넌스 구축'과 '당사자 간의 소통'을 중시하였다. [사례 1]에서 직접 현장에 찾아가 소통하고, 노 · 사 · 정 거버넌스를 구축했다는 것으로 보아 전주시의 사례임을 알 수 있다.

구로구의 경우 정책 실행 과정에서 '지역특성(국가산업단지가 존재하고 청년층이 많은 도시)'과 '재정정책'을 중시하였다. [사례 2]에서 소상공인에게 지원금을 지급하고, G 밸리라는 국가산업단지의 고용환경 등을 개선한 것으로 보아 구로구의 사례임을 알 수 있다.

거제시는 조선 산업 및 제조업 경기 침체로 인해 많은 청년이 지역을 떠났다고 하였다. 따라서 거제시는 새로운 사업을 통해 일자리를 창출하려고 시도했을 것이다. [사례 3]에서 신중년 일자리 사업으로 전환해 일자리를 창출한 것으로 보아 거제시의 사례임을 알 수 있다.

16 문서작성능력 글의 흐름에 맞게 문단 구분하기

| 정답 | ④

| 해설 | (가), (나), (다)는 예절을 숭상하기 때문에 일어나게 된 외형적인 것을 중시하는 우리나라의 모습을 설명하고 있으며 외형적인 것을 중시함으로써 나타나는 문제점이나 부정적 측면을 강조하고 있다. 이와 반대로 (라), (마)에서는 형식과 외형적인 것을 존중함으로써 얻을 수 있는 이점들을 설명하면서 외형적인 것을 존중하는 것의 긍정적 측면을 설명하고 있다. 마지막으로 (바), (사)는 본질을 잊은 채 외형적인 것만 존중한다면 심각한 문제를 일으킬 수 있음을 다시 한번 언급하며 결론을 맺고 있다.

17 문서이해능력 필자의 의도 파악하기

| 정답 | ③

| 해설 | (바)를 보면 형식이 참된 가치를 갖는 것은 충실한 내용이 뒷받침될 때에 국한되며, 예절을 진정으로 존경하고 아끼는 마음이 있을 때 의미가 있다고 언급되어 있다. 따라서 필자는 실질적인 것과 형식의 조화가 잘 이루어져야만 비로소 진정한 예절임을 강조하고 있다.

18 문서이해능력 세부 내용 이해하기

| 정답 | ①

| 해설 | A. 과제와 관련된 정보에 주의를 줘서 '실내 체력 단련'이라는 목표를 선정하고 있다. 이는 배외측 전전두엽과 내측 전전두엽이 하는 일이다.

B. 세운 목표인 '맛있는 밥 짓기'에 대해 '쌀을 씻은 다음 물에 어느 정도 불리고 짓는다'는 순서를 정하고 있다. 이는 중앙 배외측 전전두엽이 하는 일이다.

| 오답풀이 |

C. '좋은 회사에 취업하기'라는 상위 목표에 대한 하위 목표인 '학점관리, 대외활동, 어학성적, 자격증 취득'을 처리하고 있다. 이는 전두극 피질이 하는 일이다.

D. 무기력함을 느끼고 어떤 일에도 의욕과 호기심을 느끼지 못하고 있다. 이는 내측 전전두엽의 보조운동영역과 전측대상피질이 하는 일이다.

19 기초통계능력 확률 구하기

| 정답 | ④

| 해설 | 전체 생산량을 100개라 가정하여 공장별 생산량과 불량품의 개수를 구한다.

(가) 공장의 생산량 : 20개, 불량품 개수 : $20\times0.05=1$(개)

(나) 공장의 생산량 : 50개, 불량품 개수 : $50\times0.3=15$(개)

(다) 공장의 생산량 : 10개, 불량품 개수 : $10\times0.2=2$(개)

(라) 공장의 생산량 : 20개, 불량품 개수 : $20\times0.1=2$(개)

따라서 불량 마우스 중 (나) 공장에서 생산한 마우스일 확률은 $\frac{15}{1+15+2+2}\times100=75(\%)$이다.

20 기초연산능력 공약수 파악하기

| 정답 | ②

| 해설 | 준비한 품목들을 남김없이 모두 같은 개수씩 나누어야 하므로, 모든 품목 개수의 최대공약수만큼의 선물 꾸러미를 준비할 수 있다. $180=9\times4\times5$, $270=9\times6\times5$, $225=9\times5^2$, $135=9\times3\times5$이므로, 모든 품목들의 최대공약수는 $9\times5=45$이다.

따라서 선물 꾸러미 45개를 만들 때 꾸러미 1개에 들어갈 비스킷 개수는 5개, 사탕 개수는 3개이므로, 선물 꾸러미 1개당 비스킷과 사탕 개수의 합은 8개이다.

21 기초연산능력 방정식 활용하기

| 정답 | ④

| 해설 | 지난달 단팥빵 판매량을 x개, 크림빵 판매량을 y개라 하면, 다음과 같은 식이 성립한다.

$$\begin{cases} x+y=1,600 & \cdots\cdots\cdots\cdots\cdots\cdots ㉠ \\ 0.97x+1.05y=1,600+16 & \cdots\cdots\cdots ㉡ \end{cases}$$

㉠과 ㉡을 연립하면 $x=800$, $y=800$이다.

따라서 이번 달 ○○베이커리에서 판매된 크림빵은 $800\times1.05=840$(개)이다.

22 기초연산능력 거리 · 속력 · 시간 활용하기

| 정답 | ④

| 해설 | 승선부터 하선까지 소요되는 시간은 다음과 같다.

- 하류 선착장에서 승선 : 15분
- 하류 선착장에서 상류 관광지까지 이동 : 배의 이동 속력은 $25-5=20$(km/h)이므로, 소요시간은 $\frac{30(\text{km})}{20(\text{km/h})}=1.5$(h), 즉 1시간 30분이다.
- 상류 관광지에서 하류 선착장까지 이동 : 배의 이동 속력은 $25+5=30$(km/h)이므로, 소요시간은 $\frac{30(\text{km})}{30(\text{km/h})}=1$(시간)이다.
- 하류 선착장에서 하선 : 15분

따라서 총 소요시간은 3시간이다.

23 기초연산능력 나이의 합 구하기

| 정답 | ③

| 해설 | 20년 전 D 씨의 동생 나이를 x세라고 둔다.

- 첫 번째 조건에서 $6x-4=32$, $x=6$이므로 20년 전 D 씨의 동생은 6세였다.
- 두 번째 조건에서 20년 전 D 씨의 나이는 $6\times1.5=9$(세)였다.
- 세 번째 조건에서 작년 D 씨 아버지의 나이는 $9\times6=54$(세)였다.

따라서 내년 D 씨 아버지의 나이는 $54+2=56$(세), 동생의 나이는 $6+21=27$(세)이므로 이 둘의 합은 83이다.

24 도표분석능력 자료의 수치 분석하기

| 정답 | ④

| 해설 | 부서별로 인원수가 다르므로, 전체 평균 계산 시 가중치를 고려하여야 한다.

- 전 부서원의 정신적 스트레스 지수 평균점수 : $\frac{1\times1.83+2\times1.79+1\times1.79}{4}=1.80$(점)

• 전 부서원의 신체적 스트레스 지수 평균점수 :

$$\frac{1\times1.95+2\times1.89+1\times2.05}{4}=1.945(\text{점})$$

따라서 두 평균점수의 차이는 0.145이므로 0.16 미만이다.

| 오답풀이 |

① 정신적 스트레스 지수 평균점수가 영업과 지원 부서는 각각 1.79점이고 생산 부서는 1.83점이므로 생산 부서가 다른 부서에 비해 정신적 스트레스가 높은 편이다.

② 생산, 영업, 지원 부서 모두 정신적 스트레스보다 신체적 스트레스 지수 평균점수가 더 높다.

③ 신체적 스트레스 지수의 평균점수는 지원>생산>영업 부서 순으로 높다.

25 도표분석능력 자료의 수치 분석하기

| 정답 | ④

| 해설 | 'GDP 대비 연구개발투자비율$=\frac{\text{총연구개발지출금}}{\text{당해 연도 GDP}}\times100$'이므로 '총연구개발지출금=당해 연도 GDP×GDP 대비 연구개발투자비율÷100'이다.

20X3년 멕시코의 GDP를 x라 하면 이탈리아의 GDP는 $1.9x$이므로, 멕시코의 총연구개발지출금은 $x\times0.5\div100=0.005x$, 이탈리아의 총연구개발지출금은 $1.9x\times1.3\div100=0.0247x$이다. 따라서 20X3년에 이탈리아는 멕시코보다 $\frac{0.0247x}{0.005x}=4.94$(배)의 금액을 연구개발에 투자했을 것이다.

| 오답풀이 |

② 20X1년 네덜란드의 GDP 대비 연구개발투자비율은 튀르키예보다 두 배 이상 높다. 따라서 주어진 산식의 분모에 해당하는 당해 연도 GDP가 동일하다면 분자에 해당하는 총연구개발지출금은 2배 이상의 차이가 나는 것이므로, 네덜란드는 튀르키예보다 2배 이상의 금액을 연구개발에 투자했을 것이다.

③ 20X5년 독일의 GDP를 x라고 하면 미국의 GDP는 $4.8x$이므로, 독일의 총연구개발지출금은 $x\times2.9\div100=0.029x$, 미국의 총연구개발지출금은 $4.8x\times2.8\div100=0.1344x$이다. 따라서 20X5년에 미국은 독일보다 $\frac{0.1344x}{0.029x}\fallingdotseq4.6$(배)의 금액을 연구개발에 투자했을 것이다.

26 도표분석능력 자료를 바탕으로 수치 계산하기

| 정답 | ②

| 해설 | 20X5년 우리나라의 GDP 대비 연구개발투자비율은 4.2%이므로, 총연구개발지출금은 $13,778\times10^8\times4.2\div100=5,786,760$(만 달러)이다.

27 도표분석능력 빈칸에 들어갈 항목 나열하기

| 정답 | ④

| 해설 | 〈보기〉의 조건을 살펴보면 다음과 같다.

가. 한국의 '동의'하는 응답자의 비율은 38.2%이므로 ㉢과 ㉣이 독일 또는 스페인임을 알 수 있다.

나. 4.6+7.8=12.4이므로 24.8%보다 높은 '모름'의 비율을 보인 ㉠이 일본이 된다. 따라서 중국은 ㉡이 된다.

다. 유급노동을 중시한다는 것은 조사 내용에 반대하는 의견이 많다는 의미이므로 '반대'와 '강하게 반대'의 의견이 더 많은 비중을 보이는 ㉣이 스페인이며, ㉢은 독일이 된다.

따라서 ㉠−일본, ㉡−중국, ㉢−독일, ㉣−스페인이다.

28 도표분석능력 자료를 바탕으로 수치 계산하기

| 정답 | ②

| 해설 | 20X1년과 20X5년 우리나라의 여성의 사회 참여 인식 지수는 다음과 같다.

• 20X1년 : 동의 이상 비율=86.3%, 반대 이하 비율=11.3%

여성의 사회 참여 인식 지수$=\log\frac{86.3}{11.3}\fallingdotseq\log7.6=0.88081$

• 20X5년 : 동의 이상 비율=86.7%, 반대 이하 비율=13.3%

여성의 사회 참여 인식 지수$=\log\frac{86.7}{13.3}\fallingdotseq\log6.5=0.81291$

따라서 두 값의 차이는 0.0679이다.

또한 20X9년 여성의 사회 참여 인식 지수가 음수인 국가는 동의 이상 비율이 반대 이하 비율보다 작은 국가이다. 따라서 이를 만족하는 국가는 한국, 스페인, 스웨덴의 3개 국가이다.

29 도표분석능력 도표 및 산정식을 토대로 내용 분석하기

| 정답 | ④

| 해설 | 빈칸에 해당하는 발생지수는 다음과 같다.

- 한파의 발생지수 : $4\times\frac{5}{16}+1=2.25$
- 호우의 발생지수 : $4\times\frac{3}{16}+1=1.75$
- 강풍의 발생지수 : $4\times\frac{1}{16}+1=1.25$

이때, 202X년 유형별 극한기후 발생일수의 평균은 $\frac{16+5+3+0+1}{5}=5$이므로 발생지수 산정식의 A 대신 5를 넣어 계산한 값은 $4\times\frac{5}{16}+1=2.25$이다.

또, 202X년 각 발생지수들의 평균은 $\frac{5.00+2.25+1.75+1.00+1.25}{5}=2.25$로 위의 값과 일치한다.

| 오답풀이 |

①, ③ 유형별 극한기후 발생일수의 중앙값에 해당하는 호우의 발생일수는 3일이지만 발생지수는 1.75이다.

30 도표분석능력 자료의 수치 분석하기

| 정답 | ③

| 해설 | (A)=48.3, (B)=35.6, (C)=28.7, (D)=44.4, (E)=25.5이다.

2015년 전체 인구가 1,800만 명일 때 지방 AMDR 미만 인구는 $1,800\times\frac{35.6}{100}\fallingdotseq 641$(만 명)이다.

| 오답풀이 |

① 2010년 지방 AMDR 이내 여성 인구분율 45.7%는 남성 인구분율 48.3%에 비해 48.3−45.7≒2.6(%p) 낮다.

② 2015년과 2020년 각각의 여성 전체 인구를 알지 못하므로 2020년의 지방 AMDR 초과 여성 인구의 증가율은 알 수 없다.

④ 지방 AMDR 미만인 여성 인구분율은 2010년 34.1%, 2015년 40.8%, 2020년 31.7%이며 지방 AMDR 미만인 남성 인구분율은 2010년 27.1%, 2015년 30.3%, 2020년 25.7%로 매해 남성 인구분율이 더 낮다.

31 도표분석능력 자료의 수치 분석하기

| 정답 | ④

| 해설 | 조사기간 동안 지방 AMDR을 초과하는 인구분율이 가장 높은 연령대는 19 ~ 29세 사이로, 가정에 의해 이 연령대에서 비만발생 가능성이 가장 높다.

| 오답풀이 |

① 2020년 지방 AMDR 이내에 속하는 인구분율이 가장 높은 연령대는 78.6%인 3 ~ 5세이다.

③ 30 ~ 49세와 50 ~ 64세 두 연령대의 지방 AMDR 초과에 해당하는 인구분율은 감소−증가로 동일한 증감 패턴을 보인다.

32 도표분석능력 자료를 바탕으로 수치 계산하기

| 정답 | ①

| 해설 | 전체 참여인원은 6,500명, 전체 참여인원 중 정규직 근로자 수는 4,591명이므로 청년통장사업에 참여한 근로자 중 정규직 근로자의 비율은 $\frac{4,591}{6,500}\times100\fallingdotseq71(\%)$이다.

33 도표분석능력 자료를 바탕으로 수치 계산하기

| 정답 | ②

| 해설 | • 해당 사업에 참여한 정규직 근로자 수 : 4,591명

- 근무연수가 2년 이상인 근로자 수 : 2,044명
- 비정규직 근로자 수 : 1,909명

전체 비정규직 근로자의 근무연수가 2년 이상일 때 근무연수 2년 이상인 정규직 근로자 수는 최소가 된다.

즉, 최소 2,044−1,909=135(명)은 근무연수가 2년 이상인 정규직 근로자이다.

따라서 청년통장사업에 참여한 정규직 근로자 중 근무연수가 2년 이상인 근로자의 최소 비율은 $\frac{135}{4,591}\times100\fallingdotseq2.9(\%)$이다.

34 도표분석능력 자료 이해하기

| 정답 | ②

| 해설 | 의사결정트리를 왼쪽에서 오른쪽으로 읽으며 최종

적으로 해당되는 칸의 평균 점수를 파악하면 다음과 같다.

㉠ 서비스 · 판매직에 종사하면서 사회적 관계망이 없고 이혼한 집단 : 5.01점

㉡ 취업준비를 하면서 사회적 관계망이 없는 집단 : 4.71점

㉢ 육아를 하면서 가구소득이 106.1만 원 미만이고 사회적 관계망이 없는 집단 : 5.10점

㉣ 사무직에 종사하면서 사회적 관계망이 없고 농촌에 거주하는 집단 : 6.47점

따라서 평균 점수가 가장 낮은 집단은 ㉡이다.

35 도표분석능력 자료 이해하기

| 정답 | ①

| 해설 | 직업군에 따른 구분은 되어 있으나 고용형태(정규직, 비정규직 등)에 대한 정보는 자료에 주어지지 않았다.

36 사고력 조건을 바탕으로 추론하기

| 정답 | ④

| 해설 | D 레스토랑은 (70+60+70+90+65)×0.2=71(점)이므로 ★등급이 부여되며 개정판에서 삭제되지 않는다.

| 오답풀이 |

① A 레스토랑은 (80+95+100+95+95)×0.2=93(점)이므로 ★★★등급이 부여되며 상금 5,000만 원을 받게 될 것이다.

② B 레스토랑은 75×0.3+70×0.1+(55+65+50)×0.2=63.5(점)이므로 Zero 등급이 부여되어 상금을 받을 수 없다.

③ C 레스토랑은 (95+95)×0.3+(95+85)×0.1+95×0.2=94(점)이므로 ★★★등급이 부여될 것이다.

37 문제처리능력 자료를 바탕으로 일정 파악하기

| 정답 | ②

| 해설 | 월, 화, 금, 토요일을 피하고자 하므로 수, 목, 일요일에 예약이 가능하며, 총 인원 15명이 수용 가능한 회의실은 진달래, 무궁화 회의실이다. 이때 회의 시작 시간은 오후 5시부터 2시간인데, 일요일은 오후 4 ~ 6시까지만 이용이 가능하므로 예약을 할 수 없다.

| 오답풀이 |

①, ③ 고객이 요청한 모든 조건을 고려했을 때 선택할 수 있는 날짜는 목요일인 4일, 11일로 총 2일이다.

④ 피하고 싶은 요일 조건을 배제해도 총 인원을 수용하는 회의실과 시간이 적절하지 않다.

38 문제처리능력 자료 이해하기

| 정답 | ③

| 해설 | 사교육을 받고 있는 과목 중 가장 큰 비중을 차지하는 과목이 영어와 수학으로 나타난 한편, 사교육을 받는 이유 중 가장 큰 부분이 '학교 수업만으로 충분치 않아서'이므로 영어와 수학에 대한 수요를 학교 수업이 채워 주지 못해 사교육으로 채우고 있음을 유추할 수 있다.

| 오답풀이 |

① 제시된 자료만으로는 증가, 감소 추세를 알 수 없다.

② 선행학습이 학업성취도 증가와 대입 목표 달성에 실제로 미치는 영향은 자료를 통해 알 수 없다.

④ 사교육을 받는 이유는 복수 응답으로 조사되었기 때문에 두 항목에 중복 응답한 학생들이 있을 수 있다. 또한 조사 대상이 학생 및 학부모이므로 모든 응답자가 학생이라고 단정할 수도 없다.

39 문제처리능력 안내문 이해하기

| 정답 | ④

| 해설 | 홈페이지 예매는 관람 희망일 6일 전 오전 10시부터 관람 희망일 전날까지 가능하고 당일은 잔여 예매분이 현장 판매표로 전환되므로 홈페이지 예매를 할 수 없다.

| 오답풀이 |

① 안내문의 표를 보면 결제 이후부터 입장 마감시간 이전까지는 예매 취소가 가능함을 알 수 있다.

② 결제 마감시간까지 결제가 완료되지 않은 경우 예매가 자동 취소된다고 안내되어 있다.

③ 결제 마감시간까지 예매자는 반드시 신용카드로 결제해야 예약이 완료되며 외국인 예매자도 마찬가지임이 안내되어 있다.

40 문제처리능력 자료를 바탕으로 계획 세우기

| 정답 | ④

| 해설 | ㉠ 하루에 참여할 수 있는 고객의 수는 최대 30명이므로 C가 신청자 수가 가장 많다고 하더라도 참여할 수 있는 있는 고객의 수는 다른 차량과 같이 최대 30명이다. 따라서 C가 필요한 차량의 수가 가장 많은 모델이 아니다.

㉢, ㉣ 한 대당 하루 최대 시승 가능 인원수는 15명이기에 최소한 2대 이상은 준비해야 한다. 만약 2대를 준비하는 경우 참여 고객 수는 최대 30명이므로 1대당 각각 최대 15명이 시승할 수 있다. 고객 모두가 최대 30분을 시승한다 하더라도 그에 소요되는 시간은 15(명)×30(분)=450(분)이고, 시승행사 시간은 10 : 00부터 17 : 50까지 총 470분이다. 따라서 시승에 참여하는 고객이 최대 시승 시간을 채우지 못하고 내리는 경우는 없다. 또한 하루에 참여할 수 있는 고객은 최대 30명으로 2대의 차량으로 충분하다.

| 오답풀이 |

㉡ 시승 차량에 동승하는 강사에 대한 정보는 인사팀으로 문의 가능하다.

41 문제처리능력 강사 일정 파악하기

| 정답 | ②

| 해설 | 하루 최대 시승 가능 인원수와 시승시간 조건을 고려할 때 하루에 2대의 차량을 준비해야 하고, 한 대당 강사 한 명이 동승하여야 하므로 하루에 2명의 강사가 필요하다. 12일에 김○○ 강사가 반드시 일해야 하고, 나머지 요일에는 최소 2명씩 자유롭게 일하면 된다. 김○○ 강사를 제외한 인력이 매일 2명 이상 존재하므로 무조건 연속 2일 동안 시승행사에 참석할 필요는 없다.

| 오답풀이 |

① A 모델 시승은 하이브리드 운전 경험이 있는 김○○, 박○○ 두 강사가 맡아야 한다.

③ A 모델 12일, B 모델 15일, C 모델 16일, D 모델 13일, E 모델 14일에 진행하는 것이 적절하다.

④ 13일에 B 모델 시승을 신청한 고객은 34명으로 최대 30명까지 시승이 가능하다. 고객 1명당 최소 10분에서 최대 30분까지 시승할 수 있으므로 한 대당 시승 가능한 고객의 수는 최대 15명이다. 따라서 두 강사가 15명씩 태울 경우 30명의 시승을 완료할 수 있어 일정이 가능한 3명의 강사 중 한 명은 참석하지 않아도 된다.

42 문제처리능력 자료를 바탕으로 추론하기

| 정답 | ①

| 해설 | 스마트오피스에서 근로자는 장소에 대한 자율권을 부여받는다. 따라서 필요에 따라 좌석을 예약하여 여러 자리를 옮겨 다닐 수 있다.

| 오답풀이 |

② 비용절감은 사무실 외 공간을 이용하는 스마트워크에 해당하며 이는 원격관리가 어렵고 근무자 간 또는 사무실 간 커뮤니케이션이 어렵다는 단점이 있기 때문에 비용절감만으로 적극적인 도입이 필요하다고 추론하는 것은 적절하지 않다.

③ 결근율 · 지각 · 이직률 감소, 생산성 향상 등을 통해 장기적으로 이윤 증가도 기대할 수 있다. 또한 네 번째 문단을 통해 스마트워크는 기업의 이익을 가져오는 방법임을 알 수 있다.

④ 스마트오피스에서는 개인고정 업무공간이 축소되고 협업공간이 중시됨을 알 수 있으나 직원들 간 일상적 의사소통용 공간에 대해서는 언급이 없다.

43 문제처리능력 자료를 바탕으로 추론하기

| 정답 | ④

| 해설 | 개인 집중 업무공간은 업무특성에 따라 적절한 고정좌석으로 구성하여 업무의 집중도를 높이고 효율적인 업무수행을 할 수 있다. 따라서 타 직원과 교감하는 업무를 수행하지 않을 때를 위한 자리이며, 고정좌석으로 배치해야 하므로 좌석 이용 시간을 제한하면 안 된다.

44 문제처리능력 문제 발생 원인 찾기

| 정답 | ②

| 해설 | K 교수는 재정효율성과 고용창출이라는 문제점을 해결하기 위하여 민간 주도의 복지 서비스 사업을 시행해

야 한다고 주장하고 있다. 문제점의 원인으로 국가가 사회복지서비스 산업을 육성하지 못한다고 보았기 때문이다.

| 오답풀이 |

①, ③ K 교수는 한국의 사회서비스 산업은 복지에 대한 욕구가 존재하고 돌봄, 보육, 의료, 교육, 문화 등 그 구체적인 상품 역시 국민들이 인지하고 있다고 보았다.

45 문제처리능력 복지정책 판단하기

| 정답 | ④

| 해설 | 아동양육시설이 민간 주도 사업이 되기 위해서는 근로자 선정뿐 아니라 운영 자체를 민간에 위탁하여 적절한 보조금 등이 지급되어야 한다.

46 문제처리능력 조건에 따라 업체 선정하기

| 정답 | ③

| 해설 | 브랜드 가치가 높은 업체는 '가', '나', '라'이다. 이때, 50잔 이상을 주문하게 되면 '가' 업체의 기본 단가가 가장 낮아지고, 추후 추가비용도 '가' 업체가 가장 저렴하므로 방문객 규모에 따라 '가' 업체가 선정될 가능성이 있다. 따라서 '가' 업체는 고려 대상이 아니라고 할 수 없다.

| 오답풀이 |

④ 예상 방문객이 40명이고 10명이 추가 방문할 가능성이 있다면 40잔일 때 1잔당 가격이 가장 저렴한 '다' 업체가 선정될 가능성이 있고 추후 추가비용이 발생한 총 비용도 가장 저렴하므로 O 과장은 '다' 업체를 선호할 것이다.

47 문제처리능력 자료를 바탕으로 추론하기

| 정답 | ②

| 해설 | 신DTI는 주택담보대출 원리금상환액과 기타대출 이자상환액을 반영하지만, DSR은 주택담보대출 원리금상환액과 기타대출 원리금상환액을 반영한다. 즉 신DTI에 원금 상환액까지 더해지므로 결과적으로 신규 대출의 한도가 축소된다.

| 오답풀이 |

① DTI는 신규주택담보대출 원리금과 기존주택담보대출 이자상환액만을 반영하지만, 신DTI는 기존의 주택담보대출 원리금상환액을 모두 반영하며 기타대출 이자상환액까지 적용하므로 주택담보대출의 기회가 전반적으로 감소하였다.

③ 집의 자산가치가 높을수록 주택가격 대비 대출 가능액이 커지므로 LTV 수치가 높다.

④ '10 · 24 가계부채 종합대책'은 투기 수요 억제를 위해 다주택자를 대상으로 시행되었으며, 다주택자들의 추가 주택담보대출이 어려워지거나 대출 한도가 줄어들게 되었다.

48 문제처리능력 자료를 바탕으로 금액 산출하기

| 정답 | ①

| 해설 | (가) 주택담보대출 원리금상환액을 x원이라 하면 신DTI가 40%이므로,

$$\frac{\text{주택담보대출 원리금상환액}}{\text{연간 소득}}\times 100=\frac{x}{1\text{억}}\times 100=40(\%)$$

따라서 주택담보대출 원리금상환액은 4,000만 원이다.

(나) 연간 원리금상환액이 4,000만 원이므로 현재 대출 가능한 원리금 합계액은 4,000−1,330=2,670(만 원)이다.

49 문제처리능력 조건에 따라 등급 산출하기

| 정답 | ②

| 해설 | 빨간 버튼과 파란 버튼을 동일한 횟수만큼 누른다면 재고상태에는 변화가 없다. 따라서 빨간 버튼 13번, 파란 버튼 7번을 누른 것은 빨간 버튼만 6번을 누른 것과 동일하다. 빨간 버튼을 6번 누를 경우 이동 후 재고상태는 (3, 6, 4, 1)이다. 이동 결과, 저장용량을 초과하는 창고가 없으므로 산출식 X를 적용한다. 초기재고상태와 이동 후 재고상태의 차이의 절댓값이 모두 2로 같으므로 알파벳 순서가 빠른 A 창고와 B 창고가 선정된다. 따라서 두 창고의 이동 후 보관량의 합은 3+6=9이고 이는 '2등급'에 해당한다.

50 문제처리능력 조건에 따라 횟수 구하기

| 정답 | ④

| 해설 | 4등급이 나왔으므로 이동 결과 저장용량을 초과하는 창고가 없고, 산출식 Y를 적용함에 따라 이동 후 재고상태 기준으로 잉여 저장용량이 가장 적은 창고와 가장 많은 창고의 이동 후 보관량의 합이 15 이상이어야 한다. 이동 후 재고상태를 4가지 경우로 나누면 다음과 같다.

- 이동 후 재고상태가 (8, 7, 9, 6)인 경우 : 잉여 저장용량이 가장 적은 D 창고와 가장 많은 C 창고의 이동 후 보관량의 합은 15로 '4등급'이다.
- 이동 후 재고상태가 (9, 8, 6 ,7)인 경우 : 잉여 저장용량이 가장 적은 D 창고와 가장 많은 C 창고의 이동 후 보관량의 합은 13으로 '3등급'이다.
- 이동 후 재고상태가 (6, 9, 7, 8), (7, 6, 8, 9)인 경우 : D 창고가 저장용량 한도를 초과하므로 '5등급'에 해당한다.

이동 후 재고상태가 (8, 7, 9, 6)이므로 재고상태에는 변화가 없다. 동일 버튼을 4의 배수만큼 누르면 재고상태에는 변화가 없으므로 빨간 버튼을 23번 누른 경우는 빨간 버튼을 3번만 누른 경우와 동일하며 따라서 파란 버튼은 3번 눌러야 한다.

51 정보처리능력 바코드 생성 방식 이해하기

| 정답 | ①

| 해설 |
- 바코드 짝수 자리 숫자의 합 : 0+2+4+6+8+0=20
- 바코드 홀수 자리 숫자의 합 : 5+1+3+5+7+9=30

20×3+30=90이므로 90에 더해져 10의 배수를 만드는 최소 숫자는 0이다.

52 컴퓨터활용능력 프로그램 코드 사용법 이해하기

| 정답 | ③

| 해설 | ㄱ. input 명령문은 레코드에 있는 숫자의 위치를 지정해 이를 변수에 저장한다.

ㄷ. 여러 개의 레코드가 있고 input 명령문이 하나라면 모든 레코드를 차례대로 이용하게 된다.

| 오답풀이 |

ㄴ. 두 개의 input 명령문을 사용하면 각각 순서대로 다른 레코드를 이용하게 되며, 같은 레코드를 두 개의 input 명령문에 사용하기 위해서는 첫 번째 input 명령문에 @를 추가해야 한다.

53 컴퓨터활용능력 프로그램 코드 사용법 이해하기

| 정답 | ①

| 해설 |
- input a 1−6 b 3−4; → 변수 a는 첫 번째 레코드의 1 ~ 6번째 위치에 있는 수인 '020824'에서 앞의 0을 뺀 '20824'를 저장하고, b는 3 ~ 4번째 수에 있는 '08'에서 앞의 0을 뺀 '8'을 저장한다.
- input c 5−6@; → 변수 c는 두 번째 레코드의 5 ~ 6번째 위치에 있는 수인 '02'에서 앞의 0을 뺀 '2'를 저장한다.
- input d 3−4; → 앞의 input 명령문에 @가 있으므로 변수 d는 c와 같은 두 번째 레코드의 3 ~ 4번째 위치에 있는 수인 '11'을 저장한다.
- input e 3−5; → 변수 e는 세 번째 레코드의 3 ~ 5번째 위치에 있는 수인 '050'에서 앞의 0을 뺀 '50'을 저장한다.

이들을 모두 출력한 〈결과〉는 다음과 같다.

a	b	c	d	e
20824	8	2	11	50

따라서 출력된 수를 모두 더하면 20,824+8+2+11+50=20,895이다.

54 정보처리능력 제품 일련번호 입력하기

| 정답 | ④

| 해설 | 제조 연월은 2401, 제조공장은 7, 용도는 가정용이므로 H, 유통 경로는 유럽수출이므로 506, 생산순서는 네 자리인 0125이므로 해당 제품의 일련번호는 24017H5060125이다.

55 정보처리능력 클라우드 컴퓨팅 이해하기

| 정답 | ④

| 해설 | 클라우드 컴퓨팅은 초기 투자비용 없이 이용한 만큼 지불하는 탄력성, 최소 자원으로 시작 후 사용량에 따라 동적 확장이 가능한 확장성을 가지므로 중소기업이 클라우드 플랫폼을 도입하는 것이 비용 측면에서 바람직하지 않다는 설명은 옳지 않다.

| 오답풀이 |

① 탄력성은 초기 투자비용 없이 이용한 만큼 지불하는 것을 말하므로 클라우드 컴퓨팅 서비스에 대한 초기 접근성이 좋음을 알 수 있다.

② 저성장, 저소비, 고실업, 고위험 등은 4차 산업혁명과 더불어 2008 글로벌 경제위기 이후 세계경제에 나타난 뉴노멀 현상을 나타내는 키워드이다. 이러한 뉴노멀 시대의 도래로 인해 클라우드 컴퓨팅이 중요해졌다는 내용이 세 번째, 네 번째 문단에 나타나 있다.

③ 기업들의 전환 가속화는 경쟁사뿐 아니라 동종업계에도 영향을 주어 전 산업 영역으로 확대되고 있으므로 클라우드 컴퓨팅 서비스 제공자와 소비자 모두 데이터 관리 역량을 키워야 변화에 적응할 수 있다.

56 정보처리능력 리눅스 프로그램 이해하기

| 정답 | ①

| 해설 | 팀원별 로그인 기록의 #lastlog −t 5 /var/log/wtmp.1 명령 출력 결과에 따르면 가장 최근에 로그인한 사용자는 3월 30일 목요일 3시에 로그인한 DORA이다.

| 오답풀이 |

② #last −f /var/log/wtmp.1에서 BRAVO 사용자는 1월 13일 금요일과 3월 25일 토요일에 로그인 기록이 있는데, 이 둘의 Port가 각각 pts/3과 pts/4로 기록되어 있다. 따라서 BRAVO 사용자는 pts/3과 pts/4 두 개의 하드웨어에서 로그인을 하였음을 알 수 있다.

③ #lastlog −t 5는 사용자의 마지막 로그인 시각 중 명령을 입력한 날을 기준으로 5일 전 이내의 기록만을 출력한다. 명령을 입력한 시점이 3월 31일이므로, #lastlog −t 5를 입력하면 3월 26일부터 31일까지의 로그인 기록만을 분석하여 출력하며 3월 24일의 로그인 기록은 읽지 않는다. 따라서 ELITE의 최근 5일간의 마지막 로그인 정보를 확인하는 #lastlog −t 5 −u ELITE를 입력하면 로그인 기록이 없다는 의미의 **Never logged in**이 출력된다.

④ #lastlog −t 5 /var/log/wtmp.1에서 CHLOE가 3월 27일 월요일 17시 11분에 pts/2를 통해 마지막으로 로그인한 기록이 있음을 확인할 수 있다. #last −f /var/log/wtmp.1에도 이에 대응하는 기록이 있어야 하므로 ㉡에는 Mon March 27이 들어가는 것이 적절하다.

57 정보처리능력 리눅스 프로그램 이해하기

| 정답 | ①

| 해설 | #last −2 /var/log/wtmp.1 명령어는 /var/log/wtmp.1 로그 파일의 로그인과 로그아웃에 대한 정보 중 가장 마지막 두 줄을 출력하는 명령어이다. 따라서 출력 결과로 3월 28일 화요일에 접속한 ALEPH 사용자의 접속기록과 3월 30일 목요일에 접속한 DORA 사용자의 기록이 출력되어야 한다.

| 오답풀이 |

② #last −1 −a /var/log/wtmp.1 명령어는 /var/log/wtmp.1 로그 파일의 로그인과 로그아웃에 대한 정보 중 가장 마지막 한 줄을 출력하되, 출력되는 목록에서 인터넷 IP주소 필드를 맨 오른쪽에 출력하도록 하는 명령어이다. 따라서 ②와 같이 로그 파일의 가장 마지막 줄의 3월 30일 목요일에 접속한 DORA 사용자의 기록에서 IP 주소 필드를 가장 오른쪽에 위치시킨 결과를 출력해야 한다.

③ #lastlog −u FENNEC /var/log/wtmp.1 명령어는 /var/log/wtmp.1 로그 파일에서 FENNEC 사용자의 마지막 로그인 정보를 출력하는 명령어이다. 그런데 자료의 #last −f /var/log/wtmp.1 명령어 입출력 결과에서 FENNEC 사용자에 대한 로그인 정보가 존재하지 않으므로, 로그인 기록이 없다는 의미의 **Never logged in**이 출력되어야 한다.

④ #lastlog −t 3 /var/log/wtmp.1 명령어는 /var/log/wtmp.1 로그 파일에서 명령을 입력한 날을 기준으로 3일 전 이내의 마지막 로그인 기록을 출력하는 명령어이다. 명령을 입력한 현재 시점이 3월 31일이므로, 3월 28일부터 31일까지의 기간 중 마지막 로그인 기록이 있는 ALEPH, DORA의 로그인 기록이 출력된다.

58 컴퓨터활용능력 코드 입력하기

| 정답 | ④

| 해설 | Status Code가 207이므로 그 다음 줄의 숫자인 272, 104, 52, 74, 209 중 가장 큰 숫자인 272와 가장 작은 숫자인 52의 합인 324를 FEV로 한다. 따라서 FEV가 300 이상이므로 〈FEV별 조치 매뉴얼〉에 따라 입력코드로 Fatal을 입력하는 것이 적절하다.

59 컴퓨터활용능력 코드 입력하기

| 정답 | ②

| 해설 | Status code가 999이므로 Status code 아래의 숫자들과 Section 번호를 비교한다. Status code 숫자들 중 171보다 더 큰 숫자인 182가 존재하므로, 입력코드로 Passed를 입력하는 것이 적절하다.

60 컴퓨터활용능력 코드 입력하기

| 정답 | ①

| 해설 | Status code가 301이므로 Status code 아래의 숫자들 중 홀수인 숫자의 합을 FEV로 한다. 그런데 홀수인 숫자인 ▯71, 161, 2▯5에에서 보이지 않는 부분의 숫자가 모두 0이라고 가정하더라도 71+161+205=437이 되어 FEV가 300을 초과하게 된다. 따라서 입력코드로 Fatal을 입력하는 것이 적절하다.

3회 기출예상문제

▶ 문제 126쪽

01	④	02	①	03	②	04	④	05	①
06	④	07	④	08	②	09	③	10	③
11	①	12	④	13	②	14	④	15	③
16	④	17	①	18	②	19	②	20	④
21	④	22	④	23	③	24	①	25	①
26	②	27	③	28	①	29	④	30	④
31	③	32	③	33	②	34	④	35	②
36	①	37	③	38	③	39	②	40	④
41	④	42	③	43	③	44	④	45	③
46	④	47	③	48	③	49	②	50	③
51	②	52	①	53	④	54	①	55	②
56	③	57	④	58	③	59	②	60	①

01 문서이해능력 세부 내용 이해하기

| 정답 | ④

| 해설 | 세 번째 문단을 통해 보호 관세 주의를 도입한 사람은 콜베르이므로 네덜란드가 아니라 프랑스에서 추진했음을 알 수 있다.

| 오답풀이 |

① 네 번째 문단의 "요한 드 비트의 아버지 야코프는"을 통해 알 수 있다.

② 마지막 문단에서 세 사람 모두 왕정과의 권력 투쟁 및 질시를 받았다고 했으므로 적절하다.

③ 세 번째 문단의 콜베르의 주장을 통해 알 수 있다.

02 문서작성능력 빈칸에 들어갈 접속어 파악하기

| 정답 | ①

| 해설 | ㉠ 뒤의 문장에서는 앞의 문장을 구체적으로 설명하기 위해 예를 들고 있다. 따라서 ㉠에는 '가령'이 들어가는 것이 적절하다. ㉡ 뒤의 문장은 앞의 문장에 대하여 내용을 강조 · 보충하고 있다. 그러므로 ㉡에는 '게다가', '또한'이 들어가는 것이 적절하다.

03 문서이해능력 세부 내용 이해하기

| 정답 | ②

| 해설 | 교육일정 안내를 보면 교육인원은 각각 50명으로 제한되어 있으나, 신청하지 못한 사람에 대한 대안이 제시되어 있지는 않다.

| 오답풀이 |

① 교육과목 안내 중 '사업비 집행 · 정산 · 관리' 항목에 제시되어 있다.

③ 산업통상자원부와 K 관리원에서 교육을 진행하고 있다고 제시되어 있다.

④ 비대면 교육(ZOOM)으로 교육이 진행되므로 관련 기기나 매체가 필요하다는 것을 추론할 수 있다.

04 문서이해능력 세부 내용 이해하기

| 정답 | ④

| 해설 | 교육과목별 진행 시간을 정리하면 다음과 같다.

R&D 전략기획의 개요	12:00 ~ 12:30
산업기술 R&D 과제수행	12:30 ~ 13:30
성과관리 및 활용	13:30 ~ 14:30
RCMS 이해와 활용	14:30 ~ 15:30
사업비 집행 · 정산 · 관리	15:30 ~ 17:30
부패신고 및 보호보상제도	17:30 ~ 18:00

따라서 12시 50분에는 산업기술 R&D 과제수행 교육이 진행되고 있다.

05 문서이해능력 각 항목별 개정 내용 파악하기

| 정답 | ①

| 해설 | [가]에서는 선물과 경조사비의 가액 범위 조정을 설명하고 있다. '음식물'이 선물의 범위를 설명하기 위해 언급되었으나, 가액 범위를 설명하고 있지는 않다.

06 문서이해능력 세부 내용 이해하기

| 정답 | ④

| 해설 | [라]에서 보완 신고 기산점을 사전 신고 시 제외된 사항을 안 날로부터 5일 이내로 변경한다고 했다.

07 문서이해능력 세부 내용 이해하기

| 정답 | ④

| 해설 | '3. 다'를 통해 최종합격자의 결원보충은 서류점수와 면접점수의 평점이 아닌 면접시험 단계에서의 평정 성적이 차순위인 자를 추가로 합격시켜 이루어진다는 것을 알 수 있다.

| 오답풀이 |

① '2. 나'를 통해 알 수 있다.

② '시험방법'의 1차시험 설명에 따르면 응시인원이 채용예정인원의 5배수 이상일 때 5배수 이상으로 서류전형 합격자를 결정할 수 있다. 본 공고는 채용인원이 1명이고 응시인원이 10명일 경우 5배수 이상에 해당하므로 10명 모두 서류 합격자로 결정할 수 있다.

③ '접수방법'을 보면 대리접수가 가능하다고 나와 있으므로 접수장소인 K 구청 민관협치과 자원봉사팀에 대리자가 직접 방문해서 접수하는 것이 가능하다.

08 문서이해능력 자료에 대한 의견 제시하기

| 정답 | ②

| 해설 | 제시된 글의 첫 번째 문장을 통해 평가 대상이 산업기술 연구개발(R&D)임을 알 수 있다.

| 오답풀이 |

① 두 번째 문단에 스텔라의 주요 기능 중 업무프로세스 자동화(RPA) 기능만 세부 설명이 없다.

③ DRM은 Digital Rights Management의 약자로 디지털 콘텐츠의 무단 사용을 막아 제공자의 권리와 이익을 보호하는 기술 및 서비스이며, BIS는 Business Intelligence System의 약자로 기업의 합리적 의사결정을 돕는 경영정보시스템이다. 제시된 글에는 이에 대한 설명이 포함되어 있지 않다.

④ 마지막 문장에서 주요도표 추출, 사업계획서 요약, 수행기관 보유특허 파악, 재무현황 또는 과거 과제수행이력 파악을 그래픽으로 제시한다고 하였으므로 그에 대한 예시가 있으면 독자의 글에 대한 이해를 더 높일 수 있다.

09 문서이해능력 세부 내용 이해하기

| 정답 | ③

| 해설 | 피아제는 아동의 혼잣말을 미성숙한 자기중심적 사고의 사례로 보았고, 비고츠키는 아동이 언어적 사고를 시작하게 될 때, 사고의 도구로써 혼잣말을 사용한다고 보았다.

| 오답풀이 |

① 아동이 인지 발달 단계에 따라 능동적으로 지식을 구성하는 면에서 어린 과학자와 같다고 여긴 사람은 피아제이다.

② 2 ~ 7세까지의 전조작기에는 성인과 같은 가역적 사고, 추론, 보존 개념, 유목 포함 개념의 학습을 할 수 없다.

④ 근접발달영역 과제를 수행하기 위해서는 성인이나 유능한 또래의 도움이 필요하므로, 비교적 쉽지 않은 과제이다.

10 문서작성능력 글의 서술방식 파악하기

| 정답 | ③

| 해설 | 제시된 글은 아동의 인지발달이라는 하나의 주제에 대해 피아제와 비고츠키라는 두 이론가의 서로 다른 주장을 제시하며 글을 서술하고 있다.

11 문서이해능력 적절한 사례 추론하기

| 정답 | ①

| 해설 | 마지막 문단에 따르면 아동이 근접발달영역의 과제를 수행하기 위하여 성인이나 유능한 또래의 도움이 필요한데 이 도움을 비계설정이라고 한다. ①에서는 성인이나 유능한 또래의 도움이 나타나지 않으므로 비계설정의 적절한 사례라고 볼 수 없다.

12 문서이해능력 세부 내용 이해하기

| 정답 | ④

| 해설 | 제시된 글에서는 짜깁기한 데이터를 사용하는 알고리즘 모델, 딥러닝 기반의 인공지능은 상식과 추론의 영역에서 한계가 있으며, 이를 극복하기 위해서 게리 마커스와 어니스트 데이비스는 딥러닝을 넘어선 딥언더스탠딩 영역의 인공지능이 필요하다는 주장을 하였다고 설명하고 있다.

| 오답풀이 |

① 첫 번째 문단에 인공지능이 인간의 지능을 넘어서는 기술적 특이점이 2045년에 올 것이라는 레이먼드 커즈와일의 예측이 제시되어 있으나, 그 주장의 이유는 글에 제시되어 있지 않다.

② 두 번째 문단에 스티브 호킹과 일론 머스크가 인공지능의 발달이 인류의 위협이 될 수 있다는 주장을 소개하고 있으나, 구체적으로 인공지능의 어떠한 점이 인류의 위협으로 작용하는지에 대해서는 설명하고 있지 않다.

③ 첫 번째 문단에 인공지능이 인류가 당면한 문제인 기후변화, 빈곤, 전쟁, 불치병 등의 문제를 해결할 것이라는 에릭 슈미트의 주장을 소개하고 있으나, 인공지능이 이러한 인류의 문제들을 해결한 사례에 대해서는 제시하고 있지 않으며, 반대로 인공지능 알고리즘이 코로나 19 바이러스 탐지와 추적에 도움이 되지 못했다는 사례를 제시하고 있다.

13 문서이해능력 주장의 관점 이해하기

| 정답 | ②

| 해설 | 스티븐 핑커는 인간의 사고구조에 대한 연구는 발전하여 인간이 기계의 마음을 만들어 낼 수 있을 것이라고 보지만, 이러한 연구가 실체화되어 인공지능이 인간의 지능을 초월할 때까지 인간이 인공지능에 대한 안전장치를 만들지 않았을 리가 없다고 보았다. 또한 인공지능이 인간의 사고구조를 가지고 인공지능이 인류를 뛰어넘는 미래는 도래하지만, 이로 인해 인류가 파멸하는 미래는 오지 않는다고 주장했다. 따라서 스티븐 핑커의 주장은 인공지능의 발달이 인류에게 중대한 위협이 될 것이라는 스티븐 호킹의 주장과 가장 배치된다.

14 문서이해능력 법조문 확인하기

| 정답 | ④

| 해설 | 「고용보험법 시행규칙」 제157조 제5항에 따라 포상금 지급은 포상금 지급 신청일부터 14일 이내에 이루어진다.

| 오답풀이 |

① 「고용보험법 시행규칙」 제157조 제2항에 따른 내용이다.

② 「고용보험법 시행규칙」 제157조 제3항에 따른 내용이다.

③ 「고용보험법 시행규칙」 제157조 제4항에 따른 내용이다.

15 문서이해능력 포상금 액수 파악하기

| 정답 | ③

| 해설 | 〈포상금 지급기준〉을 참고하여 부정행위별 포상금을 구한다.

• 부정한 방법으로 고용안정사업을 지원받은 사업주 : $4,200 \times \frac{30}{100} = 1,260$(만 원)이며, 이를 J 씨와 반씩 나누기로 했으므로 $\frac{1,260}{2} = 630$(만 원)이다.

• 육아휴직 급여를 부정수급한 사람 : $3,000 \times \frac{20}{100} = 600$(만 원)이나, 연간 지급한도가 500만 원이므로 500만 원이다.

• 실업급여를 부정수급한 사람 : $2,000 \times \frac{20}{100} = 400$(만 원)이다.

따라서 총 630+500+400=1,530(만 원)이다.

16 문서이해능력 글을 바탕으로 추론하기

| 정답 | ④

| 해설 | 완벽주의와 승진지향 위주의 문화는 상급자의 권한위임이 잘 이루어지지 않는 두 번째 원인에서 언급되었으며, 이들은 임파워먼트를 억제한다.

| 오답풀이 |

① 제시된 글을 살펴보면 조직문화 이해나 의사소통과 관련한 역량이 부족하거나, 성격 특성 또는 권력 욕구 등에 따른 동기의 결여가 개인적 차원에서의 임파워먼트의 장애요인이 됨을 알 수 있다.

② 두 번째 문단을 통해 신뢰의 의미를 파악할 수 있다. 또한, 신뢰감 부족이 권한위임을 방해한다고 하였으므로 신뢰가 권한위임에 긍정적인 영향을 미침을 알 수 있다.

③ 권한위임의 두 번째 방해요인에 따르면 억압과 강요, 판단의 권한이 상급자에게 집중되어 있는 등의 조직 문화는 임파워먼트 실행에 부정적 영향을 미친다. 따라서 조직원들의 자유로운 참여와 기여를 북돋아주는 조직 문화, 즉 여건을 조성해 주는 것이 임파워먼트 충족의 기준이 될 수 있다.

17 문서이해능력 자료를 바탕으로 추론하기

| 정답 | ①

| 해설 | 허시와 블랜차드의 성숙도 이론에서 M1에 해당하는 영역은 부하의 성숙도가 낮다는 특징을 지닌다. 따라서 리더가 주도적으로 의사를 결정하고 부하에게 행동을 지시하는 형태의 지시형 리더십을 선택하는 것이 보다 적절하다.

| 오답풀이 |

② M_2의 영역에 해당하는 부하는 업무를 위임받을 수 있을 수준의 업무의 성숙도가 갖추어지지 않은 상태이다. 따라서 리더의 일차적인 결정을 부하에게 설명하고, 이에 대한 의사소통을 통해 공동의사결정을 이끌어 내는 설득형 리더십을 선택하는 것이 적절하다.

18 문제처리능력 자료를 바탕으로 금액 산출하기

| 정답 | ②

| 해설 | 예상 판매 부수가 가장 많은 패키지 구성은 3,500개인 '신간+에코백+달력'이다. 이 구성의 신간 할인가격은 14,500−(5,000+1,500)=8,000(원)이다.

19 문제처리능력 조건을 바탕으로 가격 추론하기

| 정답 | ②

| 해설 | 제시된 산식에 따라 '신간 패키지 가격=(신간 할인가격)+(구성용품 단가의 합)'이므로 9,000원에 구성용품 단가의 합을 더하면 패키지 가격을 구할 수 있다. 각 패키지 구성별 신간 패키지 가격을 다시 산출하면 다음과 같다.

- 신간+달력+수첩
  =9,000+(1,500+800)=11,300(원)
- 신간+달력+노트
  =9,000+(1,500+1,000)=11,500(원)
- 신간+수첩+노트+볼펜
  =9,000+(800+1,000+500)=11,300(원)
- 신간+달력+수첩+노트+볼펜
  =9,000+(1,500+800+1,000+500)=12,800(원)
- 신간+에코백+달력
  =9,000+(5,000+1,500)=15,500(원)

따라서 가장 저렴한 패키지 구성의 가격은 11,300원이다.

20 문제처리능력 할인금액이 큰 업체 선정하기

| 정답 | ④

| 해설 | 모든 업체에서 구매해야 할 품목과 개수가 같으므로 가장 저렴한 업체가 할인금액이 가장 클 것이다. 이를 통해 업체별 총금액을 산정해 보면 다음과 같다.

- A 업체 : 76,950+90,000+36,000=202,950(원)
- B 업체 : 90,000+76,000+36,000=202,000(원)
- C 업체 : 72,000+90,000+38,000=200,000(원)
- D 업체 : 80,000+88,000+31,000=199,000(원)

따라서 D 업체의 전체 할인금액이 가장 크다.

21 문제처리능력 규정 올바르게 적용하기

| 정답 | ④

| 해설 | 계약직 직원은 20단위, 정규 직원은 50단위를 지급받으므로 70단위가 증가한다. 한편, 기존의 한 정규 직원의 전 분기 대비 실적이 70% 미만이므로 50단위의 절반인 25단위를 총무과에 반납해야 한다. 따라서 총 45단위가 증가한다.

| 오답풀이 |

① 계약직 사원은 20단위, 정규 사원은 50단위, 대리와 팀장은 각 30, 20단위를 지급받으므로 A 팀의 총 사무 비품은 20+50×2+30+20=170(단위)이다.

② 팀장이 퇴사하여 20단위가 감소하고 대리가 팀장의 역할을 대신하여 10단위가 증가한다. 또한 정규 직원이 새로 들어왔으므로 50단위가 증가하여 총 50+10−20=40(단위)가 증가한다.

③ 최 대리가 팀장으로 승진한다면 20단위가 감소하고 정규 사원이 대리로 승진하면 20단위가 감소하므로 총 40단위가 감소한다.

22 문제처리능력 자료 분석하기

| 정답 | ④

| 해설 | 국제선 항공권 할인, K 여행사 패키지 할인, 호텔 숙박료 할인이 3개 카드에 모두 적용된다.

| 오답풀이 |

① 국제선 항공권 할인이 누락되어 있으며, 인천공항 주차요금 할인은 '병' 카드에 적용되지 않는다.

② 국제선 항공권 할인이 누락되어 있다.

③ K 여행사 패키지 할인이 누락되어 있다.

23 문제처리능력 자료를 바탕으로 혜택 파악하기

| 정답 | ③

| 해설 | 카드별 혜택 적용 금액을 구하면 다음과 같다.

- '갑' 카드
  - K 여행사 패키지 상품 : 5,500,000(원)×0.03=165,000(원)
  - 주차요금 : 100,000(원)×0.3=30,000(원)
  - JR 철도 : 120($)×0.15=18($)
    18($)×1,100(원)=19,800(원)
  - 식사 : 20,000(원)×0.1=2,000(원)

  따라서 총 혜택 적용 금액 합계 : 165,000+30,000+19,800+2,000=216,800(원)이다.
- '을' 카드
  - K 여행사 패키지 상품 : 5,500,000(원)×0.05=275,000(원)
  - 주차요금 : 100,000(원)×0.5=50,000(원)
  - JR 철도 : 120($)×0.15=18($)
    18($)×1,100(원)=19,800(원)
  - 도서구매 : 30,000(원)×0.1=3,000(원)

따라서 총 혜택 적용 금액 합계는 275,000+50,000+19,800+ 3,000=347,800(원)이다.

- '병' 카드
  - K 여행사 패키지 상품 : 5,500,000(원)×0.06=330,000(원)

따라서 총 혜택 적용 금액 합계는 330,000원이다.

따라서 347,800원으로 '을' 카드의 혜택이 가장 크다.

24 문제처리능력 자료를 바탕으로 혜택 비교하기

| 정답 | ①

| 해설 | SW 호텔 이용 시에는 '병' 카드가 숙박료의 7%를 할인해 주므로 혜택이 가장 크다.

| 오답풀이 |

② 혜택의 종류가 많은 것이지 혜택 금액이 가장 많은 것은 아니다.

③ '을' 카드에는 적용되지 않는다.

④ 어디에서 어떤 지출 행위를 하느냐에 따라 달라진다.

25 문제처리능력 자료 분석하기

| 정답 | ①

| 해설 | 교육훈련비 지급은 교육 주관부서에서 집행하되, 예산 운용 여건상 부득이한 경우 예외적으로 사업부서 및 소속기관도 예산 범위 내에서 집행할 수 있다고 규정하고 있다.

| 오답풀이 |

② 위촉수단 비용의 상한은 강의 1시간, 기고 1건 기준으로 동일한 금액으로 책정하고 있다.

③ 한국도로공사 임직원이 공단 업무에 관한 교육에 위촉될 경우 규칙으로 정하는 소정의 실비 이외의 위촉수당은 지급되지 않는다.

④ 공무원 1명이 1시간 동안 강의를 진행한 경우의 위촉수당의 상한은 300,000원, 기업체 대표가 2시간 동안 강의를 진행한 경우의 위촉수당의 상한은 600,000원이므로 최대 900,000원의 위촉수당이 교육 주관부서를 통해 지급된다.

26 문제처리능력 자료를 바탕으로 금액 산출하기

| 정답 | ②

| 해설 | 학급 교직원의 위촉수당 비용의 상한은 시간당 900,000원, 강의 시간과 관계없이 1시간 수당의 2배를 초과할 수 없으므로 3시간 강의에 따른 최대 위촉수당 비용은 1,800,000원이다. 또한 실비(교통비, 숙박비, 식비)는 위촉수당과 별도로 지급되므로, 이는 위촉수당 비용의 상한에 포함되지 않는다. 따라서 지급받을 수 있는 최대 금액은 실비 40,000원을 포함하여 최대 1,840,000원이 된다.

27 문제처리능력 지침에 맞게 안내하기

| 정답 | ③

| 해설 | 네 번째 판매 지침에서 ○○카드로 구매 시 할인혜택은 결제 대금일에 할인이 적용되는 청구할인이라고 제시되어 있으므로, 구매 즉시 할인을 받을 수 있다는 안내는 적절하지 않다.

| 오답풀이 |

① 일곱 번째 지침에 부합한다.

② 다섯 번째 지침에 부합한다.

④ 여섯 번째 지침에 부합한다.

28 문제처리능력 문의에 답변하기

| 정답 | ①

| 해설 | 환불문의가 들어온 간장꽃게장은 아이싱 포장으로 배송되는 신선식품으로, 수령 후 단순변심으로 인한 취소 및 반품이 불가능한 상품에 해당한다.

29 문제처리능력 자료 분석하기

| 정답 | ④

| 해설 | 본선 대회 심사기준의 항목 (4)에서 용어 사용의 적절성, 진행의 형식 요건 여부를 심사함을 알 수 있다.

| 오답풀이 |

① 1차 평가에서 개별 항목 점수가 배점의 40% 미만인 경우 탈락한다고 규정하고 있으므로 1차 평가의 항목 (1)

에서 해당 규정으로 탈락하기 위해서는 $20 \times \frac{40}{100} = 8$ (점) 미만을 받아야 한다. 따라서 항목 (1)에서 8점을 받은 참가자는 탈락하지 않는다.

② 제출된 자료에 대한 표절 검사는 1차 평가 이전에 진행되며, 피심인 의견서 최종안에 대해서는 표절 검사가 진행되지 않는다.

③ 본선 대회 심사기준의 항목 (3)에서 심사위원의 질의에 대한 설득력 있는 답변에 대한 평가배점은 최대 20점이다.

30 문제처리능력 자료를 바탕으로 평가하기

| 정답 | ④

| 해설 | '유의사항'의 자료작성 시 작성 기준 중 글씨체, 글자크기 두 가지를 준수하지 않았으므로 소속 대학 엠블럼이 포함되어 있는지 여부와 관계없이 접수할 수 없다.

| 오답풀이 |

① '3. 심사기준 및 방법'의 표를 통해 파악할 수 있다.

② 1차 평가 전 자료의 중복률이 11%라면 1차 평가에서 2점이 감점되므로, 1차 평가에서의 총점은 8+5+9−2=20(점)으로 총점 기준에 미달하여 탈락한다.

③ 1차, 2차 평가에서 받을 수 있는 최고점을 받은 항목은 15점 만점에 15점을 받은 2차 평가의 항목 (1)이다.

31 문제처리능력 자료를 바탕으로 일정 확인하기

| 정답 | ③

| 해설 | 1차 평가 자료는 8월 11일까지 우편이 아닌 E-mail로 제출하여야 한다.

| 오답풀이 |

② 1차 평가 자료에 대한 평가기준으로 소재의 시사성과 참신성이 포함되어 있다.

32 문제처리능력 자료 분석하기

| 정답 | ③

| 해설 | 주 40시간 미만을 근무하는 단시간근로자인 C 대리는 1주 12시간 이내의 휴일근로가 가능하다.

| 오답풀이 |

① 휴직 중인 직원은 시간외근로와 휴일근로 모두 불가능하다.

② 임신 중인 직원인 B 과장은 평일과 토요일 시간외근로가 불가능하다.

④ 주 40시간 미만을 근무하는 단시간근로자인 D 대리는 원칙적으로는 평일 시간외근로가 불가능하다. 다만 교육 및 워크숍 등의 사유로 불가피할 경우에 한하여 연 20시간, 1주 12시간 한도 내에 예외적으로 평일 시간외근로가 가능하다.

33 도표분석능력 자료의 수치 분석하기

| 정답 | ②

| 해설 | B ~ D 지역은 감자와 고구마 생산량이 모두 감소하였다. A 지역의 경우 고구마 생산량은 증가하였으나 그보다 더 큰 수치로 감자 생산량이 감소하였으므로 감자와 고구마 총생산량은 감소하였다. 반면, E 지역은 감자 생산량의 감소 값보다 고구마 생산량의 증가 값이 더 크므로 감자와 고구마의 총생산량이 유일하게 증가하였다. 실제로 E 지역의 감자, 고구마의 총생산량은 20X1년에 37,498톤, 20X2년에 39,184톤이다.

| 오답풀이 |

③ A ~ E 지역의 20X2년 전년 대비 감자 생산량의 증감률은 다음과 같다.

- A 지역 : $\frac{48,411-71,743}{71,743} \times 100 ≒ -32.5(\%)$
- B 지역 : $\frac{63,391-89,617}{89,617} \times 100 ≒ -29.3(\%)$
- C 지역 : $\frac{5,049-5,219}{5,219} \times 100 ≒ -3.3(\%)$
- D 지역 : $\frac{14,807-18,503}{18,503} \times 100 ≒ -20.0(\%)$
- E 지역 : $\frac{7,893-9,007}{9,007} \times 100 ≒ -12.4(\%)$

따라서 증감률의 절댓값이 가장 큰 지역은 A 지역이다.

④ 5개 지역 고구마 총 생산량은 20X2년에 294,963톤, 20X1년에 313,195톤이므로 20X2년 전년 대비 증감률은 $\frac{294,963-313,195}{313,195} \times 100 ≒ -5.8(\%)$이다.

34 기초연산능력 단위 변화구하기

| 정답 | ④

| 해설 | 최 사원의 승용차는 12m 이동 시 $8cm^3$의 휘발유를 소비하며, 이동 거리는 90km, 즉 90,000m이므로 총 $90,000 \div 12 \times 8 = 60,000(cm^3)$의 휘발유를 소비한다. 제시된 단위 환산표를 보면 $1cm^3 = 0.001\ell$이므로 $60,000cm^3 = 60\ell$이다.

35 도표분석능력 자료의 수치 분석하기

| 정답 | ②

| 해설 | ㄱ. 20X3년 남자의 식이섬유 섭취량은 20X1년 대비 0.1g 감소하였고, 여자의 식이섬유 섭취량은 20X1년 대비 0.1g 증가하였다. 따라서 남자와 여자의 식이섬유 섭취량 변동 방향은 서로 다르나 그 차이값은 0.1g으로 동일하다.

ㄴ. 남자의 지방 섭취량 증가율은 $\frac{56.9-54.7}{54.7} \times 100 ≒ 4.0$(%), 여자의 지방 섭취량 증가율은 $\frac{41.1-39.1}{39.1} \times 100$ ≒ 5.1(%)로 여자가 남자보다 더 크다.

| 오답풀이 |

ㄷ. 20X3년 남자의 탄수화물 섭취량은 298.4g이고 콜레스테롤 섭취량은 302.5mg이다. 콜레스테롤 섭취량의 단위는 mg이고 1,000mg=1g이므로, 탄수화물과 콜레스테롤 섭취량의 차이값은 $298.4 - \frac{302.5}{1,000} ≒ 298.1$(g)이다. 20X3년 여자의 탄수화물 섭취량은 234.6g이고 콜레스테롤 섭취량은 222.8mg이다. 탄수화물과 콜레스테롤 섭취량의 차이값은 $234.6 - \frac{222.8}{1,000} ≒ 234.4$(g)이다. 따라서 20X3년 탄수화물과 콜레스테롤 섭취량 차이값은 남자가 여자보다 더 크다.

36 도표분석능력 자료를 바탕으로 수치 계산하기

| 정답 | ①

| 해설 | 커피머신을 렌탈할 경우, 매달 커피머신 렌탈비와 캡슐 배송비만큼의 비용이 든다. D 브랜드의 커피머신을 렌탈할 경우 한 달 동안의 캡슐커피 사용에 들어갈 비용은 40,000+(770×60)=86,200(원)이므로, 3개월 동안 들어가는 비용은 총 86,200×3=258,600(원)이다.

| 오답풀이 |

② 커피머신을 구입하고 캡슐만 배송받을 경우, 2개월째부터는 캡슐 배송비만 소요된다. 따라서 N 브랜드의 커피머신을 구입할 경우 2개월째부터는 매월 620×60=37,200(원)의 비용이 발생한다.

③ I 브랜드의 커피머신을 렌탈할 경우 매달 발생하는 비용은 커피머신 렌탈비와 캡슐 배송비를 합하여 총 80,000+(550×60)=113,000(원)이다.

④ I 브랜드의 커피머신을 구입할 경우 첫 달 비용은 220,000+(550×60)=253,000(원)이다.

37 도표분석능력 자료를 바탕으로 수치 계산하기

| 정답 | ③

| 해설 | N 브랜드의 커피머신을 구입하여 6개월 동안 사용할 경우의 총 비용은 200,000+(60×620×6)=423,200(원)이다.

| 오답풀이 |

① N 브랜드의 커피머신을 렌탈할 경우 매달 60,000+(620×60)=97,200(원)의 비용이 소요된다.

② 커피머신을 구입할 경우의 첫 달 비용은 200,000+(620×60)=237,200(원)으로, 렌탈할 경우의 첫 달 비용인 97,200원의 3배 미만이다.

④ 커피머신을 렌탈할 경우의 3개월까지의 누적 비용은 97,200×3=291,600(원), 커피머신을 구입할 경우의 3개월까지의 누적 비용은 200,000+(620×60×3)=311,600(원)으로 커피머신을 구입할 경우의 비용이 더 높다.

38 도표분석능력 자료를 바탕으로 수치 계산하기

| 정답 | ③

| 해설 | N 브랜드의 커피머신 렌탈 비용이 매달 30,000원이라고 할 때, 커피머신을 x개월 동안 이용할 경우 렌탈 비용은 매달 $30,000x + (620 \times 60)x = 67,200x$(원), 커피머신을 구입할 때의 비용은 $200,000 + (620 \times 60)x = 200,000 + 37,200x$(원)이다.

커피머신을 렌탈할 경우의 누적 사용비가 커피머신을 구입하여 사용할 때의 누적 사용비를 추월하게 될 때 $67,200x > 200,000 + 37,200x$가 성립한다.

이를 정리하면 $x > \frac{200,000}{30,000} \fallingdotseq 6.67$이므로, 커피머신을 렌탈로 사용할 때의 비용은 커피머신을 사용하기 시작한 지 7개월째부터 커피머신을 구입하여 사용할 때의 비용을 추월하게 된다.

39 도표분석능력 자료의 수치 분석하기

| 정답 | ②

| 해설 | 모든 주택형태에서 도시가스 에너지가 가장 많이 소비되었다.

| 오답풀이 |

① 전체 에너지 소비량의 30%는 7,354×0.3=2,206.2(천 TOE)로 단독주택에서 소비한 전력 에너지량인 2,118천 TOE보다 많다.

③ 제시된 자료에 가구 수는 나와 있지 않으므로 가구당 에너지 소비량은 알 수 없다.

④ 모든 주택형태에서 소비되는 에너지 유형은 석유, 도시가스, 전력으로 3가지이다.

40 도표분석능력 자료를 바탕으로 수치 계산하기

| 정답 | ④

| 해설 | 아파트 전체 에너지 소비량 중 도시가스 에너지 소비량이 차지하는 비율은 $\frac{5,609.3}{10,125} \times 100 \fallingdotseq 55.4(\%)$이다.

41 도표분석능력 자료 해석하기

| 정답 | ④

| 해설 | 제시된 자료의 설명에 따르면 수행빈도율은 연간 근무일수를 260일로 계산하여, 과업의 수행일수를 백분율로 산정한 것이다. 즉 ㉠은 260일 중 해당 과업이 차지하는 비율이 30%라는 뜻이다.

42 도표분석능력 자료 해석하기

| 정답 | ③

| 해설 | 자료에 제시된 직무단위 수행빈도율의 값은 각각 해당 직무에 속한 과업들의 수행빈도율의 평균을 나타낸 값이다. 즉, 문화·예술기획의 경우 홍보목표 선정하기와 홍보전략 수립하기의 수행빈도율인 20%와 30%의 평균인 25%가 직무단위 수행빈도율이 된다.

43 도표분석능력 자료의 수치 분석하기

| 정답 | ③

| 해설 | 광주의 상시 수요조사비용과 기타조사비용을 합한 금액은 14,300+43,000=57,300(원)으로 55,000원을 초과한다.

| 오답풀이 |

① 충남의 공급조사비용은 19,405원으로 경남의 공급조사비용인 15,000원보다 크다.

② 대전/세종, 강원, 전남의 용역계약서비용은 총합계비용보다 더 크다.

④ 울산의 정기 수요조사비용과 기타조사비용의 합은 140,000+4,505=144,505(원)으로, 용역계약서비용인 145,600원보다 작다.

44 도표분석능력 자료를 바탕으로 수치 계산하기

| 정답 | ④

| 해설 | 부산과 경기, 제주의 정기 수급조사비용의 합은 150,000+187,900+175,000=512,900(원), 대전/세종과 충북, 충남의 조사비용 총합계의 합은 149,160+134,300+173,840=457,300(원)이므로, 이 둘의 차이는 512,900−457,300=55,600(원)이다.

45 도표분석능력 자료의 수치 분석하기

| 정답 | ③

| 해설 | 가해운전자의 경우 40세 이상 연령대에서는 고령층으로 갈수록 치사율이 높아지지만, 피해운전자의 경우에는

51 ~ 60세 연령층이 0.8%의 치사율로 41 ~ 50세의 치사율인 0.9%보다 낮은 것을 알 수 있다.

| 오답풀이 |

① 사상자 수는 사망자와 부상자 수를 합한 것으로 보아야 할 것이며, 별다른 언급이 없으므로 가해운전자와 피해운전자를 합산하여 파악해야 한다. 이 경우 연령이 높아진다고 해서 사상자 수가 반드시 많아지지는 않는다.

② 첫 번째 표의 가장 우측 수치들을 비교해 보면 '불명'을 제외하면 전 연령대에서 부상자 수는 가해운전자보다 피해운전자가 더 많은 것을 알 수 있다.

④ 사망자 수는 안전운전 의무 불이행, 신호위반, 중앙선 침범, 기타 순으로 많지만, 부상자 수는 안전운전 의무 불이행, 기타, 중앙선 침범, 신호위반 순이므로 올바른 판단이다.

46 도표작성능력 도표를 그래프로 변환하기

| 정답 | ④

| 해설 | ④는 피해운전자만의 사망자 수를 나타낸 것이며, '교통사고 사망자 수'라고 하였으므로 가해운전자 사망자 수를 합한 다음과 같은 그래프가 적절하다.

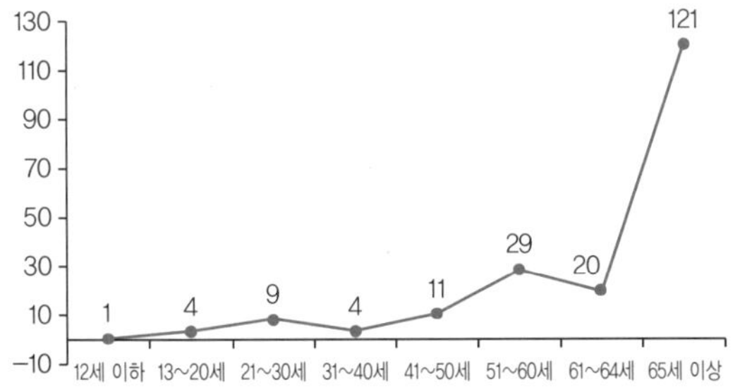

47 도표분석능력 소요 기간 파악하기

| 정답 | ③

| 해설 | 직무기술서는 1차 작성부터 확정안 도출까지의 과정을 거쳐 이루어진다. 1차 직무기술서 작성은 5주차에 시작되고 확정안 도출은 10주차에 완료되므로 총 6주가 소요된다.

48 도표분석능력 자료 해석하기

| 정답 | ③

| 해설 | 한 주 동안만 진행되는 과업은 '대상 기관별 용역 안내'로 총 1개이다.

| 오답풀이 |

① 9주에 총 5개의 과업이 동시에 진행된다.

② 프로젝트 10주 동안 과업들은 끊이지 않고 연속적으로 진행된다.

④ 직무기술서 최종안 도출 과업은 초안이 작성되고 있는 6주부터 시작된다.

49 컴퓨터활용능력 멀웨어 이해하기

| 정답 | ②

| 해설 | 지인으로부터 온 전자 메일로 위장하여 그 첨부 파일을 통해 확산된 멀웨어가 시스템을 무력화시키고 네트워크 성능 감소 문제가 발생한 상황이다. 이는 문제에서 설명한 멀웨어의 종류 중 웜에 감염된 상황이다.

50 컴퓨터활용능력 멀웨어 이해하기

| 정답 | ③

| 해설 | 스파이웨어는 무료 유틸리티나 특정 사이트를 통해 감염될 수 있으므로, 해당 경로에서 파일을 다운로드할 때 감염 가능성을 고려하는 것이 적절하다.

| 오답풀이 |

① 지인의 메일이라고 해도 첨부파일은 감염 경로가 될 수 있으므로 안전하지 않다. 제시된 글에서 컴퓨터 바이러스가 전자메일 첨부파일을 통해 확산된다고 명시되어 있다.

② 화면 보호기와 같은 프로그램이 안전하다고 단정할 수 없다. 제시된 글에 따르면 트로이 목마는 화면 보호기와 같은 합법적인 프로그램 내에 숨어서 침투하기 때문에 출처를 반드시 확인해야 한다.

④ 바이러스는 자동으로 치료된다고 단정할 수 없다. 제시된 글에 따르면 바이러스가 시스템을 무력화하거나 데이터를 삭제할 수 있으므로, 사용자가 별도의 조치를 취하지 않으면 심각한 피해가 발생할 수 있다.

51 정보능력 복합매체 이해하기

|정답| ②

|해설| 먼저 글쓴이는 복합매체의 특성과 그로 인한 부정적 측면을 제시하였다. 마지막 문단에서 복합매체를 통한 의사소통 활동에서 유념해야 할 원칙으로 규범성, 절제성, 기준성, 주체성의 원칙을 제시하면서, 이러한 규칙들을 준수하는 것의 중요성을 강조하고 있다.

52 정보능력 복합매체 이해하기

|정답| ①

|해설| ㉠은 통합성에서 초래되는 주체 상실의 내용을 나타내야 한다. A와 B는 각각 타인의 생각에 대한 무비판적인 쏠림, 유행에 대한 판단 없는 참여에 해당하는 내용으로 주체 상실의 사례에 해당한다.

|오답풀이|

- C : 복합매체의 초월성에 따른 언어의 무책임한 사용에 해당한다.
- D : 가변성이 낳은 불안의식에 따른 문제이다.

53 정보처리능력 정보관리 방법 이해하기

|정답| ④

|해설| ④는 목록을 이용한 정보관리 방법이다. 이렇게 목록을 만들기 시작한 다음 워드프로세서, 엑셀 같은 프로그램을 이용하여 목록 파일을 저장해 놓으면, 후에 다른 정보를 찾았을 때 저자의 가나다순에 맞추어 새로운 정보를 추가하는 것은 간단한 일이다.

|오답풀이|

① 분류를 이용한 정보관리 방법 중 시간적 기준에 따른 정보관리 방법이다.

② 분류를 이용한 정보관리 방법 중 주제적 기준에 따른 정보관리 방법이다.

③ 분류를 이용한 정보관리 방법 중 기능적/용도별 기준에 따른 정보관리 방법이다.

54 정보처리능력 정보의 활용 이해하기

|정답| ①

|해설| 신문이나 텔레비전 뉴스 등은 동적정보에 해당한다.

|오답풀이|

②, ③, ④ 보존되어 멈추어 있는 정적정보에 해당한다.

55 정보처리능력 제품 코드 이해하기

|정답| ②

|해설| 윈도우 설치 여부를 알려 주는 제품 코드 8번째 문자가 X이므로, 윈도우가 설치되어 있지 않다는 것을 알 수 있다.

56 정보처리능력 제품 코드 이해하기

|정답| ③

|해설| 2022년에 출시(22)된 스탠다드 시리즈(S) i9등급(9) 중 USB－C를 지원(U)하고 크기가 17인치(17)인 윈도우가 설치(A)된 128GB(1) 베트남산(V) 노트북의 제품 코드는 22S9U－17A1V이다.

57 정보처리능력 제품 코드 이해하기

|정답| ④

|해설| 임도건 고객은 용량이 256GB 이상(2 또는 5)이고 CPU 등급이 i7 이상(7 또는 9)인 노트북을 원하므로 제품 코드가 ○○○7○－○○○2○ 또는 ○○○7○－○○○5○ 또는 ○○○9○－○○○2○ 또는 ○○○9○－○○○5○이어야 한다.

|오답풀이|

① 이홍주 고객은 등급이 가장 높은 시리즈(U)의 가장 최신형(24) 노트북을 원하므로 제품 코드가 24U○○－○○○○○이어야 한다.

② 최지원 고객은 윈도우가 설치(A)되어 있고 썬더볼트를 지원(T)하는 노트북을 원하므로 제품 코드가 ○○○○T－○○A○○이어야 한다.

③ 박지민 고객은 크기가 15인치 이상(15 또는 17)인 한국산(K) 노트북을 원하므로 제품 코드가 ○○○○○-15○○K 또는 ○○○○○-17○○K이어야 한다.

58 정보처리능력 상품 코드 이해하기

| 정답 | ③

| 해설 | 시리얼 넘버는 '생산 시기-가구 분류-가구 종류-생산 공장-생산 수량' 순으로 연결되어 있다. 제시된 표를 따라서 각 항목의 코드와 연결하면, 2022년 하반기 생산품의 코드는 2202, 4～5인용 소파는 03FI, 충청남도 천안 공장은 B03이므로 이를 순서대로 연결하면 220203FIB03이 된다.

59 정보처리능력 상품 코드 이해하기

| 정답 | ②

| 해설 | 관리자가 관리하는 제품의 시리얼 넘버를 표에서 찾아 비교해 생산 시기와 생산 수량이 모두 동일한 것을 찾으면 된다. 생산 시기는 가장 앞의 네 자리 숫자이고 생산 수량은 맨 뒤의 네 자리 숫자이므로, 선택지에 짝지어진 두 관리자의 제품 시리얼 넘버 중 앞의 네 자리와 뒤의 네 자리를 비교해 보면 된다.

김대현, 홍인아의 제품 시리얼 넘버는 앞과 뒤가 각각 2101-0602로 같으므로, 두 사람은 생산 시기와 생산 수량이 동일한 물품을 관리하고 있음을 알 수 있다.

| 오답풀이 |

① 한석호 : 2201-0970, 이상훈 : 2201-0962

③ 장이레 : 2201-0310, 정지용 : 2101-0341

④ 장윤지 : 2202-0413, 이석준 : 2202-0418

60 정보처리능력 상품 코드 이해하기

| 정답 | ①

| 해설 | 관리자 명단에서 생산 공장 코드가 B02이고, 가구 분류 · 종류 코드가 04RT인 시리얼 넘버를 찾으면 이상훈(220104RTB020962) 1명뿐이다.

4회 기출예상문제

▶ 문제 178쪽

01	①	02	④	03	①	04	③	05	①
06	④	07	②	08	④	09	②	10	④
11	③	12	①	13	③	14	②	15	④
16	④	17	①	18	④	19	①	20	①
21	②	22	③	23	③	24	②	25	①
26	①	27	③	28	④	29	④	30	③
31	④	32	③	33	②	34	④	35	④
36	④	37	④	38	④	39	①	40	④
41	④	42	②	43	②	44	③	45	②
46	③	47	④	48	②	49	③	50	④
51	①	52	④	53	③	54	②	55	②
56	③	57	②	58	④	59	④	60	③

01 문서이해능력 세부 내용 이해하기

| 정답 | ①

| 해설 | 기존 기술은행은 사용자가 검색어 입력 시 전문 기술용어를 입력해야 정확한 정보를 검색할 수 있어 접근성과 활용성을 보다 높일 필요성이 제기되었다고 하였으므로 적절하다.

| 오답풀이 |

② 공공연구기관이 보유기술을 이전할 때는 각 공공연구기관에서 직접 등록한다.

③ 기존 기술은행 정보 검색 시의 시간 소요 문제에 대해서는 제시되어 있지 않다.

④ AI 기술을 활용하여 기술은행 사용자가 기술 연관정보를 체계적으로 파악할 수 있도록 하였다.

02 문서작성능력 소제목 파악하기

| 정답 | ④

| 해설 | ㉣에 해당하는 글의 내용은 기존의 공공연구기관 보유기술 등록 · 관리 기능을 우수한 민간(기업) 보유기술 발굴 및 등록까지 확대한다는 것이다. 따라서 ㉣에 들어갈

제목으로는 '민간 기술정보 탑재 확대 및 동영상 서비스 제공' 등이 적절하다.

03 문서이해능력 보도자료를 바탕으로 답변하기

| 정답 | ①

| 해설 | 기술예상가격의 개편 전후 차이점에 대해서는 언급되어 있지 않다.

| 오답풀이 |

② '㉠(기술은행 현황 및 개편배경)'을 통해 알 수 있다.

③ '01. ㉡(AI 기반 기술 매칭 및 기술예상가격 제공)'을 통해 알 수 있다.

④ '02. ㉢(기술정보 관계망 서비스 제공)'을 통해 알 수 있다.

04 문서이해능력 글을 바탕으로 추론하기

| 정답 | ③

| 해설 | 회전교차로는 회전 중인 차량에 통행 우선권이 있기 때문에 신규 진입 차량의 차선에는 양보선이 반드시 표시되어 있다. 그러나 로터리는 신규 진입 차량에 통행 우선권이 있기 때문에 회전 중인 차량의 양보를 유도하므로 진입 차량 차선에 양보선이 없음을 추론할 수 있다.

| 오답풀이 |

① 영국과 일본의 회전교차로는 차량의 회전 방향이 우리나라와 반대라는 내용은 제시되어 있으나 이는 통행 우선권과는 관련이 없다. 회전 중인 차량과 진입 차량 간의 통행 우선권이 우리나라와 다르다는 내용은 제시되어 있지 않다.

② 회전교차로의 중심에 있는 원형 구조물이 특정 차량의 통행을 고려하여 설치되었다는 내용은 제시되어 있지 않다.

④ 회전교차로 통행 시에 빠져나가는 차량은 반드시 방향지시등을 켜야 한다고 설명하고 있으므로 방향지시등을 켜고 회전하는 차량은 회전교차로가 로터리보다 더 많을 것이라고 추론할 수 있다.

05 문서이해능력 글을 바탕으로 추론하기

| 정답 | ①

| 해설 | ㉠ 회전교차로는 일반 교차로와 달리 진입을 통제하는 진입신호등이 존재하지 않는다.

| 오답풀이 |

㉡, ㉢ 우리나라의 회전교차로는 반시계방향으로 차량이 이동하므로 회전교차로에 진입하는 차량은 좌회전 지시등을 켜고 진입하고, 회전교차로에서 나가는 차량은 우회전 지시등을 켜고 나가야 한다.

㉣ 회전교차로에서는 회전 중인 차량이 통행 우선권을 가지므로, 회전교차로에 여유공간이 없다면 회전교차로에 진입하려는 차량은 회전교차로에 진입하기 전에 회전차량에 양보하여 양보선에서 대기해야 한다.

06 문서작성능력 글의 흐름에 맞게 내용 추가하기

| 정답 | ④

| 해설 | 〈보기〉는 공모전에 참가한 기관에 대한 행정안전부의 사업관련 지원 방안에 관한 내용으로, 수상작에 대한 행정안전부의 사업관련 지원 계획에 관한 내용이 나오는 (다) 문단 뒤에 들어가는 것이 적절하다.

07 문서이해능력 세부 내용 이해하기

| 정답 | ②

| 해설 | 안심도로는 지그재그, 소형 회전교차로, 차로폭 좁힘 등 자동차의 속도 감소를 유도하는 도로시설 설치 및 구성으로 보행자의 안전을 제고하기 위한 교통정온화 시설을 도입한 도로를 의미한다. 친환경차 충전시설과 지역 홍보 상품을 판매하는 스마트 복합쉼터 사업은 안심도로와 관련이 없다.

08 문서작성능력 안내문 수정하기

| 정답 | ④

| 해설 | 기준이 되는 화물차 평균 위험운전횟수를 질문하고 있으므로 모범운전자 포상금 제도를 실시한 3년간의 평균

위험운전횟수를 게시해야 한다. 평균 위험운전횟수 감소율은 이와는 관련 없는 자료이므로 적절하지 않다.

09 문서이해능력 세부 내용 이해하기

| 정답 | ②

| 해설 | 김△△의 포상 결과를 보면 도로 안전 지킴이 표창장을 수상했으므로 선발기준인 안전위험 운전 점수가 70점 이상인 운전자 중 상위 30%에 포함되었음을 알 수 있다. 김△△의 안전위험 운전 점수는 다음과 같다.

$100 \times (1 - \frac{9}{36}) \times 0.95 = 71.25$(점)

| 오답풀이 |

① 〈선발 기준〉에 따라 가중치 산식에 수치를 대입하면 $0.5 + 0.5 \times \frac{36}{40} = 0.95$(점)의 가중치가 김△△에게 부여된다.

③ 〈응모 대상〉, 〈안전운전 실천기간〉, 〈운행기록 제출 방법〉에 따라 김△△은 신청일인 2월 19일의 다음 달인 3월 1일부터 8월 31일까지 1톤 초과 사업용 화물차를 50일 이상 운전했음을 알 수 있다.

④ 〈신청 방법 및 기간〉에서 인터넷신청 시스템은 김△△이 신청한 날짜인 2월 19일보다 2일 뒤인 2월 21일부터 오픈했으므로 김△△는 고속도로 휴게소 종합안내소, 교통안전공단 자동차검사소, 운전적성정밀검사장 중 한 곳에 방문하여 신청했음을 알 수 있다.

10 문서이해능력 연도순으로 바르게 나열하기

| 정답 | ④

| 해설 | 첫 번째 문단에서 '1960년대는 산업화 및 공업화 촉진 등 경제발전을 지원하기 위해 도로, 철도 등의 교통인프라 구축이 이루어졌다. 이러한 교통시설의 건설은 사람과 화물의 수송력 증대를 가져왔고, 수송력 증가는 국가경쟁력을 높이는데 기여하였다.'라고 하였으므로 (라)가 제일 앞에 제시되어야 한다. 그 다음으로 '1970년대 지역개발과 여객 및 화물수요 증가에 따른 경부고속도로 건설, 국도 확충사업에 대한 집중 투자는 현재의 전국 간선도로망체계를 갖추는 계기가 되었다.'고 하였으므로 (나)가 이어져야 한다. 그 뒤로는 1980년대 상황인 (마)가 이어져야 하며 다음으로 1990년대 상황인 (다)가 이어져야 한다. 마지막으로 2000년대 상황인 (가)가 와야 한다.

11 문서작성능력 단어의 의미 파악하기

| 정답 | ③

| 해설 | '부문'은 '일정한 기준에 따라 분류하거나 나누어 놓은 낱낱의 범위나 부분.'이란 뜻이며 '전체를 몇 개로 나눈 것의 하나'의 의미를 가지는 단어는 '부분'이다.

12 문서이해능력 글의 제목 찾기

| 정답 | ①

| 해설 | 제시된 글을 보면 '서울특별시, 인천광역시 및 경기도를 포함한 수도권 광역교통문제를 해결하는 데는 상당히 미흡하였다.'라는 내용이 있고, '수도권 교통문제에 대한 종합적인 해결 방안을 제시', '수도권 광역도시계획과 도시공간구조변화에 대비하는 순환방사형 교통망을 구축' 등의 내용을 확인할 수 있다. 따라서 '수도권광역교통망계획(안)'이 글의 제목으로 적절하다.

13 문서이해능력 보도자료 이해하기

| 정답 | ③

| 해설 | ㄱ. 이번 협약은 두 기관 간 관측장비 및 시설 공동활용, 관측장비의 성능 평가 공동실험, 기상 · 기후환경 챔버 운영 기술교류, 도로살얼음 예측기술 공동연구 등 상호 협력체계 구축을 위해 마련되었다.

ㄴ. 도로살얼음은 블랙아이스를 우리말로 순화한 용어임을 '도로살얼음(블랙아이스)'를 통해 알 수 있다.

ㄷ. 주요 추진 내용으로 도로살얼음 발생 예측 모델과 도로결빙 관측자료의 비교를 통해 모델의 정확도를 제고한다는 것이 포함되어 있다.

| 오답풀이 |

ㄹ. 기상조건과 도로재질에 따른 도로살얼음 발생 예측모델을 개발하는 것으로 보아 도로의 재질은 도로살얼음 발생에 영향을 준다는 것을 알 수 있다.

14 문서이해능력 글의 제목 찾기

| 정답 | ②

| 해설 | 제시된 글은 아스피린과 타이레놀의 효능 및 차이점과 복용 시 주의사항에 대해 언급하고 있다. 따라서 글의 제목으로 '아스피린과 타이레놀의 선택 기준'이 가장 적절하다.

15 문서이해능력 글을 바탕으로 추론하기

| 정답 | ④

| 해설 | 아스피린이 아닌 타이레놀에 간 독성을 유발할 수 있는 아세트아미노펜 성분이 들어있다. 따라서 잘못된 추론이다.

| 오답풀이 |

① 아스피린은 '해열소염진통제'이므로 해열 기능이 있음을 추론할 수 있다.

② 타이레놀은 어린이가 복용할 수 있지만 아스피린은 독감, 수두에 걸린 '15세 이하의 어린이'에게 부작용이 나타날 수 있어 복용하지 않도록 하고 있다. 따라서 연령도 선택 기준이라는 것을 추론할 수 있다.

③ '염증이 동반되지 않는 두통, 치통, 생리통 등의 생활통증 발생 시 복용하는 것이 좋다.'라는 문구를 통해 추론할 수 있다.

16 문서작성능력 글의 서술방식 파악하기

| 정답 | ④

| 해설 | 차마설은 한문 문체의 하나인 '설'로, 사물의 이치를 풀이하고 의견을 덧붙여 서술하는 문학의 한 갈래이다. 일상의 경험과 그로 인한 깨달음을 서술하고 있으며 사실과 의견의 2단 구성을 취하고 있다.

17 문서이해능력 세부 내용 이해하기

| 정답 | ①

| 해설 | 캠핑용 자동차로 인정되기 위해서는 취침시설(승차 정원의 1/3 이상, 변환형 소파도 가능) 외 캠핑에 필요한 1개 이상의 시설을 갖추어야 한다. 따라서 취침시설만 갖추면 캠핑용 자동차로 인정된다는 설명은 적절하지 않다.

| 오답풀이 |

② 첫 번째 문단에서 승용차, 화물차, 특수차 등 다양한 차종도 캠핑카로 튜닝할 수 있게 되었다고 하였고, '1) 캠핑카 차종 확대' 항목에서는 승용 · 승합 · 화물 · 특수 모든 차종을 활용한 튜닝이 가능하다고 명시되어 있다. 이를 통해 기존에는 승합차만 캠핑카 튜닝이 가능했음을 유추할 수 있다.

③ '3) 캠핑카 튜닝 시 승차 정원 증가 허용'을 통해 알 수 있다.

④ '4) 캠핑카 안전성 강화'의 내용을 통해 알 수 있다.

18 문제처리능력 블라인드 채용 지침 이해하기

| 정답 | ④

| 해설 | 블라인드 채용에서는 기본적으로 신체 조건이나 외모 등을 판단 기준으로 삼지 않아야 하나, 보안이나 경비 등의 특수한 직무의 경우 이에 합당한 자격 보유 여부를 확인하는 것은 예외로 인정된다. D의 경우는 경비직을 수행하기 위하여 필요한 신체적 조건을 증명하기 위해 직무와 관련된 자격, 훈련, 경험 등을 기재한 것으로 지침에 부합한다.

| 오답풀이 |

① 블라인드 채용에서는 신체장애 여부뿐만 아니라 외모가 드러난 사진 역시 부착이 금지되어 있다.

② 출신 학교뿐만 아니라 출신지역 또한 편견을 불러올 수 있으므로 블라인드 채용에서는 이를 기재할 수 없다.

③ 전기기사 자격증은 전기기술자 직무와 직접적인 관련이 있는 경력사항이므로 기재 금지 사항에서 제외되며, 자신의 장점을 정당하게 드러낼 수 있는 방법이므로 역시 적절한 사례라고 볼 수 없다.

19 문제처리능력 자료 분석하기

| 정답 | ①

| 해설 | 협력이익공유제도에서의 위탁기업과 수탁기업 간의 협력의 범위는 프로젝트, 물품 · 부품 외에도 개별기업 간의

협력 등 기업의 상황에 따라 자율적으로 선택할 수 있도록 하고 있다.

| 오답풀이 |

② 수탁기업의 실질적 혜택을 도모하기 위해 협력이익공유제도의 협력이익은 판매량, 영업이익과 같은 재무적 성과로 한정한다고 정의하고 있다.

③ 협력사업형을 통해 위탁기업은 기업가치를 향상시키는 효과를 기대할 수 있고, 구조도를 통해 수탁기업 역시 위탁기업과 수익을 공유하는 관계임을 알 수 있다.

④ 이익공유의 유형은 전 업종을 대상으로 인센티브형을 적용할 수 있으나, 그 외에 제조업의 경우는 협력사업형, 유통과 IT 등의 플랫폼 업종의 경우는 마진보상형을 적용할 수 있다.

20 문제처리능력 자료에 사례 적용하기

| 정답 | ①

| 해설 | 수탁기업과 위탁기업의 R&D 공동 협력을 통해 수익을 발생시키고 이를 서로 공유한다는 내용을 통해 이익공유의 유형 중 협력사업형에 속함을 알 수 있다. 그 외의 선택지는 수탁기업들의 공동노력으로 인한 성과 달성, 위탁기업의 자율평가, 달성률에 따른 성과급 지급 등의 내용을 통해 이익공유의 유형 중 인센티브형에 해당함을 알 수 있다.

21 문제처리능력 자료를 도식화하여 나타내기

| 정답 | ②

| 해설 | ㉠ 마진보상형 이익공유에 관한 사례를 나타낸 그림에서 위탁기업이 수탁기업에게 ㉠을 중심으로 콘텐츠를 제공하는 구조임을 통해 ㉠은 IT 플랫폼임을 알 수 있다.

㉡ IT 플랫폼 업종에서의 마진보상형 이익공유 구조에서는 위탁기업이 제공한 콘텐츠의 플랫폼 내 재무적 성과와 연계하여 수수료 인하 혹은 면제 등의 사업적 이익을 제공한다.

22 문제처리능력 규정 적용하기

| 정답 | ③

| 해설 | '자가격리 통보 직원과 접촉한 동료직원의 경우 자가격리 통보 직원의 확진검사 및 결과 통보일까지 공가 부여'라는 설명에 해당하는 경우이므로 공가를 부여받을 수 있다.

| 오답풀이 |

① 직원 본인이 보건기관 등에서 자가격리 대상으로 통보받은 경우 확진검사 및 결과 통보일까지 공가가 부여되나 음성판정인 경우 다음날 업무에 복귀한다고 하였으므로 올바르지 않은 설명이다.

② 확진자 발생시설 방문 직원은 보건기관으로부터 별도의 자가격리 통보가 없는 경우 공가 부여가 불가하다고 하였으므로 올바르지 않은 설명이다.

④ 동거인 또는 동거가족 중에 코로나19 격리자가 있는 경우 격리가 결정된 날을 기준으로 14일간 출근하지 않도록 하고 재택근무 또는 공가 처리하며, 격리자인 동거인 또는 동거가족이 격리 해제될 경우 격리 해제된 다음날부터 출근해야 하므로 올바르지 않은 설명이다.

23 문제처리능력 제품 생산 일정 파악하기

| 정답 | ③

| 해설 | 토요일과 일요일을 제외한 신제품 NF101의 확충 공사 및 생산 일정을 정리하면 다음과 같다.

날짜	A 공정	B 공정	C 공정
16(화)	공사	X	X
17(수)	공사	X	X
18(목)	100만 개 생산	공사	X
19(금)	100만 개 생산	공사	X
22(월)	100만 개 생산	공사	X
23(화)	100만 개 생산	150만 개 생산	공사
24(수)	100만 개 생산	150만 개 생산	공사
25(목)	–	150만 개 생산	200만 개 생산
26(금)	–	50만 개 생산	200만 개 생산
29(월)	–	–	100만 개 생산

따라서 7월 29일에 NF101 500만 개를 생산완료할 수 있다.

24 문제처리능력 자료를 바탕으로 지도 그리기

| 정답 | ②

| 해설 | 미통제구간을 포함하여 교통통제 시간이 다른 구간과 마라톤 코스의 도로명, 우회가능한 주변 교량과 도로가 모두 올바르게 표시된 지도는 ②이다.

| 오답풀이 |

① 4구간(잠실대교 남단삼거리 ~ 잠실종합운동장 동문) 표기가 잘못되어 있으며, 미통제구간의 표기가 없다. 또한 청담대교와 올림픽대교 등 우회가능한 구간의 교량 명칭과 반환점인 광나루 한강공원 등 마라톤 코스에 나온 지역명이 확실하게 표기되지 않았다.

③ 4구간의 표기가 잘못되어 있으며 미통제구간의 표기가 일부 잘못되었다.

④ 1구간(코엑스사거리 ~ 영동대교 북단교차로) 표기가 일부 잘못되어 있다.

25 문제처리능력 자료를 바탕으로 수량 계산하기

| 정답 | ①

| 해설 | 각 물품별로 1코스와 2코스 참가자들이 모두 있는 공통구간과 1코스 참가자만 있는 구간을 구분하여 필요한 물품 개수를 구한다.

- 생수 : 코스 시작 후 5km와 7.5km 지점은 공통구간이므로 1코스와 2코스 참가자 모두가 사용할 수 있도록 3,000개씩 비치하여야 한다. 그 뒤의 10km, 12.5km, 15km, 17.5km, 20km 구간에서는 1코스 참가자 1,000명만이 사용하므로 1,000개씩 비치한다. 따라서 생수의 필요 수량은 총 2×3,000+5×1,000=11,000(개)이다.
- 간식 : 코스 시작 후 7.5km 지점은 공통구간이므로 3,000개, 15km 지점은 1코스 참가자만이 사용하므로 1,000개 비치하여 총 4,000개가 필요하다.
- 스펀지 : 코스 시작 후 5km 지점은 공통구간이므로 3,000개, 10km, 15km, 20km 지점은 1코스 참가자만이 사용하므로 각 1,000개씩 비치하여 총 3,000+3×1,000=6,000(개)가 필요하다.

26 문제처리능력 열량 계산하기

| 정답 | ①

| 해설 | 음식별 열량을 계산하면 다음과 같다.

- 음식 A : 100×3.75+30×9+20×4=725(kcal)
- 음식 B : 120×3.75+25×9+10×4=715(kcal)
- 음식 C : 80×3.75+40×9+15×4=720(kcal)
- 음식 D : 140×3.75+15×9+10×4=700(kcal)

따라서 음식 A의 열량이 제일 높다.

27 문제처리능력 열량 계산하기

| 정답 | ③

| 해설 | 네 사람의 하루 필요 열량은 다음과 같다.

- 김철수 : 30×80=2,400(kcal)
- 이영희 : 25×60=1,500(kcal)
- 박영서 : 25×50=1,250(kcal)
- 최동수 : 30×90=2,700(kcal)

28 문제처리능력 열량 계산하기

| 정답 | ④

| 해설 | 다이어트 도전자들의 운동종목별 1시간당 소모되는 열량은 다음과 같다.

(단위 : kcal)

구분	김철수	이영희	박영서	최동수
골프	5×80 =400	5×60 =300	5×50 =250	5×90 =450
자전거	6×80 =480	6×60 =360	6×50 =300	6×90 =540
수영	7.5×80 =600	7.5×60 =450	7.5×50 =375	7.5×90 =675
축구	9×80 =720	9×60 =540	9×50 =450	9×90 =810
농구	8×80 =640	8×60 =480	8×50 =400	8×90 =720
조깅	10×80 =800	10×60 =600	10×50 =500	10×90 =900

다이어트 도전자들의 하루 필요 열량 기준 초과 섭취량과 운동을 통한 열량 소모량을 계산하면 다음과 같다.

• 김철수
  – 하루 필요 열량 기준 초과 섭취량 : (1×725+1×715+2×700)−2,400=440(kcal)
  – 열량 소모량 : 1×640=640(kcal)
• 이영희
  – 하루 필요 열량 기준 초과 섭취량 : (1×725+1×715+2×720)−1,500=1,380(kcal)
  – 열량 소모량 : 1×300+3×360=1,380(kcal)
• 박영서
  – 하루 필요 열량 기준 초과 섭취량 : 3×725−1,250=925(kcal)
  – 열량 소모량 : 1×250+1×300+1×375=925(kcal)
• 최동수
  – 하루 필요 열량 기준 초과 섭취량 : (1×725+2×715+2×720+2×700)−2,700=2,295(kcal)
  – 열량 소모량 : 1×450+1×810+1×900=2,160(kcal)

따라서 운동량이 부족한 사람은 하루 필요 열량 기준 초과 섭취량이 135kcal이 남은 최동수이다.

29 문제처리능력 노선 우선순위 파악하기

| 정답 | ④

| 해설 | 각 노선별 점수를 계산하면 다음과 같다.

• A 노선 :
  (90×0.25)+(100×0.25)+(80×0.20)+(90×0.10)+(80×0.10)+(80×0.10)=88.5(점)
• B 노선 :
  (90×0.25)+(90×0.25)+(100×0.20)+(100×0.10)+(100×0.10)+(60×0.10)=91(점)
• C 노선 :
  (100×0.25)+(90×0.25)+(90×0.20)+(100×0.10)+(80×0.10)+(60×0.10)=89.5(점)
• D 노선 :
  (80×0.25)+(100×0.25)+(100×0.20)+(90×0.10)+(80×0.10)+(80×0.10)=90(점)

따라서 우선순위가 두 번째인 노선은 D 노선이다.

30 문제처리능력 노선 우선순위 파악하기

| 정답 | ③

| 해설 | 추가된 노선의 점수를 계산하면 다음과 같다.

• E 노선 :
  (80×0.25)+(90×0.25)+(100×0.20)+(100×0.10)+(80×0.10)+(80×0.10)=88.5(점)
• F 노선 :
  (90×0.25)+(80×0.25)+(100×0.20)+(90×0.10)+(100×0.10)+(100×0.10)=91.5(점)
• G 노선 :
  (100×0.25)+(90×0.25)+(90×0.20)+(90×0.10)+(80×0.10)+(80×0.10)=90.5(점)

따라서 노선이 추가되면 1순위가 B 노선에서 F 노선으로 바뀐다.

| 오답풀이 |

① G 노선의 총점은 90.5점으로 F 노선과 B 노선에 이어 우선순위 3번째이다.

② 총점이 88.5점으로 같은 A 노선과 E 노선 중 A 노선이 경제성 점수가 더 높아 마지막 순위는 A 노선에서 E 노선으로 바뀐다.

④ 90점인 D 노선보다 총점이 더 높은 F 노선과 G 노선에 의해 D 노선은 2순위에서 4순위로 2순위 내려간다.

31 문제처리능력 글의 내용을 근거로 추론하기

| 정답 | ④

| 해설 | 압전소자는 진동 에너지 하베스팅에서 진동과 압력을 통해 전기 에너지를 얻는 것으로, 압전소자에 가해지는 물리적 힘을 이용하여 전기 에너지를 만드는 것이다. 그러나 이러한 압전소자가 진동 에너지 하베스팅 이외에 열 에너지나 전자파 에너지에도 다양하게 활용할 수 있다는 내용은 언급되지 않았다.

32 문제처리능력 자료를 바탕으로 추론하기

| 정답 | ③

| 해설 | ㉢ 압전소자에 압력을 가하면 양전하와 음전하가 나뉘는 '유전분극'이 발생한다고 하였으므로 〈그림 2〉의

양전하와 음전하가 분리된 현상은 유전분극이다.

㉣ 네 번째 문단을 보면 양파 껍질에 들어있는 셀룰로오스 섬유질은 유리판을 쌓은 모양으로 되어 있고 이러한 양파 껍질에 물리적인 힘이 전해지면 나란히 배열되어 있던 양전하와 음전하가 이동하면서 전기가 발생하게 된다고 했다. 이에 따라 양파 껍질의 셀룰로오스 섬유질 내부에서는 양전하와 음전하가 쉽게 이동할 수 있음을 알 수 있다.

| 오답풀이 |

㉠ 〈그림 1〉은 압력을 가하지 않는 상태이므로 유전분극이 일어나지 않아 전기를 생산하지 않는 상태이며, 〈그림 2〉는 압력을 가한 후 유전분극이 일어난 상태이므로 전기를 생산하는 상태를 나타낸다.

㉡ 압전소자에 압력을 가하면 양전하와 음전하가 나뉘는 '유전분극'이 발생하며 이러한 전하 밀도의 변화로 인해 전기가 흐르는 '압전효과'가 발생한다고 하였으므로, 다른 전해질로의 변화를 쉽게 일으켜 전기가 발생한다는 설명은 적절하지 않다.

33 기초연산능력 연산기호의 규칙 찾기

| 정답 | ②

| 해설 | 제시된 계산식들을 통해 ▷와 ◁의 규칙을 정리하면 다음과 같다.

- A▷B=(A+1)×(B+1)
- A◁B=(A−1)×(B−1)

따라서 (4▷4)◁(3◁8)=(5×5)◁(2×7)=25◁14=24×13=312이다.

34 기초연산능력 방정식 활용하기

| 정답 | ④

| 해설 | 해당 달의 첫째 주 수요일이 k일이면 수요일의 날짜를 모두 더한 값은 $k+(k+7)+(k+14)+(k+21)=4k+42=58$이고, $k=4$(일)이다. 즉 4, 11, 18, 25일은 수요일이므로 19일은 목요일이다. 성인 요금을 낸 사람을 x명, 학생 요금을 낸 사람을 y명으로 두면 다음과 같이 정리할 수 있다.

$x+y=7$

$5{,}000x+4{,}000y=30{,}000,\ 5x+4y=30$

$\therefore x=2,\ y=5$

따라서 학생 요금을 지불하고 입장한 사람은 5명이다.

35 도표분석능력 자료의 수치 분석하기

| 정답 | ④

| 해설 | ㉢ 20X2년의 전년 대비 산업별 경기전망지수 증가율을 구하면 다음과 같다.

- A : $\frac{48.9-45.8}{45.8}\times 100 \fallingdotseq 6.77(\%)$
- B : $\frac{39.8-37.2}{37.2}\times 100 \fallingdotseq 6.99(\%)$
- 도소매업 : $\frac{41.4-38.7}{38.7}\times 100 \fallingdotseq 6.98(\%)$
- C : $\frac{40.6-36.1}{36.1}\times 100 \fallingdotseq 12.47(\%)$
- D : $\frac{41.1-39.3}{39.3}\times 100 \fallingdotseq 4.58(\%)$

따라서 D가 해운업이다.

㉣ 20X1년부터 20X5년까지 매년 5개의 산업 중 경기전망지수가 가장 높은 A가 제조업임을 알 수 있다.

㉡ 20X3년에 경기전망지수가 전년 대비 증가한 산업은 A와 C인데 A는 제조업이므로 C가 조선업임을 알 수 있다.

㉠ 20X1년부터 20X5년까지 경기전망지수가 40점 이상인 해가 2개인 산업은 B와 C인데 C는 조선업이므로 B가 보건업임을 알 수 있다.

36 도표분석능력 자료의 수치 분석하기

| 정답 | ④

| 해설 | 일반제재업에 공급되는 양은 4,000,000×0.8+630,000=3,830,000(m^2)로 전체 원목 공급량의 절반인 4,500,000m^2 미만이다.

| 오답풀이 |

① 수입원목 중에서 방부처리업에 공급되는 양은 4,000,000×0.045=180,000(m^2)이다.

② 국산원목 중에서 방부처리업에 공급되는 양은 $\frac{5,000}{5,000,000} \times 100 = 0.1(\%)$를 차지한다.

③ 수입원목과 국산원목의 특별목분제조업 공급량은 다음과 같다.

- 수입원목 : $4,000,000 \times 0.005 = 20,000(m^2)$
- 국산원목 : $250,000(m^2)$

따라서 전체 특별목분제조업 공급량 중에서 수입원목의 비율은 $\frac{20,000}{20,000+250,000} \times 100 \fallingdotseq 7.4(\%)$로 10% 미만이다.

37 도표분석능력 자료의 수치 분석하기

| 정답 | ④

| 해설 | ㉢ 20X0년 10월 이동자 수는 $\frac{529}{1-0.142} \fallingdotseq 617$(천 명), 시도 내 이동자 수는 $\frac{365}{1-0.141} \fallingdotseq 425$(천 명)이므로 전체 이동자 수에서 시도 내 이동자 수가 차지하는 비중은 $\frac{425}{617} \times 100 \fallingdotseq 68.9(\%)$이다. 따라서 20X1년 전체 예상 이동자 수에서 시도 내 이동자 수가 차지하는 비중은 20X0년 10월에 비해 증가할 것으로 예상된다.

㉣ 이동률은 20X1년 10월에 전년 동월 대비 0.17%p 감소할 것으로 예상된다.

| 오답풀이 |

㉡ 20X1년 10월 이동 예상 인원 중 시도 내 이동자 수가 차지하는 비중은 $\frac{365}{529} \times 100 \fallingdotseq 69(\%)$이다.

38 도표작성능력 그래프 작성하기

| 정답 | ④

| 해설 | 그래프를 보면 2X13년에 그 수치가 상승한 이후 2X15년까지 완만한 상승세를 그리다 2X16년에 크게 감소한 후 2X17년에 다시 상승하는 추세를 그리고 있다. 자료에서 이러한 추세를 나타내는 항목은 '재정운영결과'이다.

| 오답풀이 |

① 정부출연금은 2X12년부터 2X15년까지 큰 폭으로 상승한 후 2X16년과 2X17년에 하락하였다.

② 공자예수금은 2X14년부터 2X17년까지 모두 1억 원 미만을 기록하였다.

③ 공자예수원금상환은 2X12년부터 2X16년까지 일정하다 2X17년 하락하였다.

39 도표분석능력 자료의 수치 분석하기

| 정답 | ①

| 해설 | 공자예수원금상환이 가장 적은 해는 2X18년으로, 해당 연도의 공자예수금은 120억 원이다. 그러나 자료에서 2X14년부터 2X17년까지의 공자예수금은 각각 1억 원 미만을 기록하여 2X18년의 공자예수금보다 더 적다.

| 오답풀이 |

② 자료에서 전년 대비 정부출연금이 감소한 해는 2X16년과 2X17년으로, 해당 연도의 전년대비 정부출연금의 감소액은 각각 1,564억 원과 200억 원으로 2X16년의 감소액이 더 크다.

③ 전년 대비 정부출연금의 증가액이 가장 큰 해는 $7,664-4,590=3,074$(억 원)이 증가한 2X15년으로, 해당 연도의 재정운영결과의 전년 대비 증가액은 112억 원이다. 이는 전년 대비 재정운영결과가 전년 대비 증가한 해인 2X13년, 2X15년, 2X17년, 2X18년 중 가장 낮은 수치이다.

④ ㉠에 들어갈 값은 $3,100+1,621-70-2,088=2,563$이고 ㉡은 $4,590-70-2,076=2,444$이므로, ㉠이 ㉡보다 더 크다.

40 도표분석능력 자료의 수치 분석하기

| 정답 | ④

| 해설 | 가장 임금이 높은 연령대는 남자의 경우 45 ~ 49세, 여자는 30 ~ 34세이다. 이 시기를 기준으로 이후의 연령대에서는 감소폭의 차이는 있으나 남녀 모두 연령이 높아질수록 임금이 지속적으로 감소한 것을 확인할 수 있다.

| 오답풀이 |

① 남자의 20 ~ 24세는 이전 연령대인 20세 미만 대비 $\frac{142-100}{100} \times 100 = 42(\%)$의 증가율을 보이고 있으나, 25 ~ 29세에서는 $\frac{215-142}{142} \times 100 \fallingdotseq 51.4(\%)$로 전 연령대에서 가장 큰 증가율을 보이고 있다.

② 55 ~ 59세에서는 305－162=143(만 원)의 임금 격차를 보이고 있으나, 45 ~ 49세에서는 348－186=162(만 원)으로 전 연령대에서 가장 큰 임금 격차를 보이고 있다.

③ 55 ~ 59세에서의 임금 격차는 305－162=143(만 원)으로 50 ~ 54세의 319－180=139(만 원)보다 임금 격차가 증가한 것을 알 수 있다.

41 도표분석능력 수치를 바탕으로 산식 구하기

| 정답 | ④

| 해설 | 치명률은 확진자 중 사망에 이른 인구수를 나타내는 지표이며, 누적 확진자에 대한 누적 사망자의 수를 백분율로 나타낸 것이므로 '누적 사망자÷누적 확진자×100'이 된다. 자료에서 미국의 $\frac{\text{누적 사망자}}{\text{누적 확진자}} \times 100$은 $\frac{176,765}{5,699,804} \times 100 \fallingdotseq 3.10(\%)$로 자료의 치명률과 동일하게 나타난다. 또한 누적 확진자 수를 인구 10만 명당 확진자 수로 나누면 '전체 인구수 내 10만 명 집단의 수'가 산출되므로 여기에 10만을 곱하면 국가별 전체 인구수가 산출된다.

42 도표분석능력 자료의 수치 분석하기

| 정답 | ②

| 해설 | 누적 사망자 상위 5개국은 순서대로 미국, 브라질, 멕시코, 인도, 영국이나, 신규 사망자 상위 5개국은 순서대로 인도, 브라질, 미국, 콜롬비아, 아르헨티나이므로 서로 동일하지 않다.

| 오답풀이 |

① 치명률은 확진자 중 사망자의 비중을 의미하므로 확진자와 사망자 수가 많다는 것만으로 치명률이 더 높다고 말할 수 없다. 자료에서 치명률이 가장 높은 국가인 이탈리아의 확진자 수와 사망자 수는 모두 미국과 브라질, 인도 등에 비해 낮다.

③ 신규 확진자 상위 3개국과 신규 사망자 상위 3개국은 모두 미국, 브라질, 인도로 동일하다.

④ 전체 인구수를 구하는 산식은 '누적 확진자÷인구 10만 명당 확진자 수×100,000'이므로 두 국가의 '$\frac{\text{누적 확진자}}{\text{인구 10만 명당 확진자 수}}$'로 전체 인구수를 비교할 수 있다. 아르헨티나는 $\frac{329,043}{729} \fallingdotseq 451$, 사우디는 $\frac{307,479}{901} \fallingdotseq 341$이 되므로 아르헨티나가 사우디보다 전체 인구수가 더 많은 것을 알 수 있다.

43 도표분석능력 자료의 수치 분석하기

| 정답 | ②

| 해설 | C 자재의 20X5년 무역수지는 1,273－1,179=94(억 원)으로 100억 원을 밑돌았으나, 20X4년 무역수지는 122억 원으로 전년도의 116억 원보다 증가하였다.

| 오답풀이 |

① 20X1년 대비 20X5년의 수출액과 수입액은 A 자재가 각각 88억 원과 150억 원 증가, B자재가 각각 70억 원과 12억 원 증가, D 자재가 각각 5억 원과 119억 원이 증가하였다.

③ A, B, C 자재의 20X5년 수출액은 수입액보다 크므로 무역수지가 양수, 즉 흑자임을 알 수 있다. 반면 D 자재의 20X5년 수출액은 수입액보다 작으므로 무역수지가 음수, 즉 적자임을 알 수 있다.

④ A ~ D 4개 자재의 합산 무역수지는 연도별로 각각 940억 원, 1,026억 원, 861억 원, 850억 원, 783억 원으로 매년 흑자를 보이고 있다.

44 도표작성능력 자료에 따라 그래프 작성하기

| 정답 | ③

| 해설 | ㉠ A ~ D 자재별 수출액은 각각 1,393억 원, 2,409억 원, 1,273억 원, 1,051억 원이며, 합계는 6,126억 원이므로 이를 비중으로 환산해 보면 각각 약 22.7%, 39.3%, 20.8%, 17.2%이므로 올바른 그래프이다.

㉡ B 자재의 전년 대비 수입액 증감률은 다음과 같다.

년도	20X1년	20X2년	20X3년	20X4년	20X5년
수입액	1,975	1,999	2,139	1,989	1,987
증감률		1.2%	7.0%	−7.0%	−0.1%

㉣ 주어진 자료의 20X4년과 20X5년 수입액을 그대로 옮겨놓은 것으로 올바른 그래프이다.

| 오답풀이 |

㉢ 전년 대비 20X5년 무역수지는 C 자재가 28억 원 감소, D 자재가 5억 원 감소하였으므로 두 수치가 서로 바뀌어 있다.

45 도표분석능력 자료를 바탕으로 수치 계산하기

| 정답 | ②

| 해설 | 20X5년 A 자재의 무역수지는 1,393−893=500(억 원)이다. 20X6년 A 자재의 무역수지는 500억 원에서 12% 감소한 것이므로 500×0.12=60(억 원)이 감소하여 440억 원이다. 20X6년 수입액이 900억 원이므로, 20X6년의 수출액은 440+900=1,340(억 원)이다.

따라서 20X6년 수출액의 전년 대비 증감률은

$\frac{1,340-1,393}{1,393}\times 100 \fallingdotseq -3.8(\%)$이다.

46 도표분석능력 자료의 수치 분석하기

| 정답 | ③

| 해설 | 전세 보증금 평균가격이 더 높다고 하여 월세 보증금 평균가격이 더 높다고 볼 수는 없다. 대구와 부산 · 인천이나 경남과 제주 등 전세 보증금 평균가격이 더 높으나 월세 보증금 평균가격이 더 낮은 경우가 존재한다.

| 오답풀이 |

① 광주, 경기, 전북의 매매가격 대비 전세 보증금의 비율을 구하면 다음과 같다.

- 광주 : $\frac{132,000}{173,000}\times 100 \fallingdotseq 76.3(\%)$
- 경기 : $\frac{195,000}{277,000}\times 100 \fallingdotseq 70.4(\%)$
- 전북 : $\frac{84,000}{118,000}\times 100 \fallingdotseq 71.2(\%)$

따라서 세 지역 모두 70% 이상이다.

② 단위면적당 전세가격이 백만 원 이하인 지역은 강원, 충남, 전북, 전남, 경북 총 다섯 곳이다.

④ 대전과 울산의 월세 보증금 대비 전세 보증금의 배율을 구하면 다음과 같다.

- 대전 : $\frac{145,000}{37,000} \fallingdotseq 3.9$(배)
- 울산 : $\frac{155,000}{42,000} \fallingdotseq 3.7$(배)

따라서 월세 보증금 대비 전세 보증금의 배율은 대전이 울산보다 높다.

47 도표분석능력 자료를 바탕으로 수치 계산하기

| 정답 | ④

| 해설 | 충남 지역의 월세 보증금 평균가격이 16,000천 원이 되면 전월세 전환율은 $\frac{390\times 12}{(83,000-16,000)}\times 100 \fallingdotseq 6.99$(%)가 되어 전월세 전환율이 6%대로 하락하게 된다.

| 오답풀이 |

① 충남 지역의 전세 보증금 평균가격이 84,000천 원으로 상승하게 되면 전월세 전환율은 $\frac{390\times 12}{(84,000-20,000)}\times 100 \fallingdotseq 7.3(\%)$로 하락한다.

② 월세 보증금 평균가격이 22,000천 원으로 상승하면, 전월세 전환율의 비는 $\frac{390\times 12}{(83,000-22,000)} \fallingdotseq 7.67(\%)$로 상승한다.

③ 월세 평균가격이 420천 원으로 상승하면, 전월세 전환율은 $\frac{420\times 12}{(83,000-20,000)}\times 100=8(\%)$로 상승한다.

48 도표분석능력 전월세 전환율 계산하기

| 정답 | ②

| 해설 | B 가구의 월세 보증금을 x만 원이라고 하면 A 가구의 전세보증금은 $1.1x$만 원이다. 이때 두 가구의 전월세 전환율의 비는 $\frac{50\times12}{1.1x-25,000}\times100 : \frac{60\times12}{42,000-x}\times100=5:4$이다. 이 비례식을 풀면 $x=30,000$이다.

A 가구의 전세 보증금은 B 가구의 월세 보증금보다 10%가 더 높으므로 A 가구의 전세 보증금은 33,000만 원이다.

49 컴퓨터활용능력 시스템 모니터링 코드 이해하기

| 정답 | ③

| 해설 | 에러의 종류가 클라이언트일 때 에러 코드의 대 · 소문자에 따라 Error Value의 산출식이 달라진다.

| 오답풀이 |

④ Error Value의 총합, 즉 Result Value가 음수인 경우의 시스템 상태는 '안전'이다.

50 컴퓨터활용능력 시스템 모니터링 코드 이해하기

| 정답 | ④

| 해설 | • Error Alert C_H30 1 : 30×1×2=60

• Error Alert S_j30 −1 : 30×(−1)×1=−30

• Error Alert S_y30 0.5 : 30×0.5×1=15

따라서 Type에 서버가 더 많으므로 Scenario 2를 적용, Result Value는 60+(−30)+15=45로 '위험'에 해당하므로 'stormy'를 입력해야 한다.

51 컴퓨터활용능력 시스템 모니터링 이해하기

| 정답 | ①

| 해설 | • Error Alert S_P100 2 : 100×2×1=200

• Error Alert C_i200 1 : 200×1×0=0

• Error Alert S_G300 −1.5 : 300×(−1.5)×1=−450

따라서 Type에 서버가 더 많으므로 Scenario 2를 적용, Result Value는 200+0+(−450)=−250으로 '안전'에 해당하므로 'sunny'를 입력해야 한다.

52 컴퓨터활용능력 시스템 모니터링 코드 이해하기

| 정답 | ④

| 해설 | • Error Alert S_F5 −5 : 5×(−5)×1=−25

• Error Alert C_A4 8 : 4×8×2=64

• Error Alert C_T2 9 : 2×9×2=36

따라서 Type에 클라이언트가 더 많으므로 Scenario 1을 적용, Result Value는 (−25)+64+36=75로 '위험'에 해당하므로 'shutdown'을 입력해야 한다.

53 컴퓨터활용능력 시스템 모니터링 코드 이해하기

| 정답 | ③

| 해설 | • Error Alert C_Y11 −2 : 11×(−2)×2=−44

• Error Alert S_r22 0 : 22×0×1=0

• Error Alert C_G33 1 : 33×1×2=66

따라서 Type에 클라이언트가 더 많으므로 Scenario 1을 적용, Result Value는 −44+0+66=22으로 '경고'에 해당하므로 'callup'을 입력해야 한다.

54 컴퓨터활용능력 프로그래밍 언어 이해하기

| 정답 | ②

| 해설 | AA++ 언어는 AA 언어의 확장판 개념으로 출시되어 AA 언어의 기능을 완전히 포함한 객체 지향 언어이다.

| 오답풀이 |

① AA 언어는 높은 대중성을 가지고 있으며, 유료로 판매하지 않는다고 제시되어 있다.

③ 모듈식 설계가 용이하다는 특징을 가진 언어는 CC 언어이다.

④ 포인터, 다중상속, 헤더 파일, 구조체, 공용체 등의 기능을 제거한 것은 BB 언어에 대한 설명이다.

55 컴퓨터활용능력 프로그래밍 언어 이해하기

| 정답 | ②

| 해설 | 기존에 사용하던 AA 언어의 기능을 완전히 포함하여 새로운 언어 프로그램의 사용에 큰 부담이 없고 다양한

응용 프로그램을 작성할 수 있는 기능을 그대로 가지고 있으면서 하드웨어 접근 능력을 가지고 있는 객체 지향 언어라는 조건을 모두 만족하는 AA++ 언어를 선택하는 것이 적절하다.

56 컴퓨터활용능력 시스템 언어 이해하기

| 정답 | ③

| 해설 | 오류 문자는 'VINTGO', 오류 발생 위치는 'HENOS'이다. 두 값의 일치하는 알파벳은 N, O 2개이므로 〈시스템 상태 판단기준〉에 따라 Final Code는 'Wully'가 된다.

57 컴퓨터활용능력 시스템 언어 이해하기

| 정답 | ②

| 해설 | 오류 문자는 'BLNKA', 오류 발생 위치는 'CUROMPAW'이다. 두 값의 일치하는 알파벳은 A 1개이므로 〈시스템 상태 판단기준〉에 따라 Final Code는 'Lobo'가 된다.

58 컴퓨터활용능력 시스템 언어 이해하기

| 정답 | ④

| 해설 | 오류 문자는 'ARTHR', 오류 발생 위치는 'CHATEOU'이다. 두 값의 일치하는 알파벳은 A, T, H 3개이므로 〈시스템 상태 판단기준〉에 따라 Final Code는 'Kreig'가 된다.

59 정보처리능력 사업자등록번호 이해하기

| 정답 | ④

| 해설 | 동대문 소재이므로 청 · 서 코드는 204, 민간 봉사활동 법인의 지점은 비영리법인의 지점이므로 개인 · 법인 구분코드는 82가 되어야 하나, 봉사활동 법인은 비영리법인이므로 일련번호는 0001 ~ 5999 사이의 번호이어야 한다. 따라서 일련번호 7201은 올바르지 않다.

| 오답풀이 |

① 양천구의 청 · 서 코드는 117, 개인과세사업자이므로 개인 · 법인 구분코드는 01 ~ 79 사이의 숫자여야 하므로 적절하다.

② 강서구의 청 · 서 코드는 109, 비법인 종교단체이므로 개인 · 법인 구분코드는 89가 되어야 하므로 적절하다.

③ 성북구의 청 · 서 코드는 209, 영리법인의 지점이므로 개인 · 법인 구분코드는 85가 되어야 하므로 적절하다.

60 정보처리능력 관리번호 입력하기

| 정답 | ③

| 해설 | 우선 CPU의 용량이 3TB 이상이므로 선택지의 관리번호 중 003T 또는 004T로 시작하는 ① ~ ③이 여기에 해당한다.

인터페이스에 대한 언급은 없으므로 인터페이스 문자는 A, C, R, S 중 어느 것이든 관계없고, 크기가 1.8인치라고 하였으므로 크기 및 특징에 해당하는 자릿수의 문자는 A, B, G, H, L 중 하나여야 한다. 또한 기본형이라고 하였으므로 옵션 문자는 B가 되어야 한다. 생산일련번호는 5자리 숫자여야 한다.

따라서 용량 3TB(003T), 1.8인치 제품군의 8mm 4,200rpm(H), 기본형(B)으로 위의 조건을 모두 만족하는 선택지 ③이 가장 적절하다.

| 오답풀이 |

① 생산일련번호가 4자리이므로 올바른 관리번호가 아니다.

② 크기 및 특징을 나타내는 문자가 S이므로 2.5인치 제품군이 되어 설명된 바에 부합하지 않는다.

④ 용량이 400GB이므로 3TB 이상이 아니다.

5회 기출예상문제

▶ 문제 228쪽

01	④	02	③	03	③	04	②	05	③
06	④	07	①	08	②	09	①	10	①
11	③	12	②	13	③	14	③	15	①
16	③	17	③	18	①	19	③	20	①
21	②	22	②	23	①	24	①	25	③
26	④	27	④	28	③	29	④	30	①
31	①	32	④	33	③	34	④	35	②
36	④	37	②	38	②	39	②	40	④
41	③	42	④	43	①	44	④	45	③
46	③	47	②	48	④	49	④	50	③
51	①	52	④	53	④	54	②	55	①
56	③	57	②	58	①	59	③	60	②

01 문서이해능력 글에 나타난 정보 파악하기

| 정답 | ④

| 해설 | 두 번째 문단에 최근 5년간 전체 교통량 대비 고속도로의 화물차 교통량 비율은 제시되어 있지만 최근 5년간 화물차 사고가 전체 교통사고에서 차지하는 비율은 언급되어 있지 않다.

| 오답풀이 |

① 두 번째 문단에 '전체 고속도로 사망자 1,079명'이 제시되어 있다.

② 첫 번째 문단을 통해 알 수 있다.

③ 네 번째 문단을 통해 알 수 있다.

02 문서이해능력 세부 내용 이해하기

| 정답 | ③

| 해설 | 세 번째 문단을 보면 '규제 및 단속 분야는 차량안전장치 해제차량, 적재불량 화물차 등에 대한 단속을 강화하고, 상습 법규위반차량에 대해서는 심야 통행료 할인 제한 등 규제를 강화하는 방안을 제시했다'고 언급되어 있다.

| 오답풀이 |

① 마지막 문단을 보면 교육 및 홍보 부문에서 현재 운영 중인 모범화물운전자 포상제도를 확대하는 방안도 검토 중이라고 하였으므로 적절하지 않다.

② 세 번째 문단을 보면 '이 날 세미나에서는 관련기관 전문가들이 안전장비, 규제 · 단속, 도로 · 시설 및 교육 · 홍보 각각의 측면에서 대책을 발표'했다고 하였으므로 적절하지 않다.

④ 첫 번째 문단을 보면 '화물차 공제조합 등 현장의 목소리를 듣는 기회도 가졌다'고 하였으므로 적절하지 않다.

03 문서작성능력 글의 흐름에 맞지 않는 문장 삭제하기

| 정답 | ③

| 해설 | 고속도로 쓰레기를 줄이기 위한 쓰레기 무단 투척 신고제도를 운영한다는 것은 화물차 사고에 대한 도로 및 시설 측면의 대책으로 적절하지 않다.

04 문서작성능력 안내문 수정하기

| 정답 | ②

| 해설 | 구매 가능 모델 개수와 모델명으로는 하이패스 통신 방법인 적외선과 주파수에 대한 정보를 알 수 없다.

05 문서이해능력 세부 내용 이해하기

| 정답 | ③

| 해설 | 단말기별 보조금은 전기 · 수소차, 비상자동제동장치 장착 차량 단말기일 경우 1만 원, 화물자동차 단말기일 경우 1.5만 원, 감면자동차 단말기일 경우 6만 원이며 보조금 적용 단말기 구매가격은 전기 · 수소차, 비상자동제동장치 장착 차량 단말기일 경우 약 2.5만 원, 화물자동차 단말기일 경우 약 2.5만원, 감면자동차 단말기일 경우 약 3.5만 원이다.

따라서 지원금 단말기 보급계획이 없다면 전기·수소차, 비상자동제동장치 장착 차량 단말기는 약 3.5만 원, 화물자동차 단말기는 약 4만 원, 감면자동차 단말기는 약 9.5만 원에 구매할 수 있다.

| 오답풀이 |

① 하이패스 차로를 30km/h 이하로 주행한다면 하이패스 단말기를 활용한 요금수납을 할 수 있다.

② 4.5톤 이상인 6톤 화물차량을 운전하는 P 씨는 지원금 단말기를 구매함으로써 1.5만 원을 절약할 수 있다.

④ 단말기 특판장은 영업소(53개소)와 하이패스 센터(20개소)를 합친 52+20=73(개소)보다 휴게소에 122개소 더 많이 개설되었다.

06 문서이해능력 세부 내용 이해하기

| 정답 | ④

| 해설 | 제시된 글에는 사물 인터넷이 가지고 있는 본래의 목적에 대해 언급되어 있지 않다.

| 오답풀이 |

① 세 번째 문단의 사물 인터넷을 미키마우스의 인형, 축산업의 소 등에 적용한 사례를 통해 알 수 있다.

② 첫 번째 문단의 '무선으로 데이터를 송신하는 RFID'와 두 번째 문단의 '근거리 무선통신기술인 NFC'를 통해 알 수 있다.

③ 네 번째 문단의 '그러나 모든 사물이 연결되면 개인정보가 유출되거나 시스템이 마비되는 등 해킹의 문제가 자연히 일어나기 때문에'를 통해 알 수 있다.

07 문서이해능력 글의 서술방식 파악하기

| 정답 | ①

| 해설 | 제시된 글은 권위자인 교수의 말을 빌려 설명을 부연하고 있을 뿐 권위자의 말에 의지해 대상을 묘사하고 있지는 않다.

| 오답풀이 |

② 네 번째 문단에서 시스템 마비나 해킹 등의 예상되는 결과와 이를 해결할 수 있는 철저한 대안과 정책 마련의 필요성을 제시하고 있다.

③, ④ 대상이 적용됨에 따라 나타난 결과에 대해 설명하고 구체적인 사례와 사례별 대상의 적용 방식을 두 문단에 걸쳐 세탁기, 냉장고, 프린터, 인형, 화장실, 소 등으로 열거하고 있다.

08 문서이해능력 사례에 적용하기

| 정답 | ②

| 해설 | (A)는 데이터를 일차적으로 획득, 저장, 분석하고 이를 다시 활용해 결과를 예측하는 사물 인터넷의 정의를 나타내고 있다. 따라서 사물 인터넷 기술이 적용되기 전부터 쓰이던 기술인 ㉡은 (A)가 적용된 사례로 적절하지 않다.

09 문서이해능력 세부 내용 이해하기

| 정답 | ①

| 해설 | 〈개인정보취급방침〉의 내용에 따르면 본 사이트는 사용자가 광고에 접근하는 방식이나 시점에 대해 수집할 수 있다고 되어 있으나 이를 외부 업체들과 공유할 수 있다는 언급은 없다.

| 오답풀이 |

② '위치 정보'에 따르면 본 사이트는 IP 주소, GPS뿐 아니라 주변 기기, Wi-Fi 액세스 포인트, 기지국 등에 관련된 정보를 제공하는 기타 센서를 포함한 다양한 기술을 활용하여 위치를 파악함을 알 수 있다.

③ '기기 정보'에 따르면 본 사이트는 기기 식별자 또는 전화번호를 본 사이트의 계정에 연결할 수 있음을 알 수 있다.

④ '로그 정보'에 따르면 다운, 하드웨어 설정, 시스템 활동, 브라우저 언어, 요청 날짜 및 시간, 참조 URL 등 기기의 이벤트 정보가 자동으로 본 사이트에 수집되고 저장됨을 알 수 있다.

10 문서이해능력 적절한 답변하기

| 정답 | ①

| 해설 | '광고 서비스 등 사용자가 사용한 콘텐츠와 직접 관련이 있는 경우 외에는'이라고 명시되어 있으므로 사용자가

사용한 콘텐츠와 직접 관련이 있는 경우에는 가입자의 이용 정보를 제3자에게 제공할 수 있음을 추론할 수 있다.

| 오답풀이 |

② 사이트 내 광고 동영상을 시청한 사람의 이용 정보가 광고주에게 제공될 수 있지만, 가입자의 프로필 정보가 보고되는 것은 아니다.

③ 상업적인 용도로 가입자의 사이트 이용 정보를 제공할 수 없음이 명시되어 있지만, 공무상의 이유로 사용자 계정의 개인정보를 제공할 수 있는지 없는지에 대해서는 제시되어 있지 않다.

④ 사용자의 요청이 있을 때는 제3자에게 제공한 개인정보에 대한 내용을 사용자에게 알려야 하지만, 요청 없이도 이를 의무적으로 알려야 하는 것은 아니다.

11 문서이해능력 세부 내용 이해하기

| 정답 | ③

| 해설 | 〈자주 묻는 문의사항〉의 두 번째 질문과 대답에 따라 페인트식과 반사필름식을 선택하여 교체할 수 있음을 알 수 있다.

12 문서작성능력 문의에 대한 답변 작성하기

| 정답 | ②

| 해설 | 개인택시를 운영할 예정에 있는 사업자는 신규 번호판 적용의 의무 대상인 2006년 이전 생산된 차량 또는 비사업용 및 렌터카 차량에 해당되지 않는다.

| 오답풀이 |

① 사업 규모가 작은 개인택시 사업자 차량이 비사업용 차량으로 구분되는지에 대해 언급되어 있지 않다.

③ 친환경 자동차를 개인택시 차량으로 이용할 예정인지에 대해 언급되어 있지 않다.

④ 개인택시를 운영할 예정에 있다 하였으므로 기존 사업자라는 설명은 적절하지 않다.

13 문서작성능력 영양성분 표로 정리하기

| 정답 | ③

| 해설 | 모든 영양성분의 용량과 비율이 적절하게 정리되어 있는 표는 ③이다.

| 오답풀이 |

① 나트륨과 단백질 함량이 잘못 표기되어 있다.

② 나트륨과 콜레스테롤 함량이 잘못 표기되어 있다.

④ 탄수화물과 당류 함량이 잘못 표기되어 있다.

14 문서이해능력 세부 내용 이해하기

| 정답 | ③

| 해설 | 필수아미노산 비율 정보에 대해서는 제공하고 있지 않다.

| 오답풀이 |

① 알레르기 체질인 경우 섭취에 주의를 요하고 있다.

② '섭취방법'을 통해 알 수 있다.

④ 2스쿱이 30g이므로, 총 $\frac{2,000}{30} \fallingdotseq 66$(회) 섭취할 수 있으며 하루에 3회씩 섭취할 경우 $\frac{66}{3} = 22$(일) 섭취할 수 있다.

15 문서이해능력 문단별 주제 찾기

| 정답 | ①

| 해설 | (가)는 철이 광범위하게 사용되는 이유와 무한한 자원임을 주된 내용으로 한다. 따라서 '철 수입원 다각화의 필요성'은 주제로 적절하지 않다.

16 문서작성능력 글의 서술 방식 파악하기

| 정답 | ③

| 해설 | (나)에서는 아이언 브릿지와 에펠탑의 사례를 들어 철의 우수한 특성을 구체적으로 설명하고 있다.

17 문서이해능력 세부 내용 이해하기

| 정답 | ③

| 해설 | (나)의 18세기 이전에는 철을 소규모 대장간에서 생산했다는 것을 통해서 18세기 이전에도 생산되었다는 것을 알 수 있다. 이후 산업 혁명을 통해 철의 우수한 특성을 활용하여 급속한 산업의 발달을 이룩하였다.

| 오답풀이 |

① (가)의 하단 내용을 통해 알 수 있다.

② (다)에서 철의 대체 재료를 찾는 일이 불가능하기 때문에 철의 시대가 계속될 것이라고 단언할 수 있다고 하였다.

④ (라)에서 1ppm은 1kg에 1mg의 불순물이 들어 있는 농도라고 하였고, 이는 1kg당 1mg의 불순물이 있다는 뜻이다. 따라서 15ppm은 1kg당 15mg의 불순물이 있다는 뜻으로, 그 불순물의 양은 1,500mg이다.

18 문제처리능력 예상 판매액 계산하기

| 정답 | ①

| 해설 | 각 세트 상품별 예상 판매액은 다음과 같다.

구성	예상 판매액
마카롱+커피	3,000×50=150,000(원)
브라우니+커피	3,000×30=90,000(원)
초코쿠키+커피	2,000×20=40,000(원)
마카롱 3개 세트+커피	$(2,000\times3\times\frac{90}{100}+1,000)\times$ 20=128,000(원)
브라우니+초코쿠키+커피	3,500×10=35,000(원)

따라서 예상 판매액이 가장 높은 세트 구성은 '마카롱+커피'이다.

19 문제처리능력 예상 판매액 계산하기

| 정답 | ③

| 해설 | • 모든 손님이 커피를 카페라테로 주문할 때 : 3,500×30=105,000(원)

• 모든 손님이 커피를 아메리카노로 주문할 때 : 3,000×30=90,000(원)

따라서 카페라테로 주문했을 때가 105,000−90,000=15,000(원) 더 많다.

20 문제처리능력 예상 판매액 비교하기

| 정답 | ①

| 해설 | • '마카롱+커피' 세트를 구입한 모든 손님들이 커피를 카페라테로 주문할 때 : 3,500×50=175,000(원)

• '마카롱 3개 세트+커피' 세트를 구입한 모든 손님들이 커피를 아메리카노로 주문할 때 : $(2,000\times3\times\frac{90}{100}+1,000)\times20=128,000$(원)

따라서 예상 판매액은 '마카롱+커피' 세트가 더 크며, 예상 판매액의 차이는 175,000−128,000=47,000(원)이다.

21 문제처리능력 자료 해석하기

| 정답 | ②

| 해설 | B는 미혼의 외국인이므로 결혼이민자 예외사항에 해당되지 않아 고용보험 피보험자격 취득이력이 있어야만 고용노동부 고용센터에서 주관하는 직업 훈련에 지원 가능하다.

| 오답풀이 |

① A는 사업기간이 1년 이상 지났고 연간 매출액이 15,000만 원 미만인 영세자영업자이므로 지원대상이 된다.

③ C는 고3 재학생 중 비진학예정자이므로 지원대상이 된다.

④ 결혼이민자인 D는 고용보험 이력이 없어도 지원받을 수 있다.

22 문제처리능력 자료를 참고하여 올바른 답변하기

| 정답 | ②

| 해설 | 2유형 참여자는 실제 훈련비의 50～95% 지원을 받을 수 있으나 1인당 최대 지원한도는 2백만 원이므로 1.5백만 원에서 2백만 원까지 지원받을 수 있다.

23 문제처리능력 자료 이해하기

| 정답 | ①

| 해설 | 끝자리가 0으로 끝나는 노선은 서동방향의 간선노선이다.

| 오답풀이 |

④ 순환노선의 백의 자리 수는 지역별로 다르기 때문에 어느 지역의 노선인지 확인할 수 있다.

24 문제처리능력 노선번호 추론하기

| 정답 | ①

| 해설 | ㉠은 남북노선이며 35번 간선노선보다 동쪽에 있으나 45번 간선노선보다는 서쪽에 있으므로 45보다 작은 홀수가 되어야 한다.

25 문제처리능력 노선번호 추론하기

| 정답 | ③

| 해설 | 제시된 보조노선 중 30번 간선노선보다 북쪽에 있으며 40번 간선노선보다 남쪽, 35번 간선노선보다 서쪽에 있는 ㉢이 가장 적절하다.

26 문제처리능력 A/S 규정 이해하기

| 정답 | ④

| 해설 | 운송비는 제품 초기불량일 경우에만 제외되며, 이외에는 운송비를 부담하여야 한다.

27 문제처리능력 A/S 비용 계산하기

| 정답 | ④

| 해설 | A/S가 필요한 항목을 정리하면 다음과 같다.

- 네트워크 연결 불량 : 20,000원
- 27인치 모니터 : 270,000원
- 하드디스크 기능점검 : 10,000원
- SSD 카드 추가 장착(250G) : 50,000원

따라서 지불해야 할 A/S 비용은 350,000원이다.

28 문제처리능력 A/S 비용 계산하기

| 정답 | ③

| 해설 | A/S를 실시한 항목을 정리하면 다음과 같다.

- 메인보드 교체 : 10,000+85,000=95,000(원)
- 메모리카드 교체(8G) : 30,000원
- HDMI 선 교체 : 5,000원

따라서 청구해야 할 A/S 비용은 130,000원이다.

29 문제처리능력 자료를 바탕으로 시간 계산하기

| 정답 | ④

| 해설 | 하이패스 제한 속도가 적용되지 않는 거리와 하이패스 제한 속도가 적용되는 거리로 나누어 계산한다.

- 하이패스 제한 속도가 적용되지 않는 거리
  D 시부터 A 시까지 거리는 총 180×3=540(km)이고, 이 중 제한 속도가 적용되는 거리는 각 하이패스마다 10km씩 총 30km이다. 따라서 510km를 최대 속력 100km/h로 달린다고 하면 $\frac{510}{100}$=5.1(h)=5시간 6분이 소요된다.
- 하이패스 제한 속도가 적용되는 거리
  D 시와 C 시 사이의 하이패스(단차로 하이패스)를 통과하는 데 걸리는 시간은 $\frac{10}{30}=\frac{1}{3}$(h)=20(분)이다. C 시와 B 시 사이의 하이패스(본선형 다차로 하이패스)를 통과하는 데 걸리는 시간은 $\frac{10}{60}$=10(분)이다. B 시와 A 시 사이의 하이패스(나들목형 다차로 하이패스)를 통과하는 데 걸리는 시간은 $\frac{10}{50}=\frac{1}{5}$(h)=12(분)이다. 따라서 총 20+10+12=42(분)이 걸린다.

따라서 K가 12시에 출발해 최대한 빠르게 이동하여 A 시에 도착하는 시간은 5시간 48분 이후인 17시 48분이다.

30 문제처리능력 자료를 바탕으로 수익 계산하기

| 정답 | ①

| 해설 | 각 하이패스별로 통과하는 차 대수와 지불 비용을 계산하면 다음과 같다.

구간	차 대수
1. D 시～C 시	500대
2. D 시～B 시	1,000대
3. D 시～A 시	1,200대
4. C 시～B 시	2,000대
5. C 시～A 시	900대
6. B 시～A 시	600대

- 단차로 하이패스(D～C 시 구간) → 1, 2, 3구간
  1,000×(500+1,000+1,200)=2,700,000(원)
- 본선형 다차로 하이패스(C～B 시 구간) → 2, 3, 4, 5구간
  2,000×(1,000+1,200+2,000+900)=10,200,000(원)
- 나들목형 다차로 하이패스(B～A 시 구간) → 3, 5, 6 구간
  3,000×(1,200+900+600)=8,100,000(원)

따라서 하이패스별 평균 수익은 270만 원, 1,020만 원, 810만 원이다.

31 문제처리능력 자료 이해하기

| 정답 | ①

| 해설 | 운영평가단 확정은 운영평가 5일 전까지 최소 7명의 인원이 확정되어야 한다.

| 오답풀이 |

② '2. 민자도로 운영평가 처리 절차'에서 '(6) 운영평가 시행(기한 : 매년 두 분기 내)'라고 제시되어 있다.

③ '3.'의 '(6)'에 제시된 내용이다.

④ '2.'의 '(3)'에 '평가 대상 법인이 제출한 정량 및 정서평가 수검자료'라고 제시되어 있다.

32 문제처리능력 자료를 분석하여 적용하기

| 정답 | ④

| 해설 | 사회편익 기여활동의 배점은 3점이므로 P 팀장은 4점을 부여할 수 없다.

33 도표분석능력 자료의 수치 분석하기

| 정답 | ③

| 해설 | 10월의 환율을 적용해 5만 달러를 원화로 환산하면 다음과 같다.

50,000×1,139.6=56,980,000(원)

따라서 5,500만 원보다 많은 금액을 송금했다.

| 오답풀이 |

① 한국 수입업자가 환율에서 이득을 보기 위해서는 환율이 더 낮아야 한다. 수입품에 대한 지불대금이 달러이고, 환율은 달러의 상대적 가치를 의미하기 때문이다. 따라서 환율이 낮을수록 동일한 양의 수입품을 더욱 저렴하게 구매할 수 있어 10월보다 환율이 낮은 3월에 상대적인 이득이 발생한다.

② (500,000÷1,063.5)−(500,000÷1,082.8)≒8.38(달러)이다. 따라서 5달러 이상의 환차익이 발생한다.

④ 3,000,000,000÷1,109.3≒2,704,000(달러)이므로 약 270만 달러에 해당한다.

34 도표분석능력 자료의 수치 분석하기

| 정답 | ④

| 해설 | ㉢ 국내에서의 전출은 국내에서의 전입이므로 국외 전입 혹은 전출이 없다면 전국의 순이동인구는 항상 0명이 된다.

㉣ 조사기간 동안 경상남도의 순이동인구는 매달 음수의 값을 가지므로 전출인구가 전입인구보다 많음을 알 수 있다.

㉤ 조사기간 동안 세종특별자치시의 순이동인구는 매달 양수의 값을 가지므로 전출인구가 전입인구보다 적음을 알 수 있다.

| 오답풀이 |

㉠, ㉡ 순이동인구는 전입인구에서 전출인구를 뺀 값이므로 순이동인구의 값으로는 전입인구와 전출인구를 알 수 없다.

35 도표분석능력 자료의 수치 분석하기

| 정답 | ②

| 해설 | 미청구공사 및 선택지에 제시된 자산항목의 증감추세는 다음과 같다.

구분	20X5년 12월 말	20X6년 12월 말	20X7년 12월 말	20X8년 12월 말
미청구공사	−	+	+	+
현금 및 현금성자산	−	−	+	−
매출채권 및 기타채권	−	+	+	+
관계기업 및 공동기업투자	−	−	−	−
장기금융자산	−	−	+	+

따라서 미청구공사와 증감추세가 동일한 자산항목은 매출채권 및 기타채권이다.

36 도표분석능력 자료의 수치 분석하기

| 정답 | ④

| 해설 | 자산항목별 증감추세는 다음과 같다.

구분	20X5년 12월 말	20X6년 12월 말	20X7년 12월 말	20X8년 12월 말
현금 및 현금성자산	−	−	+	−
매출채권 및 기타채권	−	+	+	+
미청구공사	−	+	+	+
재고자산	+	−	−	−
기타(유동자산)	−	+	+	−
관계기업 및 공동기업투자	−	−	−	−
장기금융자산	−	−	+	+
유형자산	+	−	+	+
무형자산	−	−	−	+
기타 (비유동자산)	+	−	−	−

비유동자산 중 '기타'는 20X4년부터 증가−감소−감소−감소의 추세를 보인다.

| 오답풀이 |

① 비유동자산 중 '유형자산'은 20X4년부터 증가−감소−증가−증가의 추세를 보인다.

② 20X4년부터 매해 감소하는 항목은 비유동자산 중 '관계기업 및 공동기업투자'이다.

③ 유동자산 중 '재고자산'은 20X4년부터 증가−감소−감소−감소의 추세를 보인다.

37 도표분석능력 자료의 수치 분석하기

| 정답 | ②

| 해설 | • 평화의 댐 : $\frac{1,800}{2,600} \times 100 ≒ 69.2(\%)$

• 화천댐 : $\frac{600}{1,000} \times 100 = 60(\%)$

• 춘천댐 : $\frac{100}{150} \times 100 ≒ 66.7(\%)$

• 소양강댐 : $\frac{1,300}{2,900} \times 100 ≒ 44.8(\%)$

• 의암댐 : $\frac{30}{80} \times 100 = 37.5(\%)$

• 청평댐 : $\frac{120}{185} \times 100 ≒ 64.9(\%)$

따라서 현재 저수량이 최대 저수량의 60% 미만인 댐은 소양강댐, 의암댐으로 2개이다.

38 도표분석능력 자료를 바탕으로 수치 계산하기

| 정답 | ②

| 해설 | 평화의 댐 최대 저수량의 70%는 1,820km^{3}이므로 저수량이 520km^3 증가하면 (1,800+520)−1,820=500(km^3)를 방류해야 한다.

화천댐 최대 저수량의 70%는 700km^{3}인데, 평화의 댐으로부터 500km^{3}가 방류되고, 폭우로 저수량이 180km^3 증가할 것으로 예상되기 때문에 (600+500+180)−700=580(km^3)를 방류해야 한다.

춘천댐 최대 저수량의 70%는 105km^{3}인데 화천댐으로부터

580km³가 방류되고, 폭우로 저수량이 30km³ 증가할 것으로 예상되기 때문에 $(100+580+30)-105=605(km^3)$를 방류해야 한다.

39 도표분석능력 자료의 수치 분석하기

| 정답 | ②

| 해설 | 2000년 대비 2010년의 유소년 인구는 $\frac{7,979-9,911}{9,911}\times 100 \fallingdotseq -19.49(\%)$ 감소하여 가장 큰 감소율을 보였다. 1980년 대비 1990년의 유소년 인구는 약 15% 감소하였다.

| 오답풀이 |

① 노령화 지수는 '$\frac{\text{고령 인구}}{\text{유소년 인구}}\times 100$'이다. 1970년부터 유소년 인구에 해당하는 0 ~ 14세 인구는 지속적으로 감소하고, 고령 인구에 해당하는 65세 이상 인구는 지속적으로 증가하므로 노령화 지수는 지속적으로 증가하고 있다.

③ 2000년 생산 가능 인구인 15 ~ 64세 인구는 고령 인구인 65세 이상 인구의 $\frac{33,702}{3,395} \fallingdotseq 9.9$(배)이다.

④ 2000년과 2020년의 전체 인구수 대비 고령 인구인 65세 이상 인구의 비율을 구하면 다음과 같다.

- 2000년 : $\frac{3,395}{9,911+33,702+3,395}\times 100 \fallingdotseq 7.2(\%)$
- 2020년 : $\frac{7,076}{6,751+37,620+7,076}\times 100 \fallingdotseq 13.8(\%)$

따라서 2020년의 고령 인구 비율이 13% 이상으로 조사 기간 중 가장 높다.

40 도표분석능력 자료를 바탕으로 수치 계산하기

| 정답 | ④

| 해설 | 2020년 노년 부양비는 $\frac{7,076}{37,620}\times 100 \fallingdotseq 19(\%)$이고, 총부양비는 $\frac{6,751+7,076}{37,620}\times 100 \fallingdotseq 37(\%)$이다.

41 도표분석능력 자료의 수치 분석하기

| 정답 | ③

| 해설 | 현재 전체 등록 수 대비 제주의 등록 수의 비율은 $\frac{7,244}{13,680}\times 100 \fallingdotseq 53(\%)$이다.

| 오답풀이 |

① 경기와 대구의 전기차 등록 수의 합은 1,162+1,125=2,287(대)로 서울의 전기차 등록 수인 2,327대보다 적다.

② 대구의 등록 수는 1,125대로 부산의 등록 수인 478대의 $\frac{1,125}{478} \fallingdotseq 2.4$(배)이다.

④ 등록 수가 1,000대 미만인 지역은 경남, 전남, 부산으로 이 세 지역의 평균 등록 수는 $\frac{743+601+478}{3} \fallingdotseq 607$(대)이다.

42 도표분석능력 자료를 바탕으로 수치 계산하기

| 정답 | ④

| 해설 | • 전년 대비 20X6년도 전기차 등록 증가율 :

$\frac{6,105-2,776}{2,776}\times 100 \fallingdotseq 120(\%)$

• 전년 대비 20X4년도 전기차 등록 증가율 :

$\frac{1,505-860}{860}\times 100 = 75(\%)$

따라서 차이는 120−75=45(%p)이다.

43 도표분석능력 그래프 해석하기

| 정답 | ①

| 해설 | 세외수입을 제외한 20X9 회계연도 세입은 총 359.5−94.1=265.4(조 원)이며, 20X8년 대비 265.4−(345−102.4)=22.8(조 원) 증가하였다.

44 도표분석능력 자료를 바탕으로 수치 계산하기

| 정답 | ④

| 해설 | 20X1년 11월 A사의 국내여객을 a라 할 때, '탑승률

$=\frac{국내여객}{공급석}\times 100$'이므로 $\frac{a}{250}\times 100=70$이므로 $a=175$이다.

'국내여객 전년 동월 대비 증감량=20X2년 11월 국내여객−20X1년 11월 국내여객'이므로 175+105=280, 따라서 20X2년 11월 국내여객 수는 280명이다.

〈자료 2〉에서 20X2년 11월 A사 탑승률의 전년 동월 대비 증가율이 25%임을 통해 A사 탑승률이 70×1.25=87.5(%)임을 알 수 있으며, 이에 따라 20X2년 11월 A사의 공급석을 x라 할 때, 탑승률 공식을 통해 식을 세우면 다음과 같다.

$$\frac{280}{x}\times 100 = 87.5$$

$$\therefore x = \frac{28,000}{87.5} = 320(\text{천 석})$$

따라서 20X2년 11월 A사의 공급석은 320천 석이다.

45 도표분석능력 상여금 차이 계산하기

| 정답 | ③

| 해설 | 사원들의 상여금, 순위 등을 정리하면 다음과 같다.

구분	가	나	다	라	마	바	사	아
평점 합	22	25	19	24	18	27	21	23
순위	5	2	7	3	8	1	6	4
등급	B	S	B	A	B	S	B	A
상여금 지급액 (만 원)	100	450	300	260	400	150	400	–
1월 직급	계약직	5	5	6	4	6	4	3

따라서 성과상여금을 가장 많이 받는 '나'와 가장 적게 받는 '가'의 금액 차이는 350만 원이다.

46 도표분석능력 직원 비율 계산하기

| 정답 | ③

| 해설 | **45** 해설의 표를 참고하면 '바'는 S 등급이기 때문에 1월 1일부터 정규직 6급으로 전환된다. 1월 C 팀의 정규직 직원은 '가'를 제외한 7명이고 그중 5급 이하는 '나, 다, 라, 바' 4명이다. 따라서 C 팀 정규직 직원들 중에서 5급 이하 직원의 비율은 $\frac{4}{7}$이다.

47 도표분석능력 자료의 수치 분석하기

| 정답 | ②

| 해설 | 패키지 (1)과 (2)의 여름철 중간부하 시간대의 전력량 요금은 각각 113.9원/kWh, 108.6원/kWh이므로, 전력을 200kWh 사용할 경우 패키지 (1)은 113.9×200=22,780(원), 패키지 (2)는 108.6×200=21,720(원)이 된다. 해당 요금에 각각의 기본요금을 더하면 패키지 (1)은 22,780+7,170=29,950(원)이 되고 패키지 (2)는 21,720+8,230=29,950(원)이 된다. 따라서 두 패키지의 요금이 동일하므로 옳지 않은 설명이다.

| 오답풀이 |

① 3)에 따르면 오전 8시부터 9시는 계절에 관계없이 경부하 시간대에 속한다. 2)에서 패키지 (1)과 (2)의 경부하 시간대 전력량 요금이 모두 1kWh당 75원 미만이므로 옳은 설명이다.

③ 패키지 (1)과 (2) 모두 여름철보다 겨울철의 1kWh당 요금이 더 높으므로 옳은 설명이다.

④ 3)에 따르면 겨울철 오후 3시는 중간부하 시간대에 속한다. 2)에서 패키지 (1)의 겨울철 중간부하 시간대 요금은 101.8원/kWh이므로 옳은 설명이다.

48 도표분석능력 자료의 수치 분석하기

| 정답 | ④

| 해설 | 제조 공장에 관한 내용이므로 1)을 참고하여 계산한다. 또한 ④에서 특정한 시간대를 한정짓지 않았으므로 봄 · 가을철(3 ~ 5, 9 ~ 10월)의 경부하, 중간부하, 최대부하 시간대를 모두 계산해야 한다.

- 패키지 (1)
  (60.5×90)+(65.3×270)+(84.5×430)+(6,490×5)
  =5,445+17,631+36,335+32,450=91,861(원)

• 패키지 (2)

(55.6×90)+(60.4×270)+(79.6×430)+(7,470×5)
=5,004+16,308+34,228+37,350=92,890(원)

두 패키지 모두 요금이 9만 원을 넘으므로 옳지 않은 설명이다.

| 오답풀이 |

① 6 ~ 8월 경부하 시간대의 요금을 계산하면 다음과 같다.

- 패키지 (1) : (60.5×140)+(6,490×3)
=8,470+19,470=27,940(원)
- 패키지 (2) : (55.6×140)+(7,470×3)
=7,784+22,410=30,194(원)

두 패키지 모두 4만 원을 넘지 않으므로 옳은 설명이다.

② 11 ~ 2월 최대부하 시간대의 요금을 계산하면 다음과 같다.

- 패키지 (1) : (114.2×400)+(6,490×4)
=45,680+25,960=71,640(원)
- 패키지 (2) : (109.3×400)+(7,470×4)
=43,720+29,880=73,600(원)

패키지 (2)가 (1)보다 요금이 더 높으므로 옳은 설명이다.

③ 6 ~ 8월 중간부하 시간대의 요금을 계산하면 다음과 같다.

- 패키지 (1) : (86.3×350)+(6,490×3)
=30,205+19,470=49,675(원)
- 패키지 (2) : (81.4×350)+(7,470×3)
=28,490+22,410=50,900(원)

패키지 (2)가 (1)보다 요금이 더 높으므로 옳은 설명이다.

49 정보처리능력 출력값 구하기

| 정답 | ④

| 해설 | 는 항상 True를 출력하므로 모든 값을 다음 명령으로 전달한다. 의 조건을 만족하는 값은 25, 100, 30, 5로 짝수 개(4개)이므로 True가 되어 명령을 하나 건너뛰고 그다음 명령으로 모든 값을 전달한다. 에서 100과 56이 조건을 만족하지 않으므로 False가 되어 조건을 만족하는 값만 다음 명령으로 전달한다. 따라서 2, 25, 30, 48, 5가 출력된다.

50 정보처리능력 출력값 구하기

| 정답 | ③

| 해설 | 은 항상 True를 출력하므로 모든 값을 다음 명령으로 전달한다. 의 조건을 모든 값이 만족하지는 않으므로 False가 되어 조건을 만족하는 값 {3, 4, 10, 12, 13}만 다음 명령으로 전달한다. 은 앞 명령어가 False이므로 True가 되어 조건 (가)를 만족하는 값만 다음 명령으로 전달한다. 이때 만약 (가)='if x^2<100'일 경우, 조건을 만족하는 값 {3, 4}를 다음 명령으로 전달하고 에 따라 소수는 홀수 개(1개)이므로 조건을 만족하는 값만 출력하면 최종 값은 3이 된다.

| 오답풀이 |

① 조건을 만족하는 {3, 13}이 다음 명령으로 전달되고 소수는 짝수 개(2개)이므로 모든 값을 출력하면 최종 값은 3, 13이다.

② 조건을 만족하는 {12, 13}이 다음 명령으로 전달되고 소수는 홀수 개(1개)이므로 소수만 출력하면 최종 값은 13이다.

④ 조건을 만족하는 {10, 12, 13}이 다음 명령으로 전달되고 소수는 홀수 개(3개)이므로 소수만 출력하면 최종 값은 13이다.

51 정보처리능력 출력값 구하기

| 정답 | ①

| 해설 | 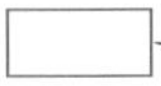은 항상 True를 출력하므로 모든 값을 다음 명령으로 전달한다. 은 3의 배수 3, 21, 144가 있어 모든 값이 조건을 만족하지 않으므로 False가 되어 조건을 만족하는 값 {1, 2, 5, 8, 13, 34, 55, 89, 233}을 다음 명령으로 전달한다. 에서 홀수는 짝수 개(6개)이므로 True가 되어 명령을 하나 건너뛰고 다음 명령으로 모든 값을 전달한다. 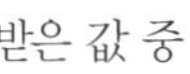은 5의 배수 5, 55가 있으므로 True가 되어 전달받은 값 중 앞쪽 3개 {1, 2, 5}를 다음 명령으로 전달한다. 에서 모든 값이 조건을 만족하지는 않으므로 False가 되어 조건을 만족하는 값만 출력한다. 따라서 출력되는 값은 2, 5이다.

52 정보처리능력 출력값 구하기

| 정답 | ④

| 해설 | 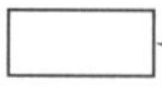은 항상 True를 출력하여 모든 값을 다음 명령으로 전달한다. 만약 (가)={1, 2, 4, 12, 18}일 경우, 에서 3의 배수는 짝수 개(2개)이므로 True가 되어 명령을 하나 건너뛰고 다음 명령으로 모든 값을 전달한다. 은 모든 값이 조건을 만족하지는 않으므로 False가 되어 조건을 만족하는 값만 출력한다. 따라서 최종 출력되는 값은 12, 18로 2개이므로 (가)에 들어갈 수 없다.

| 오답풀이 |

① 에서 3의 배수는 짝수 개(2개)로 True가 되어 명령을 하나 건너뛰고 다음 명령으로 모든 값을 전달한다. 에서 모든 값이 조건을 만족하므로 True가 되어 모든 값을 출력하면 8, 9, 12로 3개이다.

② 에서 3의 배수는 홀수 개(3개)로 False가 되어 조건을 만족하는 값 {12, 18, 24}를 다음 명령으로 전달한다. 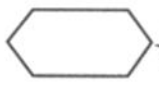은 앞 명령어가 False이므로 True가 되어 조건을 만족하는 값 {12, 18, 24}를 다음 명령으로 전달한다. 에서 모든 값이 조건을 만족하므로 True가 되어 모든 값을 출력하면 12, 18, 24로 3개이다.

③ 에서 3의 배수는 짝수 개(4개)로 True가 되어 명령을 하나 건너뛰고 다음 명령으로 모든 값을 전달한다. 에서 모든 값이 조건을 만족하지는 않으므로 False가 되어 조건을 만족하는 값만 최종 출력하면 18, 21, 24로 3개이다.

53 정보처리능력 출력값 구하기

| 정답 | ④

| 해설 | 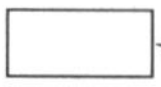은 항상 True를 출력하여 모든 값을 다음 명령으로 전달한다. 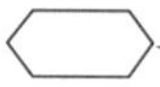은 앞 명령어가 True이므로 False가 되어 조건을 만족하지 않는 값 {2, 8, 32}를 다음 명령으로 전달한다. 은 모든 값이 조건을 만족하지는 않으므로 False가 되어 조건을 만족하는 값만 출력하면 2이다. 따라서 출력값에 8이 포함되어 있지 않다.

| 오답풀이 |

① 은 조건을 만족하는 값이 짝수 개(2개)이므로 True가 되어 명령을 하나 건너뛰고 모든 값을 출력하면 최종 출력값은 0, 2, 5, 8이다.

② 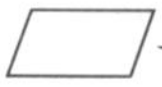는 소수 11이 있으므로 True가 되어 전달받은 값 중 앞쪽 3개의 값 {8, 9, 10}을 다음 명령으로 전달한다. 은 모든 값이 조건을 만족하지는 않으므로 False가 되어 조건을 만족하는 값만 최종 출력하면 8, 10이다.

③ 은 모든 값이 조건을 만족하므로 True가 되어 모든 값을 다음 명령으로 전달한다. 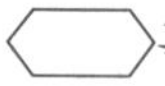는 앞 명령어가 True이므로 False가 되어 조건을 만족하지 않는 값을 최종 출력하면 4, 6, 8, 10이다.

54 컴퓨터활용능력 ASCII 문자코드 확인하기

| 정답 | ②

| 해설 | 알파벳이 아닌 문자 코드는 다음과 같다.

1110010	1101111	1110011	1100101	000111	<u>0110110</u>	1110100	1100101
1010011	<u>0110000</u>	1000001	1011001	1000011	1001100	1001001	1010000
1101000	1100001	1101110	1100100	1001101	1000001	<u>0111001</u>	<u>0100000</u>
1010010	1100101	1100001	1100100	1101100	1101001	1100110	1100101

밑줄 친 코드는 다음 문자에 대응된다.

0110000 → 0

0110110 → 6

0111001 → 9

0100000 → space

55 컴퓨터활용능력 ASCII 문자코드 확인하기

| 정답 | ①

| 해설 | 각 문자에 대응되는 코드로 바꾸면 ①과 같다.

| 오답풀이 |

각 코드가 나타내는 문장은 다음과 같다.

② do not use mine

③ do nou use MINE

④ Do nou use mine

56 컴퓨터활용능력 패리티 비트 확인하기

| 정답 | ③

| 해설 | 패리티 비트를 포함한 각 8비트에서 1의 개수가 홀수인 것은 오류가 발생했다고 판단한다. 따라서 재전송이 필요한 정보는 다음 밑줄 친 부분이다.

10101111 <u>11001011</u> 01000001 11000011 11100100 11001010 <u>01000000</u> 11000011
11011000 11011000 <u>01000000</u> 10011111 <u>10011101</u> <u>10001010</u> 01000001 11101000
11001010 <u>11000010</u> <u>11011010</u>

따라서 재전송을 요구해야 하는 정보는 최소 56비트이다.

57 정보처리능력 규칙에 맞게 비밀번호 변환하기

| 정답 | ②

| 해설 | 예시에서 비밀번호 'SUPERB7'을 □ 방식으로 변환한 값 544w1v7b7d3o1g를 문자로 치환하면 '7BREPUS'가 된다. 즉 □ 방식은 입력된 비밀번호를 역순으로 바꾼 다음 변환문자로 변환하는 방식임을 유추할 수 있다. 따라서 비밀번호 'IYFR97!'를 □ 방식으로 변환하면 9z54781v6s2w2k가 된다.

58 정보처리능력 규칙에 맞게 비밀번호 변환하기

| 정답 | ①

| 해설 | 예시에서 비밀번호 'ELECTRO'를 ◇ 방식으로 변환한 값 6s9L6s3r3o1g7d를 문자로 치환하면 'FMFDUSP'가 된다. 즉 ◇ 방식은 입력된 문자를 다음 순서의 문자로 바꾼 다음 변환문자로 변환하는 방식임을 유추할 수 있다. 따라서 비밀번호 'OB37HAB'를 ◇ 방식으로 변환하면 7d8h12692k4w8h가 된다.

59 정보처리능력 규칙에 맞게 비밀번호 변환하기

| 정답 | ③

| 해설 | 예시에서 비밀번호 'OCARINA'를 ◎ 방식으로 변환한 값 2k5i1a1v4u8h1a를 문자로 치환하면 'INAROCA'가 된다. 즉 ◎ 방식은 입력된 문자의 네 번째 글자를 기준으로 앞 세 글자와 뒤 세 글자를 바꾼 다음 변환문자로 변환하는 방식임을 유추할 수 있다. 즉 비밀번호 '49JYSBP'를 ◎ 방식으로 변환하면 1g4w7d2w12783y가 된다.

60 정보처리능력 규칙에 맞게 비밀번호 변환하기

| 정답 | ②

| 해설 | 예시에서 비밀번호 'SECRET1'을 ○ 방식으로 변환한 값 1g7b8h1v7b9n96을 문자로 치환하면 다시 'SECRET1'이 된다. 즉 ○ 방식은 입력된 문자에 특별한 변경 없이 순서대로 변환문자로 변환하는 방식임을 알 수 있다.

J 차장이 분실한 비밀번호를 ○ 방식으로 변환한 값이 4u9m41699n6e3x라면 J 차장의 비밀번호는 OQ68TWX가 된다.

Memo

미래를 창조하기에 꿈만큼 좋은 것은 없다.
오늘의 유토피아가 내일 현실이 될 수 있다.

There is nothing like dream to create the future.
Utopia today, flesh and blood tomorrow.
빅토르 위고 Victor Hugo

최신
한국도로공사
기출 유형

실제 시험과
동일한 구성의
모의고사

2025
고시넷
공기업

한국도로공사
NCS 직업기초능력
기출예상모의고사

www.gosinet.co.kr gosinet
gosinet
(주)고시넷